SPSS 统计分析与应用
（第 3 版）

主 编 黄中文

副主编 吴 磊 聂志鹏

电子工业出版社
Publishing House of Electronics Industry
北京·BEIJING

内 容 简 介

SPSS 是当今世界上最流行的统计软件之一。其具有统计分析功能强大、操作界面友好、与其他软件交互性好等特点，被广泛应用于经济管理、医疗卫生、自然科学等各个领域。

本书不仅详细介绍了 SPSS 22.0 系统常用的操作功能，更注重内容的实用性，针对每种统计方法的应用都给出了典型的操作实例，力求使读者熟悉和掌握 SPSS 22.0 的各种功能操作，内容涉及 SPSS 的一些基本概念、数据文件的管理、统计图的绘制、基本统计分析、参数与非参数检验、相关分析、方差分析、回归分析、聚类分析、对应分析、因子分析和主成分分析、多选题分析、时间序列分析、信度分析和缺失值分析以及相应的综合案例。

本书内容丰富、语言简练、条理清晰，理论联系实践，图文并茂地介绍 SPSS 22.0 的各种统计分析方法，并提供大量教学视频。本书适合于具备统计基础知识和计算机基本技能的在校大中专学生、研究生以及企事业单位的相关专业技术人员和研究人员阅读，可作为学习 SPSS 的教材和实务工作中的参考资料。

未经许可，不得以任何方式复制或抄袭本书之部分或全部内容。
版权所有，侵权必究。

图书在版编目（CIP）数据

SPSS 统计分析与应用 / 黄中文主编．—3 版．—北京：电子工业出版社，2016.4
ISBN 978-7-121-27070-3

Ⅰ．①S… Ⅱ．①黄… Ⅲ．①统计分析－软件包Ⅳ．①C819

中国版本图书馆 CIP 数据核字（2015）第 206388 号

策划编辑： 祁玉芹
责任编辑： 张瑞喜
印　　刷： 中国电影出版社印刷厂
装　　订： 中国电影出版社印刷厂
出版发行： 电子工业出版社
　　　　　北京市海淀区万寿路 173 信箱　邮编　100036
开　　本： 787×1092　1/16　印张：25　字数：640 千字
版　　次： 2011 年 1 月第 1 版
　　　　　2016 年 4 月第 3 版
印　　次： 2020 年 7 月第 4 次印刷
定　　价： 66.00 元（含光盘 1 张）

凡所购买电子工业出版社图书有缺损问题，请向购买书店调换。若书店售缺，请与本社发行部联系，联系及邮购电话：(010) 88254888。

质量投诉请发邮件至 zlts@phei.com.cn，盗版侵权举报请发邮件至 dbqq@phei.com.cn。
服务热线：(010) 88258888。

前言 PREFACE

SPSS 全称 Statistical Product and Service Solutions，即"统计产品与服务解决方案"，是世界上最早采用图形菜单驱动界面的统计软件，其使用 Windows 窗口方式列示各种统计分析方法菜单，极大地方便了用户的使用。SPSS 具有统计分析功能强大、操作界面友好、与其他软件交互性好等特点，被广泛应用于经济管理、医疗卫生、自然科学等各个方面。

本书以版本 SPSS 22.0 为依据，以案例为基础，注重以应用为导向，理论联系实践，全面系统地介绍 SPSS 22.0 的统计分析功能，全书共分 16 章，各部分的主要内容如下：

第一部分包括第 1 章至第 4 章，主要介绍了 SPSS 中的一些基本概念、数据文件的管理和统计图的绘制。

第二部分包括第 5 章至第 8 章，主要包括 SPSS 基本统计分析、参数与非参数检验、相关分析、方差分析等内容，该部分涵盖了一般统计分析的主要分析方法。

第三部分包括第 9 章至第 12 章，涵盖了回归分析、对应分析、聚类分析、因子分析和主成分分析的相关知识。

第四部分包括第 13 章至第 15 章，主要介绍了 SPSS 的高级统计分析功能，包括多选题分析、时间序列分析、信度分析和缺失值分析等。该部分内容用户可以根据需要选择学习。

第五部分包括第 16 章，为综合案例部分，选取了不同行业的实际案例讲解 SPSS 的综合应用。

本书实例典型，内容丰富，有很强的针对性。书中各章不仅详细介绍了实例的具体操作步骤，而且还配有一定数量的练习题供读者学习使用。读者可以先学习知识，再通过实验操作巩固所学知识，达到事半功倍的效果。

为了帮助读者更加直观地学习本书，将书中实例和习题所涉及的全部视频操作文件都收录到本书的配套光盘中，读者可以对应起来进行学习。同时，本书为读者赠送超过 6 小时的 SPSS 技术讲解多媒体教学视频。

本书既可以作为高校相关专业学习 SPSS 软件的教材，也可以作为相关研究人员和从业人员的参考用书。

本书由黄中文、吴磊、聂志鹏等编写，全书最后由陈胜可和丁维岱统稿审校。参加本书编写工作的还有陈胜可、贾东永、高克臻、张云霞、许小荣、王冬、王龙、张银芳、周新国、陈作聪、聂阳、沈毅、蔡娜、张华杰、彭一明、张秀梅、张玉兰、李爽、田伟等，在此，编者对以上人员致以诚挚的谢意！本书的编写过程中吸收了前人的研究成果，在此一并表示感谢。

由于作者水平有限，书中的缺点甚至错误在所难免，恳请广大读者批评指正。

编　者

2016 年 1 月

目录 CONTENTS

第 1 章　SPSS 22.0 概述 ··············1

1.1　SPSS 22.0 概述 ··············1
1.1.1　SPSS 22.0 的新增功能 ··············1
1.1.2　SPSS 22.0 对运行环境的要求 ··············1
1.1.3　SPSS 22.0 的启动与退出 ··············2
1.1.4　SPSS 22.0 的常用界面与窗口 ··············3

1.2　SPSS 22.0 的系统参数与运行环境设置 ··············6
1.2.1　SPSS 22.0 的参数设置 ··············6
1.2.2　SPSS 22.0 运行环境的设置 ··············11

1.3　SPSS 22.0 的帮助系统 ··············13
1.3.1　对话框中的"帮助"按钮 ··············13
1.3.2　联机帮助系统 ··············13

第 2 章　SPSS 22.0 基本操作与数据管理 ··············15

2.1　SPSS 22.0 基本概念 ··············15
2.1.1　数据编辑器与数据文件 ··············15
2.1.2　常量、变量、操作符和表达式 ··············16

2.2　数据和变量的基本操作 ··············19
2.2.1　数据文件的打开与保存 ··············19
2.2.2　输入数据和编辑数据 ··············20
2.2.3　查看文件信息和变量信息 ··············20
2.2.4　变量与观测量的插入与删除 ··············21
2.2.5　数据的剪切、复制和粘贴 ··············22
2.2.6　依据现有变量建立新变量 ··············22
2.2.7　产生计数变量 ··············25
2.2.8　变量的重新赋值 ··············28
2.2.9　变量取值的求等级 ··············32

2.3　数据文件的相关操作 ··············34
2.3.1　数据排序 ··············34
2.3.2　数据文件的分解与合并 ··············36
2.3.3　数据文件的变换 ··············40

            2.3.4 观测量的加权操作 ··· 41
            2.3.5 数据的汇总 ··· 42
            2.3.6 数据文件的结构重组 ··· 45
            2.3.7 读入其他格式文件数据 ·· 52
    上机题 ··· 62

第3章 SPSS 22.0 基本统计分析 ·· 65

    3.1 描述性统计量的计算 ··· 65
        3.1.1 主要描述性统计量 ·· 65
        3.1.2 描述分析的参数设置 ·· 68
        3.1.3 案例分析 ··· 70
    3.2 频率分析 ·· 72
        3.2.1 频率分析简介 ··· 72
        3.2.2 频率分析的参数设置 ·· 72
        3.2.3 案例分析 ··· 74
    3.3 Explorer 过程 ·· 75
        3.3.1 Explorer 过程简介 ··· 76
        3.3.2 Explorer 过程的参数设置 ·· 76
        3.3.3 案例分析 ··· 77
    3.4 交叉表格分析 ·· 81
        3.4.1 交叉表格分析简介 ·· 82
        3.4.2 交叉表格分析的参数设置 ·· 83
        3.4.3 案例分析 ··· 86
    3.5 统计报告 ·· 88
    上机题 ··· 89

第4章 常用统计图的绘图 ·· 92

    4.1 SPSS 22.0 绘图功能简介 ·· 92
        4.1.1 "图形"菜单 ··· 92
        4.1.2 图表构建器简介 ··· 93
        4.1.3 图形画板模板选择程序简介 ··· 96
        4.1.4 旧对话框模式创建图形 ··· 101
    4.2 条形图 ··· 102
        4.2.1 条形图的类型 ·· 103
        4.2.2 条形图的参数设置 ·· 104
    4.3 线图 ·· 109
        4.3.1 线图的类型 ·· 110
        4.3.2 线图的参数设置 ·· 110
    4.4 面积图 ··· 111
        4.4.1 面积图的类型 ·· 112

| 4.4.2   面积图的参数设置 ··· 112
| 4.4.3   案例分析 ··· 113
| 4.5 饼图 ··· 114
| 4.5.1   饼图的类型 ··· 115
| 4.5.2   饼图的参数设置 ··· 115
| 4.6 散点图 ··· 116
| 4.6.1   散点图的类型 ·· 116
| 4.6.2   简单散点图的参数设置 ·· 116
| 4.6.3   重叠散点图的参数设置 ·· 117
| 4.6.4   矩阵散点图的参数设置 ·· 118
| 4.6.5   三维散点图 ··· 119
| 4.7 箱图 ··· 120
| 4.7.1   箱图的类型 ··· 121
| 4.7.2   简单箱形图的参数设置 ·· 121
| 4.8 误差条图 ·· 122
| 4.8.1   误差条图的类型 ··· 122
| 4.8.2   简单误差条图的参数设置 ····································· 123
| 4.8.3   复式误差条图的参数设置 ····································· 123
| 上机题 ·· 125

第 5 章 Means 过程和 T 检验 ·· 126

   5.1 平均值过程 ·· 126
       5.1.1   平均值过程简介 ··· 126
       5.1.2   平均值过程的参数设置 ·· 126
       5.1.3   案例分析 ·· 128
   5.2 单样本 T 检验 ··· 129
       5.2.1   检验方法简介 ·· 130
       5.2.2   单一样本 T 检验的参数设置 ································· 130
       5.2.3   案例分析 ·· 131
   5.3 多样本 T 检验 ··· 133
       5.3.1   两独立样本 T 检验 ··· 133
       5.3.2   两配对样本 T 检验 ··· 136
   上机题 ·· 139

第 6 章 非参数检验 ·· 141

   6.1 非参数检验简介 ·· 141
   6.2 卡方检验 ·· 141
       6.2.1   卡方检验的基本原理 ·· 141
       6.2.2   卡方检验的 SPSS 操作 ······································· 142
       6.2.3   实验操作 ·· 143

- 6.3 二项检验 · 145
  - 6.3.1 二项检验的基本原理 · 145
  - 6.3.2 二项检验的 SPSS 操作 · 145
  - 6.3.3 实验操作 · 146
- 6.4 两独立样本检验 · 148
  - 6.4.1 两独立样本检验的基本原理 · 148
  - 6.4.2 两独立样本检验的 SPSS 操作 · 148
  - 6.4.3 实验操作 · 150
- 6.5 两配对样本检验 · 152
  - 6.5.1 两配对样本检验的基本原理 · 152
  - 6.5.2 两配对样本检验的 SPSS 操作 · 152
  - 6.5.3 实验操作 · 154
- 6.6 多独立样本检验 · 156
  - 6.6.1 多独立样本检验的基本原理 · 156
  - 6.6.2 多独立样本的 SPSS 操作 · 157
  - 6.6.3 实验操作 · 158
- 6.7 多配对样本检验 · 160
  - 6.7.1 多配对样本检验的基本原理 · 160
  - 6.7.2 多配对样本检验的 SPSS 操作 · 160
  - 6.7.3 实验操作 · 162
- 6.8 游程检验 · 163
  - 6.8.1 游程检验简介 · 163
  - 6.8.2 游程检验的 SPSS 操作 · 164
  - 6.8.3 实验操作 · 165
- 6.9 单样本 K-S 检验 · 166
  - 6.9.1 单样本 K-S 检验简介 · 166
  - 6.9.2 单样本 K-S 检验的 SPSS 操作 · 166
  - 6.9.3 实验操作 · 168
- 上机题 · 169

第 7 章 相关分析 · 173

- 7.1 相关分析的基本原理 · 173
  - 7.1.1 相关关系的分类 · 173
  - 7.1.2 描述相关关系的方法 · 174
  - 7.1.3 关于总体相关系数 ρ 的假设检验 · 175
- 7.2 双变量的相关分析 · 176
  - 7.2.1 双变量相关分析的 SPSS 操作 · 176
  - 7.2.2 实验操作 · 177
- 7.3 偏相关分析 · 179
  - 7.3.1 偏相关分析的基本原理 · 179

7.3.2 偏相关分析的SPSS操作 ... 180
7.3.3 实验操作 ... 181
7.4 距离分析 ... 182
7.4.1 距离分析的基本原理 ... 182
7.4.2 距离分析的SPSS操作 ... 183
7.4.3 实验操作 ... 187
上机题 ... 188

第8章 方差分析 ... 190
8.1 单因素方差分析 ... 190
8.1.1 单因素方差分析的简介 ... 190
8.1.2 单因素方差分析的参数设置 ... 190
8.1.3 案例分析 ... 194
8.2 多因素方差分析 ... 196
8.2.1 多因素方差分析的简介 ... 196
8.2.2 多因素方差分析的参数设置 ... 196
8.2.3 案例分析 ... 202
8.3 多因变量方差分析 ... 205
8.3.1 多因变量方差分析的简介 ... 205
8.3.2 多因变量方差分析的参数设置 ... 205
8.3.3 案例分析 ... 206
8.4 协方差分析 ... 209
8.4.1 协方差分析的简介 ... 209
8.4.2 协方差分析的参数设置 ... 209
8.4.3 案例分析 ... 210
上机题 ... 212

第9章 回归分析 ... 214
9.1 线性回归分析 ... 214
9.1.1 线性回归分析的原理 ... 214
9.1.2 线性回归分析的SPSS操作 ... 215
9.1.3 实验操作 ... 220
9.2 曲线回归分析 ... 222
9.2.1 曲线回归分析的基本原理 ... 222
9.2.2 曲线回归分析的SPSS操作 ... 222
9.2.3 实验操作 ... 224
9.3 非线性回归分析 ... 227
9.3.1 非线性回归分析的基本原理 ... 227
9.3.2 非线性回归分析的SPSS操作 ... 227
9.3.3 实验操作 ... 231

9.4 Logistic 回归分析 232
　　9.4.1 Logistic 回归分析的基本原理及模型 232
　　9.4.2 Logistic 回归分析的 SPSS 操作 233
　　9.4.3 实验操作 237
9.5 加权回归分析 240
　　9.5.1 加权回归分析的基本原理 240
　　9.5.2 加权回归分析的 SPSS 操作 241
　　9.5.3 实验操作 242
9.6 有序回归分析（Ordinal） 244
　　9.6.1 Ordinal 回归分析的基本原理 244
　　9.6.2 Ordinal 回归分析的 SPSS 操作 244
　　9.6.3 实验操作 247
上机题 249

第 10 章　SPSS 降维分析 253

10.1 因子分析 253
　　10.1.1 因子分析的原理 253
　　10.1.2 因子分析的参数设置 254
　　10.1.3 案例分析 258
10.2 主成分分析 261
　　10.2.1 主成分分析的原理 261
　　10.2.2 主成分分析的参数设置 262
　　10.2.3 实验操作 265
上机题 266

第 11 章　对应分析 268

11.1 对应分析的简介 268
11.2 简单对应分析 268
　　11.2.1 简单对应分析的简介 268
　　11.2.2 简单对应分析的参数设置 269
　　11.2.3 案例分析 272
11.3 多重对应分析 276
　　11.3.1 多重对应分析的简介 276
　　11.3.2 多重对应分析的参数设置 276
　　11.3.3 案例分析 283
上机题 285

第 12 章　分类分析 287

12.1 聚类分析的基本原理 287
12.2 快速聚类 289

    12.2.1 快速聚类的基本原理 289
    12.2.2 快速聚类的 SPSS 操作 290
    12.2.3 实验操作 292
  12.3 分层聚类 294
    12.3.1 分层聚类的基本原理 294
    12.3.2 分层聚类的 SPSS 操作 295
    12.3.3 实验操作 297
  12.4 一般判别分析 300
    12.4.1 一般判别分析简介 300
    12.4.2 一般判别分析的参数设置 300
    12.4.3 案例分析 303
  12.5 逐步判别分析 307
    12.5.1 逐步判别分析简介 307
    12.5.2 逐步判别分析的参数设置 307
    12.5.3 实验操作 309
  上机题 313

第 13 章 多选题分析 316

  13.1 多重响应概述与变量定义 316
    13.1.1 多选题变量集的定义 316
  13.2 多选题变量集的频率分析 319
    13.2.1 多选题变量频率分析简介 319
    13.2.2 多选题变量频率分析参数设置 319
    13.2.3 实验操作 320
  13.3 多选题变量集的交叉表格分析 320
    13.3.1 多选题变量交叉表格分析简介 320
    13.3.2 多选题变量交叉表格分析的参数设置 321
    13.3.3 实验操作 322
  上机题 324

第 14 章 时间序列模型 326

  14.1 时间序列模型与数据处理 326
    14.1.1 缺失值替换 326
    14.1.2 定义时间变量 328
    14.1.3 时间序列的平稳化 329
    14.1.4 案例分析 330
  14.2 指数平滑模型 332
    14.2.1 指数平滑的简介 332
    14.2.2 指数平滑模型参数设置 332
    14.2.3 案例分析 339

14.3 ARIMA 模型 ··········· 341
14.3.1 ARIMA 模型的简介 ··········· 341
14.3.2 ARIMA 模型的参数设置 ··········· 341
14.3.3 案例分析 ··········· 344
14.4 季节分解模型 ··········· 346
14.4.1 周期性分解的简介 ··········· 346
14.4.2 周期性分解模型的参数设置 ··········· 347
14.4.3 案例分析 ··········· 348
上机题 ··········· 350

第 15 章 问卷信度与缺失值处理 ··········· 352
15.1 信度分析 ··········· 352
15.1.1 信度分析简介 ··········· 352
15.1.2 信度分析的参数设置 ··········· 353
15.1.3 案例分析 ··········· 356
15.2 多维刻度分析 ··········· 358
15.2.1 多维刻度分析简介 ··········· 358
15.2.2 多维刻度分析的参数设置 ··········· 359
15.2.3 案例分析 ··········· 362
15.3 缺失值分析 ··········· 365
15.3.1 缺失值分析简介与缺失值的表现方式 ··········· 365
15.3.2 缺失值分析的参数设置 ··········· 366
15.3.3 案例分析 ··········· 370
上机题 ··········· 374

第 16 章 SPSS 综合应用案例 ··········· 376
16.1 SPSS 在经济管理学科中的应用 ··········· 376
16.1.1 案例说明与问题描述 ··········· 376
16.1.2 分析目的、分析思路与数据选取 ··········· 376
16.1.3 案例中使用的 SPSS 方法 ··········· 377
16.1.4 数据文件的建立 ··········· 377
16.1.5 SPSS 操作步骤 ··········· 378
16.1.6 结果判读 ··········· 379
16.2 SPSS 在社会科学中的应用 ··········· 382
16.2.1 案例说明与问题描述 ··········· 382
16.2.2 分析目的、分析思路及数据选取 ··········· 382
16.2.3 案例中使用的 SPSS 方法 ··········· 383
16.2.4 数据文件的建立 ··········· 383
16.2.5 SPSS 操作步骤 ··········· 384
16.2.6 结果判读 ··········· 384

第 1 章 SPSS 22.0 概述

SPSS 全称 Statistical Product and Service Solutions，即"统计产品与服务解决方案"。该软件于 2009 年被 IBM 公司收购，最新版本改名为 IBM SPSS，简称 SPSS。SPSS 是世界上最早采用图形菜单驱动界面的统计软件，其使用 Windows 窗口方式列示各种统计分析方法菜单，极大地方便了用户的使用。SPSS 具有统计分析功能强大、操作界面友好、与其他软件交互性好等特点，被广泛应用于经济管理、医疗卫生、自然科学等各个领域。

SPSS 集数据整理、分析功能于一身。用户可以根据实际需要和计算机的功能选择不同模块，从而实现不同的功能，其统计分析过程包括描述性统计、平均值比较、相关分析、回归分析、对数线性模型、降维分析、生存分析、时间序列分析、多重响应分析等模块。SPSS 的数据输出结果简洁美观，可以方便地转存为 HTML 格式和文本格式，极大地方便了用户的应用和保存。

SPSS 被引入我国后，以其强大的数据分析处理能力和简单友好的界面而被广泛应用于经济管理、社会统计和科学研究等方面，广受科研与应用工作者的好评。

1.1 SPSS 22.0 概述

SPSS 为世界上最早的统计分析软件，由美国斯坦福大学的三位研究生于 20 世纪 60 年代末研制，该软件于 2009 年被 IBM 公司收购。SPSS 推出以来，历经多次升级，功能不断完善，其最新版本为 22.0，且被更名为 IBM SPSS。SPSS 22.0 在原有版本的基础上新增了一些功能模块，以满足用户的差异化需求。

1.1.1 SPSS 22.0 的新增功能

SPSS 22.0 主要新增了如下功能。
（1）可以把 Cognos BI 数据导入 SPSS，更为深入的洞察分析数据。
（2）可以使用 Monte Carlo 模拟方法获得针对最重要的问题的更加可靠的解答。
（3）直接在过程对话中标记表格中的重要值并自动完成对输出文档的常见编辑。
（4）可以在数据库向导中制定新变量的计算并在数据库本身中执行计算。
（5）提供了比较两个数据集或两个数据文件以确定二者之间的差异的功能。
（6）最新的数据合并方法，无需排序，使用字符串键值时更加灵活。
（7）可以导出输出结果，在浏览器或者任何智能设备（智能手机、平板电脑等）上查看此输出。

1.1.2 SPSS 22.0 对运行环境的要求

运行 SPSS 22.0 对计算机的要求并不高，一般的硬件配置即可。若 SPSS 的运算涉及大量数据，则需要用户配置较大的内存。对于较大的数据处理和复杂的统计运算，计算机至少需要

256MB内存。

SPSS 22.0 对计算机硬件的基本要求如下：
- 以 1 千兆赫兹（GHz）或更高频率运行的 Intel 或 AMD 处理器。
- 最低 1 GB RAM（Random Access Memory，随机存储器）。
- 至少 800 MB 内存。注意若安装一种以上的帮助语言，每多一种语言需要增加 150～170 MB 的磁盘空间。
- DVD/CD 光盘驱动器。用于安装 SPSS20.0 软件。若用户通过网络安装软件，则无需配置此项。
- XGA（1024×768）或更高分辨率的显示器。
- 运行 TCP/IP 网络协议的网络适配器。用于访问 IBM SPSS 公司的网站以获得相应的技术支持和软件升级。

SPSS 22.0 对操作系统的最低要求为：Microsoft Windows XP（32 位版本）、Windows Vista（32 位和 64 位版本）或 Windows7（32 位和 64 位版本）。

1.1.3　SPSS 22.0 的启动与退出

SPSS 22.0 采用 Windows 窗口方式列示各个菜单，采用对话框的形式进行各项操作，熟悉 Windows 相关操作的用户都能迅速上手。

SPSS 22.0 的启动和退出方式与 Windows 操作系统下常规软件完全相同。

1. SPSS 22.0 的启动

启动 SPSS 22.0 可以双击桌面上的 IBM SPSS Statistics 20 图标，也可在"开始"菜单中依次选择"程序"|"IBM SPSS Statistics"|"IBM SPSS Statistics 20"命令。首先出现如图 1-1 所示列出 SPSS 版本信息的启动界面，随之出现如图 1-2 所示的启动选项界面，说明 SPSS 22.0 成功启动。

图 1-1　SPSS 22.0 的启动界面

第 1 章　SPSS 22.0 概述

图 1-2　SPSS 启动选项界面

SPSS 有 5 个启动选项："新建文件"、"新增功能"、"最近的文件"、"模块和可编程性"、"教程"。各启动选项的功能见表 1-1。

表 1-1　SPSS 启动选项界面包含的单选按钮及功能

按钮名称	按钮相关功能
新建文件	选择此项，系统将输入数据编辑窗口，用户可以建立新的数据文件或输入数据
新增功能	选择此单选按钮后，用户可以查看 SPSS22.0 的新增功能
最近的文件	选择此单选按钮后，系统会让用户选择运行一个 SPSS 数据文件
模块和可编程性	选择此单选按钮后，系统会让用户选择运行一个分析模块或者程序
教程	可以浏览运行指导

2. SPSS 22.0 的退出

在菜单栏中选择"文件"|"退出"命令或者单击数据编辑窗口右上角的"关闭"按钮，都可以退出 SPSS。

1.1.4　SPSS 22.0 的常用界面与窗口

SPSS 的基本界面包括主窗口（数据编辑窗口）、结果输出窗口、对象编辑窗口、语法编辑器窗口和脚本编写窗口，下面分别介绍如下。

（1）主窗口（数据编辑窗口）。

如果在启动选项界面中选择"输入数据"或"打开现有的数据源"，进入 SPSS 后的第一个窗口为数据编辑窗口（见图 1-3）。

数据编辑窗口最上方是标题栏，显示窗口名称和编辑的数据文件名，没有文件名时显示为"未标题 1[数据集 0]- IBM SPSS Statistics 数据编辑器"。

窗口控制按钮在窗口的顶部的右上角，第一个按钮是窗口最小化按钮，第二个按钮是窗口最大化按钮，第三个按钮是关闭窗口按钮。

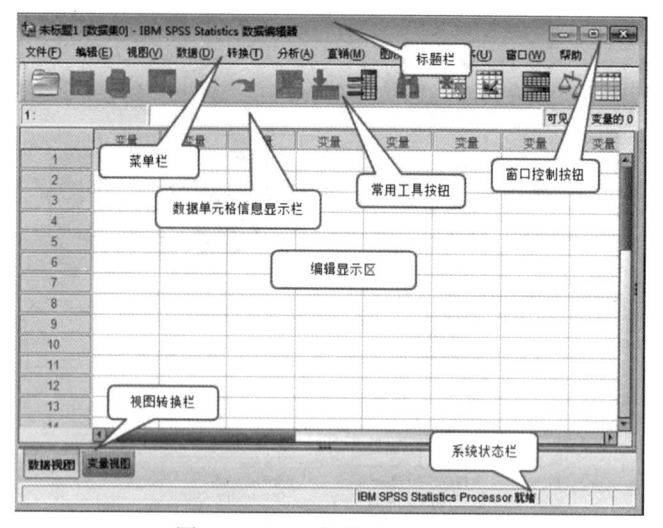

图 1-3 SPSS 的数据编辑窗口

在窗口显示的第二行是菜单栏,包括"文件"、"编辑"、"视图"、"数据"、"转换""分析"、"直销"、"图形"、"实用程序"、"窗口"和"帮助",各菜单的具体内容与操作方法本书后面的章节将详细论述。

菜单栏下方是常用工具按钮,系统将一些常用工具的快捷按钮置于此栏,方便用户使用。

在编辑显示区的上方是数据单元格信息显示栏,该栏左边显示单元格和变量名(单元格:变量名),右边显示单元里的内容。

在窗口的中部是编辑显示区,该区最左边列显示单元序列号,最上边一行显示变量名称,默认为"变量"。

在编辑显示区下方是视图转换栏,如打开"数据视图",则在编辑显示区中显示编辑数据;如打开"变量视图",则在编辑显示区中显示编辑数据变量信息。

在窗口的底部是系统状态栏,该栏显示当前的系统操作。

(2) 结果输出窗口。

结果输出窗口用于输出 SPSS 统计分析的结果或绘图的相关图表,结果输出窗口如图 1-4 所示。

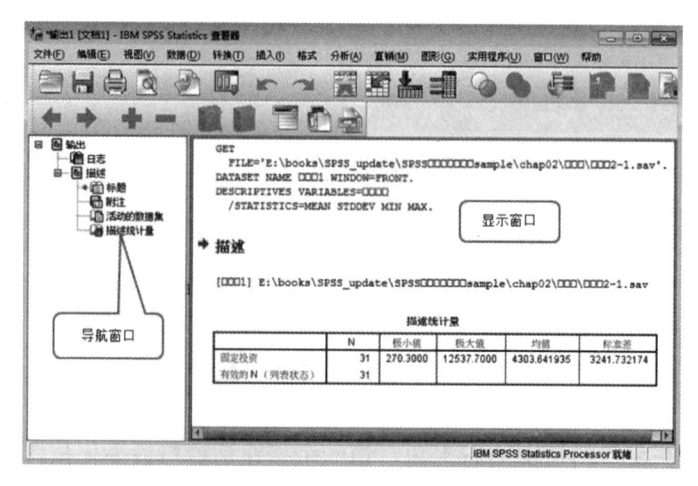

图 1-4 SPSS 的结果输出窗口

结果输出窗口左边是导航窗口，显示输出结果的目录，单击目录前边的加、减号可以显示或隐藏相关的内容；右面是显示窗口，显示所选内容的细节。

（3）对象编辑窗口。

在结果输出窗口的显示窗口中右击，在弹出的快捷菜单中依次选择"编辑内容"|"在单独窗口中"命令，或者直接双击其中的表格或图形均可打开与该输出结果对应的对象编辑窗口，如图1-5所示。

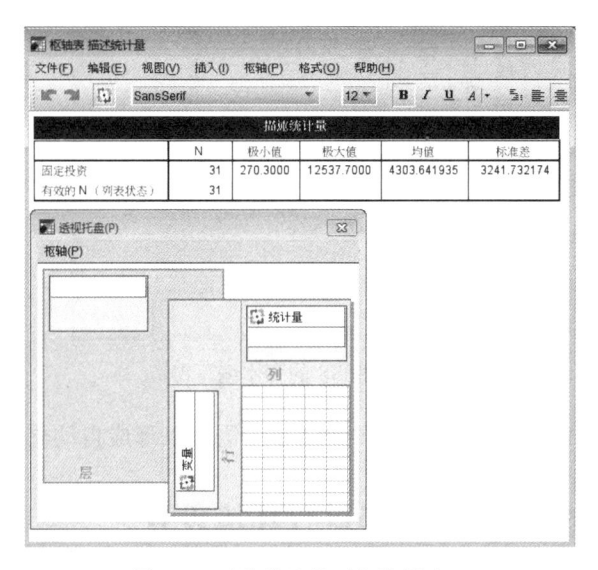

图1-5 两种常见的对象编辑窗口

在对象编辑窗口中我们可以对表格、图表等对象进行相应的编辑操作。具体的编辑操作，本书后面相关的章节将详细介绍。

（4）语法编辑器窗口。

依次选择菜单"文件"|"新建"|"语法"命令或"文件"|"打开"|"语法"命令，均可打开语法编辑器窗口（见图1-6）。

图1-6 SPSS的语法编辑器窗口

用户可以在语法编辑器窗口中输入或修改 SPSS 命令，或单击任何分析对话框上的"粘贴"按钮，将使用对话框设置的各种命令或选项粘贴到语法编辑器窗口中。

（5）脚本编写窗口。

依次选择菜单"文件"|"新建"|"脚本"或"文件"|"打开"|"脚本"命令，均可打开如图1-7所示的脚本编写窗口。

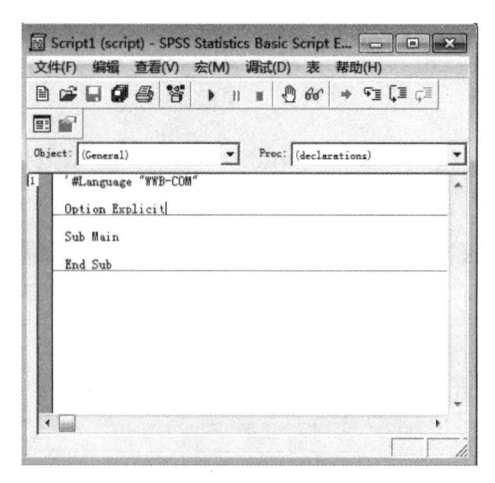

图1-7　SPSS的脚本编写窗口

用户可以在此窗口编写SPSS内嵌的Sax Basic语言以形成自动化处理数据的程序。

1.2　SPSS 22.0的系统参数与运行环境设置

SPSS允许用户自行设定多种参数以及自行设置自定义运行环境，方便用户的个性化使用，系统可以自动保存用户的相应设置。

1.2.1　SPSS 22.0的参数设置

本节将介绍SPSS 22.0最常使用的一些参数设置，如果用户需要查询高级参数设置操作方法，可以参考SPSS的帮助系统。SPSS的参数设置主要通过"选项"对话框实现。

依次选择菜单"编辑"|"选项"命令，打开如图1-8所示的"选项"对话框。

1. 常规参数设置

"常规"选项卡可以设置SPSS的各种通用参数，所设参数可以自动保存，再次启动SPSS时无须重新设置，"常规"选项卡参见图1-8。

（1）"变量列表"选项组。

"变量列表"选项组用于设置变量在变量表中的显示方式与显示顺序。显示方式可选"显示标签"或"显示名称"。如选择"显示标签"，则变量标签显示在前；如选择"显示名称"，则只显示变量名称。

（2）"角色"选项组。

"角色"选项组为较新版本SPSS软件中的新增内容，其来源于数据挖掘方法体系的要求。为节省时间，提高效率，某些对话框允许使用预定义角色，然后自动将变量分配到变量列表中。可用角色如下。

输入：变量将用作输入（如自变量、预测变量）。

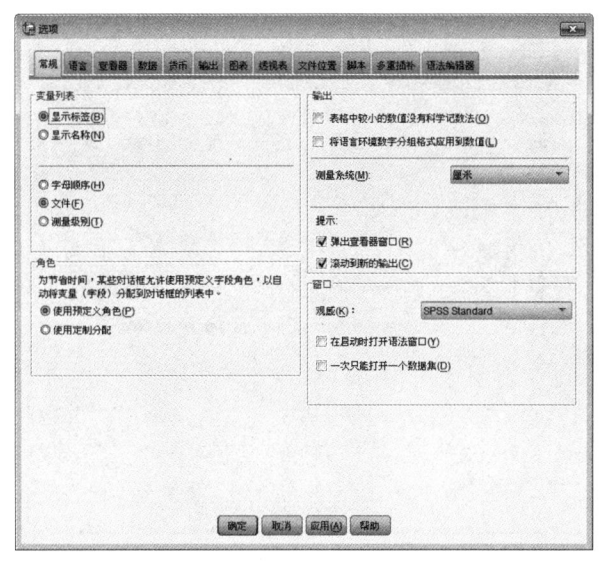

图 1-8 "选项"对话框

目标：变量将用作输出或目标（如因变量）。
两者：变量将同时用作输入和输出。
无：变量没有角色分配，即不被纳入分析。
分区：变量将被用于将数据划分为单独的训练、检验和验证样本。
拆分：具有此角色的变量不会在 SPSS 中被用作拆分文件变量。
SPSS 默认为所有变量分配输入角色。注意角色分配只影响支持角色分配的对话框。而此类对话框在现有版本的 SPSS 中较少。一般情况下，该选项使用默认设置即可。

（3）"输出"选项组。
该选项组中主要设置SPSS的输出风格，"测量系统"下拉框用于设置SPSS的度量参数，可以选择"英寸"、"厘米"和"磅"等单位；"语言"下拉框用于设置输出语言；勾选"表格中较小的数值没有科学记数法"复选框，则输出结果中将把非常小的小数以0代替。

提示栏包括"弹出浏览器窗口"和"滚动到新的输出"两个复选框，勾选"弹出浏览器窗口"SPSS会在有新的结果时自动打开视图窗口；勾选"滚动到新的输出"，SPSS会自动在视图窗口中滚动到新的输出。

（5）"窗口"选项组。
"观感"下拉框用于设置SPSS的整体外观风格，用户可以选择"Windows"、"SPSS Classic"和"SPSS Standard"三种风格。另外，勾选"在启动时打开语法窗口"复选框，SPSS启动时将打开语法窗口。如勾选"一次只能打开一个数据集"，SPSS将关闭多数据集支持功能，用户打开新数据集时必须将原先打开的数据集关闭。

2. 视图参数设置
"查看器"选项卡主要用于设置输出窗口的字体、图标等选项，"查看器"选项卡如图 1-9 所示。

（1）"初始输出状态"选项组。
该选项组用于设置输出结果的初始状态参数。首先单击"项"下拉列表框选择要设置的输出结果，然后在下面设置所选内容的输出参数。

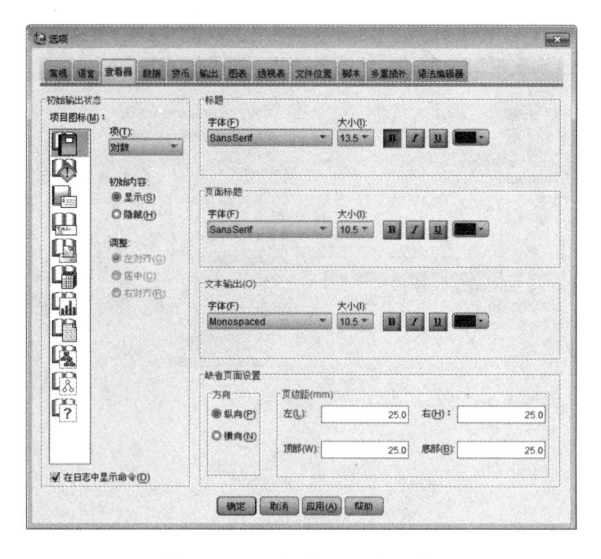

图 1-9 "查看器"选项卡

"项"下拉菜单中包括日志、警告、注释、标题、页面标题、枢轴表、表格、文本输出、树模型和模型浏览器。初始内容栏中包括"显示"和"隐藏"单选按钮；调整栏中包含可选的对齐方式；如选择"在日志中显示命令"复选框，SPSS 将在日志中输出命令语句。

（2）"标题"、"页面标题"和"文本输出"选项组。

这 3 个选项组用于设置标题、页面标题和输出文本的字体、字号和颜色等。

3. 输出窗口的参数设置

"输出"选项卡主要用于设置输出结果的标签选项，"输出"选项卡如图 1-10 所示。

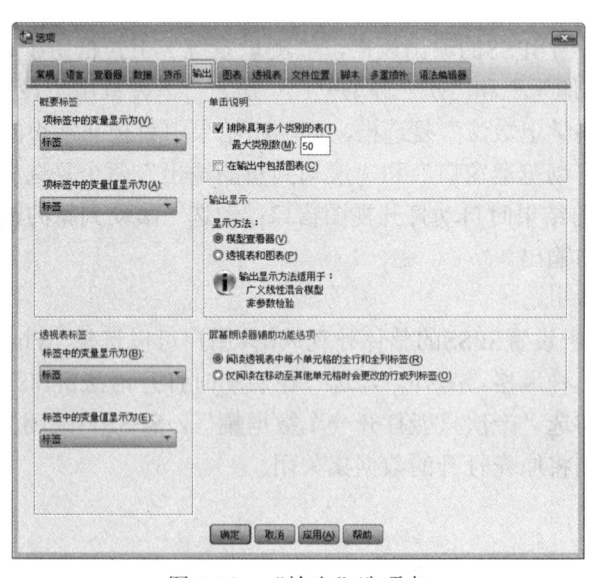

图 1-10 "输出"选项卡

（1）"概要标签"选项组

该选项组包括"项标签中的变量显示为（V）"和"项标签中的变量值显示为（A）"两个下拉框，分别用于设置变量标签和变量值的显示方式。两个下拉框中都有三个可选项："标签",使用变量标签标示每个变量;"名称",使用变量名称标示每个变量;"标签与名称",两者都使用。

(2)"透视表标签"选项组。

该选项组包含内容及其设置方式与"轮廓标签"选项组相同,在此不再赘述。

4. 图表输出参数设置

"图表"选项卡用于设置图形输出时的各种参数,"图表"选项卡如图 1-11 所示。

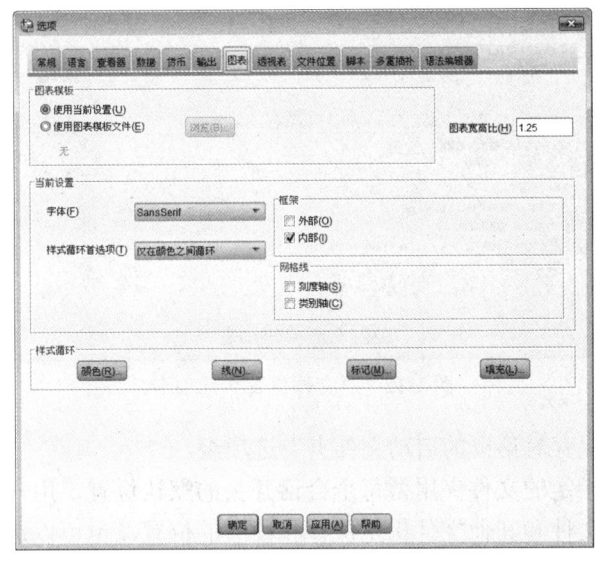

图 1-11 "图表"选项卡

(1)"图表模板"选项组。

该选项组包含"使用当前设置"和"使用图表模板文件"两个单选按钮。如选择"使用当前设置"则图表采用此标签中设置的参数;如选择"使用图表模板文件"则使用一个图表模板来确定图表的属性,用户可以单击"浏览"按钮来选择图表模板。

(2)"当前设置"选项组。

"字体"下拉列表框用于设置新图表中所有文本的字体。

"样式循环首选项"下拉列表框用于设置新图表的颜色和图案的初始分配,包含两个选项:"仅在颜色之间循环",如选择它则仅使用颜色区分图表元素,而不使用图案;"仅在图案之间循环",如选择它则仅使用线条样式、标记符号或填充图案来区分图表元素,而不使用颜色。

(3)"框架"选项组。

该选项组用于控制新图表上的内框和外框的显示,用户可以选择显示内框或外框。

(4)"网格线"选项组。

该选项组用于设置新图表上的刻度轴网格线和类别轴网格线的显示。

(5)"样式循环"选项组。

该选项组包含"颜色"、"线"、"标记"和"填充"4 个按钮,分别用于设置新图表的颜色、线条样式、标记符号和填充图案。

5. 文件位置参数设置

"文件位置"选项卡(见图 1-12)用于设置应用程序在每个会话开始时打开和保存文

件的默认位置、日志文件位置、临时文件夹位置，以及出现在最近使用的文件列表中的文件数量。

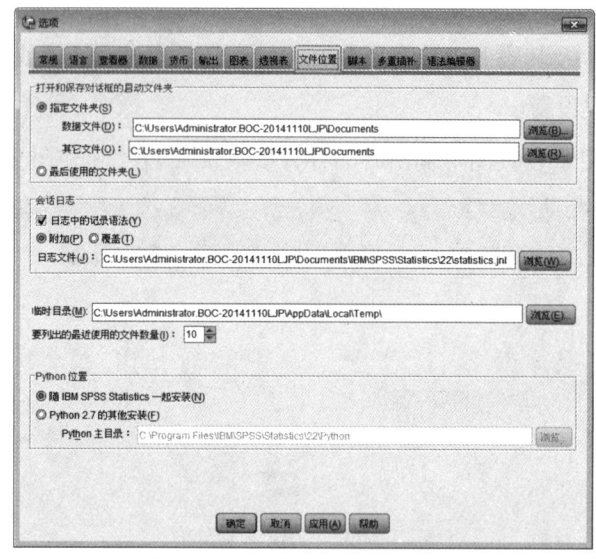

图 1-12 "文件位置"选项卡

（1）"打开和保存对话框的启动文件夹"选项组。

该选项组用于将指定的文件夹用做每个会话开头的默认位置，用户可以选择"指定文件夹"单选按钮为数据文件和其他文件指定保存和读取的位置，也可以选择"最后使用的文件夹"单选按钮将在上一次会话中打开或保存文件的最后一个文件夹，用做下一次会话的默认文件夹。

（2）"会话日志"选项组。

用户可以选择"日志中的记录语法"复选框启用会话日志自动记录会话中运行的命令，还可以通过选择"附加"或"覆盖"单选按钮设置日志文件的记录方式，用户还可以选择日志文件的名称和位置。

（3）"临时目录"输入框。

该输入框用于设置在会话过程中创建的临时文件的位置。

（4）"要列出的最近使用的文件数量"微调框。

该微调框用于设置出现在"文件"菜单上的最近使用文件的数量。

6. 脚本文件的参数设置

"脚本"选项卡（见图 1-13）用于设置指定默认脚本语言和使用的自动脚本。

（1）"启用自动脚本"复选框。

该复选框用于设置自动脚本的启用或禁用，SPSS 默认启用自动脚本。

（2）"基础自动脚本"选项组。

该选项组用于指定用做基础自动脚本的脚本文件和用于运行脚本的语言，用户可以在"文件"输入框中选择基础自动脚本文件。

（3）"单一对象自动脚本"选项组。

该选项组用于设置对象应用的自动脚本。首先从"命令识别"列表框中选择一个命令，然后在"对象和脚本"列表框中选择要应用的脚本。

7. 语法编辑器参数设置

"语法编辑器"选项卡（见图1-14）用于设置语法编辑器的外观及相关参数。

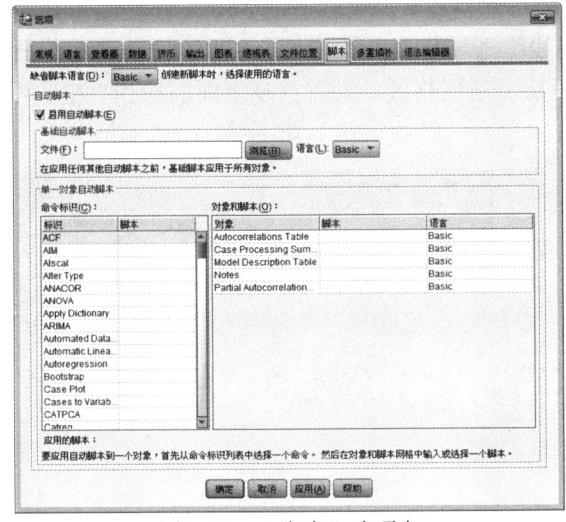

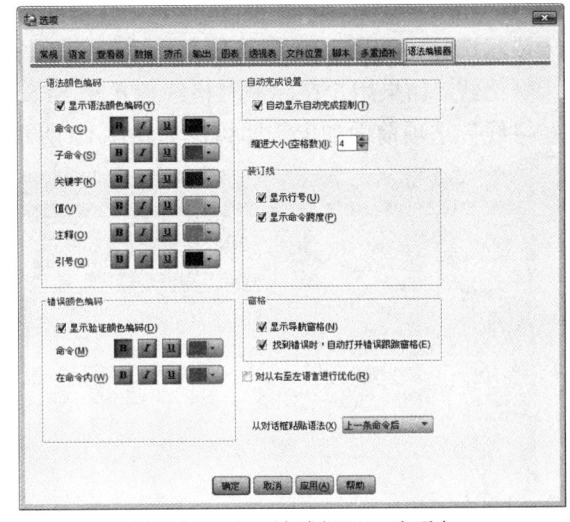

图1-13 "脚本"选项卡　　　　　　　图1-14 "语法编辑器"选项卡

（1）"语法颜色编码"选项组。

在该选项组中，用户可以选择是否显示语法颜色编码并设置"命令"、"子命令"、"关键字"、"值"、"注释"和"引号"的字体和颜色。

（2）"错误颜色编码"选项组。

在该选项组中，用户可以选择是否显示验证颜色编码并设置在命令和子命令中语法错误的字体和颜色。

（3）"自动完成设置"选项组。

"自动显示自动完成控制"复选框用于设置自动完成的自动显示，选择该复选框表示打开自动完成控制的自动显示。

（4）"装订线"选项组。

该选项组包括"显示行号"和"显示命令跨度"两个复选框，用于设置在语法编辑器的装订线内是否显示行号和命令窗口。

本框还可设置是否对从右至左语言进行优化，若从对话框粘贴语法，则有如下两个选项：从上一条命令后和从光标或选择内容处，系统默认设置从上一条命令后开始从对话框粘贴语法。

1.2.2 SPSS 22.0 运行环境的设置

SPSS允许用户对状态栏、系统字体、菜单和网格线等进行相应的设置，打造自己的个性化界面。

1. SPSS 状态栏的显示和隐藏

用户可以在SPSS的界面中自行选择是否显示状态栏，具体操作方法如下：在菜单栏中依次选择"视图"|"状态栏"命令，将"状态栏"选项前面的钩去掉，SPSS便会自动隐藏

状态栏。如果用户在隐藏状态栏后希望 SPSS 再次显示状态栏，只需重复上面的操作，在"状态栏"选项前面加上钩即可，如图 1-15 所示。

2. SPSS 网格线的显示与隐藏

用户可以在 SPSS 的界面中自行选择是否显示网格线，具体操作方法如下：在菜单栏中依次选择"视图"|"网格线"命令，将"网格线"选项前面的钩去掉，SPSS 便会自动隐藏网格线。如果用户在隐藏网格线后希望 SPSS 再次显示网格线，只需重复上面的操作，在"网格线"选项前面加上钩即可，如图 1-16 所示。

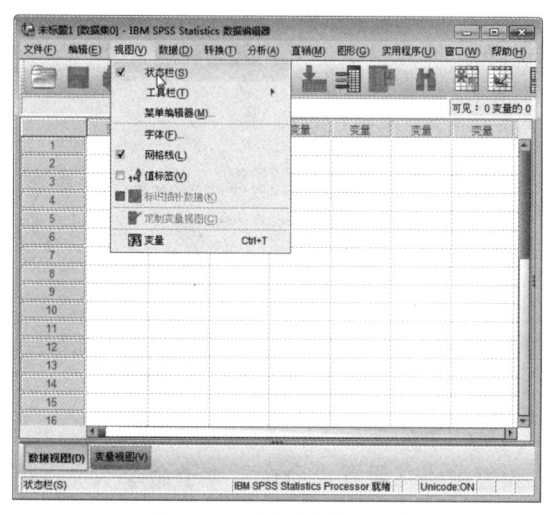

图 1-15　"状态栏"选项　　　　　　　　图 1-16　"网格线"选项

3. SPSS 菜单的增加与删除

SPSS 允许用户建立个性化的菜单栏，用户可以根据自己的需要删除现有菜单或增加新的菜单，具体的操作方法如下：

在菜单栏中依次选择"视图"|"菜单编辑器"命令，打开如图 1-17 所示的"菜单编辑器"对话框。

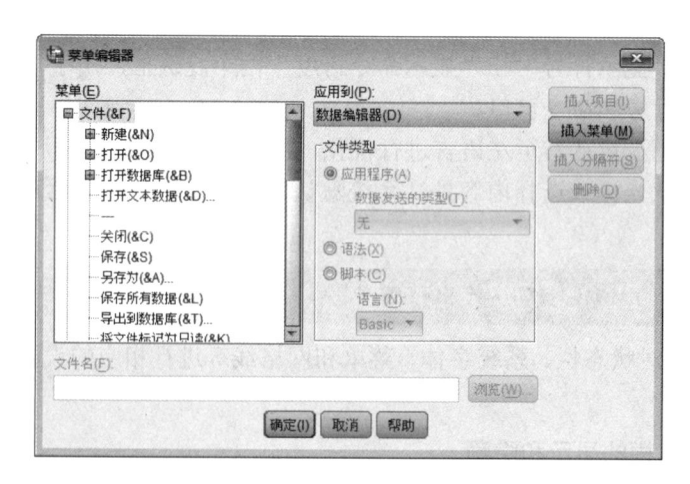

图 1-17　"菜单编辑器"对话框

（1）"应用到"下拉列表框。

该下拉列表框用于选择要编辑菜单的窗口，包含"数据编辑器"、"浏览器"和"语法"3个选项，分别用于设置数据编辑器窗口、输出窗口和语法窗口的菜单栏。

（2）"菜单"列表。

该列表显示了各个窗口中菜单栏中现有的菜单，单击每项前面的加号可以展开每项菜单下的具体内容。当选中菜单项目时"插入菜单"按钮被激活，单击此按钮可以插入新的菜单。此外，双击想要对其添加新项的菜单或单击项目加号图标并选择要在其上显示新项的菜单项，"插入项目"按钮便被激活，单击此按钮可插入新的菜单项。

（3）"文件类型"选项组。

该选项组包括"脚本"、"语法"和"应用程序"3个单选按钮，用于为新项选择文件类型，用户选择完文件类型后，单击"文件名"输入框后的"浏览"按钮以选择要附加到菜单项的文件。

此外，用户还可以在菜单项之间添加全新的菜单和分隔符。

4. SPSS 中字体的设置

用户可以更改 SPSS 界面中的字体，具体操作如下：

在菜单栏中依次选择"视图"|"字体"命令，打开如图 1-18 所示的"字体"对话框。

"字体"对话框包含"字体"、"字体样式"和"大小"3个选项框，用户可以在其中选择要定义的字形、字体样式和字号，设置完成后单击"确定"按钮保存设置。

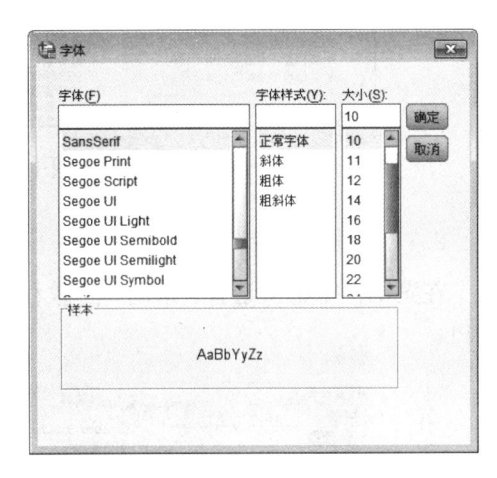

图 1-18 "字体"对话框

1.3 SPSS 22.0 的帮助系统

SPSS 22.0 提供了强大而完善的帮助系统，可以使用户快速地适应和掌握 SPSS 的基本操作，合理地利用帮助系统有助于用户方便地解决 SPSS 使用过程中遇到的疑难问题。

1.3.1 对话框中的"帮助"按钮

用户在使用 SPSS 进行信息管理和统计分析时，打开的各种主对话框和相应的子对话框中都含有"帮助"按钮。用户可以单击这些按钮，快速进入该对话框的"帮助"主题并获取相应的帮助。

1.3.2 联机帮助系统

SPSS 提供了强大的联机帮助系统，用户可以查找相应分析方法操作的帮助文件，并可以观看相关的教程，SPSS 的帮助系统还支持搜索等功能。

1. "主题"命令

在菜单栏中依次选择"帮助"|"主题"命令，将在浏览器中打开如图 1-19 所示的"帮助"

窗口。

"帮助"窗口左边包含"目录"、"搜索"等标签选项卡。使用"目录"选项卡逐级打开帮助的目录，可获得全面的帮助信息；还可以使用"搜索"选项卡从中查找特定帮助主题以获得相应的帮助。

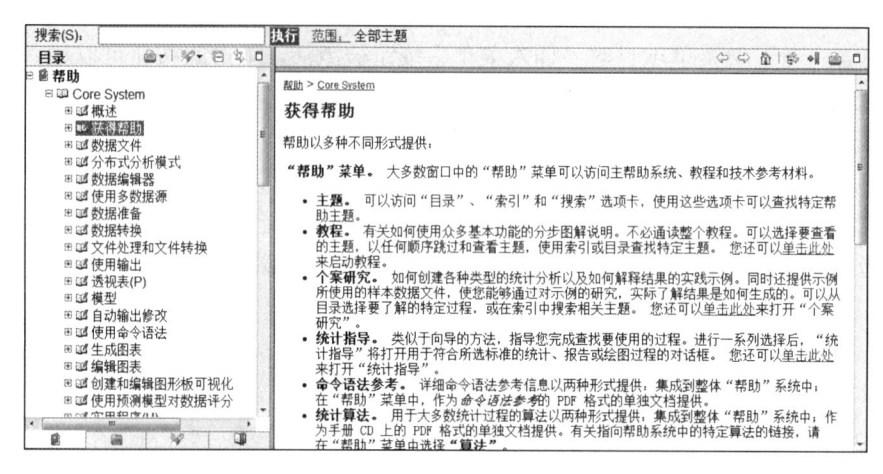

图 1-19　"帮助"窗口

2. "教程"命令

在菜单栏中依次选择"帮助"|"教程"命令，将在浏览器中打开如图 1-20 所示的"教程"窗口。

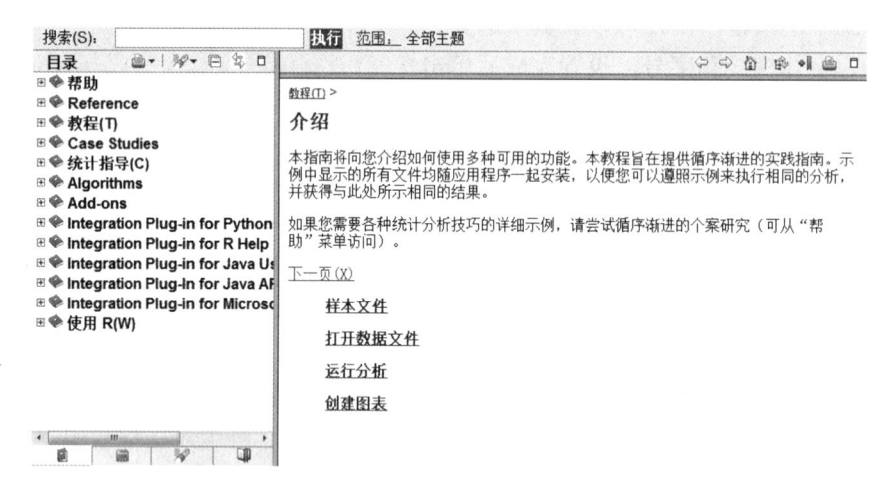

图 1-20　"教程"窗口

"教程"窗口给出了 SPSS 具体操作步骤的图解指导，是初学者快速熟悉 SPSS 操作的有力工具。

第 2 章 SPSS 22.0 基本操作与数据管理

数据是分析和研究的基础，合理建立数据文件和良好的数据管理习惯是进行正确科学分析的关键，因此数据管理对分析者是至关重要的。简而言之，数据管理就是对数据文件的结构进行必要的调整和转换。SPSS 有强大的数据管理功能，可以从变量和观测量的角度进行数据处理，为随后的统计分析打下良好的基础。本章主要介绍 SPSS 22.0 的数据管理功能。

2.1 SPSS 22.0 基本概念

2.1.1 数据编辑器与数据文件

SPSS 的数据编辑器是用户进行数据处理与分析的主要窗口。用户可以在数据编辑器窗口进行数据输入、观察、编辑和统计分析等操作。

在启动选项界面中选择"输入数据"或"打开现有的数据源"，进入 SPSS "数据编辑器"窗口，如图 2-1 所示。

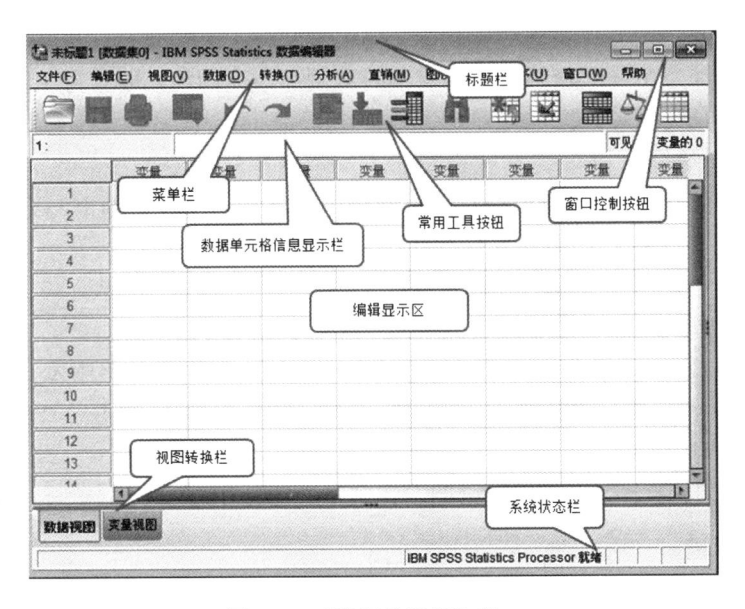

图 2-1 "数据编辑器"窗口

（1）标题栏。

标题显示窗口名称和编辑的数据文件名。如果当前数据编辑器中是一个新建的文件，显示为"未标题 1[数据集 0]- SPSS Statistics 数据编辑器"。

（2）菜单栏。

菜单栏包括"文件"、"编辑"、"视图"、"数据"、"转换"、"分析"、"直销"、"图形"、"实用程序"、"窗口"和"帮助"菜单选项,这些菜单可以实现编辑数据与变量、定义系统参数、设置显示方式、绘图图形、进行各项数据分析和查阅帮助等功能。

(3) 数据和单元格信息显示栏。

该显示栏用于显示单元格位置和单元格的内容等相关信息。灰色显示的区域为提示区,显示单元格的位置,空白区域为数据编辑区,该区域内显示当前选中的单元格的内容,用户可以在该区域输入或修改相应的内容。

(4) 编辑显示区。

在窗口的中部是编辑显示区,该区最左边列显示单元序列号,最上边一行显示变量名称。选定的单元格呈反色显示,其内容将出现在数据和单元格信息显示栏中。用户可以在该区域内输入或修改单元格内容。

(5) 视图转换栏。

该栏用于进行变量和数据视图的切换,用户只需要单击相应的选项卡便可以完成变量与数据视图的切换。

(6) 系统状态栏。

该栏显示当前的系统操作,用户可以通过该栏了解 SPSS 当前的工作状态。

2.1.2 常量、变量、操作符和表达式

一、常量与变量

1. SPSS 常量

SPSS 中的常量为在一定阶段内其取值不随观测而改变的值,被分为 3 种类型:数值型常量、字符型常量和日期型常量。

(1) 数值型常量。

数值型常量是一个数值。数值型常量有两种书写方式:一是普通书写方式(定点方式),如:53、74.2 等;二是科学记数法书写方式(浮点方式),其使用指数表示数值,通常用于表示特别大或特别小的数值,如:3.16E18 表示 3.16×10^{18},7.32E-15 表示 7.32×10^{-15}。

(2) 字符型常量。

字符型常量是被单引号或双引号括起来的一串字符。如果字符串中本身带有单引号或半个单引号,则该字符串常量必须使用双引号括起来,如字符串"SPSS"、"This is Tom"。

(3) 日期型常量。

日期型常量是按特定格式输出的日期,该常量一般使用较少。

2. SPSS 变量

对不同的对象其取值发生变化的量称为变量。SPSS 中的变量包括数值型变量、字符型变量和日期型变量 3 种。

(1) 数值型变量。

数值型变量一般由数字、分隔符和一些特殊符号(如美元符号)构成,数值型变量包含以下 6 种具体的形式。

- 标准型。

标准数值型变量是 SPSS 中默认的数值变量格式,其默认长度为 8,小数位数为 2,小数

点用圆点表示。标准数值型变量的变量值可用标准数值格式输入,也可以用科学记数法输入,如 2378、44.21。

- 逗号数值型变量。

逗号数值型变量的整数部分从右向左每隔三位插入一个逗号作为分隔。逗号数值型变量默认长度为 8,小数位数为 2,小数点用圆点表示,如 7 467.55。

- 圆点数值型变量。

圆点数值型变量显示方式与带逗号的数值型变量相反,其整数部分从右向左每隔三位插入一个圆点作为分隔符,默认长度为 8,小数位数为 2,小数点用逗号表示,如 7.467 55。

- 科学记数法型。

科学记数法型数值变量的数值采用指数形式表示。科学记数法型数值变量默认长度为 8,小数位数为 2,通常用于表示很大或很小的数字,如 3.43E+002 表示 $3.43*10^2$。

- 美元型。

美元型数值型变量是在有效数字前添加美元符号的数值型变量,默认长度为 8,小数位数为 2,系统给出了美元型变量的多种表示形式,用户可以根据需要自行选择相应的形式,如$56 434.277。

- 自定义货币型。

用户可以创建 5 种自定义数据显示格式,系统自动将自定义数据显示名称命名为 CCA、CCB、CCC、CCD 和 CCE,这只是 5 种命名,用户可以自行设定这 5 种类型。

(2) 字符型变量。

字符型变量由字符串组成,可以包含数字、字母和一些特殊符号。字符型变量的默认长度为 8,大于 8 个字符的字符型变量称为长字符型变量,少于等于 8 个字符的变量称为短字符型变量,字符型变量最长为 32 767 个字符。字符型变量不能参与运算,系统将区分大小写字母。

(3) 日期型变量。

日期型变量用于表示日期和时间,选择"日期"单选按钮,可以看到 SPSS 提供的 29 种不同的日期和时间格式,如图 2-2 所示。用户可以根据需要选择相应的格式,如 1-12-2009、29.12.99 等。日期型变量不能参与运算,要想使用日期变量的值进行运算必须通过有关的日期函数进行转换。

二、变量名与变量标签

变量名和变量标签是用户用于识别变量的标志,定义良好的变量名和变量标签将有助于提高分析的效率。

图 2-2 日期型变量的格式选择

1. 变量名

变量名用于区分不同的变量,SPSS 中变量的命名规则如下:

(1) SPSS 变量的变量名不能超过 64 个字符。

(2) 首字符必须是字母、中文或特殊符号"@"、"$"或"#"。

（3）变量名中不能出现"？"、"！"、"—"、"+"、"="、"*"和空格。

（4）末字符不能为"."和"_"。

（5）名称不能与SPSS的保留字相同，SPSS的保留字有：AND、BY、EQ、GE、GT、LT、NE、NOT、OR、TO、WITH和ALL。

（6）系统不区分变量名中的大小写字母。

2. 变量标签

变量标签用于对变量名和变量值的辅助说明，包括变量名标签和变量的值标签。

（1）变量名标签。

变量名标签是对变量名的进一步解释和说明。变量名标签可由不超过256个字符的数字、汉字、字母和特殊符号构成，可以包含空格和SPSS保留字。用户可以自行设置变量名标签和变量名的显示方式，也可以用变量名标签代替变量名显示。变量名标签是一个可选择属性，用户可以不定义变量名标签。

（2）变量值标签。

变量值标签是对变量取值的进一步解释和说明，通常用于分类变量。变量值标签最大长度为120个字符，其只对数值型变量、日期型变量和短字符型变量有效，变量值标签也是一个可选择属性，用户可以不定义变量值标签。

三、运算符与表达式

SPSS的基本运算有3种：数学运算、关系运算和逻辑运算，相应运算的运算符和表达式如表2-1所示。

表2-1 SPSS的运算符

数学运算符		关系运算符			逻辑运算符		
符号	意义	符号	运算符	意义	符号	运算符	意义
+	加	<	LT	小于	&	AND	与
−	减	>	GT	大于	|	OR	或
*	乘	<=	LE	小于或等于	~	NOT	非
/	除	>=	GE	大于或等于			
**	乘方	=	EQ	等于			
()	括号	~=	NT	不等于			

将常量变量或函数用运算符进行连接，便形成了表达式，表达式的具体形式有以下3种。

（1）算术表达式。

用数学运算符连接数值型的常量、变量和函数即形成算术表达式，其运算结果一般为数值，例如表达式23+45，输出结果为68。

（2）比较表达式。

利用关系运算符建立起的两个变量间的比较关系即为比较表达式，比较表达式要求相互比较的两个量类型一致，比较表达式的结果一般为逻辑型，例如，x=2，则表达式"x>0"为真，系统返回1（true）。

（3）逻辑表达式。

逻辑表达式由逻辑运算符、逻辑型的变量或取值为逻辑型的比较表达式构成。逻辑表达式的值为逻辑型常量，例如对于表达式"true AND true"系统返回"true"，"true OR false"

系统返回"true"。

2.2 数据和变量的基本操作

2.2.1 数据文件的打开与保存

要进行数据分析,首先必须打开一个数据文件,数据文件的打开是进行数据分析的前提;在分析结束后我们希望保存分析的结果,此时将会用到数据文件的保存功能。

1. 数据文件的打开

打开数据文件的具体操作步骤如下。

(1) 在菜单栏中依次选择"文件"|"打开"|"数据"命令或单击工具栏中的 按钮,打开如图 2-3 所示的"打开数据"对话框。软件默认打开文件夹物理路径为:"C:\Users\Administrator\Documents"。若用户存储的文件在电脑其他位置,可单击向上按钮 返回上级目录、双击打开文件夹进入下层目录,以此逐步转到包含指定数据的文件夹。

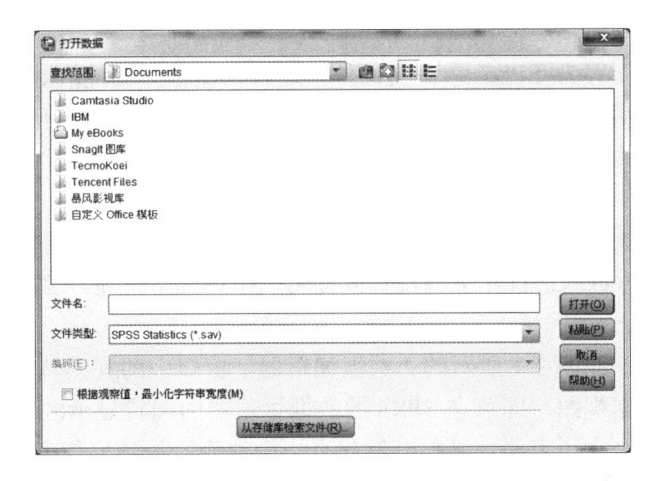

图 2-3 "打开数据"对话框

(2) 选择相应的文件。如果需要打开其他数据文件,用户可以在"文件类型"列表框中选择相应的类型。关于数据文件的转换本书后面章节会做详细介绍。

(3) 双击需要打开的文件或单击"打开"按钮打开文件。从 SPSS 15.0 开始,系统支持同时打开多个数据文件,这极大地方便了用户在不同的数据文件之间进行操作。

2. 数据文件的保存

用户可以在菜单栏中依次选择"文件"|"保存"命令、"文件"|"另存为"命令或在工具栏中单击 按钮保存数据文件。

如果用户保存的是新建的数据文件,当进行以上操作时,会弹出如图 2-4 所示的"将数据保存为"对话框。

用户可以保存所有的变量,也可以单击"变量"按钮,在弹出的如图 2-5 所示的"数据保存为:变量"对话框中选择要保存的变量。

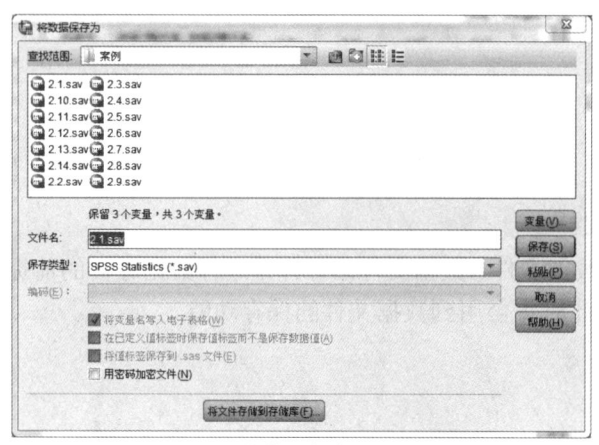

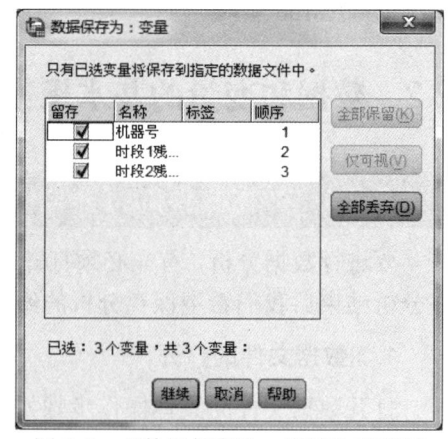

图 2-4 "将数据保存为"对话框　　　　图 2-5 "数据保存为：变量"对话框

如果用户保存的数据文件是已经保存过的或是从磁盘上打开的数据文件,当用户选择"文件"|"保存"命令或在工具栏中单击 ■ 按钮时,文件将保存在其原来的位置。当用户选择"文件"|"另存为"命令时,系统会弹出"数据保存为：变量"对话框让用户进行相应的文件保存设置。

数据文件除可以保存为 SPSS 数据文件外,还可以保存为其他的数据格式。用户可以在"将数据保存为"对话框的"保存类型"下拉列表框中选择数据文件的保存类型。

2.2.2　输入数据和编辑数据

数据的输入是数据管理中的最基本操作,本节将对数据输入的方法进行相应的介绍。输入数据后,我们需要对数据进行相应的整理或编辑,SPSS 提供了强大的数据编辑功能。SPSS 输入数据的方法如下。

变量定义完成后,在图 2-1 所示的"数据编辑器"窗口中的视图转换栏中选择"数据视图"选项卡,进入数据视图,即可在 SPSS 的数据管理器的编辑显示区中直接输入和编辑数据。编辑显示区是一个电子表格,其每一行代表一个观测,每一列代表一个变量,行列交叉处称为单元格,单元格中给出观测在相应特性上的取值。单击可激活单元格,被激活的单元格以反色显示；用户也可以按方向键上下左右移动来激活单元格,单元格被激活后,用户即可向其中输入新数据或修改已有的数据。

2.2.3　查看文件信息和变量信息

数据文件建立后,我们可能希望看到数据文件的结构和变量的组成以确定是否需要完善或修改,此时就需要查看文件和变量的相关信息。

1. 变量信息的查看

（1）在结果输出窗口中查看变量信息。

在菜单栏中依次选择"文件"|"显示数据文件信息"|"工作文件"命令,可以将当前工作文件的变量信息输出到结果查看窗口,输出结果如图 2-6 所示。用户还可以在菜单栏中依次选择"文件"|"显示数据文件"|"外部文件"命令并选择相应的外部文件,将其他工作文件的变量信息输出到结果查看窗口。

第2章 SPSS 22.0 基本操作与数据管理

变量信息

变量	位置	标签	测量级别	角色	列宽(W)	对齐	打印格式	写格式
机器号	1	<无>	名义	输入	8	左	A24	A24
时段1残次品数量	2	<无>	度量	输入	8	右	F8	F8
时段2残次品数量	3	<无>	度量	输入	8	右	F8	F8

工作文件中的变量

图 2-6 结果输出窗口中输出的变量信息

（2）利用工具栏查看变量信息。

在菜单栏中依次选择"实用程序"|"变量"命令，打开如图 2-7 所示的"变量"对话框。在"变量"列表中选择相应的变量，即可查看当前数据文件中的变量。变量的信息将显示在"变量信息"列表中。

2. 文件信息的查看

在菜单栏中依次选择"文件"|"显示数据文件信息"|"外部文件"命令并选择相应的外部文件，可以将相应工作文件的文件信息输出到结果查看窗口，输出结果如图 2-8 所示。

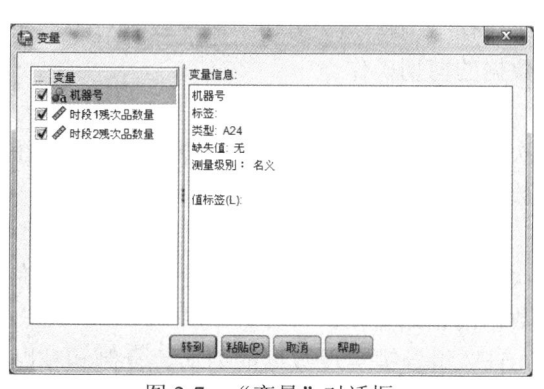

图 2-7 "变量"对话框

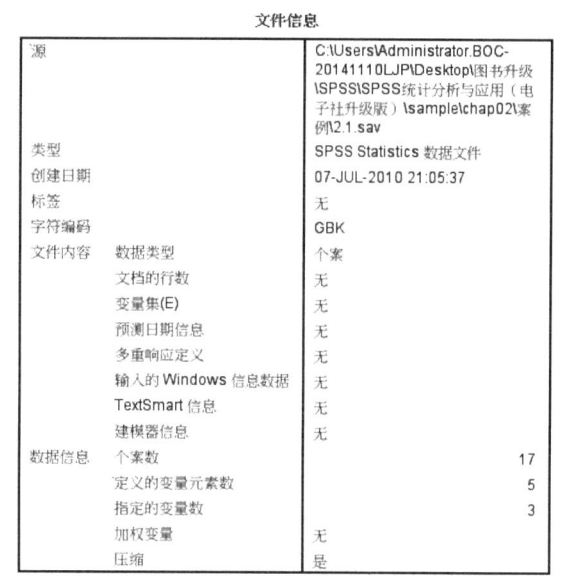

图 2-8 文件信息

2.2.4 变量与观测量的插入与删除

有时我们需要对数据进行相应的修改。例如，公司新进了一名员工，需要将他的信息插入原有的数据库，此时我们需要进行变量的插入操作；一名学生退学需要从班级名单中将其删除，此时我们需要进行变量的删除操作。

1. 插入观测量

用户可以通过菜单命令插入变量，也可以通过工具栏和鼠标右键菜单插入观测量，这几种方法是等价的。

（1）在 SPSS 数据编辑器的数据视图下，用户可以将任一观测量所在行的任意单元格激活，然后依次选择"编辑"|"插入个案"命令，即可完成观测量插入操作。

（2）在 SPSS 数据编辑器的数据视图下，用户将鼠标移动到相应的观测量序号上并单击选中该观测量，此时该观测量所在行的所有单元格都被选中并呈反色显示，右击，在弹出的快捷菜单中选择"插入个案"命令，即可完成观测量插入操作。

（3）在 SPSS 数据编辑器的数据视图下，用户可以将任一观测量所在行的任意单元格激活，然后单击工具栏中的 按钮，也可以完成观测量插入操作。

2. 删除观测量

删除变量将删除该观测量所在行的全部数据，删除观测量有两种等价的方法。

（1）在 SPSS 数据编辑器的数据视图下，用户将鼠标移动到相应的观测量序号上并单击选中该观测量，此时该观测量所在列的所有单元格都被选中并呈反色显示，然后依次选择"编辑"|"清除"命令，即可完成观测量删除操作。

（2）在 SPSS 数据编辑器的数据视图下，用户将鼠标移动到相应的观测量序号上并单击选中该观测量，此时该观测量所在列的所有单元格都被选中并呈反色显示，在弹出的菜单中选择"清除"命令，即可完成观测量删除操作。

2.2.5 数据的剪切、复制和粘贴

对数据进行剪切、复制和粘贴操作前，首先选中需要操作的数据区域，被选中的数据区域呈反色显示。

（1）数据的剪切操作。

选中需要操作的数据区域后，在菜单栏中依次选择"编辑"|"剪切"命令或者右击，在弹出的快捷菜单中选择"剪切"命令，均可完成数据的剪切操作。

（2）数据的复制操作。

选中需要操作的数据区域后，在菜单栏中依次选择"编辑"|"复制"命令或者右击，在弹出的快捷菜单中选择"复制"命令，均可完成数据的复制操作。

（3）数据的粘贴操作。

选中需要操作的数据区域后，在菜单栏中依次选择"编辑"|"粘贴"命令或者右击，在弹出的快捷菜单中选择"粘贴"命令，均可完成数据的粘贴操作。

此外，用户还可以通过 Ctrl+X、Ctrl+C 和 Ctrl+V 组合键实现数据的剪切、复制和粘贴操作。

2.2.6 依据现有变量建立新变量

我们在实际的数据分析过程中经常会利用多个变量之间的关系来计算生成新的变量。SPSS 的变量生成过程可以方便地实现这项功能，根据已存在的变量建立新变量的过程具体如下。本书将以产品中废品的计算为例，讲解根据已存在的变量建立新变量的过程，我们将按照"残次品=（时段 1 的残次品+时段 2 的残次品）/2"的公式计算残次品。下面分析所用数据文件为 2-1（数据文件路径：sample/chap02/案例/2-1），原始数据文件如图 2-9 所示。

（1）在菜单栏中依次选择"转换"|"计算变量"命令，打开如图 2-10 所示的"计算变量"对话框。

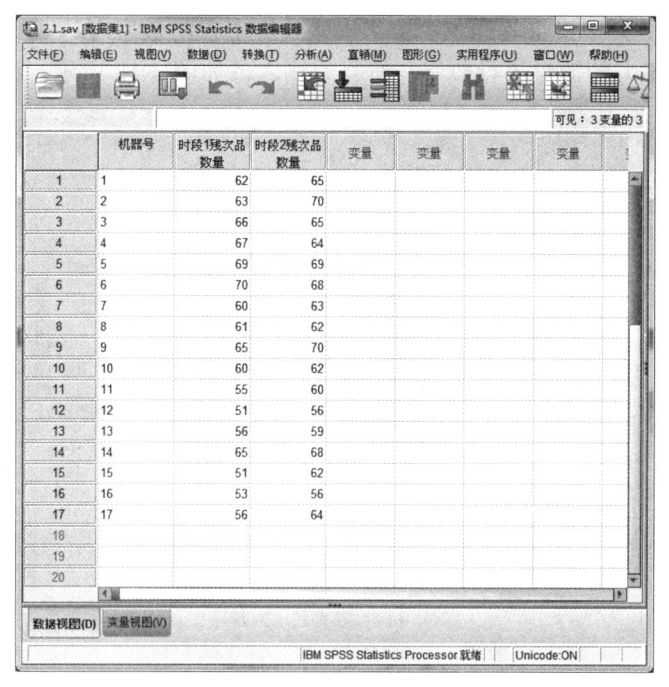

图 2-9 未产生新变量的数据文件

（2）设定目标变量。

在"目标变量"输入框中输入目标变量的名称，单击"类型与标签"按钮，在弹出的"计算变量：类型和标签"对话框中设置新生成的变量的变量类型与标签。本例中，选择"标签"单选按钮，并在其后的输入框中输入变量标签"平均残次品"，如图2-11所示。

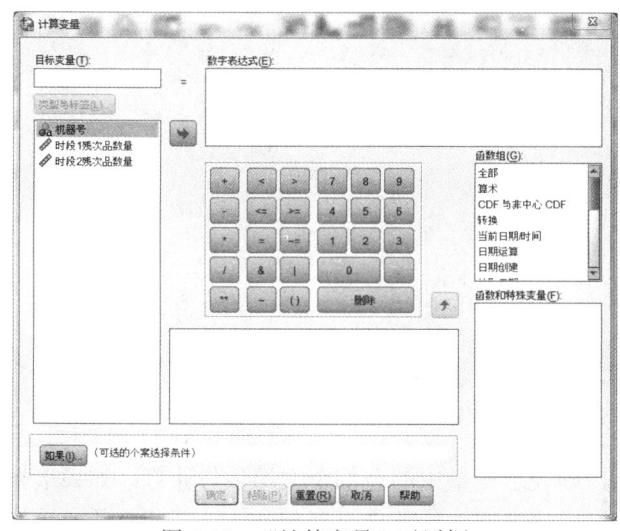

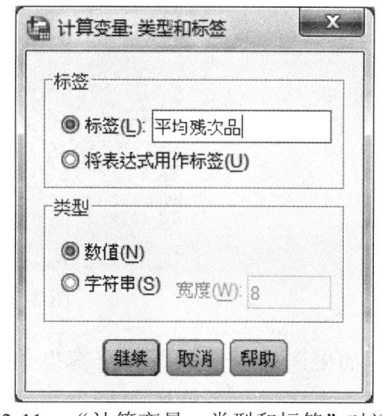

图 2-10 "计算变量"对话框　　　　　　图 2-11 "计算变量：类型和标签"对话框

（3）设置新变量的生成表达式。

从源变量列表中选择生成新变量所依据的变量，然后单击 ➡（向右）按钮将选中的变量选入"数字表达式"列表中参与数字表达式的构建；从"函数组"列表中选择相应的函数类型后，"函数和特殊变量"列表中会显示出具体的函数类型与特殊变量，用户可以选择相应的

函数并单击 ↑（向上）按钮将其选入"数字表达式"中参与数字表达式的构建；用户可以利用"数字表达式"下方的键盘进行数字与符号的输入，如图 2-12 所示。

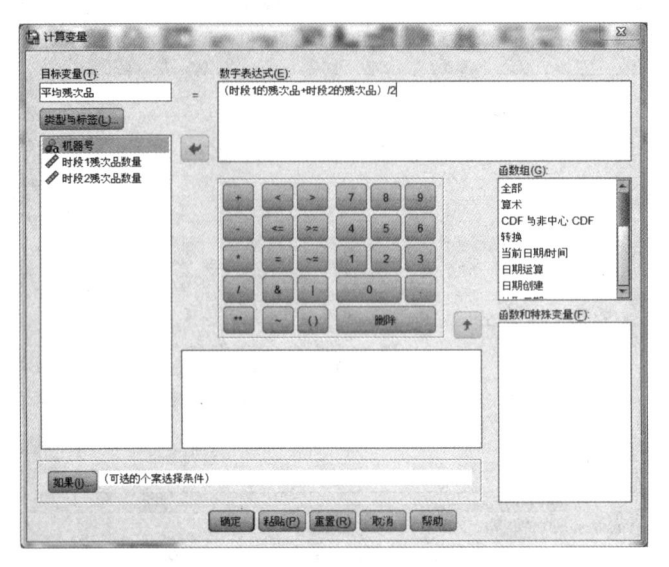

图 2-12　设置新变量的生成表达式

（4）设置个案选择条件。

单击"如果"按钮，打开如图 2-13 所示的"计算变量：If 个案"对话框。

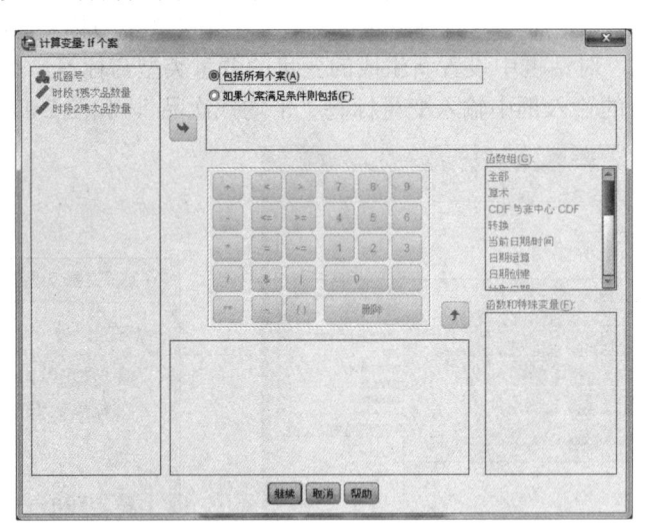

图 2-13　"计算变量：If 个案"对话框

如果选择"包括所有个案"单选按钮，则表示变量中的全部个案均参与计算；如果选择"如果个案满足条件则包括"单选按钮，则激活个案选择条件设置部分，该部分与新变量的生成表达式的设置方法基本相同，在此不再赘述。本例中，该处选择"包括所有个案"单选按钮。

（5）单击"确定"按钮，就可以计算新变量。此外，用户还可以单击"重置"按钮，重新进行变量计算的相应设置，还可以单击"取消"按钮，取消新变量的计算，新变量的生成结果如图 2-14 所示。

第 2 章　SPSS 22.0 基本操作与数据管理

图 2-14　产生新变量的输出结果

通过图中可以看出，SPSS 计算了时段 1 和时段 2 残次品的平均数量并作为一个新变量进行保存。

2.2.7　产生计数变量

有时，需要统计满足某一个条件的观测的个数，例如要对学生党员进行统计。计数变量的功能就是对变量中满足一定条件的个案的个数进行统计，并保存计数结果，本书以优秀次数的计算作为例子讲解产生计数变量的过程，该例子要求计算时段 1 和时段 2 的残次品优秀的机器数量，判定的优秀标准为残次品小于等于 60。下面分析所用的数据文件为 2-2（数据文件路径：sample/chap02/案例/2-2），未产生计数变量的原始数据文件如图 2-15 所示。

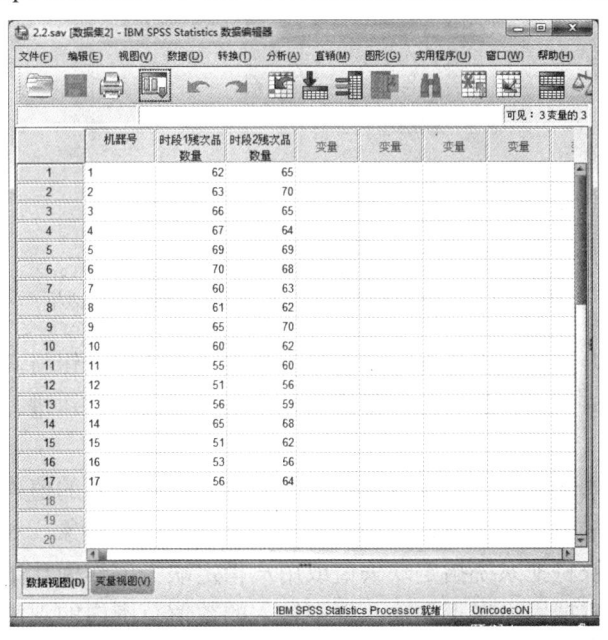

图 2-15　未产生计数变量的原始数据文件

产生计数变量的过程如下。

（1）在菜单栏中依次选择"转换"|"对个案内的值计数"命令，打开如图 2-16 所示的"计算个案内值的出现次数"对话框。

（2）选择要进行计数的变量和设置计数变量。

在源变量列表中选择要进行计数的变量，单击按钮将其选入"变量"列表中。本例中将"时段 1 残次品数量"变量和"时段 2 残次品数量"变量选入列表，如图 2-17 所示。

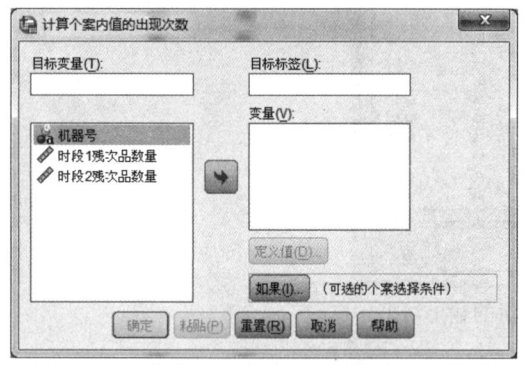

图 2-16 "计算个案内值的出现次数"对话框

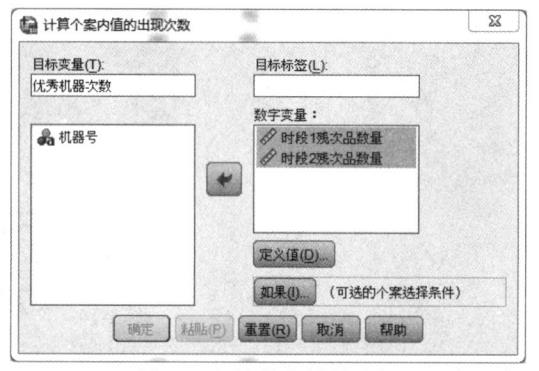

图 2-17 计数变量的选择

"目标变量"输入框用于输入产生的计数变量的名称，"目标标签"输入框用于输入产生的计数变量的变量标签，本例中在目标变量输入框中输入"优秀机器次数"。

（3）定义计数对象。

单击"定义值"按钮，弹出如图 2-18 所示的"统计个案内的值：要统计的值"对话框。

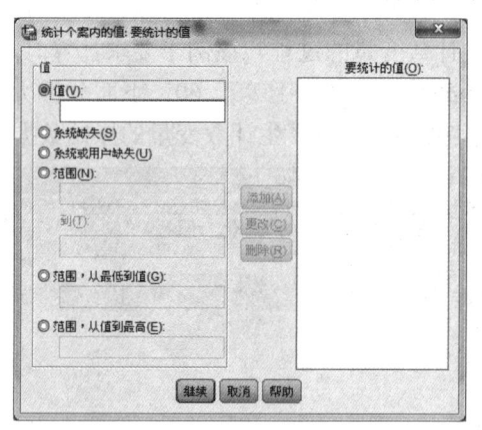

图 2-18 "统计个案内的值：要统计的值"对话框

用户可以在"值"选择组中选择计数对象，单击"添加"按钮将其选入右边的"要统计的值"列表中。对于该列表中的对象，用户可以单击"更改"按钮进行修改或单击"删除"按钮予以删除。

如果选择"值"单选按钮，系统将用户在下面输入框中输入的值作为计数对象；如果选择"系统缺失"单选按钮，系统将把系统指定缺失值作为计数对象；如果选择"系统或用户缺失"单选按钮，系统将把系统指定缺失值或用户指定缺失值作为计数对象；如果选择"范围"单选按钮，系统将把用户在下面输入框中输入的数值范围内的观测量数作为计数对象；如果选择"范围，从最低到值"单选按钮，系统将把负无穷大到用户在下面输入框中输入的数值范围内的观测量数作为计数对象;如果选择"范围,从值到最高"单选按钮,系统将把用户在下面输入框中输入的数值到正无穷大范围内的观测量数作为计数对象。

本例中选择"范围,从最低到值"单选按钮,并在其后的输入框中输入"60"。

(4) 设置个案选择条件。

单击"如果"按钮,打开如图 2-19 所示的"统计出现次数:If 个案"对话框。

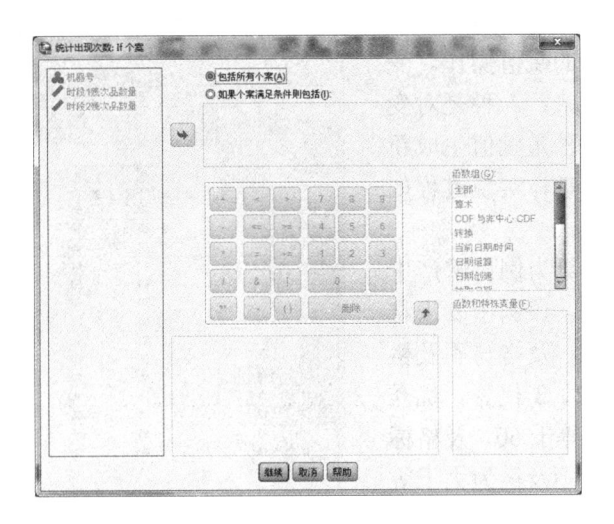

图 2-19 "统计出现次数:If 个案"对话框

如果选择"包括所有个案"单选按钮,则表示变量中的全部个案均参与计数;如果选择"如果个案满足条件则包括"单选按钮,则激活个案选择条件设置部分,该部分的设置本书已在 2.2.6 节介绍,在此不赘述。本例中,该处选择"包括所有个案"单选按钮。

(5) 单击"确定"按钮,就可以生成计数变量。此外,用户还可以单击"重置"按钮,重新进行计数变量生成的相应设置,还可以单击"取消"按钮,取消计数变量的生成。生成计数变量后的数据文件如图 2-20 所示。

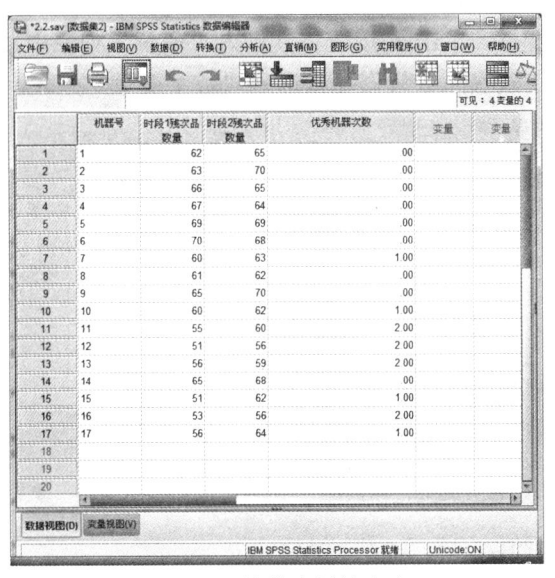

图 2-20 计数变量的生成

由图 2-20 可以看出，SPSS 生成了名为"优秀机器次数"的计数变量。该变量统计了每个观测中符合条件的值的个数，通过生成计数变量便可以了解优秀机器的情况。

2.2.8 变量的重新赋值

对于数值型变量，用户在数据编辑和整理过程中可以对某些变量的一定取值范围内的观测量进行重新赋值。例如，在学生成绩中，由于统计的失误，导致了一部分学生的成绩需要更正，此时将用到变量的赋值操作。变量的重新赋值有两种方式：一种是对变量自身重新赋值，另一种是赋值生成新的变量，这两种方法的具体实现过程如下。

本书以残次品的计算为例讲解产生对变量重新赋值的过程，该例子要求将百分制数量换算为优良、及格与不及格三类，分别用数字 1、2、3 代替。优秀标准为残次品数量小于等于 60、及格标准为大于 60 小于 65，不及格为大于等于 65。下面分析所用的数据文件为 2-3（数据文件路径：sample/chap02/案例/2-3），原始数据文件如图 2-21 所示。

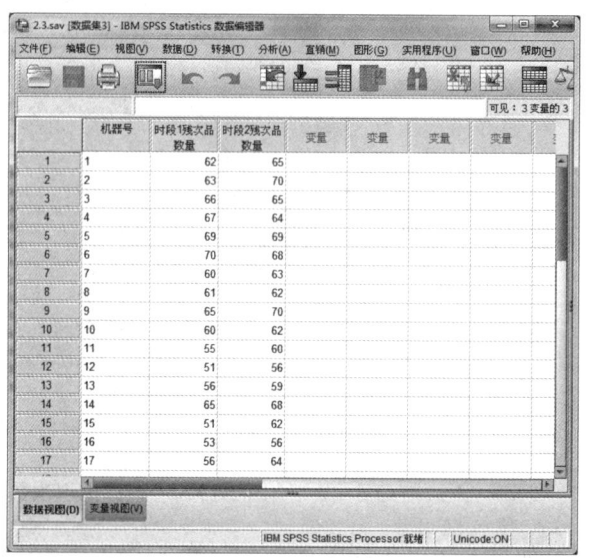

图 2-21 未进行变量重新赋值的原始数据

1. 对变量自身重新赋值

对变量自身的重新赋值产生新变量，变量的新值直接在原来位置替换变量的原值。

（1）在菜单栏中依次选择"转换"|"重新编码为相同变量"命令，打开如图 2-22 所示的"重新编码到相同的变量中"对话框。

（2）选择要重新赋值的变量。

选择要重新赋值的变量，单击 按钮将其选入"变量"列表中，本例中将"时段 1 残次品数量"变量和"时段 2 残次品数量"变量选入"数字变量"列表，如图 2-23 所示。

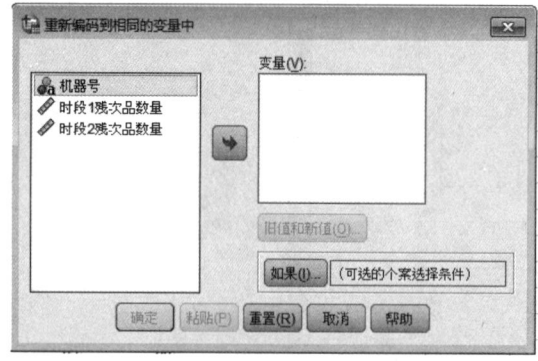

图 2-22 "重新编码到相同的变量中"对话框 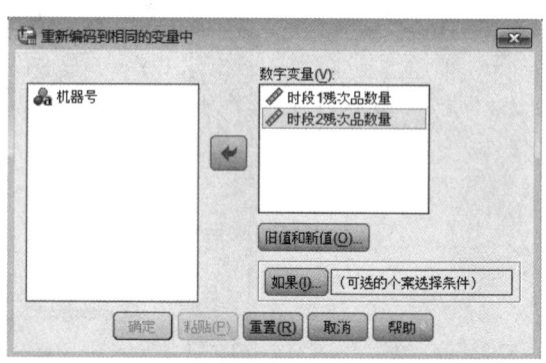　　图 2-23 重新赋值变量的选择

（3）定义旧值与新值。

单击"旧值和新值"按钮，弹出如图 2-24 所示的"重新编码成相同变量：旧值和新值"

对话框。

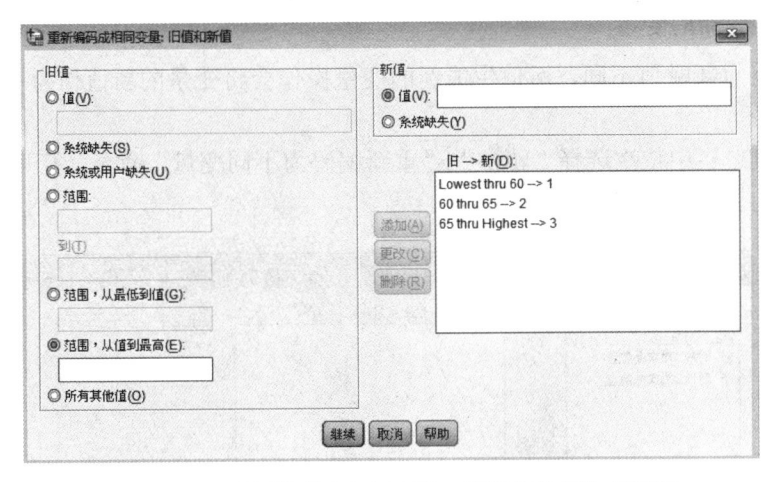

图 2-24 "重新编码成相同变量：旧值和新值"对话框

- "旧值"选项组。

该选项组用于设置要改变的值的范围：如果选择"值"单选按钮，系统将用户在下面输入框中输入的值作为要改变的值；如果选择"系统缺失"单选按钮，系统将把系统指定缺失值作为要改变的值；如果选择"系统或用户缺失"单选按钮，系统将把系统指定缺失值或用户指定缺失值作为要改变的值；如果选择"范围"单选按钮，系统将把用户在下面输入框中输入的数值范围内的个案取值作为要改变的值；如果选择"范围，从最低到值"单选按钮，系统将把负无穷大到用户在下面输入框中输入的数值范围内的个案取值作为要改变的值；如果选择"范围，从值到最高"单选按钮，系统将把用户在下面输入框中输入的数值到正无穷大范围内的个案取值作为要改变的值。

- "新值"选项组。

该选项组用于设置变量的新赋值。如果选择"值"单选按钮，表示由用户指定该值，用户可以在其后的输入框中输入变量的新赋值；如果选择"系统缺失"单选按钮，系统将把系统指定缺失值作为新赋值。

用户完成旧值与新值的赋值配对后，可以单击"添加"按钮将其选入右边的"旧→新"列表中。对于该列表中的对象，用户可以单击"更改"按钮进行修改或单击"删除"按钮予以删除。

本例中，将优秀标准为残次品小于等于 60、及格标准为大于 60 小于 65 和不及格为大于 65 分的变量分别定义用数字 1、2、3 代替。

（4）设置个案选择条件。

个案选择条件的设置方法与前面章节相同，本书在此不再赘述。本例中依旧选择"包括所有个案"单选按钮。

（5）单击"确定"按钮，就可以对变量重新赋值。重新赋值后的变量，如图 2-25 所示。

由图 2-25 可以看出，原始分数均被表示级别的数字 1、

图 2-25 重新赋值后的变量

2 和 3 代替，变量的新值直接在原来位置替换了变量的原值。

2. 赋值生成新的变量

与变量自身重新赋值不同，赋值生成新的变量操作会将变量的新值作为一个新的变量进行保存。

（1）在菜单栏中依次选择"转换"|"重新编码为不同变量"命令，打开如图 2-26 所示的"重新编码为其他变量"对话框。

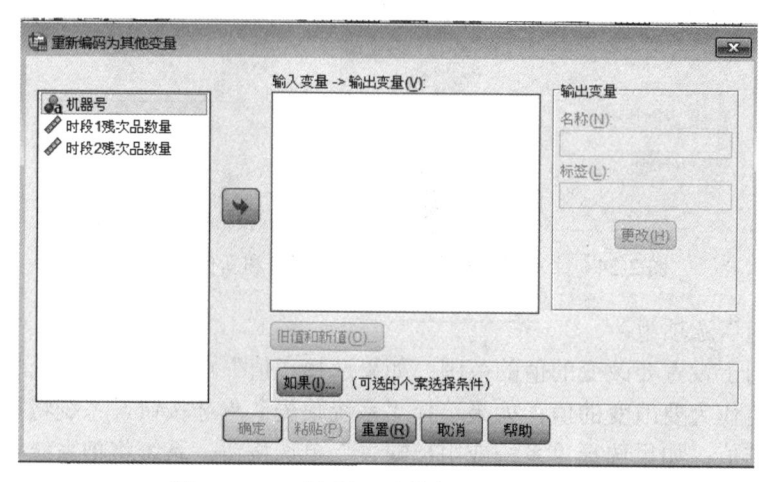

图 2-26 "重新编码为其他变量"对话框

（2）选择要重新赋值的变量。

选择要重新赋值的变量，单击 按钮将其选入"输入变量→输出变量"列表中，并在输出变量列表中输入输出变量的信息，单击"更改"按钮本例中建立"时段 1 残次品数量→时段一等级"和"时段 2 残次品数量→时段二等级"两个变量转换，如图 2-27 所示。

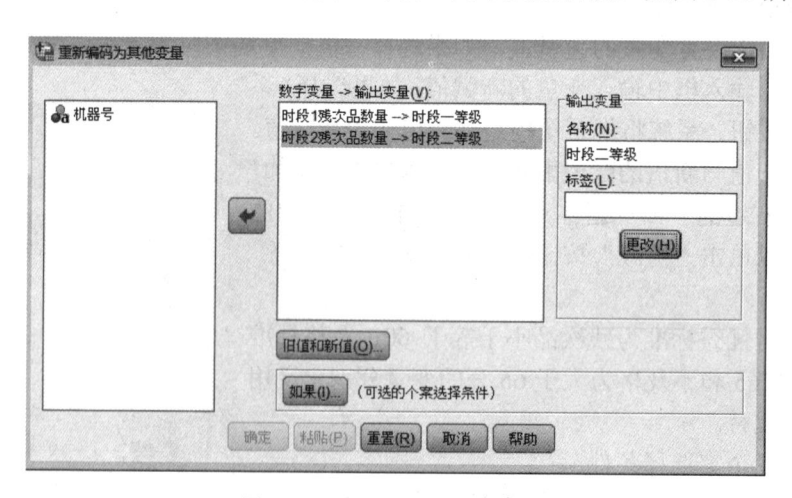

图 2-27 选择重新赋值的变量

（3）定义旧值与新值。

单击"旧值和新值"按钮，弹出如图 2-28 所示的"重新编码到其他变量：旧值和新值"对话框。

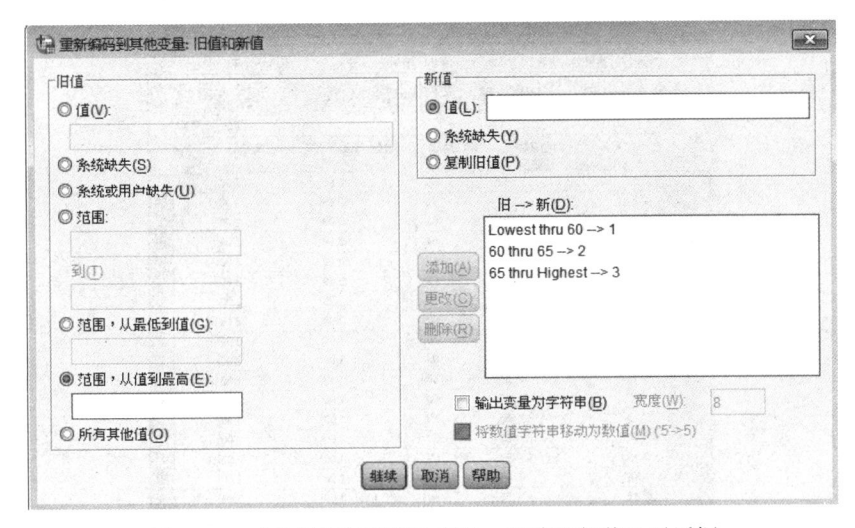

图 2-28 "重新编码到其他变量：旧值和新值"对话框

- "旧值"选项组。

该选项组用于设置要改变的值的范围：如果选择"值"单选按钮，系统将用户在下面输入框中输入的值作为要改变的值；如果选择"系统缺失"单选按钮，系统将把系统指定缺失值作为要改变的值；如果选择"系统或用户缺失"单选按钮，系统将把系统指定缺失值或用户指定缺失值作为要改变的值；如果选择"范围"单选按钮，系统将把用户在下面输入框中输入的数值范围内的个案取值作为要改变的值；如果选择"范围，从最低到值"单选按钮，系统将把负无穷大到用户在下面输入框中输入的数值范围内的个案取值作为要改变的值；如果选择"范围，从值到最高"单选按钮，系统将把用户在下面输入框中输入的数值到正无穷大范围内的个案取值作为要改变的值。

- "新值"选项组。

该选项组用于设置变量的新赋值。如果选择"值"单选按钮，表示由用户指定该值，用户可以在其后的输入框中输入变量的新赋值；如果选择"系统缺失"单选按钮，系统将把系统指定缺失值作为新赋值；如果选择"复制旧值"单选按钮，系统将不改变旧值。

- "输出变量为字符串"复选框。

如果选择该复选框，系统将把新赋值生成的变量设定为字符串变量。

用户设置旧值与新值的赋值配对后，可以单击"添加"按钮将其选入右边的"旧→新"列表中。对于该列表中的对象，用户可以单击"更改"按钮进行修改或单击"删除"按钮予以删除。

本例中按照要求，将优秀标准为残次品小于等于 60、及格标准为大于 60 小于 65 和不及格标准为大于 65 分的变量分别定义用数字 1、2、3 代替。

（4） 设置个案选择条件。

个案选择条件的设置方法与前面章节介绍的相同，在此不再赘述。

（5） 单击"确定"按钮，就可以对变量重新赋值。赋值产生新的变量的结果如图 2-29 所示。

由图 2-29 可以看出，原始分数均被表示级别的数字 1、2 和 3 代替，变量重新赋值后产生了新变量"时段一等级"和"时段二等级"。

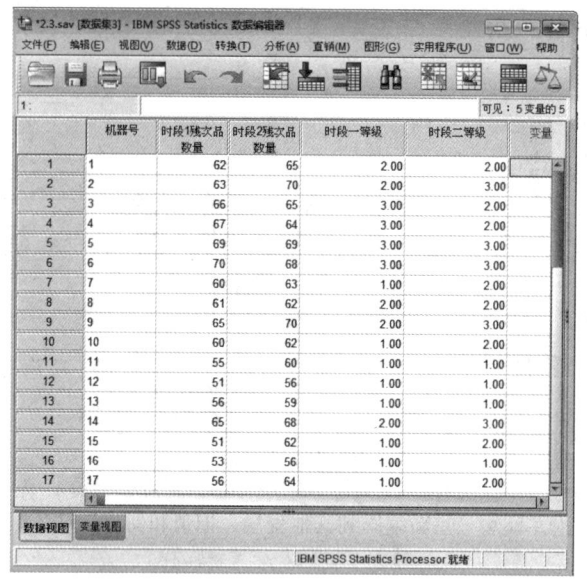

图 2-29 赋值后产生的新变量

2.2.9 变量取值的求等级

有时我们想知道某一个观测在知道条件下的观测中的位置，而又不希望打破数据现有的排序，此时我们将用到变量取值的求等级功能。所谓变量取值的等级就是变量在某指定条件下的排列中所处的位置，等级反映了变量在有序序列里的位置信息，本书以机器优良为例介绍变量取值求等级的操作方法。本例中要求按照机器产生的残次品得到机器的排名信息，如果残次品相同，则并列名次，未进行求等级的原始数据文件如图 2-30 所示。下面分析所用的数据文件为 2-4（数据文件路径：sample/chap02/案例/2-4）。

变量取值求等级的具体方法如下。

（1）在菜单栏中依次选择"转换"|"个案等级排序"命令，打开如图 2-31 所示的"个案等级排序"对话框。

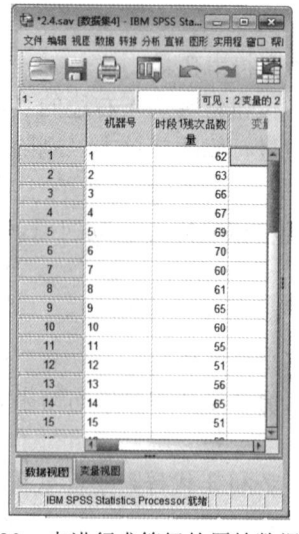

图 2-30 未进行求等级的原始数据文件 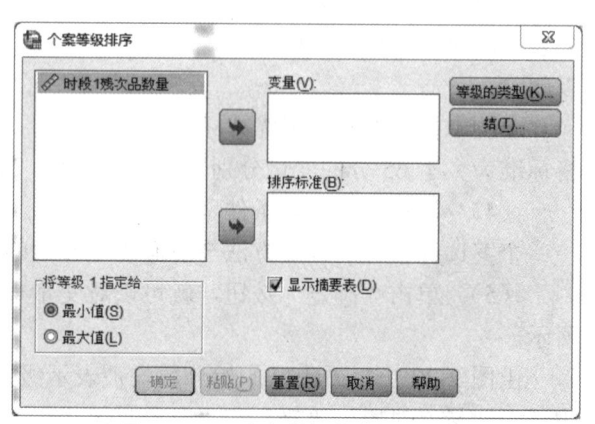　　　　图 2-31 "个案等级排序"对话框

（2）选择要重新赋值的变量。

选择要进行排等级的变量，单击➡按钮将其选入"变量"列表中。如果需要进行分组，则需要选择分组变量，单击➡按钮将其选入"排序标准"列表中，本例中将"时段 1 残次品数量"变量选入"变量"列表，如图 2-32 所示。指定了分组标准后，系统会对各个组分别计算和输出变量的等级。

（3）进行相应的设置。

- "等级的类型"按钮。

单击"等级的类型"按钮，弹出如图 2-33 所示的"个案等级排序：类型"对话框。

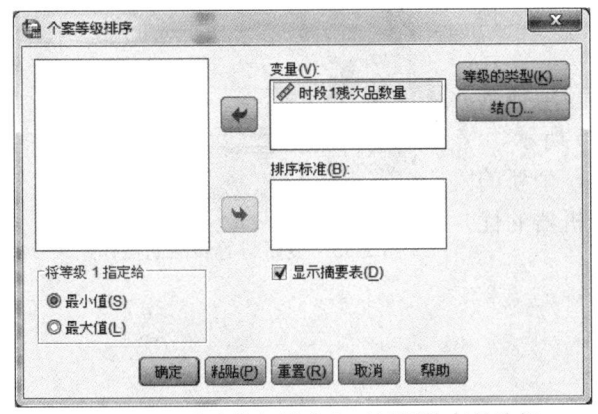

图 2-32　"个案等级排序"对话框的变量选择 　　　图 2-33　"个案等级排序：类型"对话框

该对话框用于设置排等级的相关方法和参数。如果选择"等级"复选框，则表示使用简单等级；如果选择"Savage 得分"复选框，则表示使用基于指数分布的 Savage 得分作为排等级的依据；如果选择"分数等级"复选框，则表示使用等级除以非缺失观测量的权重和作为排等级的依据；如果选择"%分数等级"复选框，则表示使用每个等级除以带有有效值的个案数，再乘以 100 的结果作为排等级的依据；如果选择"个案权重总和"复选框，则表示使用各观测量权重之和作为排等级的依据；如果选择"Ntiles"复选框，则表示使用百分位数作为排等级的依据，用户可以在其后的输入框中输入百分位数的个数。

如果选择"比例估计"复选框，系统估计与特定等级对应的分布的累积比例；如果选择"正态得分"复选框系统将输出对应于估计的累积比例的 z 得分。

当选择"比例估计"或"正态得分"复选框后，"比例估计公式"选项组被激活，用户可以选择使用的比例估计方法。

本例中选择"等级"复选框。

- "结"按钮。

单击"结"按钮，弹出如图 2-34 所示的"个案等级排序：结"对话框。

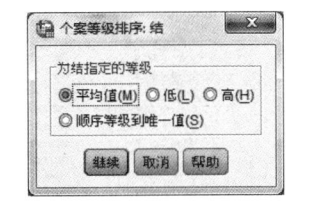

图 2-34　"个案等级排序：结"对话框

该对话框用于设置对等级的取值相同的观测值的处理方式。如果选择"平均值"单选按钮，则表示以等级的平均值作为最终的结果；如果选择"低"单选按钮，表示以相同等级的最小值作为最终的结果；如果选择"高"单选按钮，则表示以相同等级的最大值作为最终的结果；如果选择"顺序等级到唯一值"单选按钮，则表示把相同

的观测值作为一个值来求等级。

- "将等级1指定给"选项组。

该选项组用于设置等级的排列顺序，如果选择"最小值"单选按钮，表示使用升序；如果选择"最大值"单选按钮，表示使用降序。本例中选择"最小值"单选按钮。

- "显示摘要表"复选框。

如果选择该复选框，则在结果窗口中输出分析的摘要信息。本例中要求成绩相同者名称并列故选择"高"单选按钮。

（4）单击"确定"按钮，就可以对变量取值求等级。个案等级排序的操作结果，如图2-35所示。

由图2-35可以看出，变量的等级作为一个新的变量"R成绩"保存，这个变量给出了每个机器的优良情况。

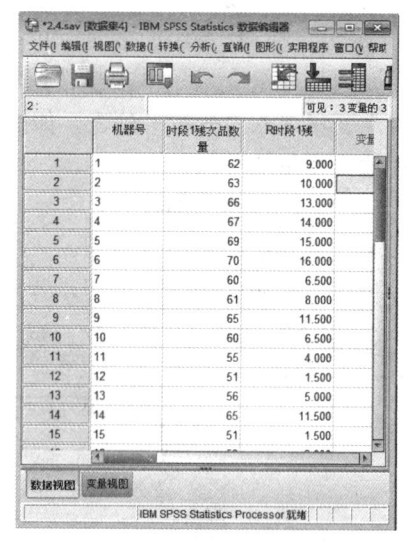

图2-35 变量排等级后的操作结果

2.3 数据文件的相关操作

当输入数据建立数据文件后，根据统计分析可能需要对数据进行分类等处理或对数据文件进行相应的转换。对数据文件的操作，对于准确地进行分析具有重要的意义。

2.3.1 数据排序

杂乱的数据不利于分析效率的提升，有时希望观测量按照某一个顺序进行排列，例如在评比时希望按绩效的高低对员工进行排序，此时我们将用到数据排序的功能。

我们将结合地区消费性支出分析案例讲解数据排序的具体操作。本例希望了解不同地区的消费性支出情况，将利用数据排序功能对不同地区按照消费性支出进行排序。排序前的数据文件如图2-36所示。下面分析所用的数据文件为2-5（数据文件路径：sample/chap02/案例/2-5）。

图2-36 进行数据排序前的数据文件

第 2 章　SPSS 22.0 基本操作与数据管理

排序前的数据文件中观测量的排列是混乱的，无法看出不同地区之间消费性支出的不同和一个地区消费性支出在全国中所处的位置。

数据排序的具体操作步骤如下。

（1）在菜单栏中依次选择"数据"|"排序个案"命令，打开如图 2-37 所示的"排序个案"对话框。

图 2-37　"排序个案"对话框

（2）在列表中选择排序依据变量，然后单击 按钮将选中的变量选入"排序依据"列表中，系统允许选择多个变量，在第一变量取值相同的情况下比较第二变量，依此类推。本例将对不同地区的消费性支出进行排序，故将"消费性支出"变量选入"排序依据"列表。

（3）在"排列顺序"选项组中选择按"升序"或"降序"排列。本例中，我们希望按照由高到低的顺序进行排列，故选择"降序"单选按钮。

（4）单击"确定"按钮，即可进行排序操作。用户还可以单击"重置"按钮，重新进行排序设置，还可单击"取消"按钮，取消排序操作。

排序完成后，数据文件如图 2-38 所示。

图 2-38　进行数据排序后的数据文件

由图 2-38 可以看出，观测量已经按照消费性支出的降序进行了排列，通过数据排序可以看出北京、上海等经济发达地区属于消费性支出较高的地区，也可以看出各省市在消费性支出排序中的大致位置。

2.3.2 数据文件的分解与合并

有时需要将变量按照指定的要求进行分组，例如按照地区分析销售人员的业绩，将用到数据的分解功能；有时需要将不同的数据文件组合形成一个新的数据文件，例如要将二班的成绩和一班的成绩放在一起形成总成绩表或者是把生物成绩追加到数学和物理成绩之后，此时将用到数据的合并功能。

1. 数据文件的分解

所谓数据文件的分解，是指将该数据文件中的所有观测量以某一个或某几个变量为关键字进行分组，以便于集中对比和操作。本书将以东西部的 GDP 分析为例讲解数据文件的分解操作，本例中我们希望按照地区分析 GDP，以分析不同地区的经济情况。分解前的数据文件如图 2-39 所示。下面分析所用的数据文件为 2-6（数据文件路径：sample/chap02/案例/2-6）。

通过图 2-39 可以看出，数据文件是按照销售量进行排序的，无法看出进行分地区的业绩考核与排序。

数据分解的具体操作步骤如下。

（1）在菜单栏中依次选择"数据"|"拆分文件"命令，打开如图 2-40 所示的"拆分文件"对话框。

图 2-39　分解前的数据文件　　　　　图 2-40　"拆分文件"对话框

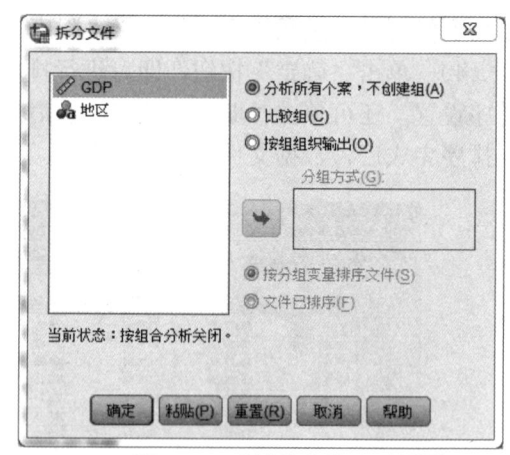

（2）选择文件分解方式。

如果选择"分析所有个案，不创建组"单选按钮，系统将不进行分组操作；如果选择"比较组"单选按钮，系统将把各组的分析结果放在同一个表格中比较输出；如果选择"按组组织输出"单选按钮，系统将按分组单独输出分析结果。本例中选择"按组组织输出"单选按钮。

（3）选择分组方式与显示方式。

如果选择了"比较组"或"按组组织输出"单选按钮，分组方式列表和设置文件排序方式的两个单选按钮将被激活。在列表中选择排序依据变量，然后单击按钮将选中的变量选入“分组方式”列表中。本例中将按照地区进行 GDP 的评估，故选择“地区”变量进入“分组方式”列表。

（4） 选择排序方式。

如果选择“按分组变量排序文件”单选按钮，系统会将观测量按分组文件的顺序进行排列；如果选择“文件已排序”单选按钮，则表示文件已经排序，无须系统进行排序操作，本例中的数据文件未按“地区”变量进行分组，故选择“按分组变量排序文件”单选按钮。

（5） 单击“确定”按钮，即可进行文件分解操作。此外，用户还可以单击“重置”按钮，重新进行分解设置，还可以单击“取消”按钮，取消文件分解操作。

分解完成的数据文件如图 2-41 所示。

由图 2-41 可以看出，数据已经按照地区进行了分解，方便我们了解各个地区的 GDP 情况以进行评价。

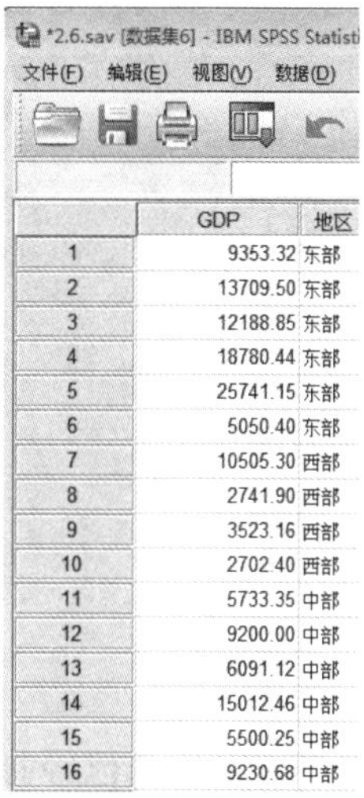

	GDP	地区
1	9353.32	东部
2	13709.50	东部
3	12188.85	东部
4	18780.44	东部
5	25741.15	东部
6	5050.40	东部
7	10505.30	西部
8	2741.90	西部
9	3523.16	西部
10	2702.40	西部
11	5733.35	中部
12	9200.00	中部
13	6091.12	中部
14	15012.46	中部
15	5500.25	中部
16	9230.68	中部

图 2-41 分解后的数据文件

2. 数据文件的合并

数据文件的合并分为横向合并和纵向合并两种。横向合并是指从外部数据文件中增加变量到当前数据文件，纵向合并是指从外部数据文件中增加观测量到当前的数据文件中。

（1） 数据文件的横向合并。

数据文件的横向合并分为两种情况，一种情况是将外部数据文件的变量追加到当前数据文件中；另一种是将共同的关键变量合并，本书以学生成绩添加为例讲解数据文件的横向合并。本例中，希望将机器的时段 2 的残次品添加到时段 1 残次品之后形成机器的总残次品表。横向合并前的时段 1 残次品与时段 2 残次品的数据文件，如图 2-42 和图 2-43 所示。下面分析所用的数据文件为 2-7 及 2-8（数据文件路径：sample/chap02/案例/2-7、2-8）。

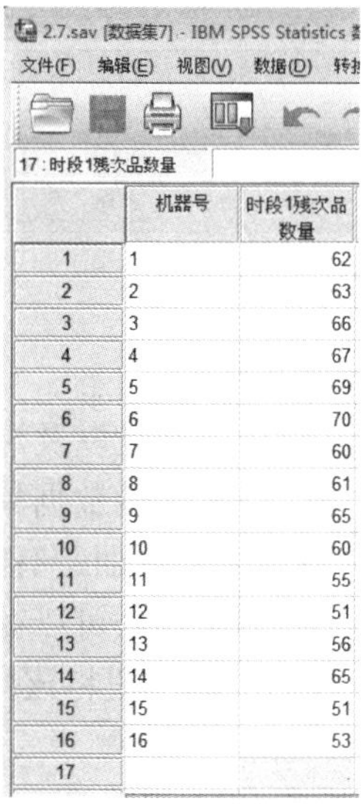

	机器号	时段1残次品数量
1	1	62
2	2	63
3	3	66
4	4	67
5	5	69
6	6	70
7	7	60
8	8	61
9	9	65
10	10	60
11	11	55
12	12	51
13	13	56
14	14	65
15	15	51
16	16	53
17		

图 2-42 时段 1 残次品

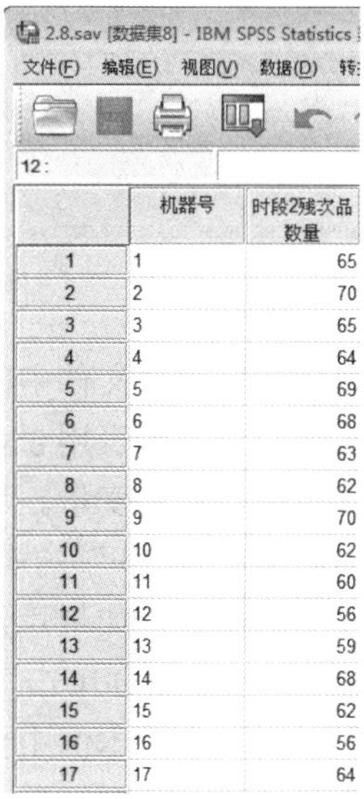

	机器号	时段2残次品数量
1	1	65
2	2	70
3	3	65
4	4	64
5	5	69
6	6	68
7	7	63
8	8	62
9	9	70
10	10	62
11	11	60
12	12	56
13	13	59
14	14	68
15	15	62
16	16	56
17	17	64

图 2-43 时段 2 残次品

数据文件的横向合并的具体方法如下。

- 在打开数据集 2.7.csv 窗口中的菜单栏中依次选择"数据"|"合并文件"|"添加变量"命令，打开如图 2-44 所示的"将变量添加到 2.7.sav"对话框。

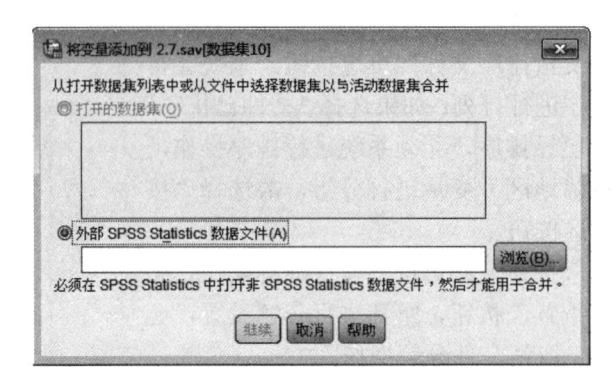

图 2-44 "将变量添加到 2.7.sav"对话框

用户可以选择已经打开的 SPSS 数据文件或者已经保存的数据文件作为与当前文件合并的文件，选择完成后单击"继续"按钮，本例中选择"外部 SPSS…数据文件"单选按钮并选择文件 2.8.csv，打开如图 2-45 所示的"添加变量从…"对话框。

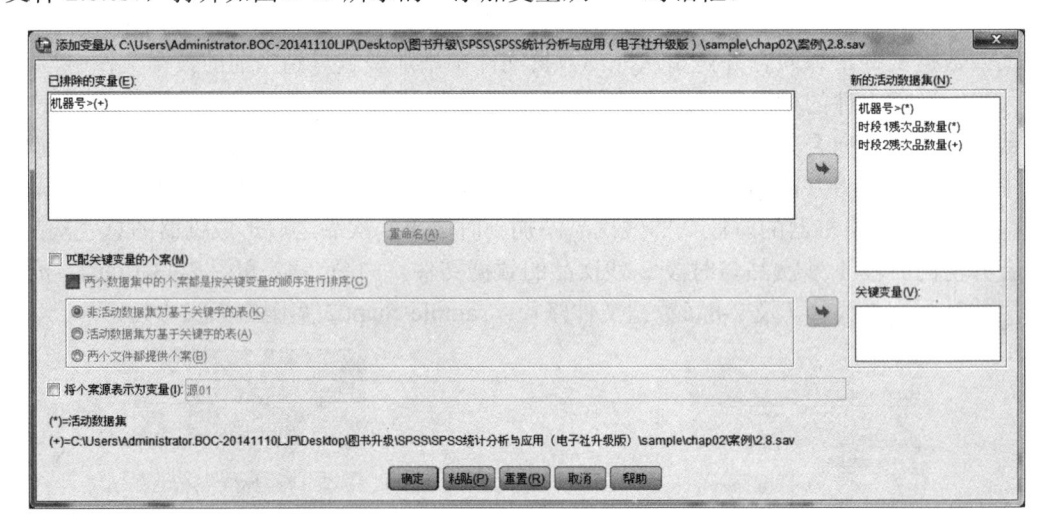

图 2-45 "添加变量从…"对话框

- 选择合并后数据文件中的变量。

"已排除的变量"列表用于显示不出现在新合并的数据文件中的变量以及当前数据文件和外部数据文件中的重名变量。"新的活动数据集"列表用于显示合并后的数据集中包含的变量。变量名称后面带有"+"的表示外部数据文件中的变量，变量名称后面带有"*"的表示当前数据文件中的变量。如果用户希望将重名变量也加入合并后的文件，可以在"已排除的变量"列表中选择该变量并单击"重命名"按钮将其重命名，再单击 按钮将该变量选入"新的活动数据集"列表中，本例中无须对此进行操作。

- 设置关键变量。

如果两个数据文件具有相同的个案数且排列顺序相同，用户无须指定关键变量。否则，

第 2 章 SPSS 22.0 基本操作与数据管理

需要选择关键变量并以关键变量的升序对两个数据集进行排序。只有当前数据文件和外部数据文件中的重名变量才可以作为关键变量，选择"匹配关键变量的个案"复选框并选择该变量，单击 ![arrow] 按钮将该变量选入"关键变量"列表中，本例中由于残次品数量均按照机器号进行排序，故无须指定关键变量。

选择"按照排序文件中的关键变量匹配个案"复选框后激活 3 个单选按钮，如果选择"两个文件都提供个案"单选按钮，则表示将两个数据文件的所有观测量合并；如果选择"非活动数据集为基于关键字的表"单选按钮，则表示将非活动数据文件作为关键表，即只将外部数据文件中与活动数据集中对应变量值相同的观测合并入新的数据文件；如果选择"活动数据集为基于关键字的表"单选按钮，则表示将非活动数据文件作为关键表。

- 单击"确定"按钮，即可进行文件横向合并操作。

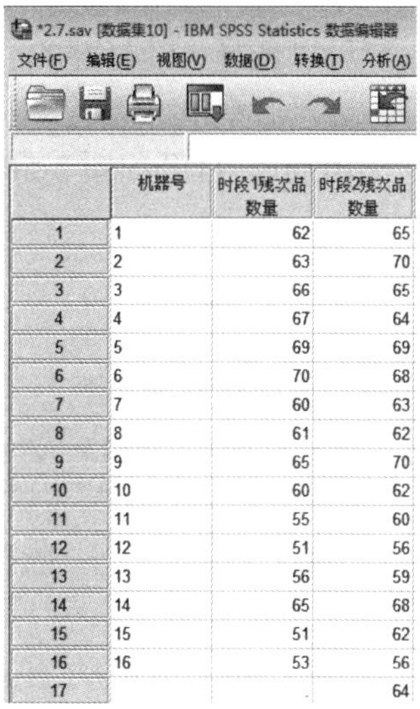

图 2-46　横向合并后的数据文件

由图 2-46 可以看出，时段 2 残次品已经作为一个新的变量被添加，得到一个包含时段 1 残次品和时段 2 残次品的残次品总表。

（2）数据文件的纵向合并。

数据文件的纵向合并只能合并两个数据文件中相同的变量。本书同样以机器残次品添加为例，讲解数据文件的纵向合并。与上一例子不同，本例中我们希望将第二车间的机器时段 1 的残次品添加到第一车间之后形成机器的总残次品，其中一车间为机器号 1~16 号的机器，二车间为机器号 17~32 号的机器。纵向合并前，两个车间的机器产生的残次品的数据文件，如图 2-47 和图 2-48 所示。下面分析所用的数据文件为 2-9 及 2-10（数据文件路径：sample/chap02/案例/2-9、2-10）。

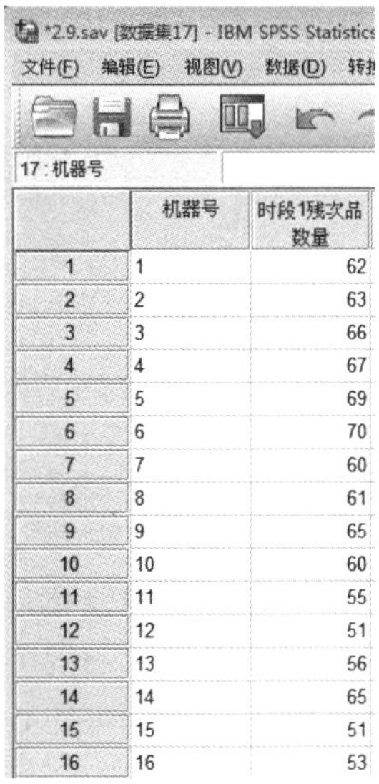

图 2-47　一车间机器的残次品　　　　　　　图 2-48　二车间机器的残次品

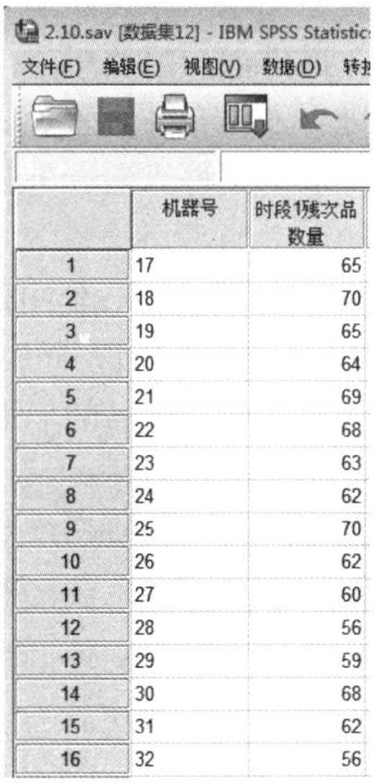

数据文件的纵向合并的具体方法如下。

- 打开数据文件 2.9.sav，在菜单栏中依次选择"数据"|"合并文件"|"添加个案"命令，打开如图 2-49 所示的"将个案添加到 2.9.sav"对话框。

用户可以选择已经打开的 SPSS 数据文件或者已经保存的数据文件作为与当前文件合并的文件，选择后单击"继续"按钮，本例中选择"外部 SPSS…数据文件"单选按钮并选择数据文件 2.10.sav，打开如图 2-50 所示的"添加个案从…"对话框。

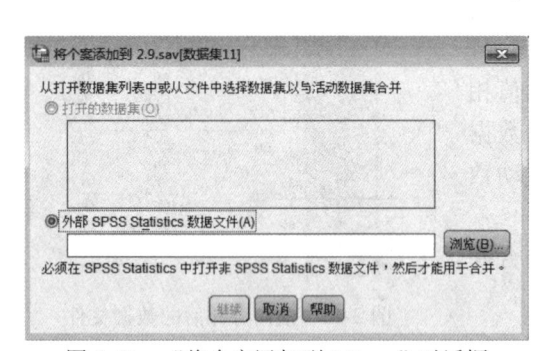

图 2-49 "将个案添加到 2.9.sav"对话框

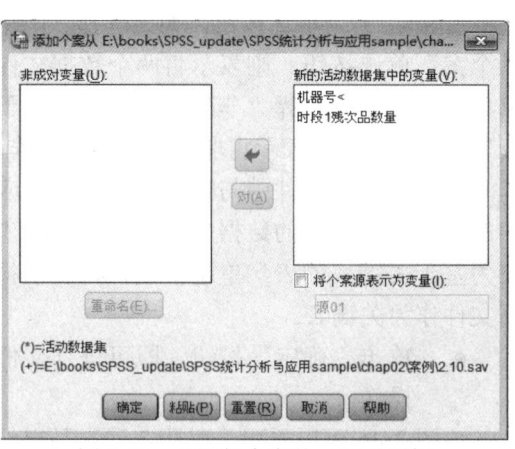

图 2-50 "添加个案从…"对话框

- 进行相应的设置。

"非成对变量"列表中显示的是未能匹配的变量，"新的活动数据集中的变量"列表中显示的是两个数据文件中文件名和数据类型都相同的变量。对于数据类型相同而名称不同的变量，用户可以通过选择这些变量后单击"对"按钮来匹配两个变量。本例中无须更改该部分设置。

- 单击"确定"按钮，即可进行文件纵向合并操作。此外，用户还可以单击"重置"按钮，重新进行文件合并设置，还可以单击"取消"按钮，取消文件纵向合并操作。合并后的数据文件如图 2-51 所示。

由图 2-51 可以看出，一车间残次品和二车间残次品已经被合并了，机器号为 17 至 32 的机器的残次品已经被合并到了一车间的残次品的后面，形成了总残次品。

	机器号	时段1残次品数量
16	16	53
17	17	65
18	18	70
19	19	65
20	20	64
21	21	69
22	22	68
23	23	63
24	24	62
25	25	70
26	26	62
27	27	60
28	28	56
29	29	59
30	30	68
31	31	62
32	32	56

图 2-51 纵向合并后的数据文件

2.3.3 数据文件的变换

不同的分析方法需要不同的数据文件结构，当现有的观测值和变量的分布与分析的要求不一致时，就要进行数据文件的变换。数据文件的变换，是指将数据文件的观测量与变量互换。本书以上面一车间残次品为例讲解数据文件的变换操作。以下分析所用的数据文件路径为 sample/chap02/案例/2-7。

数据文件的变换操作具体如下。

第2章 SPSS 22.0 基本操作与数据管理

（1）在菜单栏中依次选择"数据"|"变换"命令，打开如图 2-52 所示的"变换"对话框。

（2）选择要变换的变量，单击 ▶ 按钮将其选入"变量"列表中，如果一个变量的所有观测量的取值各不相同，则可以把其作为名称变量，单击 ▶ 按钮将其选入"名称变量"列表，如图 2-53 所示。如果用户不指定名称变量，系统将默认以"VAR0000X"命名变量。本例中将"时段1残次品数量"变量选入"变量"列表中，将"机器号"选入"名称变量"列表。

图 2-52　"变换"对话框　　　　　　图 2-53　"变换"对话框的变量选择

（3）单击"确定"按钮，即可进行文件变换操作。变换后的数据文件如图 2-54 所示。

CASE_LBL	K_1	K_2	K_3	K_4	K_5	K_6	K_7	K_8	K_9	K_10	K_11	K_12	K_13
时段1残次品数量	62.00	63.00	66.00	67.00	69.00	70.00	60.00	61.00	65.00	60.00	55.00	51.00	56.00

图 2-54　变换后的数据文件

2.3.4　观测量的加权操作

对数据进行加权处理，是使用 SPSS 提供的某些分析方法的重要前提。数据在进行加权后，当前的权重将被保存在数据中。在进行相应的分析时，用户无须再次进行加权操作。本书以对广告的效果观测为例，讲解数据的加权操作。本例给出了购买商品与是否看过广告之间的联系，通过是否看过广告和是否购买商品两个标准，购买者被分为四类，研究者对这四类分别进行了调查。由于各种情况下调查的人数不同，如果将四种情况等同进行分析，势必由于各种情况的观测数目不同导致分析的偏误，因此需要对观测量进行加权。加权前的数据文件如图 2-55 所示。以下分析所用的数据文件为 2-11（数据文件路径：sample/chap02/案例/2-11）。

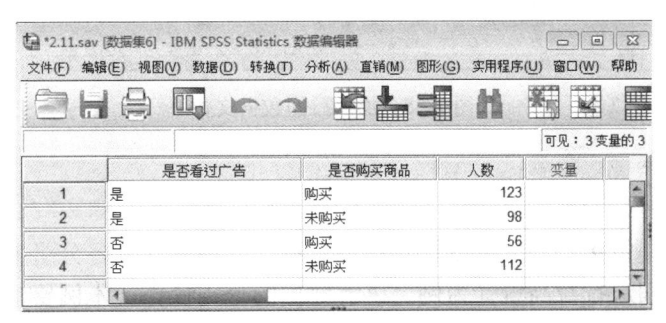

图 2-55　加权前的数据文件

加权操作的具体步骤如下。

（1）在菜单栏中依次选择"数据"|"加权个案"命令，打开如图2-56所示的"加权个案"对话框。

（2）选择是否进行加权操作。如果选择"请勿对个案加权"单选按钮，则表示对当前数据集不进行加权，该单选按钮一般用于对已经加权的数据集取消加权；如果选择"加权个案"单选按钮，则表示对当前数据集进行加权，同时激活"频率变量"列表，本例中选择"加权个案"单选按钮。

（3）选择加权变量。加权变量用于设定权重，选择作为加权变量的变量，单击 ▶ 按钮将其选入"频率变量"列表，如图2-57所示，本例中选择"人数"变量作为加权频率变量。

图2-56 "加权个案"对话框　　　图2-57 加权变量的选择

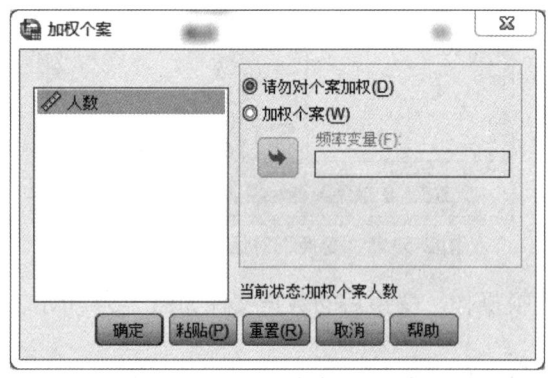

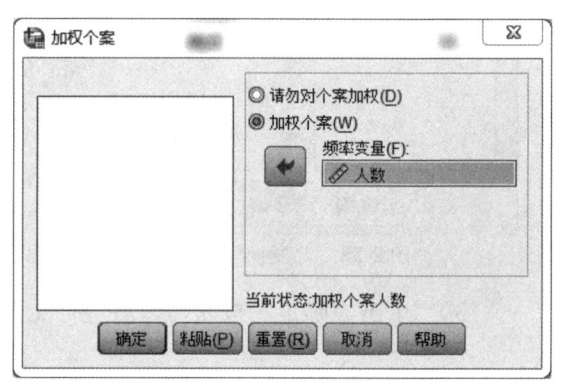

（4）单击"确定"按钮，即可进行加权操作。用户还可以单击"重置"按钮，重新进行数据加权的相应设置，还可单击"取消"按钮，取消加权操作。加权后状态栏右侧会显示"加权范围"信息，表示数据已经加权，如图2-58所示。

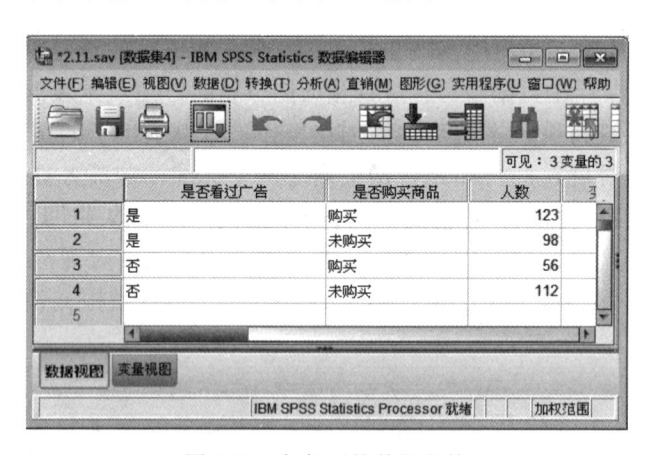

图2-58 加权后的数据文件

2.3.5 数据的汇总

数据的汇总就是按指定的分类变量对观测量进行分组并计算各分组中某些变量的描述统计量。本书以分性别进行身高统计为例，讲解数据的分类操作，本例要求按性别输出身高平均值，以分析不同性别对身高的影响程度。本例的原始数据如图2-59所示。下面分析所用的数据文件为 2-12（数据文件路径：sample/chap02/案例/2-12）。

图 2-59 未进行汇总的原始数据

数据的汇总的操作方法如下。

（1）在菜单栏中依次选择"数据"|"汇总"命令，打开如图 2-60 所示的"汇总数据"对话框。

（2）分类变量与汇总变量的选择。

选择分类变量，单击 按钮将其选入"分组变量"列表中；选择要进行汇总的变量，单击 按钮将其选入"变量摘要"列表中，本例中将"性别"变量选入"分组变量"列表，将"身高"变量选入"变量摘要"列表，如图 2-61 所示。

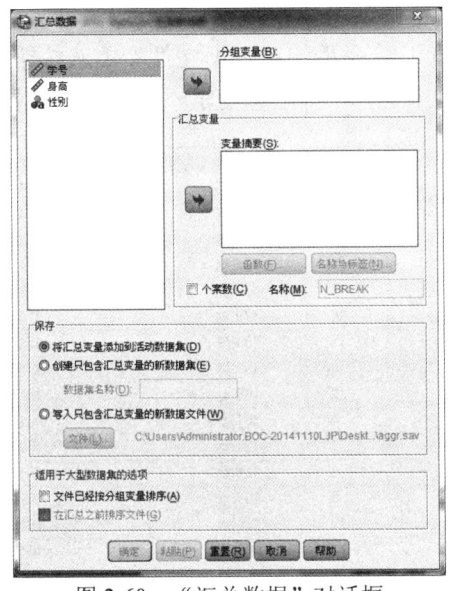

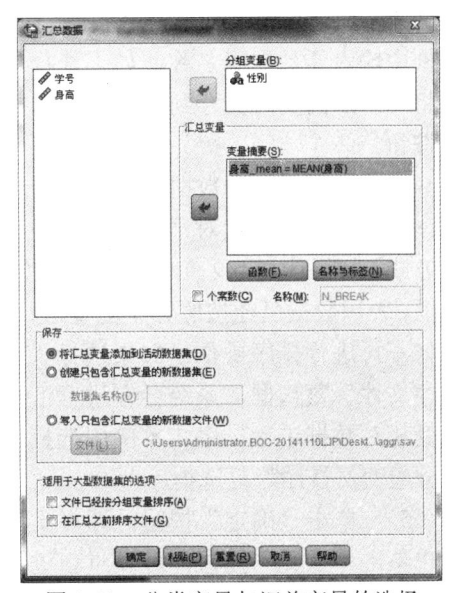

图 2-60 "汇总数据"对话框　　　　　图 2-61 分类变量与汇总变量的选择

（3）设置汇总变量。

在"变量摘要"列表中选中汇总变量，单击"函数"按钮，在弹出的"汇总数据：汇总函数"对话框中选择汇总函数的类型，如图 2-62 所示；单击"名称与标签"按钮，在弹出的"汇总数据：变量名称和标签"对话框中设置汇总后产生的新变量的变量名与变量标签，如图 2-63 所示。

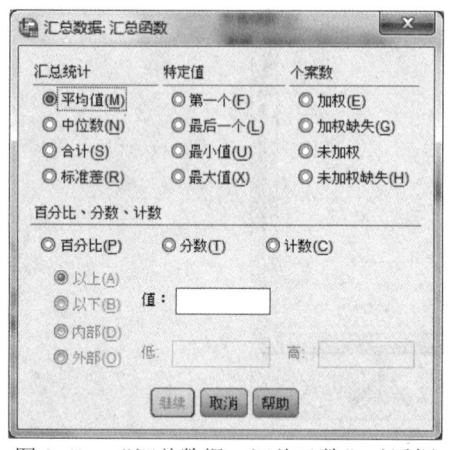

图 2-62　"汇总数据：汇总函数"对话框 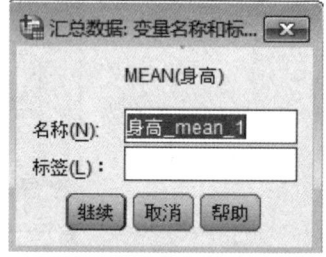　　图 2-63　"汇总数据：变量名称和标签"对话框

如果用户希望在新变量中显示每个类别中观测量的个数，可以选择"个案数"复选框并在其后的"名称"输入框中输入相应变量的名称。

本例中输出身高变量的平均值，命名为"身高_mean_1"。

（4）进行相应的设置。

● "保存"选项组。

该选项组用于设置汇总结果的保存方式。如果选择"将汇总变量添加到活动数据集"单选按钮，系统会将汇总的结果保存到当前数据集；如果选择"创建只包含汇总变量的新数据集"单选按钮，系统将创建一个新的、只包含汇总变量的数据集，用户可以在"数据集名称"输入框中输入新数据集名称；如果选择"写入只包含汇总变量的新数据文件"单选按钮，系统会将汇总后的变量保存到一个新的数据文件。本例中选择"将汇总变量添加到活动数据集"单选按钮。

● "适用于大型数据集的选项"选项组。

该选项组用于设置对于处理较大数据集时的处理方式。如果选择"文件已经按分组变量排序"复选框，表示数据已经按照分组变量进行了排序，系统将不再进行排序操作；如果选择"在汇总之前排序文件"复选框，系统会在进行汇总前按照分组变量对数据进行排序。本例中选择"文件已经按分组变量排序"复选框。

（5）单击"确定"按钮，即可实现汇总。若用户单击"重置"按钮，可以重新进行汇总的相应设置，而单击"取消"按钮会取消汇总操作。

观察图 2-64 可知，SPSS 分别给出了男生和

学号	身高	性别	身高_mean_1
1	162	男	174.38
3	176	男	174.38
5	169	男	174.38
6	170	男	174.38
13	176	男	174.38
14	179	男	174.38
15	180	男	174.38
16	183	男	174.38
2	163	女	161.63
4	167	女	161.63
7	160	女	161.63
8	161	女	161.63
9	165	女	161.63
10	160	女	161.63
11	159	女	161.63
12	158	女	161.63

图 2-64　汇总后的数据文件

女生的身高的平均值,并作为新变量保存在数据文件中。其中女生的平均身高为 161.63cm,男生的平均身高为 174.38cm。

2.3.6 数据文件的结构重组

不同的分析方法需要不同的数据文件结构,当现有的数据文件结构与将要进行的分析所要求的数据结构不一致时,我们需要进行数据文件的结构重组。一般来说,数据文件的结构分为横向与纵向两种结构。

(1) 横向结构

横向结构的数据将一个变量组中的不同分类分别作为不同的变量,例如在示例数据中将不同土壤下的产量分别作为一个变量进行保存,每一个试验组是一个观测量,如图 2-65 所示。下面分析所用的数据文件为 2-13(数据文件路径:sample/chap02/案例/2-13)。

(2) 纵向结构

纵向结构的数据将一个变量组中的不同分类分别作为不同的观测量,例如在示例数据中将每一个试验组在不同土壤作用下的产量分别作为一个观测量,如图 2-66 所示。下面分析所用的数据文件为 2-14(数据文件路径:sample/chap02/案例/2-14)。

本书以不同土壤类型下作物的产量为例讲解数据文件的结构重组,图 2-65 和图 2-66 给出了该数据文件的两种不同的保存方式。

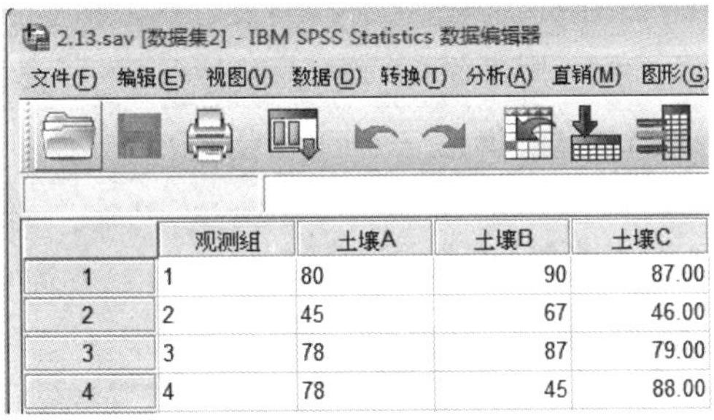

图 2-65 数据文件的横向结构

图 2-66 数据文件的纵向结构

1. 数据重组方式的选择

在菜单栏中依次选择"数据"|"重组"命令,打开如图 2-67 所示的"重组数据向导"对话框。

该对话框提供了 3 种数据重组方式,分别是"将选定变量重组为个案"、"将选定个案重组为变量"和"变换所有数据",用户可以根据现有数据的组合方式和将要进行的分析来选择相应的数据重组方式。

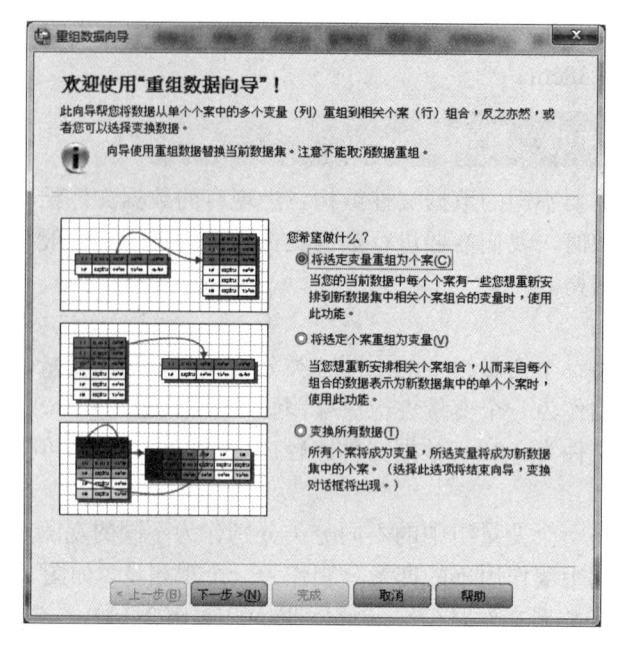

图 2-67 "重组数据向导"对话框

2. 由变量组到观测量组的重组

由变量组到观测量组的重组将会使数据由横向格式转换为纵向格式,首先打开横向格式保存的数据文件 2.13.sav,如图 2-65 所示。

由变量组到观测量组的重组方法如下。

（1） 选择变量组个数。

在图 2-67 所示的"重组数据向导"对话框中选择"将选定变量重组为个案"单选按钮,单击"下一步"按钮,弹出如图 2-68 所示的"重组数据向导-第 2 步（共 7 步）"对话框。

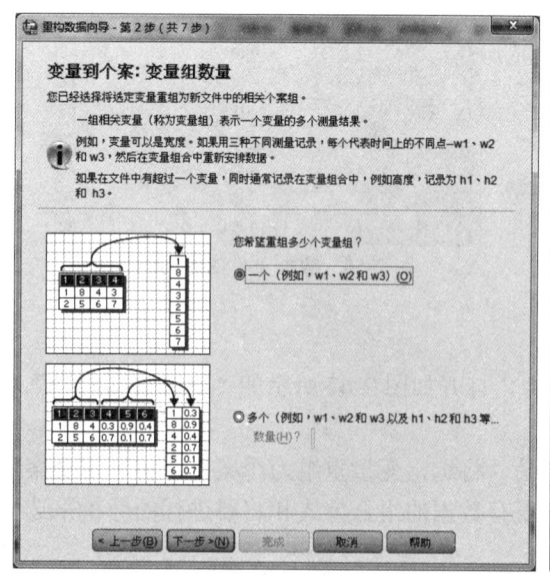

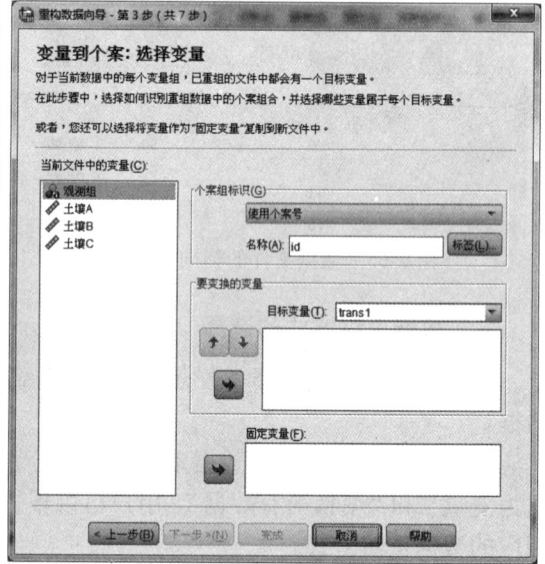

图 2-68 "重组数据向导-第 2 步（共 7 步）"对话框　　图 2-69 "重组数据向导-第 3 步（共 7 步）"对话框

如果选择"一个"单选按钮，则表示对一个变量组进行重组；如果选择"多个"单选按钮，则表示对多个变量组进行重组。用户可以在"数量"输入框中输入要重组的变量组的个数。本例中只有土壤类型一个变量组，故选择"一个"单选按钮。

（2）选择要重组的变量。

在图 2-68 所示的"重组数据向导-第 2 步（共 7 步）"对话框中单击"下一步"按钮，弹出如图 2-69 所示的"重组数据向导-第 3 步（共 7 步）"对话框。

- "个案组标识"选项组。

该选项组用于设置对观测记录的标识变量，如果在下拉列表框中选择"使用个案号"选项，系统会出现"名称"输入框和"标签"列表，用户可以使用设置重组后序号变量的变量名和变量标签；如果在下拉列表框中选择"使用选定变量"选项，系统会出现 按钮和"变量"列表，用户选择标识变量，单击 按钮将其选入"变量"列表即可；如果选择"无"选项，表示不使用标识变量。

- "要变换的变量"选项组。

该选项组用于设置需要进行变换的变量组。"目标变量"下拉列表框用于指定要进行重组的变量组。指定完成后，选择相应变量，单击 按钮将其选入"目标变量"列表，组成要变换的变量组。

- "固定变量"列表。

如果用户不希望一个变量参加重组，只需要选择该变量，单击 按钮将其选入"固定变量"列表即可。

本例中，将"土壤 A"、"土壤 B"和"土壤 C"变量选入"要变换的变量"列表，在"目标变量"后的输入框中输入"产量"。

（3）选择索引变量的个数。

在图 2-69 所示的"重组数据向导-第 3 步（共 7 步）"对话框中单击"下一步"按钮，弹出如图 2-70 所示的"重组数据向导-第 4 步（共 7 步）"对话框。

该对话框用于设置重组后生成的索引变量的个数，如果选择"一个"单选按钮，则表示产生一个索引变量；如果选择"多个"单选按钮，则表示产生多个索引变量，用户可以在"多少"输入框中输入产生的索引变量的个数；如果选择"无"单选按钮，则表示把索引信息保存在某个要变换重组的变量中，不生成索引变量。本例中选择"一个"单选按钮。

（4）设置索引变量的参数。

在图 2-70 所示的"重组数据向导-第 4 步（共 7 步）"对话框中单击"下一步"按钮，弹出如图 2-71 所示的"重组数据向导-第 5 步（共 7 步）"对话框。

- "索引值是什么类型"选项组。

该选项组用于设置索引值的类型，用户可以选择有序数组或变量值作为索引值的类型。

- "编辑索引变量名称和标签"栏。

用户可以在该栏中设置索引变量的变量名和变量标签。

本例中，在"索引值是什么类型"选项组中选择"有序数"单选按钮，"编辑索引变量名称和标签"栏中的"名称"项下输入"土壤类型"。

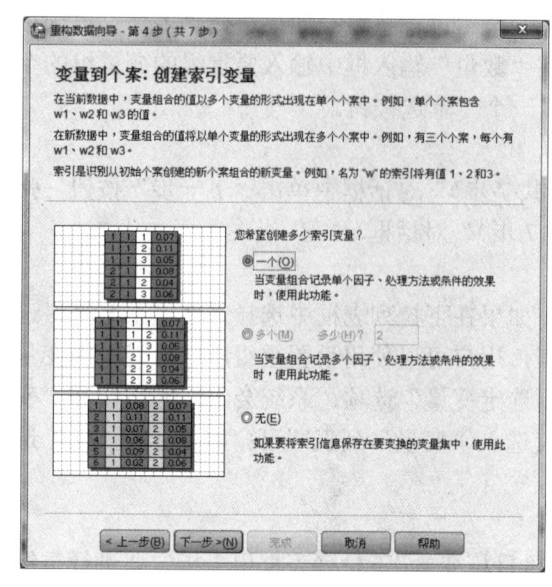

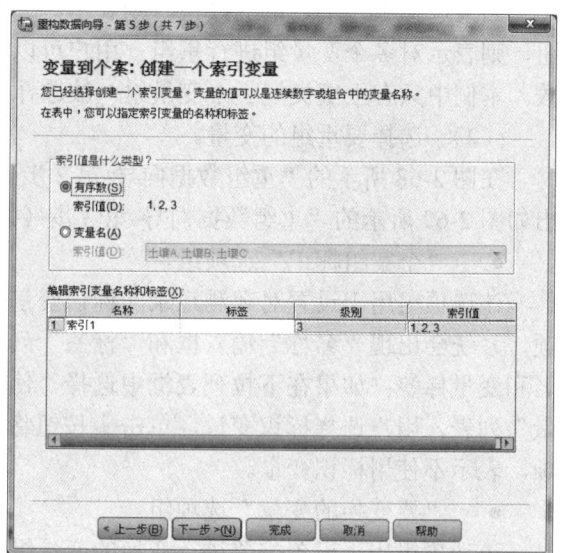

图 2-70 "重组数据向导-第 4 步（共 7 步）"对话框　　图 2-71 "重组数据向导-第 5 步（共 7 步）"对话框

（5）其他参数的设置。

在图 2-71 所示的"重组数据向导-第 5 步（共 7 步）"对话框中单击"下一步"按钮，弹出如图 2-72 所示的"重组数据向导-第 6 步（共 7 步）"对话框。

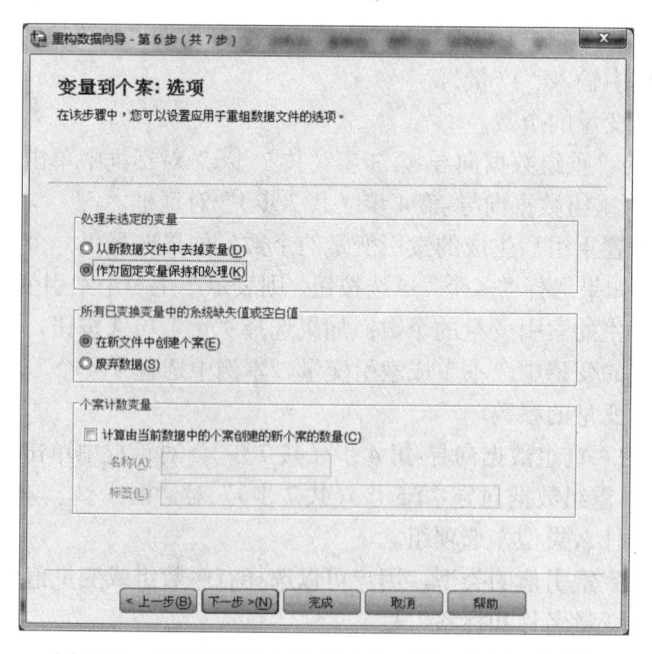

图 2-72 "重组数据向导-第 6 步（共 7 步）"对话框

- "处理未选定的变量"选项组。

该选项组用于设置对用户为选定变量的处理方式，如果选择"从新数据文件中去掉变量"单选按钮，系统会将这一部分变量删除；如果选择"作为固定变量保持和处理"单选按钮，系统会将这一部分变量作为固定变量处理。

- "所有已变换变量中的系统缺失值或空白值"选项组。

该选项组用于设置对要变换变量中的缺失值和空白值的处理方式,如果选择"在新文件中创建个案"单选按钮,系统将为这些变量单独生成观测记录,如果选择"废弃数据"单选按钮,这一部分观测值将被删除。

- "个案计数变量"选项组。

该选项组用于设置是否生成计数变量,如果选择"计算由当前数据中的个案创建的新个案的数量"复选框,则表示生成计数变量,同时激活"名称"和"标签"输入框,用户可在其中输入计数变量的变量名和变量标签。本例中,该步保持默认设置即可。

3. 完成数据重组

在图 2-72 所示的"重组数据向导-第 6 步(共 7 步)"对话框中单击"下一步"按钮,弹出如图 2-73 所示的"重组数据向导-完成"对话框。

该对话框用于设置是否立即进行数据重组,如果选择"立即重组数据"单选按钮,系统将立即进行数据重组操作;如果选择"将本向导生成的语句粘贴到语法窗口"单选按钮,系统会将相应的命令语句粘贴到语句窗口。本例中,选择"立即重组数据"单选按钮。

设置完成后,单击"完成"按钮即可进行数据重组操作。重组后的数据文件由横向格式的数据文件转换成纵向格式的数据文件。

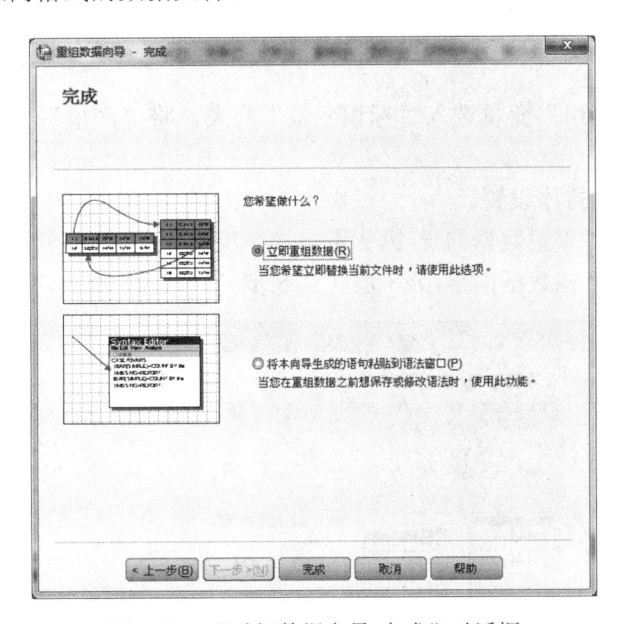

图 2-73 "重组数据向导-完成"对话框

4. 由观测量组到变量组的重组

观测量组到变量组的重组将会使数据由纵向格式转换为横向格式,首先打开纵向格式保存的数据文件 2.14.sav,如图 2-66 所示。

由变量组到观测量组的重组方法如下。

(1) 选择重组变量。

在图 2-67 所示的"重组数据向导"对话框中选择"将选定个案重组为变量"单选按钮,单击"下一步"按钮,弹出如图 2-74 所示的"重组数据向导-第 2 步(共 5 步)"对话框。

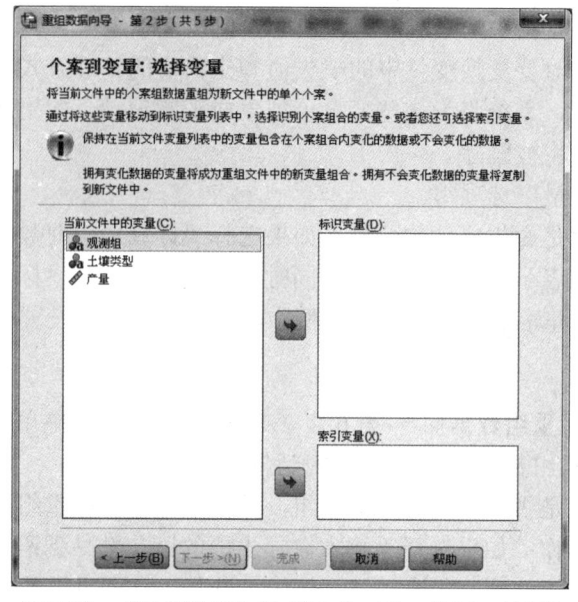

图2-74 "重组数据向导-第2步(共5步)"对话框

从"当前文件中的变量"文本框中选择在重组后数据集中标识观测记录的变量,单击按钮将其选入"标识变量"列表;选择构成新数据集中变量组的变量,单击按钮将其选入"索引变量"列表。

本例中,将"观测组"变量选入"标识变量"列表,将"产量"变量选入"索引变量"列表。

(2) 原始数据的排序设置。

在图2-74所示的"重组数据向导-第2步(共5步)"对话框中单击"下一步"按钮,弹出如图2-75所示的"重构数据向导-第3步(共5步)"对话框。

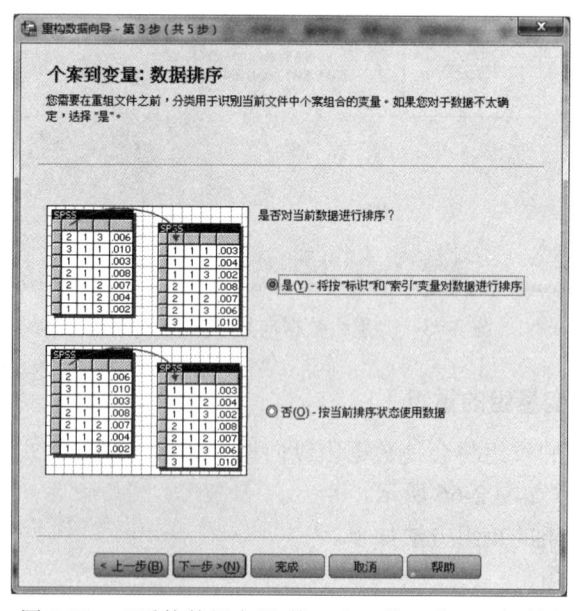

图2-75 "重构数据向导-第3步(共5步)"对话框

该对话框用于设置是否对原始数据进行排序,如果选择"是"单选按钮,系统会在数据重组之前按照标识变量对原始数据进行排序;如果选择"否"单选按钮,系统将不进行此项操作,本例中选择"是"单选按钮。

(3) 新变量的相关参数设置。

在图 2-75 所示的"重构数据向导-第 3 步(共 5 步)"对话框中单击"下一步"按钮,弹出如图 2-76 所示的"重构数据向导-第 4 步(共 5 步)"对话框。

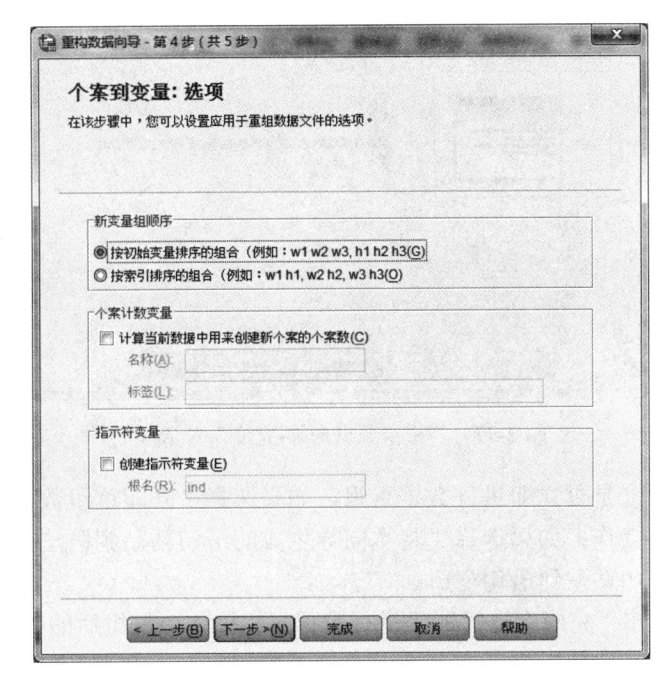

图 2-76 "重构数据向导-第 4 步(共 5 步)"对话框

- "新变量组顺序"选项组。

该选项组用于设置变量组中变量的排序。如果选择"按初始变量排序的组合"单选按钮,系统会将新变量按原始变量的顺序成组排列;如果选择"按索引排序的组合"单选按钮,系统会将新变量按照索引变量的顺序去排列。

- "个案计数变量"选项组。

该选项组用于设置是否生成计数变量,如果选择"计算当前数据中用来创建新个案的个案数"复选框,则表示生成计数变量,同时激活"名称"和"标签"输入框,用户可以在其中输入计数变量的变量名和变量标签。

- "指示符变量"选项组。

该选项组用于设置是否生成指示变量,如果选择"创建指示符变量"复选框,则表示对索引变量的每个取值生成一个指示变量用于记录对应的变量取值是否为空值,用户可以在"根名"文本框中输入指示变量的前缀。

本例中,选择默认设置即可。

(4) 完成数据重组。

在图 2-76 所示的"重组数据向导-第 4 步(共 5 步)"对话框中单击"下一步"按钮,弹出如图 2-77 所示的"重组数据向导-完成"对话框。

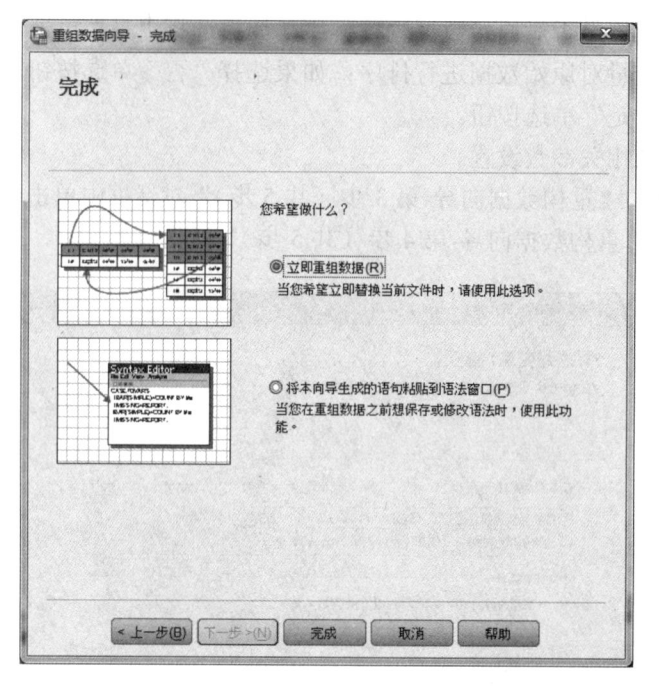

图 2-77 "重组数据向导-完成"对话框

该对话框用于设置是否立即进行数据重组，如果选择"立即重组数据"单选按钮，系统将立刻进行数据重组操作；如果选择"将本向导生成的语句粘贴到语法窗口"单选按钮，系统会将相应的命令语句粘贴到语句窗口。

设置完成后，单击"完成"按钮即可进行数据重组操作，重组后的数据文件如图 2-65 所示，纵向格式的数据文件转换成了横向格式的数据文件。

5. 变换重组

在图 2-67 所示的"重组数据向导"对话框中选择"变换所有数据"单选按钮，单击"完成"按钮弹出"变换"对话框。

该对话框的形式和设置方式与 2.5.4 节数据文件的变换完全相同，读者可以参考该节，在此不再赘述。

2.3.7 读入其他格式文件数据

在现实的分析应用中，许多数据并不是以 SPSS 数据格式保存的，因此需要读取其他格式文件数据的操作。SPSS 提供了与多种应用软件的接口，支持多种格式的数据文件，用户可以方便地将其他格式的数据文件导入 SPSS。

1. 读取 Excel 软件文件（.xlsx）

Excel 是当前最常用的电子表格软件之一，SPSS 提供了相应的程序接口，使用户可以方便地把 Excel 电子表格中的数据读入 SPSS 数据编辑器。Excel 软件文件如图 2-78 所示。下面分析所用的数据文件为 2-15（数据文件路径：sample/chap02/案例/2-15），假定 2-15.xlsx 存放在电脑桌面上。

读取 Excel 数据的具体操作如下。

第2章 SPSS 22.0 基本操作与数据管理

（1）在菜单栏中依次选择"文件"|"打开"|"数据"命令，打开如图 2-79 所示的"打开数据"对话框。

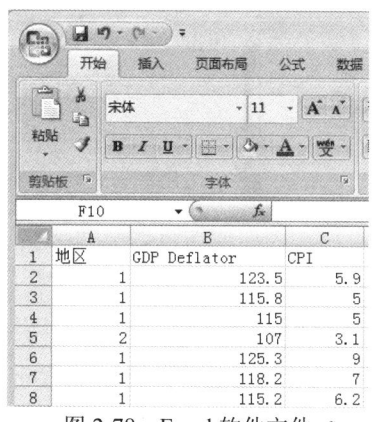

图 2-78　Excel 软件文件　　　　　　　　图 2-79　"打开数据"对话框

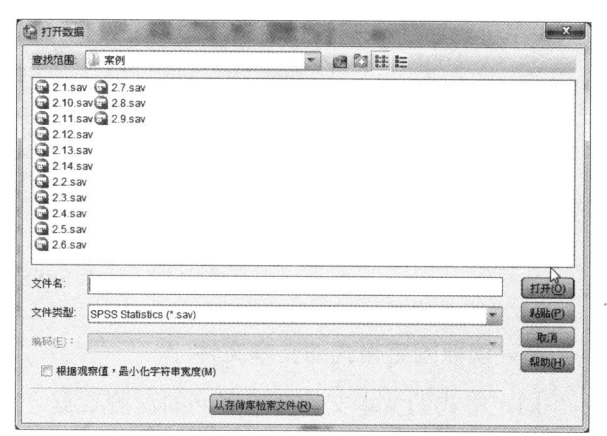

（2）在"文件类型"下拉列表框中选择"Excel"选项，打开要读入的 Excel 文件，如图 2-80 所示。

（3）进行相应的设置。

单击"打开"按钮，弹出如图 2-81 所示的"打开 Excel 数据源"对话框。

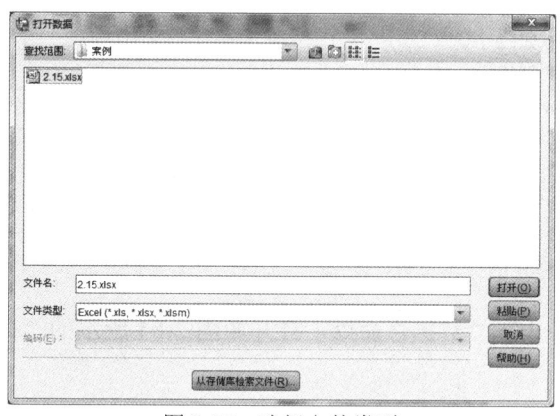

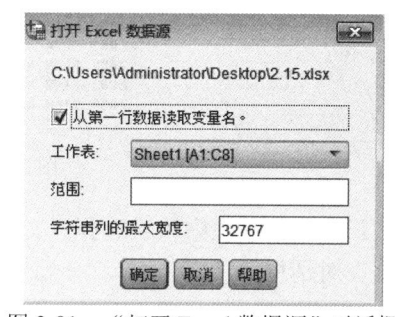

图 2-80　选择文件类型　　　　　　　　图 2-81　"打开 Excel 数据源"对话框

- "从第一行数据读取变量名"复选框。

如果选择该复选框，系统会将 Excel 数据文件的第一行作为变量名读入。

- "工作表"下拉列表框。

如果读取的 Excel 数据文件中有多个数据表，用户可以在该下拉列表框中选择要读取的工作表。

- "范围"输入框。

如果用户希望读取 Excel 工作表中的部分数据，可以在该输入框中输入相应的数据范围。

- "字符串列的最大宽度"输入框。

该输入框用于设置字符串变量的最大宽度，用户直接输入自定义宽度即可。

（4）设置完成后，单击"确定"按钮即可读入 Excel 数据。读入后的结果如图 2-82 所示。

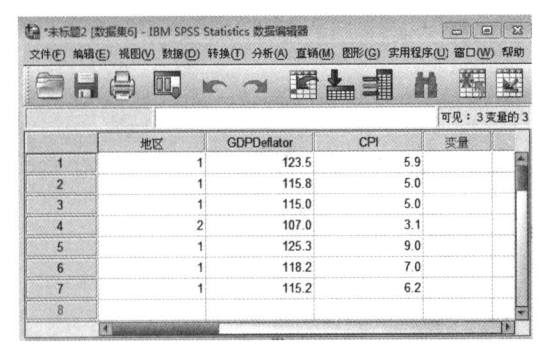

图 2-82　读入 SPSS 的 Excel 数据

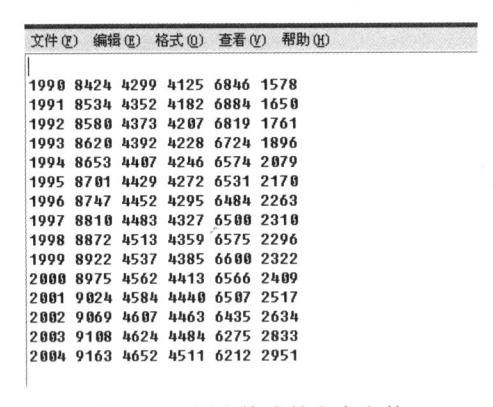

2. 读取固定格式的文本文件

固定格式的文本文件要求不同的观测数据之间的变量数目、排列顺序、变量取值长度固定不变，固定格式的文本文件如图 2-83 所示。下面分析所用的数据文件为 2-16（数据文件路径：sample/chap02/案例/2-16）。

图 2-83　固定格式的文本文件

（1）在菜单栏中依次选择"文件"|"打开"|"数据"命令，打开如图 2-84 所示的"打开数据"对话框。

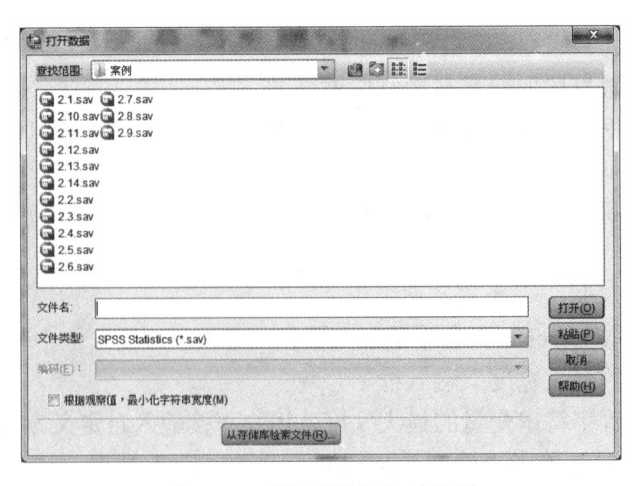

图 2-84　"打开数据"对话框

（2）在"文件类型"下拉列表框中选择"文本格式"选项，打开要读入的文本文件，如图 2-85 所示。

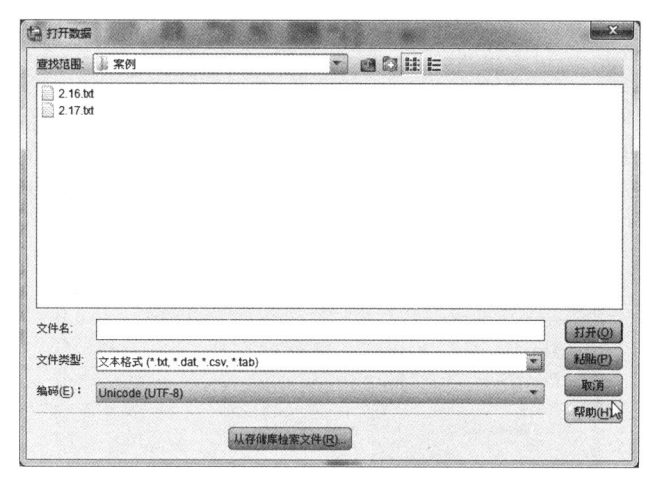

图 2-85 选择文件类型

（3）打开文本导入向导。

单击"打开"按钮，弹出如图 2-86 所示的"文本导入向导-第 1 步，共 6 步"对话框。用户可以选择预定义的格式，也可以在向导中创建新格式。本例中选择"否"单选按钮。

（4）设置文本格式。

在图 2-86 所示的"文本导入向导-第 1 步，共 6 步"对话框中单击"下一步"按钮，弹出如图 2-87 所示的"文本导入向导-第 2 步，共 6 步"对话框。

图 2-86 "文本导入向导-第 1 步，共 6 步"对话框

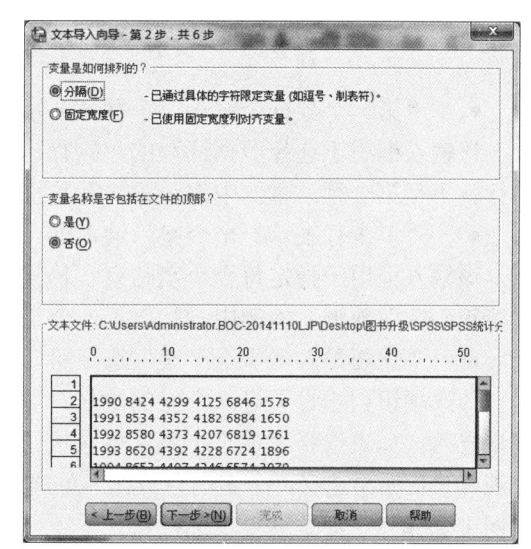

图 2-87 "文本导入向导-第 2 步，共 6 步"对话框

- "变量是如何排列的"选项组。

该选择组用于设定读入的文本文件的格式。如果选择"分隔"单选按钮，则表示读入的是自由格式的文本文件；如果选择"固定宽度"单选按钮，则表示读入的是固定格式的文本文件。本节主要讲解固定格式文本文件的读取，故选择"固定宽度"单选按钮。

- "变量名称是否包括在文件的顶部"选项组。

如果源文件中包含变量名,选择"是"单选按钮,系统会将变量名称读入;如果源文件中不包含变量名,选择"否"单选按钮。本例中由于原始文本文件不包含变量名,故选择"否"单选按钮。

(5) 进行观测量的相应设置。

在图 2-87 所示的"文本导入向导-第 2 步,共 6 步"对话框中单击"下一步"按钮,弹出如图 2-88 所示的"文本导入向导-第 3 步(共 6 步)固定宽度"对话框。

图 2-88 "文本导入向导-第 3 步(共 6 步)固定宽度"对话框

- "第一个数据个案从哪个行号开始"输入框。

该输入框用于选择数据读取的起始行,如果数据文件中包含标签,那么该数据文件的起始行就不是第一行。本例中由于第一行是空行,故输入"2"。

- "多少行表示一个个案"输入框。

该输入框用于指定每个个案结束、下一个个案开始的位置,只有指定好每个个案的行数,才能正确读取数据。本例中一行表示一个个案,故输入"1"。

- "您要导入多少个个案"选项组。

该选项组用于设置导入个案的数量。如果选择"全部个案"单选按钮,系统将把所有观测量导入;如果选择"前个个案"单选按钮,系统会导入从第一个观测到用户定义位置的所有观测量;如果选择"个案的百分比"单选按钮,系统将随机导入用户指定百分比的观测量。本例中选择"全部个案"单选按钮。

(6) 设置变量起始点。

在图 2-88 所示的"文本导入向导-第 3 步(共 6 步)固定宽度"对话框中单击"下一步"按钮,弹出如图 2-89 所示的"文本导入向导-第 4 步(共 6 步)固定宽带"对话框。

该对话框用于设置从数据文件读取变量的方式,设定变量之间的分隔符,可选项有:制表符、空格、逗号、分号等,系统默认变量之间用空格分隔,同时用户可在其他选项框后面填入特定的分隔符。同时在此可设定文本限定符。本例接受系统默认方式。

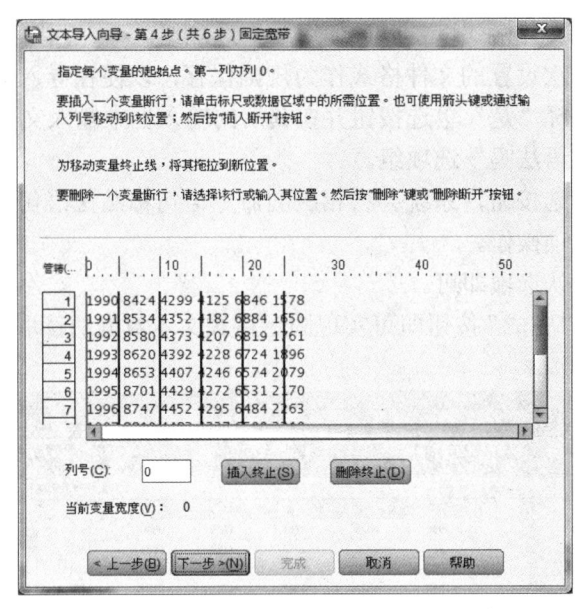

图 2-89 "文本导入向导-第 4 步（共 6 步）固定宽带"对话框

（7）设置变量名称和数据格式。

在图 2-89 所示的"文本导入向导-第 4 步（共 6 步）固定宽带"对话框中单击"下一步"按钮，弹出如图 2-90 所示的"文本导入向导-第 5 步，共 6 步"对话框。

该对话框用于设置变量的名称和数据格式，用户在"数据预览"表格中选择相应的变量，即可在"变量名称"输入框中输入变量名称，在"数据格式"下拉列表中选择相应的数据格式。

（8）完成读取。

在图 2-90 所示的"文本导入向导-第 5 步，共 6 步"对话框中单击"下一步"按钮，弹出如图 2-91 所示的"文本导入向导-第 6 步，共 6 步"对话框。

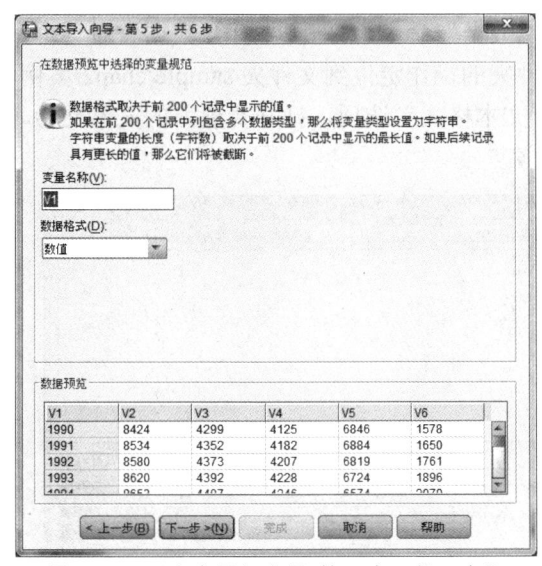

图 2-90 "文本导入向导-第 5 步，共 6 步"对话框

图 2-91 "文本导入向导-第 6 步，共 6 步"对话框

- "您要保存此文件格式以备以后使用吗"选项组。

如果用户希望将本次设置的文件格式作为规则保存,以便在导入类似的文本数据文件时无须重新设置,可以选择"是"单选按钮并在其后的输入框中输入文件的路径。

- "您要粘贴该语法吗"选项组。

如果选择"是"单选按钮,系统会将相应的命令语句粘贴在语句窗口;如果选择"否"单选按钮,则不进行此项操作。

本例中该步保持默认选项即可。

设置完成后,单击"完成"按钮即可实现固定格式文本数据的读取,读取的结果如图 2-92 所示。

图 2-92 读入 SPSS 的固定格式文本文件

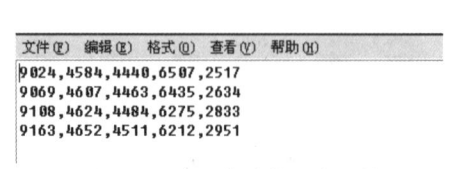

3. 读取自由格式的文本文件

固定格式的文本文件要求不同的观测数据之间的变量数目、排列顺序一定,变量取值长度可以不同。此外,与固定格式的文本文件不同,自由格式的文本文件的数据项之间必须有分隔符。自由格式的文本文件如图 2-93 所示。以下操作所用的数据文件为 2-17(数据文件路径:sample/chap02/案例/2-17)。

(1)在菜单栏中选择"文件"|"打开"|"数据"命令,打开"打开数据"对话框,通过单击工具栏上的"返回"按钮和双击打开文件夹的操作定位到文件夹 sample/chap2/案例。

(2)在"文件类型"下拉列表框中选择"文本格式"选项,打开要读入的文本文件,如图 2-94 所示。

图 2-93 自由格式的文本文件

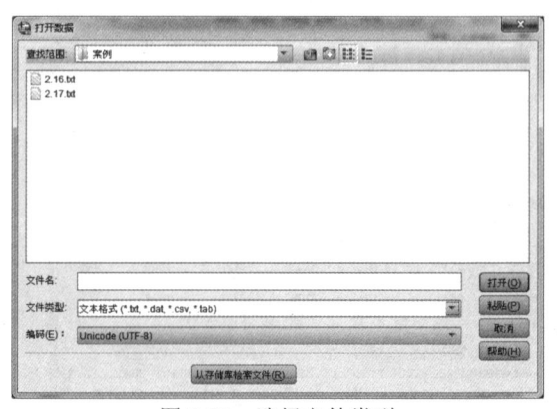

图 2-94 选择文件类型

第 2 章 SPSS 22.0 基本操作与数据管理

(3) 打开文本导入向导。

单击"打开"按钮,弹出如图 2-95 所示的"文本导入向导-第 1 步,共 6 步"对话框。用户可以选择预定义的格式,也可以在向导中创建新格式。本例中选择"否"单选按钮。

(4) 设置文本格式。

在图 2-95 所示的"文本导入向导-第 1 步,共 6 步"对话框中单击"下一步"按钮,弹出如图 2-96 所示的"文本导入向导-第 2 步,共 6 步"对话框。

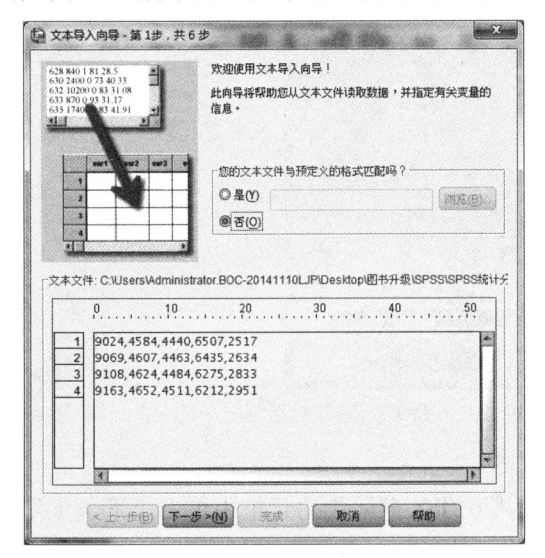

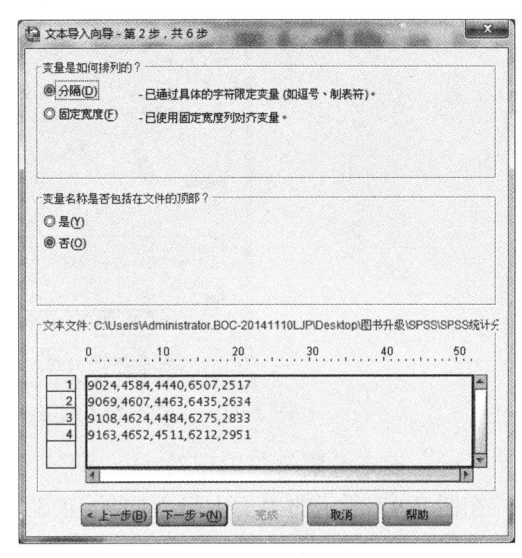

图 2-95 "文本导入向导-第 1 步,共 6 步"对话框 图 2-96 "文本导入向导-第 2 步,共 6 步"对话框

- "变量是如何排列的"选项组。

该选择组用于设定读入的文本文件的格式。如果选择"分隔"单选按钮,则表示读入的是自由格式的文本文件;如果选择"固定宽度"单选按钮,则表示读入的是固定格式的文本文件。本节主要讲解自由格式文本文件的读取,故选择"分隔"单选按钮。

- "变量名称是否包括在文件的顶部"选项组。

如果源文件中包含变量名,选择"是"单选按钮,系统会将变量名称读入,如果源文件中不包含变量名,选择"否"单选按钮。本例中由于原始文本文件不包含变量名,故选择"否"单选按钮。

(5) 进行观测量的相应设置。

在图 2-96 所示的"文本导入向导-第 2 步,共 6 步"对话框中单击"下一步"按钮,弹出如图 2-97 所示的"文本导入向导-第 3 步(共 6 步)分隔"对话框。

- "第一个数据个案从哪个行号开始"输入框。

该输入框用于选择数据读取的起始行,如果数据文件中包含标签,那么该数据文件的起始行就不是第一行。本例中由于无空行,故输入"1"。

- "如何表示个案"选项组。

该选项组用于指定如何表示个案。本例选择"每一行表示一个个案"。

- "您要导入多少个个案"选项组。

该选项组用于设置导入个案的数量。如果选择"全部个案"单选按钮,系统将把所有观测量导入;如果选择"前个个案"单选按钮,系统会导入从第一个观测到用户定义位置的所有观测量；如果选择"个案的随机百分比"单选按钮，系统将随机导入用户指定百分比的观测量。本例中选择"全部个案"单选按钮。

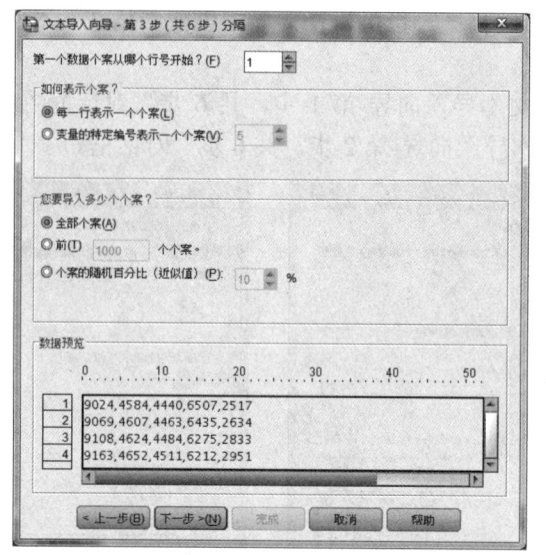

图 2-97 "文本导入向导-第 3 步（共 6 步）分隔"对话框

（6）设定分隔符与限定符。

在图 2-97 所示的"文本导入向导-第 3 步（共 6 步）分隔"对话框中单击"下一步"按钮，弹出如图 2-98 所示的"文本导入向导-第 4 步（共 6 步）分隔"对话框。

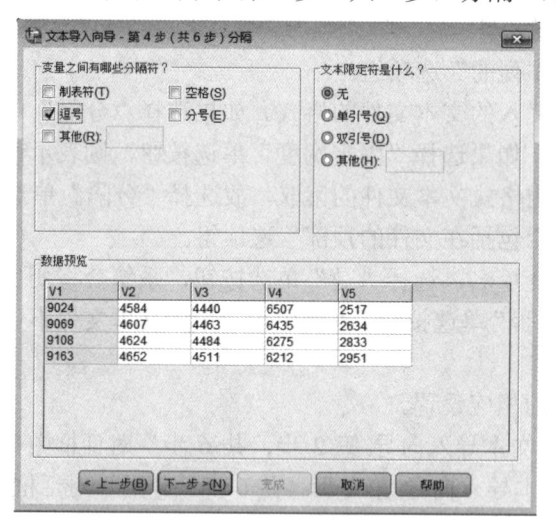

图 2-98 "文本导入向导-第 4 步（共 6 步）分隔"对话框

- "变量之间有哪些分隔符"选项组。

该选项组用于设定变量之间的分隔符。系统提供了制表符、空格、逗号和分号作为分隔符，用户也可以自定义分隔符。本例中原始文件使用逗号分隔，故选择"逗号"复选框。

- "文本限定符是什么"选项组。

该选项组用于设置文本限定符。如果选择"无"单选按钮，则表示不使用文本限定符；用户可以选择单引号或双引号作为文本限定符，也可以自定义文本限定符。本例中选择"无"单选按钮。

(7) 设置变量名称和数据格式。

在图 2-98 所示的"文本导入向导-第 4 步（共 6 步）分隔"对话框中单击"下一步"按钮，弹出如图 2-99 所示的"文本导入向导-第 5 步，共 6 步"对话框。

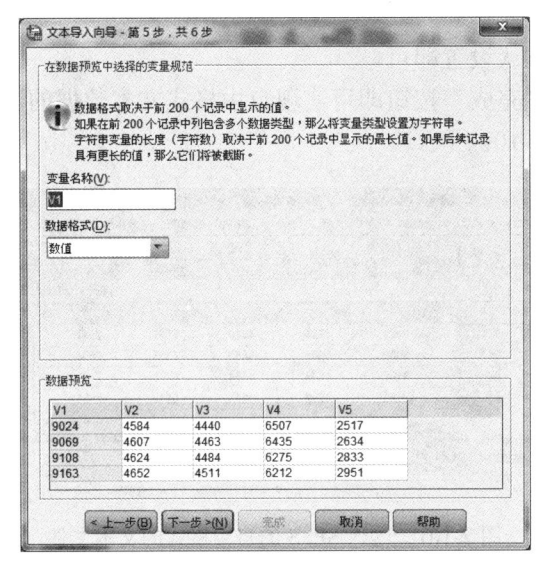

图 2-99 "文本导入向导-第 5 步，共 6 步"对话框

该对话框用于设置变量的名称和数据格式，用户在"数据预览"表格中选择相应的变量，即可在"变量名称"输入框中输入变量名称，在"数据格式"下拉列表框中选择相应的数据格式。

(8) 完成读取。

在图 2-99 所示的"文本导入向导-第 5 步，共 6 步"对话框中单击"下一步"按钮，弹出如图 2-100 所示的"文本导入向导-第 6 步（共 6 步）"对话框。

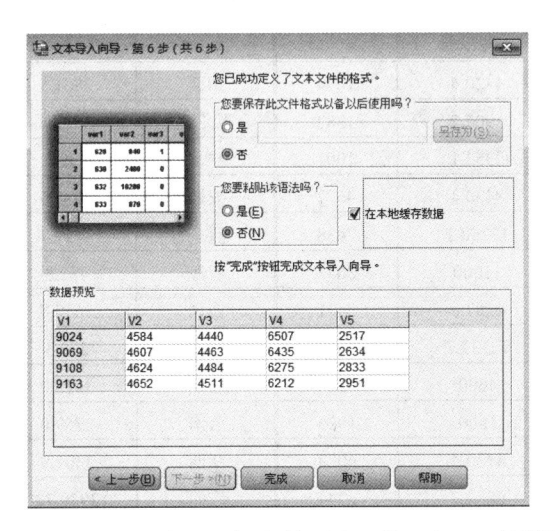

图 2-100 "文本导入向导-第 6 步（共 6 步）"对话框

- "您要保存此文件格式以备以后使用吗"选项组。

如果用户希望将本次设置的文件格式作为规则保存，以便在导入类似的文本数据文件时无须重新设置,可以选择"是"单选按钮并在其后的输入框中输入文件的路径。
- "您要粘贴该语法吗"选项组。

如果选择"是"单选按钮,系统会将相应的命令语句粘贴到语句窗口;如果选择"否"单选按钮,则不进行此项操作。

本例中,该处使用默认设置即可。

设置完成后,单击"完成"按钮即可实现自由格式文本数据的读取。读入 SPSS 的自由格式的文本文件,如图 2-101 所示。

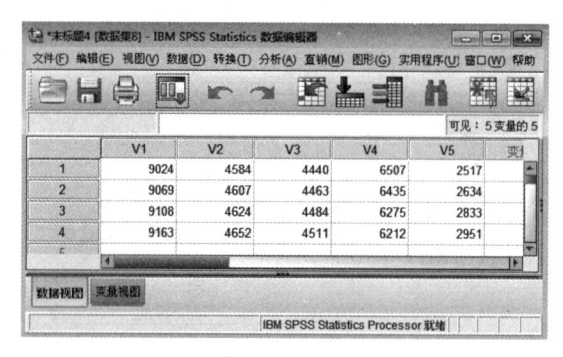

图 2-101 读入 SPSS 的自由格式的文本文件

上机题

1. 现有我国 31 个省、市、自治区的固定投资的统计数据(见表 2-1),数据中包括"城市"、"固定投资"和"人口"3 个变量,数据如表 2-2 所示(数据路径:sample\chap02\上机题\上机题 2-1.sav)。

表2-2 我国31个省、市、自治区的固定投资的统计数据

城 市	固定投资	人 口	城 市	固定投资	人 口
上海	4420.4	1674	山西	2861.5	3297
北京	3907.2	1382	黑龙江	2833.5	3689
天津	2353.1	1001	宁夏	599.8	562
浙江	8420.4	4677	安徽	5087.5	5986
江苏	12268.1	7438	重庆	3127.7	3090
广东	11000	8642	青海	482.8	518
福建	4287.8	3471	四川	5639.8	8329
山东	12537.7	9079	西藏	270.3	262
辽宁	4600	4238	陕西	3415.0	3605
新疆	1600	1925	云南	2759.0	4288
湖北	4330.4	6028	江西	3301.9	4140
河北	6884.7	6744	广西	2939.70	4489
吉林	3651.4	2728	甘肃	1304.2	2562
海南	502.4	787	内蒙古	4372.9	2376
湖南	4154.8	6440	贵州	1488.8	3525
河南	8010.1	9256			

试计算出人均固定投资（人均固定投资=固定投资/人口）作为新变量保存。

2. 为了了解学生学习情况，随机抽查了 10 名学生，对他们的学习时间和评级进行了分析，我们建立了 3 个变量"测试编号"、"学习时间"和"成绩评级"，部分观测数据如表 2-3 所示（数据路径：sample\chap02\上机题\上机题 2-1.sav）。

表2-3　学生学习情况调查表

测试编号	学习时间	成绩评级
1	800	15.9
2	1100	15
3	1000	15
4	900	13.1
5	700	19
6	600	17
7	900	16.2
8	700	17.3
9	700	17
10	552	17.5

（1）根据理论，学生的学习时间与成绩评级成正比，为正确分析学生成绩状况，试以学习时间作为加权变量对数据进行加权。

（2）对于成绩评级而言，20 以上视为优秀、18～20 视为良好，18 以下视为一般。试对各种优秀人数进行统计，并保存计数结果。

（3）试将成绩评级数据换算为优秀、良好和一般三类，分别用数字 1、2、3 代替（20 以上视为优秀、18～20 视为良好，18 以下视为一般）。

3. 某小学进行了体检，测量了 8 名小学生的肺活量，根据查体结果建立了"年级"、"性别"和"肺活量"三个变量，部分测量数据如表 2-4 所示（数据路径：sample\chap02\上机题\上机题 2-3.sav）。

表2-4　学生肺活量数据

年级	性别	肺活量
2	女	900
2	女	700
2	女	600
2	男	900
1	女	700
1	女	700
2	女	552
1	女	1000

（1）试按性别分别输出肺活量平均值，以分析不同性别的学生的肺活量情况。

（2）试按照肺活量的高低对学生数据进行排序。

4. 调查者观测来自不同地区的样本的经济指标和发展指标的数据，这两个地区分别用数字"1"和"2"代替，部分观测数据如表 2-5 所示（数据路径：sample\chap02\上机题\上机题 2-4.sav）。

表2-5 不同地区的经济指标与发展指标

地 区	GDP Deflator	CPI
1	123.5	5.9
2	115.8	5
1	115	5
2	107	3.1
2	125.3	9
1	118.2	7
1	115.2	6.2

希望按照地区分析这两个指标，以便对地区的物价上涨情况给予科学的评价，请将数据按地区分解并组织输出。

5. 请通过下面3个小题，实践将其他数据文件导入SPSS（数据路径：sample\chap02\上机题\）。

（1） 试将Excel数据文件"上机题2-5-1.xlsx"读入SPSS。

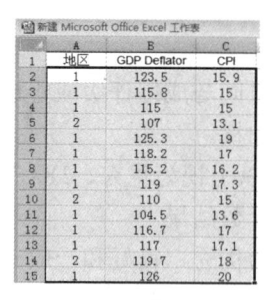

（2） 试将文本文件"上机题2-5-2.txt"读入SPSS。

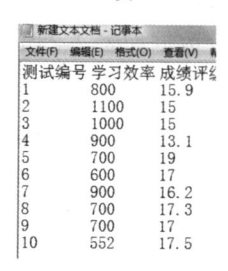

（3） 试将文本文件"上机题2-5-3.txt"读入SPSS。

第 3 章 SPSS 22.0 基本统计分析

对数据进行一些描述性的工作可以为随后的统计分析和建模打下良好的基础，从而选择出合适的统计方法和模型形式。通过调用 SPSS 的相关过程，可以得到数据的基本统计指标。例如，对于定量数据，可以得到平均值和标准偏差等指标；对于分类数据，可以得到频率和比率等指标，还可以进行一系列检验等。本章将结合大量实例和图形，详细介绍这些过程的具体操作过程及结果的解释。

3.1 描述性统计量的计算

描述性分析过程主要用于对连续变量做描述性分析，可以输出多种类型的统计量，也可以将原始数据转换成标准 Z 分值并存入当前数据集。本节将结合实例对几个常用基本统计量的描述性分析过程进行详细介绍。

3.1.1 主要描述性统计量

描述性分析是对数据进行基础性描述，主要用于描述变量的基本特征。SPSS 中的描述性分析过程可以生成相关的描述性统计量，如平均值、方差、标准偏差、全距、峰度和偏度等，同时描述性分析过程还将原始数据转换为 Z 分值并作为变量存储，通过这些描述性统计量，可以对变量变化的综合特征进行全面的了解。

1. 表示集中趋势的统计量

（1）平均值。

平均值分析可以分为算术平均数、调和平均数及几何平均数 3 种。

- 算术平均数。

算术平均数是集中趋势中最常用、最重要的测度值。它是将总体标志总量除以总体单位总量而得到的平均值。算术平均数的基本公式是：

$$算术平均数=总体标志总量/总体单位总量$$

根据所掌握资料的表现形式不同，算术平均数有简单算术平均数和加权算术平均数两种。

简单算术平均数是将总体各单位每一个标志值加总得到的标志总量除以单位总量而求出的平均指标，其计算方法如公式（3-1）所示：

$$\overline{X} = \frac{X_1 + X_2 + \cdots + X_n}{n} = \frac{\sum X}{n} \tag{3-1}$$

简单算术平均数适用于总体单位数较少的未分组资料。如果所给的资料是已经分组的次数分布数列，则算术平均数的计算应采用加权算术平均数的形式。

算术平均数就是首先用各组的标志值乘以相应的各组单位数求出各组标志总量，并加

总求得总体标志总量,然后再将总体标志总量和总体单位总量对比。其计算过程如公式(3-2)所示:

$$\overline{X} = \frac{f_1X_1 + f_2X_2 + \cdots + f_nX_n}{f_1 + f_2 + \cdots + f_n} = \frac{\sum fX}{\sum f} \qquad (3-2)$$

式中,f表示各组的单位数,或者说是频率或权数。

- 调和平均数。

调和平均数又称倒数平均数,它是根据各变量值的倒数来计算的平均数。具体地讲,调和平均数是各变量值倒数的算术平均数的倒数。调和平均数的计算方法,根据所掌握的资料不同,也有简单和加权两种形式。

- 几何平均数。

几何平均数是与算术平均数和调和平均数不同的另一种平均指标,它是几何级数的平均数。几何平均数是计算平均比率或平均发展速度最常用的统计量,几何平均数可以反映现象总体的一般水平。根据所掌握资料的不同,几何平均数也有简单和加权两种形式。

(2) 中位数。

中位数是将总体单位某一变量的各个变量值按大小顺序排列,处在数列中间位置的那个变量值就是中位数。

在资料未分组的情况下,将各变量值按大小顺序排列后,首先确定中位数的位置,可用公式 $\frac{n+1}{2}$ 确定,n 代表总体单位的项数;然后根据中点位置确定中位数。有两种情况:当 n 为奇数项时,中位数就是居于中间位置的那个变量值;当 n 为偶数项时,中位数就是位于中间位置的两个变量值的算术平均数。

(3) 众数。

众数是总体中出现次数最多的标志值,即最普遍、最常见的标志值。众数只有在总体单位较多而又有明确的集中趋势的资料中才有意义。单项数列中,出现最多的那个组的标志值就是众数。若在数列中有两组的次数是相同的,且次数最多,则就是双众数或复众数。

(4) 百分位数。

如果将一组数据排序,并计算相应的累计百分位,则某一百分位所对应的数据值就称为这一百分位的百分位数。常用的有 4 分位数,指的是将数据分为 4 等份,分别位于 25%、50%和 75%处的分位数。百分位数适合于定序数据及更高级的数据,不能用于定类数据。百分位数的优点是不受极端值的影响。

2. 表示离中趋势的统计量

(1) 方差与标准偏差。

方差是总体各单位变量值与其算术平均数的离差平方的算术平均数,用 σ^2 表示,方差的平方根就是标准偏差 σ。与方差不同的是,标准偏差是具有量纲的,它与变量值的计量单位相同,其实际意义要比方差清楚。因此,在对社会经济现象进行分析时,往往更多地使用标准偏差。

根据所掌握的资料不同,方差和标准偏差的计算有简单平均式和加权平均式两种形式。

在未分组资料情况下,采用简单平均式,如公式(3-3)所示:

$$\sigma^2 = \frac{\sum(X-\overline{X})^2}{n}; \quad \sigma = \sqrt{\frac{\sum(X-\overline{X})^2}{n}} \tag{3-3}$$

在资料分组的情况下,采用加权平均式,如公式(3-4)所示:

$$\sigma^2 = \frac{\sum f(X-\overline{X})^2}{\sum f}; \quad \sigma = \sqrt{\frac{\sum f(X-\overline{X})^2}{\sum f}} \tag{3-4}$$

(2) 平均值标准误差。

平均值标准误差就是样本平均值的标准偏差,是描述样本平均值和总体平均值平均偏差程度的统计量。

(3) 极差或范围。

极差又称全距,它是总体单位中最大变量值与最小变量值之差,即两极之差,以 R 表示,根据全距的大小来说明变量值变动范围的大小,如公式(3-5)所示:

$$R = X_{\max} - X_{\min} \tag{3-5}$$

极差只是利用了一组数据两端的信息,不能反映出中间数据的分散状况,因而不能准确描述出数据的分散程度,且易受极端值的影响。

(4) 最大值。

顾名思义,最大值即样本数据中取值最大的数据。

(5) 最小值。

即样本数据中取值最小的数据。

(6) 变异系数。

变异系数是将标准偏差或平均差与其平均数对比所得的比值,又称离散系数。计算公式如公式(3-6)和公式(3-7)所示:

$$V_\sigma = \frac{\sigma}{\overline{X}} \tag{3-6}$$

$$V_D = \frac{A \cdot D}{\overline{X}} \tag{3-7}$$

式中,V_σ 和 V_D 分别表示标准偏差系数和平均差系数。变异系数是一个无名数的数值,可用于比较不同数列的变异程度。其中,最常用的变异系数是标准偏差系数。

3. 表示分布形态的统计量

(1) 偏度。

偏度是对分布偏斜方向及程度的测度。测量偏斜的程度需要计算偏态系数,本书仅介绍中心矩偏态测度法。常用三阶中心矩除以标准偏差的三次方来表示数据分布的相对偏斜程度,用 a_3 表示。其计算公式(3-8)为

$$a_3 = \frac{\sum f(X-\overline{X})^3}{\sigma^3 \sum f} \qquad (3\text{-}8)$$

在公式（3-8）中，a_3 为正，表示分布为右偏；a_3 为负，则表示分布为左偏。

（2）峰度。

峰度是频率分布曲线与正态分布相比较，顶端的尖峭程度。统计上常用四阶中心矩测定峰度，其计算如公式（3-9）所示：

$$a_4 = \frac{\sum f(X-\overline{X})^4}{\sigma^4 \sum f} \qquad (3\text{-}9)$$

当 $a_4=3$ 时，分布曲线为正态分布。

当 $a_4<3$ 时，分布曲线为平峰分布。

当 $a_4>3$ 时，分布曲线为尖峰分布。

4. 其他相关的统计量

Z 标准化得分是某一数据与平均数的距离以标准偏差为单位的测量值。其计算如公式（3-10）所示：

$$Z_i = \frac{X_i - \overline{X}}{\sigma} \qquad (3\text{-}10)$$

在公式（3-10）中，Z_i 即为 X_i 的 Z 标准化得分。Z 标准化数据越大，说明它离平均数越远。

标准化值不仅能表明各原始数据在一组数据分布中的相对位置，而且能在不同分布的各组原始数据间进行比较，同时还能接受代数方法的处理。因此，标准化值在统计分析中起着十分重要的作用。

3.1.2 描述分析的参数设置

打开相应的数据文件或者建立一个数据文件后，可以在 SPSS Statistics 数据编辑器窗口进行描述性统计分析。

在 SPSS Statistics 数据编辑器窗口的菜单栏中选择"分析"|"描述统计"|"描述"命令，打开如图 3-1 所示的"描述性"对话框。

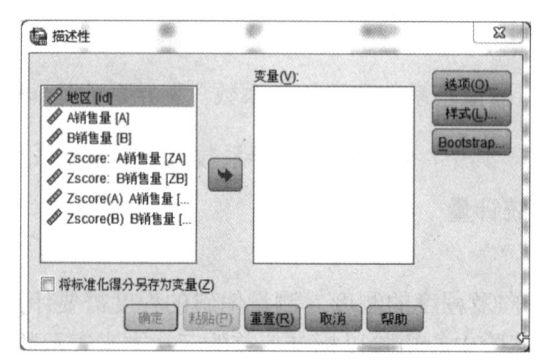

图 3-1 "描述性"对话框

该对话框中包括的各列表和常用按钮的作用与参数设置要点如下。

1. 选择变量

从源变量列表中单击需要描述的变量，然后单击 按钮将需要描述的变量选入"变量"列表中，如图 3-2 所示。

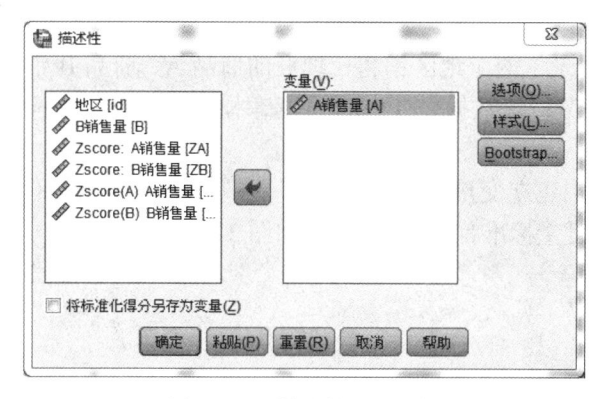

图 3-2 "描述性"对话框

2. "选项"按钮

"选项"按钮主要用于指定需要输出和计算的基本统计量与结果输出的显示顺序。单击右侧的"选项"按钮，弹出如图 3-3 所示的"描述：选项"对话框。

（1）"平均值"和"合计"复选框。

"平均值"复选框，选中该复选框表示输出变量的算术平均数。"合计"复选框，选中该复选框表示输出各个变量的合计数。

（2）"离散"选项组。

该选项组主要用于输出离中趋势统计量，共有 6 个复选框："标准偏差"、"方差"、"最小值"、"最大值"、"范围"和"平均值的标准误差"，选中这些复选框分别表示输出变量的标准偏差、方差、最小值、最大值、范围、平均值的标准误差。

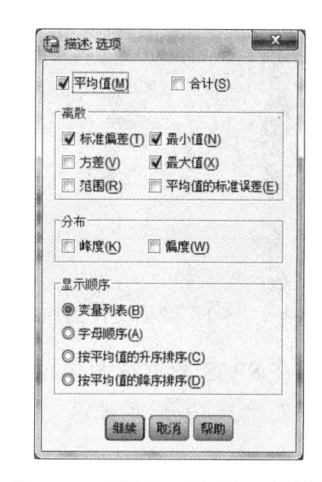

图 3-3 "描述：选项"对话框

（3）"分布"选项组。

该选项组主要用于输出表示分布的统计量。其中有"峰度"复选框，选中该复选框表示输出变量的峰度统计量；"偏度"复选框，选中该复选框表示输出变量的偏度统计量。

（4）"显示顺序"选项组。

该选项组主要用于设置变量的排列顺序。其中有"变量列表"单选按钮，选中该按钮表示按变量列表中变量的顺序进行排序；"字母顺序"单选按钮，选中该按钮表示按变量列表中变量的首字母的顺序排序；"按平均值的升序排序"单选按钮，选中该按钮表示按变量列表中变量的平均值的升序排序；"按平均值的降序排序"单选按钮，选中该按钮表示按变量列表中变量的平均值的降序排序。

设置完成后，单击"确定"按钮，就可以在 SPSS Statistics 查看器窗口得到所选择的变量描述性分析的结果。

3.1.3 案例分析

下面以"3-1"数据文件为例,说明描述性分析的具体操作过程和结果的说明解释。

1. 实验数据的描述

"3-1"数据文件记录了两个地区销售代理商的商品 A、商品 B 销售量的信息,以此数据文件为例,利用描述性分析该数据文件中的一些基本统计量。本数据文件的原始 Excel 数据文件如图 3-4 所示。

在 SPSS 变量视图中建立变量"id"、"A"和"B",分别表示地区、商品 A 销售量和商品 B 销售量,3 个变量的度量标准都为"度量",如图 3-5 所示。

图 3-4 "3-1"数据文件的原始数据   图 3-5 "3-1"数据文件的变量视图

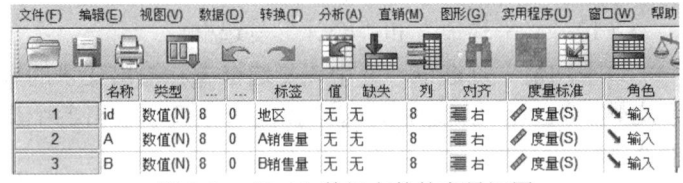

在 SPSS 数据视图中,把相关数据输入到各个变量中。其中,"id"变量中"1"表示"地区一"、"2"表示"地区二"。输入完成后如图 3-6 所示。

图 3-6 "3-1"数据文件的数据视图

2. 实验的操作步骤

（1） 打开“3-1”数据文件，进入 SPSS Statistics 数据编辑器窗口，然后在菜单栏中依次选择“分析”|“描述统计”|“描述”命令，打开“描述性”对话框，将“A”、“B”选入“变量”列表。

（2） 单击“选项”按钮进入“描述：选项”对话框，选中“最大值”、“最小值”、“平均值”、“标准偏差”、“峰度”和“偏度”，在“显示顺序”选项组中选中“变量列表”，显示结果将按照 A、B 的顺序排列，然后单击“继续”按钮，返回“描述性”对话框。

（3） 选中“将标准化得分另存为变量（Z）”复选框，单击“确定”按钮。

3. 实验的描述性分析结果及分析

描述性分析的结果如图 3-7 所示。

描述统计

	数字	最小值(M)	最大值(X)	平均值(E)	标准偏差	偏度		峰度	
	统计	统计	统计	统计	统计	统计	标准错误	统计	标准错误
A销售量	27	53	99	75.04	13.375	.264	.448	-1.283	.872
B销售量	27	47	99	76.78	13.949	-.254	.448	-.636	.872
有效 N（成列）	27								

图 3-7 描述性统计量

图 3-7 给出了描述性分析的主要结果。从该图可以得到各个变量的个数、最大值、最小值等统计量。以“A”的销售量为例，从描述性分析的结果可以看出：A 销售量的最低是 53，最高是 99，平均销售量为 75.04，表示销售量波动程度的标准偏差为 13.375，样本销售量的偏度大于零，峰度小于正态分布的峰度 3，不服从正态分布。

在图 3-8 可以看出，选中“将标准化得分另存为变量（Z）”复选框后，数据文件中就会增加两个新的变量：“ZA”和“ZB”，分别表示“商品 A”、“商品 B”的 Z 标准化得分。以“ZA”为例，通过该统计量可以看出，大于零的数值表示销售量比平均值要高，小于零的数值表示销售量比平均值要低，如第 1 个数值为 0.969 21，即该销售员比整天平均销售量要高 0.969 21 个标准偏差。

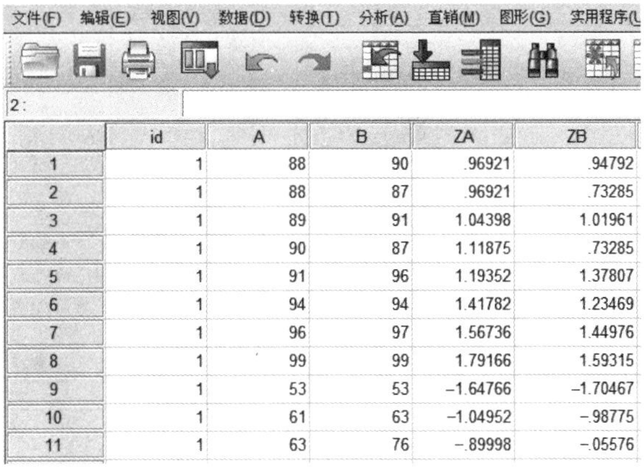

	id	A	B	ZA	ZB
1	1	88	90	.96921	.94792
2	1	88	87	.96921	.73285
3	1	89	91	1.04398	1.01961
4	1	90	87	1.11875	.73285
5	1	91	96	1.19352	1.37807
6	1	94	94	1.41782	1.23469
7	1	96	97	1.56736	1.44976
8	1	99	99	1.79166	1.59315
9	1	53	53	-1.64766	-1.70467
10	1	61	63	-1.04952	-.98775
11	1	63	76	-.89998	-.05576

图 3-8 “3-1”数据文件的数据视图

3.2 频率分析

频率分析是描述性统计中最常用的方法之一。SPSS 的频率分析过程不但可以分析变量变化的基本趋势，还可以生成相应的统计图表，本节介绍其相关操作。

3.2.1 频率分析简介

频率，是一个变量在不同取值的个案数。频率分析是描述性统计中最常用的方法之一，频率分析可以对数据的分布趋势进行初步分析，为深入分析打下基础。SPSS 中的频率分析过程可以方便地产生详细的频率分布表，使数据分析者对数据特征与数据的分布有一个直观的认识。此外，SPSS 的频率分析过程还可以给出相应百分点的数值，因而其在分类变量和不服从正态分布的变量的描述中具有广泛的应用。

3.2.2 频率分析的参数设置

打开相应的数据文件或者建立一个数据文件后，可以在 SPSS Statistics 数据编辑器窗口中进行描述性统计分析。

在菜单栏中选择"分析"|"描述统计"|"频率"命令，打开如图 3-9 所示的"频率"对话框。在源变量列表中选择一个或多个变量，单击 按钮使其进入"变量"列表框中作为频率分析的变量。

该对话框中包括的各列表和常用按钮的作用与参数设置要点如下。

1. "统计量"按钮

"统计量"按钮用于设置需要在输出结果中出现的统计量。单击"Statistics"按钮，打开如图 3-10 所示的"频率：统计"对话框。

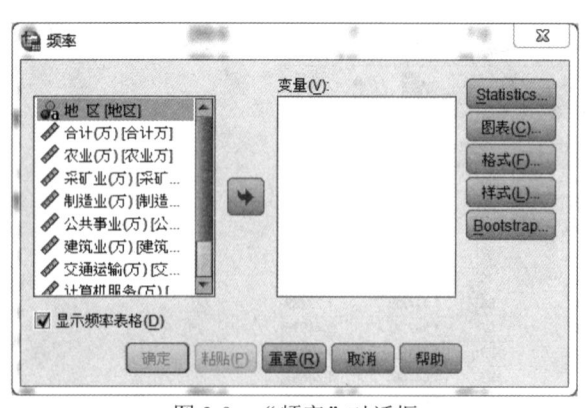

图 3-9　"频率"对话框　　　　图 3-10　"频率：统计"对话框

该对话框主要包括以下 4 个选项组。

(1)"百分位值"选项组。

该选项组主要用于设置输出的百分位数,包括3个复选框:"四分位数"复选框,用于输出四分位数;"分割点"复选框,用于输出等间隔的百分位数,其后的输入框中可以输入介于2~100之间的整数;"百分位数"复选框,用于输出用户自定义的百分位数。用户在其后输入框中输入自定义的百分位数后,单击"添加"按钮加入相应列表即可在结果中输出。对于已经加入列表的百分位数,用户还可以通过"更改"和"删除"按钮进行修改和删除操作。

(2)"集中趋势"选项组。

该选项组用于设置输出表示数据集中趋势的统计量,包括"平均值"、"中位数"、"众数"和"合计"4个复选框,用于输出平均值、中位数、众数和样本数。

(3)"离散"选项组。

该选项组主要用于设置输出表示数据离中趋势的统计量,包括"标准偏差"、"方差"、"最小值"、"最大值"、"范围"和"平均值的标准误差"6个复选框,用于输出标准偏差、方差、最小值、最大值、全距和平均值的标准误差。

(4)"分布"选项组。

该选项组用于设置输出表示数据分布的统计量,包括"偏度"和"峰度"两个复选框,用于输出样本的偏度和峰度。

2."图表"按钮

"图表"按钮用于设置输出的图表。单击"图表"按钮,打开相应的对话框。

该对话框主要包括两个选项组。

(1)"图表类型"选项组。

该选项组主要用于设置输出的图表类型,包括4个复选框:选择"无"复选框,不输出任何图表;选择"条形图"复选框,输出条形图;选择"饼图"复选框,输出饼图;选择"直方图"复选框,输出直方图(仅适用于数值型变量);选择"在直方图上显示正态曲线"复选框,则表示在输出图形中包含正态曲线。

(2)"图表值"选项组。

该选项组仅对条形图和饼图有效,包括频率和百分比两个复选框。

3."格式"按钮

"格式"按钮用于设置输出格式。单击"格式"按钮,打开"频率:格式"对话框,如图3-11所示。

该对话框主要包括以下两个选项组。

(1)"排序方式"选项组。

该选项组用于设置输出表格内容的排序方式,包括"按值的升序排序"、"按值的降序排序"、"按计数的升序排序"和"按计数的降序排序"四个单选按钮,分别表示按变量值和频率的升序与降序排列。

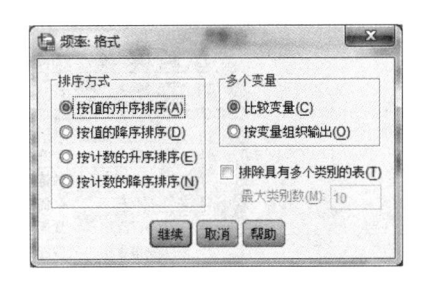

图3-11 "频率:格式"对话框

(2)"多个变量"选项组。

该选项组用于设置变量的输出方式,包括两个复选框:"比较变量"复选框,将所有变量在一个表格中输出;"按变量组织输出"单选按钮,每个变量单独列表输出。

3.2.3 案例分析

下面将以数据文件“3-2”为例，说明频率分析的具体操作过程。

1. 试验数据的描述

数据文件“3-2”显示了 2008 年我国不同地区不同行业的就业人数，数据来源于《中国统计年鉴 2008》。以该数据文件为例，利用频率分析对不同地区的就业情况进行分析，显示四分位数、平均值和标准偏差，绘图频率分布直方图和正态曲线，并判断分布形态。本数据文件的原始 Excel 数据文件如图 3-12 所示。

	A	B	C	D	E	F	G	H	I	J	K
1	地　区	合计(万)	农业(万)	采矿业(万)	制造业(万)	公共事业(万)	建筑业(万)	交通运输(万)	计算机服务(万)	批发、零售(万)	餐饮业(万)
2	北 京	570.3	2.6	4.5	96.3	6.6	32.8	47.7	33.4	43.6	26.0
3	天 津	200.6	0.7	7.0	72.7	3.6	10.8	12.5	2.5	13.5	3.7
4	河 北	501.0	7.5	28.1	116.4	19.5	34.6	25.7	5.6	23.2	4.8
5	山 西	375.2	3.5	71.7	70.3	10.6	19.8	22.1	4.6	17.9	4.1
6	内蒙古	244.8	27.7	17.3	39.3	9.7	13.4	15.9	3.7	6.8	2.5
7	辽 宁	510.8	31.3	33.6	147.0	17.0	28.4	33.8	6.1	15.5	6.5
8	吉 林	262.0	16.6	17.6	57.0	8.1	13.7	15.7	3.6	8.4	2.9
9	黑龙江	475.1	94.4	44.0	84.4	14.6	30.1	26.0	5.5	19.3	3.2
10	上 海	377.2	1.2	0.1	143.0	5.5	11.1	34.0	5.6	24.1	9.8
11	江 苏	707.6	12.2	13.6	307.4	12.7	38.4	32.0	7.3	27.3	9.9
12	浙 江	741.2	1.6	1.6	319.2	12.2	121.7	22.1	8.9	24.7	14.3
13	安 徽	343.7	7.5	29.3	67.3	9.8	34.2	14.8	3.5	13.8	3.1
14	福 建	458.7	6.7	4.8	223.8	9.5	45.0	15.9	3.9	12.3	5.6
15	江 西	289.2	13.7	10.1	70.2	8.7	25.2	16.3	2.9	8.9	1.9
16	山 东	901.4	5.2	62.1	340.1	19.9	65.7	30.7	5.8	36.6	11.5
17	河 南	714.4	7.9	50.3	153.6	20.4	80.6	29.4	4.0	41.0	9.1
18	湖 北	470.3	17.7	10.1	112.5	12.4	61.7	32.2	4.1	19.2	6.3
19	湖 南	454.7	9.1	13.2	91.1	11.5	66.9	22.4	5.2	15.0	7.9
20	广 东	1007.9	9.9	3.4	416.5	18.5	59.6	49.3	16.2	40.8	24.1

图 3-12　数据文件“3-2”的原始数据

在 SPSS 的变量视图中，建立“地区”、“合计”、“农业”、“采矿业”、“制造业”、“公共事业”、“建筑业”、“交通运输”、“计算机服务”和“批发、零售”、“餐饮业”、“分组号”变量。其中，分组号变量中，分别用“1、2、3”表示“东部、中部和西部”。其中，东部地区包括北京、天津、河北、辽宁、上海、江苏、浙江、福建、山东、广东、广西、海南 12 个省、自治区、直辖市；中部地区包括山西、内蒙古、吉林、黑龙江、安徽、江西、河南、湖北、湖南 9 个省、自治区；西部地区包括四川、贵州、云南、西藏、陕西、甘肃、宁夏、青海、新疆 9 个省、自治区，如图 3-13 所示。

文件(F)　编辑(E)　视图(V)　数据(D)　转换(T)　分析(A)　直销(M)　图形(G)　实用程序(U)　窗口(W)　帮助

	名称	类型	宽度	小数	标签	值	缺失	列	对齐	度量标准	角色
1	地区	字符串	9	0	地 区	无	无	9	左	名义…	输入
2	合计万	数值(N)	11	1	合计(万)	无	无	11	右	未知	输入
3	农业万	数值(N)	11	1	农业(万)	无	无	11	右	未知	输入
4	采矿业万	数值(N)	11	1	采矿业(万)	无	无	11	右	未知	输入
5	制造业万	数值(N)	11	1	制造业(万)	无	无	11	右	未知	输入
6	公共事业万	数值(N)	11	1	公共事业(万)	无	无	11	右	未知	输入
7	建筑业万	数值(N)	11	1	建筑业(万)	无	无	11	右	未知	输入
8	交通运输万	数值(N)	11	1	交通运输(万)	无	无	11	右	未知	输入
9	计算机服务万	数值(N)	11	1	计算机服务(万)	无	无	11	右	未知	输入
10	批发、零售万	数值(N)	11	1	批发、零售(万)	无	无	11	右	未知	输入
11	餐饮业万	数值(N)	11	1	餐饮业(万)	无	无	11	右	未知	输入

图 3-13　数据文件“3-2”的变量视图

在 SPSS 活动数据文件中的数据视图中，把相关数据输入到各个变量中。

2. 操作步骤

（1）打开"3-2"数据文件，进入 SPSS Statistics 数据编辑器窗口，然后在菜单栏中选择"分析"|"描述统计"|"频率"命令，打开"频率"对话框。

（2）在源变量列表中选择"合计"作为频率分析的变量。

（3）单击"Statistics"按钮，选择"四分位数"、"平均值"、"标准偏差"和"偏度"复选框，单击"继续"按钮。

（4）单击"图表"按钮，选择"直方图"复选框与"在直方图上显示正态曲线"复选框，单击"继续"按钮。

（5）单击"确定"按钮，执行频率分析。

3. 输出结果分析

得到频率分析的结果，输出结果如图 3-14 所示。

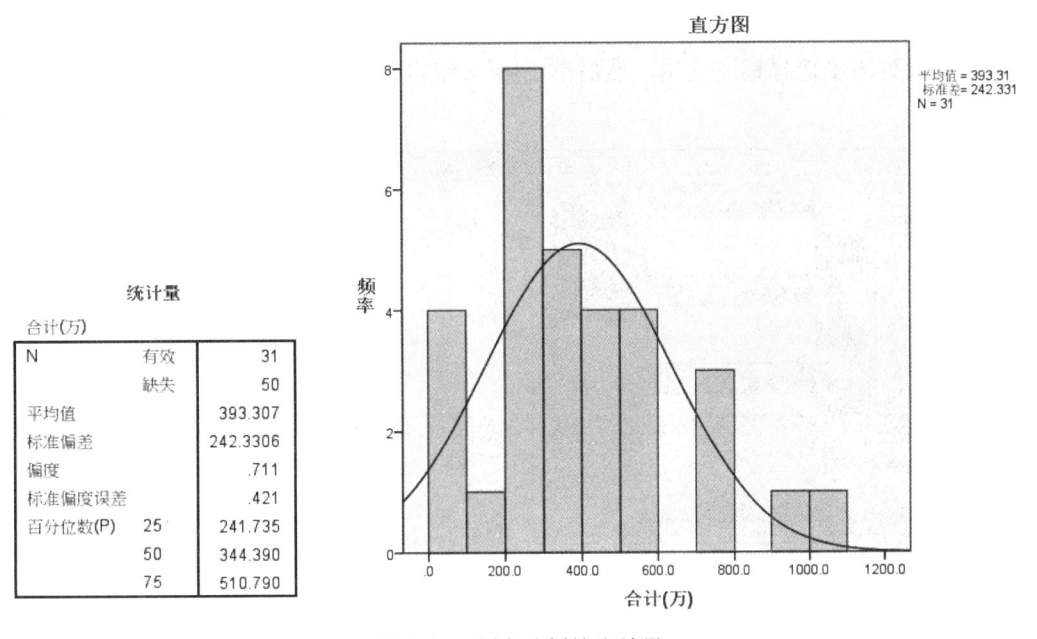

图 3-14 频率分析输出结果

图 3-14 中左图为统计量表，给出了合计就业人数的平均值、标准偏差、四分位数等信息，从分析结果可以看出，各地区就业人数的平均值为 393.31，标准偏差为 242.331，3 个百分位数分别为 241.735、344.390 和 510.790；右图为频率分布直方图和正态曲线。

3.3 Explorer 过程

探索分析可以在对变量的分布特点不了解时，对变量进行相关的分析，为用户的下一步数据分析提供相应的参考。SPSS 的探索分析过程可以方便地进行探索分析，本节介绍其相关操作。

3.3.1 Explorer 过程简介

探索分析主要用于在对数据的分布情况未知的情况下，检验数据的特异值或输入错误，并获得数据的基本特征。SPSS 的探索分析过程主要包括以下 3 种主要的功能：① 通过绘图箱图和茎叶图等图形，直观地反映数据的分布形式，并识别输入的奇异值、异常值和丢失的数据；② 正态性检验，检测观测数据是否服从正态分布；③ 等方差性检验，利用 Levene 检验不同组数据方差是否相等。

3.3.2 Explorer 过程的参数设置

打开相应的数据文件或者建立一个数据文件后，可以在 SPSS Statistics 数据编辑器窗口进行探索分析。

在 SPSS Statistics 数据编辑器窗口的菜单栏中选择"分析"|"描述统计"|"探索"命令，打开如图 3-15 所示的"探索"对话框。

从源变量列表中选择需要分析的目标变量，然后单击 按钮将选中的变量选入"因变量列表"中；从源变量列表中选择分组变量，然后单击 按钮将选中的变量选入"因子列表"中；从源变量列表中选择标注变量，然后单击 按钮将选中的变量选入"标注个案"中，如图 3-16 所示。

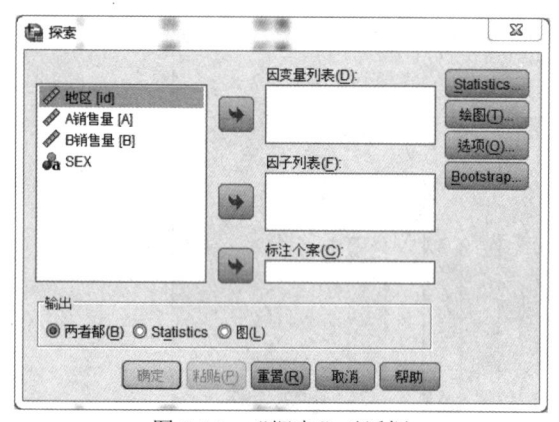

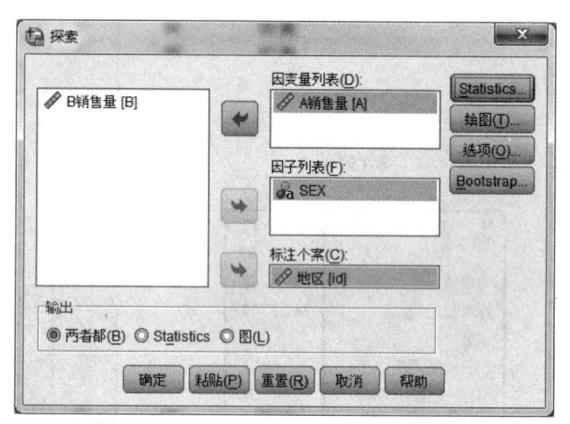

图 3-15　"探索"对话框　　　　　　图 3-16　"探索"对话框的变量选择

该对话框中包括各列表和常用按钮的作用和参数设置要点如下。

1. "Statistics"按钮

"Statistics"按钮用于设置需要在输出结果中出现的统计量。单击右侧"Statistics"按钮，弹出如图 3-17 所示的"探索：统计"对话框。

（1）"描述性"复选框。

该复选框表示输出一些描述性分析中的基本统计量，如平均值、标准偏差和范围等，该复选框还包括"平均值的置信区间"，要求设置平均值的置信区间的范围，可以选择 1%～99%中的任意一个，但系统默认的是 95%的置信区间。

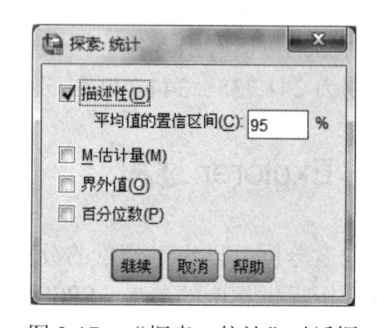

图 3-17　"探索：统计"对话框

（2）"M-估计量"复选框。

该复选框表示输出 4 种平均值的稳健极大似然估计量，包括稳健估计量、非降稳健估计量、波估计值、复权重估计量，一般在样本数据非正态分布时如金融时间序列数据的尖峰厚尾分布，用稳健极大似然估计量计算的平均值更有稳健性。

（3）"界外值"复选框。

该复选框表示输出变量数据的前 5 个最大值和后 5 个最小值。

（4）"百分位数"复选框。

该复选框表示输出变量数据的百分位数。

2. "绘图"按钮

单击右侧"绘图"按钮，弹出如图 3-18 所示的"探索：图"对话框。

"探索：图"对话框主要包括以下内容。

（1）"箱图"选项组。

该选项组用于对箱图的参数进行设置，包括 3 个单选按钮："按因子级别分组"，表示多个因变量箱图的显示将按照因变量的个数分别显示；"不分组"，表示多个因变量箱图的显示将不按照因变量的个数分别显示，而是一起显示在一个框图里面；"无"，表示将不显示因变量的箱图。

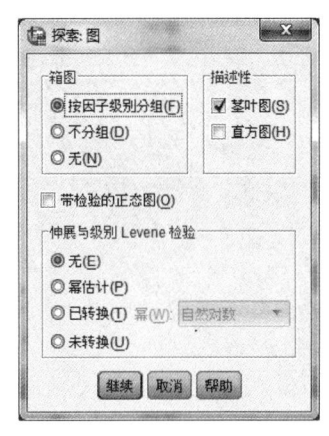

图 3-18 "探索：图"对话框

（2）"描述性"选项组。

该选项组主要用于对统计图表进行设置，包括两个复选框："茎叶图"，表示将按照因变量输出相应的茎叶图；"直方图"，表示将按照因变量输出相应的直方图。

（3）"带检验的正态图"复选框。

该复选框可以输出变量数据的正态概率图和离散正态概率图，同时输出变量数据经过 Lilliefors 显著水平修正的 Kolmogorov-Smirnov 统计量和 Shapiro-Wilk 统计量。

3. "选项"按钮

单击右侧"选项"按钮，弹出如图 3-19 所示的"探索：选项"对话框。

"探索：选项"对话框用于对缺失值进行设置，其中包含 3 个单选按钮："按列表排除个案"，该单选按钮表示只要任何一个变量含有缺失值，就要剔除所有因变量或分组变量中有缺失值的观测记录；"按对排除个案"，该单选按钮表示仅仅剔除所用到的变量的缺失值；"报告值"，该单选按钮表示将变量中含有的缺失值单独作为一个类别进行统计，并输出。

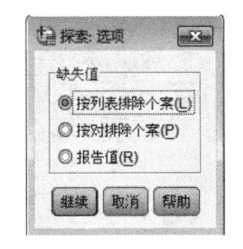

图 3-19 "探索：选项"对话框

3.3.3 案例分析

下面以"3-3"数据文件为例，说明探索分析的具体操作过程。

1. 实验数据的描述

“3-3”数据文件记录了两个地区的商品 A、商品 B 的销售量，以此数据文件为例，利用探索分析该数据文件中的 A 和 B 销售成绩的最大值、最小值、众数、平均数等，并检验样本数据的正态性。本数据文件的原始 Excel 数据文件如图 3-20 所示。

	A	B	C	D
1	id	A(件)	B（件）	SEX
2	1	88	90	男
3	1	88	87	男
4	1	89	91	女
5	1	90	87	女
6	1	91	96	男
7	1	94	94	女
8	1	96	97	男
9	1	99	99	男
10	1	53	53	女
11	1	61	63	男
12	1	63	76	女
13	1	64	58	女
14	1	66	47	男
15	2	66	77	男
16	2	67	73	男
17	2	68	75	女
18	2	58	60	男
19	2	69	74	女
20	2	64	69	男
21	2	76	79	女
22	2	59	64	男
23	2	82	85	男
24	2	85	89	男
25	2	82	76	女
26	2	74	78	女
27	2	65	68	男
28	2	69	68	男

图 3-20 “3-3”数据文件的原始数据

在 SPSS 的变量视图中建立变量“id”、“A”、“B”和“SEX”，分别表示地区、商品 A、商品 B 和销售员的性别，在“id”变量中将“一地区”和“二地区”分别赋值为“1”和“2”；在“SEX”变量中将“男销售员”和“女销售员”分别赋值为“男”和“女”，如图 3-21 所示。

在 SPSS 活动数据文件中的数据视图中，把相关数据输入到各个变量中，输入完毕如图 3-22 所示。

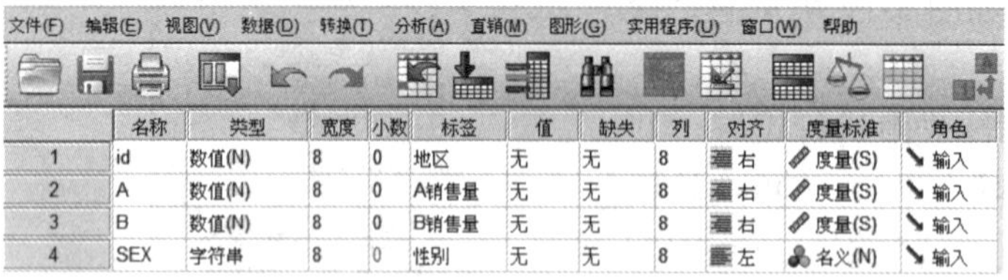

	名称	类型	宽度	小数	标签	值	缺失	列	对齐	度量标准	角色
1	id	数值(N)	8	0	地区	无	无	8	右	度量(S)	输入
2	A	数值(N)	8	0	A销售量	无	无	8	右	度量(S)	输入
3	B	数值(N)	8	0	B销售量	无	无	8	右	度量(S)	输入
4	SEX	字符串	8	0	性别	无	无	8	左	名义(N)	输入

图 3-21 “3-3”数据文件的变量视图

id	A	B	SEX
1	88	90	男
1	88	87	男
1	89	91	女
1	90	87	女
1	91	96	男
1	94	94	女
1	96	97	男
1	99	99	男
1	53	53	女
1	61	63	男
1	63	76	女

图 3-22 “3-3”数据文件的数据视图

2. 实验的操作步骤

（1） 打开“3-3”数据文件，进入 SPSS Statistics 数据编辑器窗口，然后在菜单栏中选择“分析”|“描述统计”|“探索”命令，打开“探索”对话框。

（2） 将变量“A”选入“因变量列表”，将“SEX”选入“因子列表”，将“地区”选入“标注个案”列表。

（3） 单击“统计量”按钮，选中“描述性”复选框；单击“绘图”按钮，选中“箱图”

选项组中的"按因子水平分组"、"描述性"选项组中的"茎叶图"、"带检验的正态图"复选框。

（4）在"探索"对话框中选中"输出"选项组中的"两者都"单选按钮，然后单击"确定"按钮就可以输出探索分析的结果。

3. 实验结果及分析

单击"确定"按钮，输出结果如图 3-23～图 3-29 所示。

图 3-23 给出了探索分析中的变量样本数据的有效个数和百分比、缺失个数和百分比，及总计个数和百分比。通过"个案处理摘要"可以看出本实验中无数据缺失。

个案处理摘要

	SEX	个案					
		有效		缺失		总计	
		数字	百分比	数字	百分比	数字	百分比
A销售量	男	16	100.0%	0	0.0%	16	100.0%
	女	11	100.0%	0	0.0%	11	100.0%

图 3-23 个案处理摘要

图 3-24 给出了 A 按照性别分类的一些统计量，如平均值、中值、方差和标准偏差等。通过该表可以看出女销售员销售业绩平均值要比男销售员大，而女销售员销售业绩中值也大于男销售员的业绩中值。

描述性

	SEX			统计	标准错误
A销售量	男	平均值		75.25	3.526
		平均值的95% 置信区间	下限值	67.74	
			上限	82.76	
		5% 截尾平均值		74.89	
		中位数		68.00	
		方差		198.867	
		标准偏差		14.102	
		最小值		58	
		最大值(X)		99	
		范围		41	
		四分位距		24	
		偏度		.392	.564
		峰度		-1.501	1.091
	女	平均值		74.73	3.892
		平均值的95% 置信区间	下限值	66.06	
			上限	83.40	
		5% 截尾平均值		74.86	
		中位数		74.00	
		方差		166.618	
		标准偏差		12.908	
		最小值		53	
		最大值(X)		94	
		范围		41	
		四分位距		25	
		偏度		.024	.661
		峰度		-.899	1.279

图 3-24 描述性统计量

图 3-25 给出了因变量样本数据按照因子变量分类的常态性检验结果。"值"表示检验统计量的值,"df"表示检验的自由度,"Sig."表示检验的显著水平。对本实验而言,常态检验的原假设是:数据服从常态分布。根据"常态性检验"中 Kolmogorov-Smirnov 统计量、Shapiro-Wilk 统计量可以看出,女销售员和男销售员的销售业绩的显著水平都大于 5%,接受原假设,即都服从常态分布。

常态性检验

	SEX	Kolmogorov-Smirnov(K)a			Shapiro-Wilk		
		统计	df	显著性	统计	df	显著性
A销售量	男	.234	16	.020	.884	16	.045
	女	.138	11	.200*	.963	11	.808

*. 这是真正显著性的下限。

a. Lilliefors 显著性校正

图 3-25 常态性检验表

图 3-26 给出了女销售员的销售业绩的茎叶图。图中"Frequency"表示相应数据的频率,"Stem"即茎,"Leaf"即叶,两者分别表示数据的整数部分和小数部分,"Stem width"表示茎宽。

图 3-27 和图 3-28 分别给出了男销售员的销售业绩的标准 Q-Q 图和趋降标准 Q-Q 图。标准 Q-Q 图中的观察点都分布在直线附近,趋降 Q-Q 图中的点除了极个别点外,都与 0 值横线呈对称性的分布,因此显示样本数据服从正态分布,这个结论和正态性检验的结论一致。

```
A销售量 Stem-and-Leaf Plot for
SEX= 女

 Frequency    Stem & Leaf

     1.00        5 . 3
     4.00        6 . 3489
     2.00        7 . 46
     2.00        8 . 29
     2.00        9 . 04

 Stem width:     10
 Each leaf:   1 case(s)
```

图 3-26 茎叶图

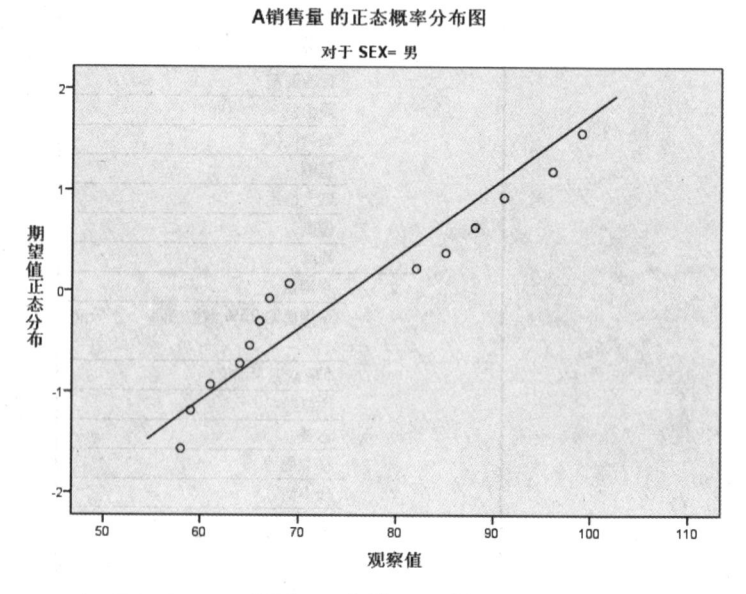

图 3-27 标准 Q-Q 图

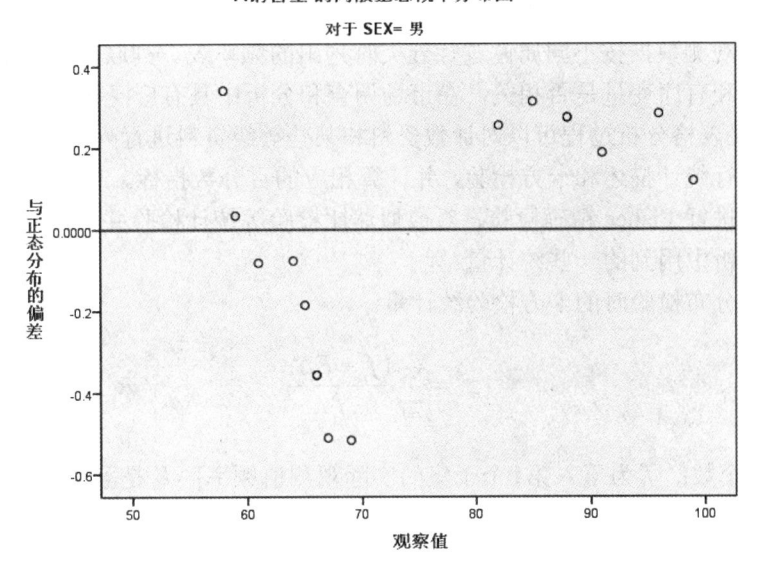

图 3-28 趋降标准 Q-Q 图

图 3-29 给出了按因子变量性别区分的销售业绩的箱图，其中箱图的两头的两条实线分别表示最大值和最小值，中间的黑色实线表示中位数，而箱体的上下两端为四分位数。

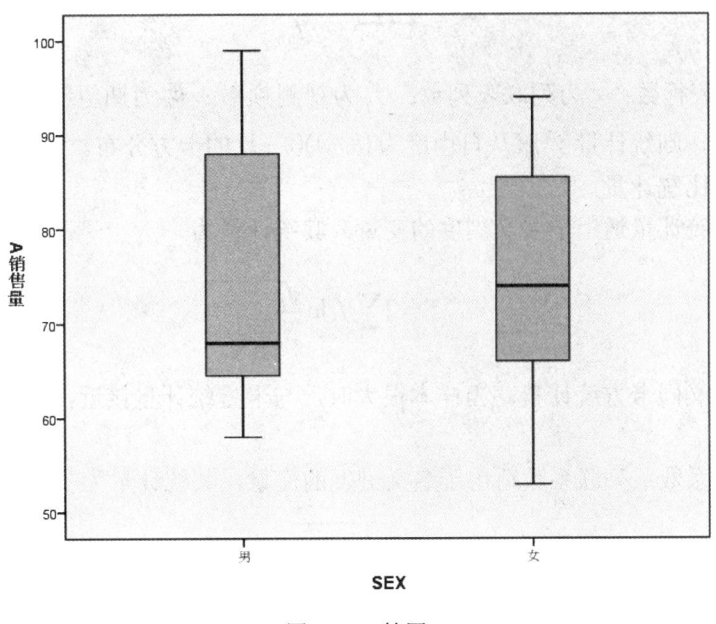

图 3-29 箱图

3.4 交叉表格分析

列联表分析可以进行非数值性变量的相关性的分析，在理论研究和实际工作中具有广泛的应用。SPSS 的交叉表格分析过程可以方便地进行列联表分析，本节下面介绍其相关操作。

3.4.1 交叉表格分析简介

列联表是将观测数据按不同属性进行分类时列出的频率表。列联表分析常用于分析离散变量的名义变量和有序变量是否相关,在市场调查和分析中具有广泛的应用。

SPSS 的交叉表格分析过程可以对计数资料和某些等级资料进行列联表分析,对二维和多维列联表资料进行统计描述和卡方检验,并计算相应的百分数指标。此外,SPSS 的交叉表格分析过程还可以进行 Fisher 精确检验、对数似然比检验等统计检验并输出相关的统计量。下面是在列联表分析中用到的一些统计量。

(1) 总体分布检验时的卡方检验统计量。

$$\chi^2 = \sum_{i=1}^{k} \frac{(f_i - E_i)^2}{f_i} \tag{3-11}$$

式中,k 为子集个数;f_i 为落入第 i 个子集的实际观测值频率;E_i 是落入第 i 个子集的理论频率,它等于变量值落入第 i 个子集的频率 p_i(按照假设的总体分布计算)与观测值个数 n 的乘积 $E_i = np_i$,如果分布的假设为真,则统计量 χ^2 服从自由度为 $k-1$ 的卡方分布。注意:一般要求 E_i 大于 5,如果不满足要求,可以与相邻子集合并。

(2) 列联分析中的卡方检验统计量。

$$\chi^2 = \sum_{i=1}^{k} \sum_{j=1}^{r} \frac{(f_{ij} - E_{ij})^2}{f_{ij}} \tag{3-12}$$

式中,k 为列联表行数;r 为列联表列数;f_{ij} 为观测频率;E_{ij} 为期望频率。如果行列间的变量是相互独立的,则统计量 χ^2 服从自由度为 $(k-1)(r-1)$ 的卡方分布。

(3) 似然比统计量。

似然比卡方统计量适用于名义刻度的变量,其统计量为

$$T = 2\sum_{i=1}^{k} f_i \ln \frac{f_i}{E_i} \tag{3-13}$$

式中的字母的含义同卡方统计量。当样本很大时,与卡方统计量接近,检验结论与卡方检验是一致的。

(4) 列联系数:列联系数适用于名义刻度的变量,其统计量为

$$C = \sqrt{\frac{\chi^2}{\chi^2 + n}} \tag{3-14}$$

含义见卡方检验统计量,n 为样本容量。列联系数越趋于 1,两类变量相关程度越好。

(5) Ph_i 系数:Ph_i 系数适用于名义刻度的变量,其统计量为

$$\varphi = \sqrt{\frac{\chi^2}{n}} \tag{3-15}$$

Ph_i 系数是对 x^2 统计量的修正。

3.4.2 交叉表格分析的参数设置

打开相应的数据文件或者建立一个数据文件后,可以在 SPSS Statistics 数据编辑器窗口进行列联表分析。

在 SPSS Statistics 数据编辑器窗口的菜单栏中选择"分析"|"描述统计"|"交叉表格"命令,打开如图 3-30 所示的"交叉表格"对话框。

该对话框中包括各列表和常用按钮的作用和参数设置要点如下。

1. "精确"按钮

"精确"按钮用于设置计算显著性水平的方法。单击"精确"按钮,弹出如图 3-31 所示的"精确检验"对话框。

图 3-30 "交叉表格"对话框　　　　图 3-31 "精确检验"对话框

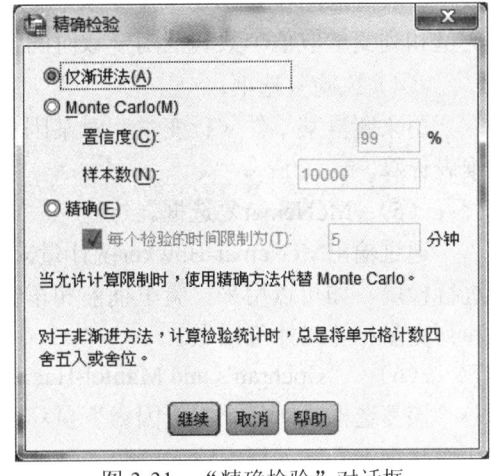

(1) "仅渐进法"单选按钮。

该单选按钮适用于具有渐进分布的大样本数据,基于统计量的渐进分布计算相应的显著性水平（P 值）,当输出的显著性水平低于临界值时,认为是显著的且可以拒绝原假设。

(2) "Monte Carlo"单选按钮。

该单选按钮的含义是蒙特卡洛估计法,该方法不需要样本数据具有渐进分布的前提假设,为精确显著性水平的无偏估计,是非常有效的计算确切显著性水平的方法,在"置信水平"输入框中输入置信水平来确定置信区间的范围（默认是 99%）,在"样本数"输入框中输入样本的抽样次数（默认是 10 000 次）。

(3) "精确"单选按钮。

该单选按钮表示给定时间限制下计算统计量的显著水平（P 值）,一般在给定时间限制的情况下,使用精确方法代替蒙特卡洛估计法。另外,对于非渐进方法,计算检验统计量时,总是将单元格计数四舍五入或者舍位;其中系统默认的精确检验方法为"仅渐进法"。

2. "Statistics" 按钮

"Statistics" 按钮中用于设置输出的统计量。单击右侧 "Statistics" 按钮，弹出如图 3-32 所示的 "交叉表格：统计" 对话框。

(1) "卡方" 复选框。

该复选框表示对行变量和列变量的独立性进行卡方检验，主要包括 Pearson 卡方检验、似然比检验、线性和线性组合检验、Fisher 的精确检验和连续校正检验。其中连续校正检验仅适用于二维表格，是根据卡方分布为连续变量而交叉表格中的数据不是连续分布时 SPSS 自动对交叉表格进行连续性校正得到的检验统计量。在小样本条件下（样本数量小于 30）用户应主要参考连续校正检验和 Fisher 的精确检验的结果。

(2) "相关性" 复选框。

该复选框主要对变量进行相关系数检验，包括 Spearman 相关系数检验和 Pearson 相关系数检验。Pearson 相关系数检验是按区间检验，而 Spearman 相关系数检验则是按照顺序检验。

(3) "Kappa" 复选框。

该复选框主要通过输出 Cohen's Kappa 统计量来衡量对同一对象的两种评估是否具有一致性，取值范围在 0~1 之间，1 表示完全一致而 0 表示完全不一致。该统计量仅仅适用于行变量和列变量取值个数和范围一致时的情况。

(4) 风险复选框。

用来衡量某事件（行变量）对某因素（列变量）的影响大小。建议仅对无空单元格的二维表计算。

(5) McNemar 复选框。

通过输出 McNemar-Bowker 统计量来对二值变量的非参数检验，利用卡方分布对响应变化进行检验，如可以用来检验车祸前和车祸后，司机对安全意识的变化。该检验仅仅在行变量和列变量相等时才可以做。

(6) "Cochran's and Mantel-Haenszel 统计量" 复选框。

该复选框是对一个二值因素变量和一个二值响应变量的独立性进行检验，在 "检验一般几率比等于" 输入框中输入整数（默认为 1）。

(7) "名义" 选项组　该选项组主要用于名义变量统计量的定制，包括 4 个复选项。

- 相依系数：表示基于卡方检验的相关性的检验，取值在 0 到 1 之间，0 表示完全不相关而 1 表示完全相关；
- Phi 和 Cramer 变量：同样是两个表示相关性的检验统计量；
- Lambda：对有序变量相关性的度量，取值在 -1 到 1 之间，-1 表示完全负相关、1 表示完全正相关、0 表示完全不相关；
- 不确定性系数：表示用一个变量预测其他变量时的预测误差降低比例，取值在 0 到 1 之间，0 表示完全不能预测，而 1 表示预测完全准确。

(8) "有序" 选项组　该选项组主要用于有序变量统计量的定制，也包括 4 个复选项。

- 伽玛：该统计量是对两个有序变量相关性的对称度量，取值在 -1 到 1 之间，-1 表示变量之间完全负相关、1 表示完全正相关、0 表示完全无关。
- Somers'd：该统计量是对两个有序变量相关性的非对称度量，取值在 -1 到 1 之间，-1 表示变量之间完全负相关、1 表示完全正相关、0 表示完全无关。

- Kendall 的 tau-b：该统计量是对有序变量相关性的非参数检验，取值在-1 到 1 之间，-1 表示变量之间完全负相关、1 表示完全正相关、0 表示完全无关。
- Kendall's tau-c：该统计量同样是对有序变量相关性的非参数检验，不过计算时不考虑相同的观测值，取值同样在-1 到 1 之间。

（9）"按区间标定"选项组　该选项组用于检验一个连续变量和一个分类变量的相关性，仅含有一个复选项"Eta"，输出的是两个值，分别将列变量和行变量作为因变量进行计算，取值在 0～1 之间，0 表示完全不相关而 1 表示完全相关。

3. "单元格"按钮

"单元格"按钮用于设置输出的统计量。单击右侧的"单元格"按钮，弹出如图 3-33 所示的"交叉表格：单元格显示"对话框。

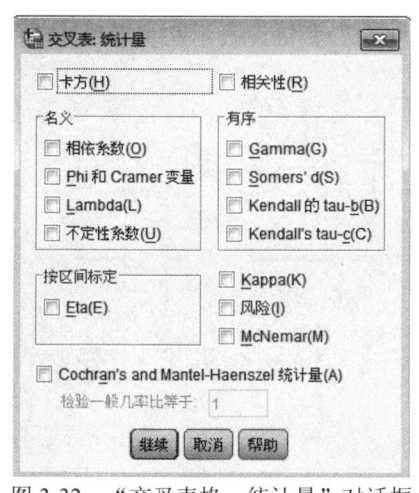

图 3-32　"交叉表格：统计量"对话框 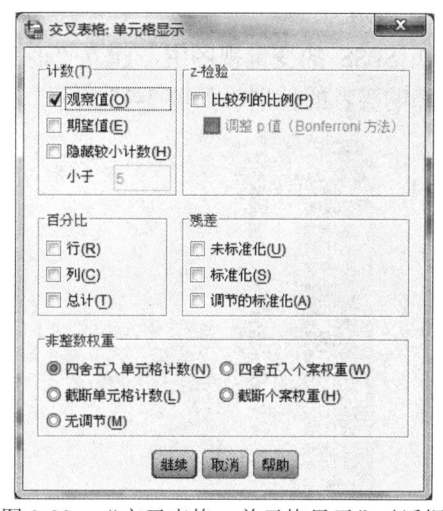　　　　图 3-33　"交叉表格：单元格显示"对话框

（1）"计数"选项组。

该选项组主要用于对输出的观测值数量进行设置，包括 3 个复选项："观测值"，表示按照变量观测值的实际数目显示；"期望值"，表示输出的是期望的观察值数目；若勾选"隐藏较小计数（H）"，且在"小于"选项后的框内填入数字，则将隐藏小于该数的计数。

（2）"百分比"选项组。

该选项组用于对百分比进行设置，包括 3 个复选框："行"表示要输出行方向的百分比，"列"表示要输出列方向的百分比，"总计"表示要输出行和列方向总的百分比。

（3）"残差"选项组。

该选项组主要用于对残差进行设置，包括 3 个复选框："未标准化"表示输出的残差没有经过标准化处理，为原始残差；"标准化"表示输出的残差是经过标准化处理后的残差，即原始残差除以标准偏差后的残差；"调节的标准化"表示输出的是经过标准误调整之后的残差。

（4）"非整数权重"选项组。

该选项组用于对加权处理的非整数频率进行取整的设置，包括 5 个单选按钮："四舍五入单元格计数"，表示对加权处理后的频率进行四舍五入取整；"四舍五入个案权重"，表示对加权处理前进行四舍五入取整；"截短单元格计数"，表示对加权处理后的频率进行截短舍位取整；"截短个案权重"，表示对加权处理前进行截短舍位取整；"无调节"表示对频率不做任何调节。

设置完成后，单击"确定"按钮，就可以在 SPSS Statistics 查看器窗口得到交叉表格分析的结果。

3.4.3 案例分析

下面以数据文件"3-4"为例，说明交叉表格分析的具体操作过程。

1. 实验数据的描述

数据文件"3-4"是商品调查报告，为了调查男性和女性购买者在购物方面的观点调查了一些购买者，来分析性别与对商品因素的偏好是否有联系。其中，数据文件提供的商品因素有"质量"、"价格"、"服务"、"购买便利"和"广告"。本数据文件的原始 Excel 数据文件如图 3-34 所示。

在 SPSS 的变量视图中，建立"商品因素"与"性别"变量，表示购买者最注重的商品因素和购买者的性别，如图 3-35 所示。

图 3-34 "3-4"数据文件的原始数据　　　　图 3-35 "3-4"数据文件的变量视图

在 SPSS 活动数据文件中的数据视图中，把相关数据输入到各个变量中。其中，在"商品因素"变量中将"质量"、"价格"、"服务"、"购买便利"和"广告"分别赋值为"1"、"2"、"3"、"4"和"5"；在"性别"变量中将"男"和"女"分别赋值为"1"和"0"。输入完毕如图 3-36 所示。

图 3-36 "3-4"数据文件的数据视图

2. 实验的操作步骤

（1）打开"3-4"数据文件，进入 SPSS Statistics 数据编辑器窗口，在菜单栏中依次选择"分析"|"描述统计"|"交叉表格"命令，打开"交叉表格"对话框。

（2）将"性别"变量选入"行"列表，将"商品因素"选入"列"列表。

（3）单击"精确"按钮，选中"仅渐进法"单选按钮；单击"统计量"按钮，选中"卡方"复选框；单击"单元格"按钮，选择"观察值"、"四舍五入单元格计数"；单击"格式"按钮，选择"升序"单选按钮。

（4）在"交叉表格"对话框中选中"显示集群条形图"复选框，然后单击"确定"按钮就可以输出交叉表格分析的结果。

3. 实验结果及分析

单击"确定"按钮，SPSS Statistics 查看器窗口的输出结果如图 3-37～图 3-40 所示。

图 3-37 给出了交叉表格分析中的变量样本数据的有效个数和百分比、缺失个数和百分比及合计个数和百分比。通过"个案处理摘要"可以看出本实验中无数据缺失。

个案处理摘要

	个案					
	有效		缺失		总计	
	数字	百分比	数字	百分比	数字	百分比
性别 * 商品因素	30	100.0%	0	0.0%	30	100.0%

图 3-37 个案处理摘要

图 3-38 给出了性别对商品因素的二维交叉制表，每个单元格中给出了每种组合的实际频率，即对原始数据的表示。通过"性别*商品因素交叉制表"可以看出样本数据中女性有 4 人选择了质量，男性有 4 人选择了质量，总共有 8 人选择了质量。

性别 * 商品因素 交叉表

计数

		商品因素					总计
		1	2	3	4	5	
性别	0	4	4	2	3	3	16
	1	4	2	1	3	4	14
总计		8	6	3	6	7	30

图 3-38 性别*商品因素交叉制表

图 3-39 给出了对行变量和列变量是否独立的卡方检验。对于本实验而言，卡方检验的原假设是：不同性别对选择商品因素无显著影响。"值"表示检验统计量的值，"df"表示检验的自由度，"渐进 Sig.（双侧）"表示双侧检验的显著性水平。从"卡方检验"表可以看出，Pearson 卡方检验、似然比检验、线性和线性组合检验都显示约为 0.9，显然接受原假设，即认为性别对选择商品因素没有显著的影响，女性和男性在选择商品因素方面不存在显著不同。

卡方检验

	值	自由度	渐近显著性（双向）
皮尔逊卡方	1.014ª	4	.908
似然比(L)	1.029	4	.905
有效个案数	30		

a. 10 个单元格 (100.0%) 具有的预期计数少于 5。最小预期计数为 1.40。

图 3-39　卡方检验表

图 3-40 给出了按性别分类的频率分布条形图，每个条形都给出了相应性别选择不同商品因素的频率。通过"条形图"可以看出不同的性别对商品因素的选择不存在显著不同，如女性选择最多的商品因素是质量，男性选择质量的人数也最多。

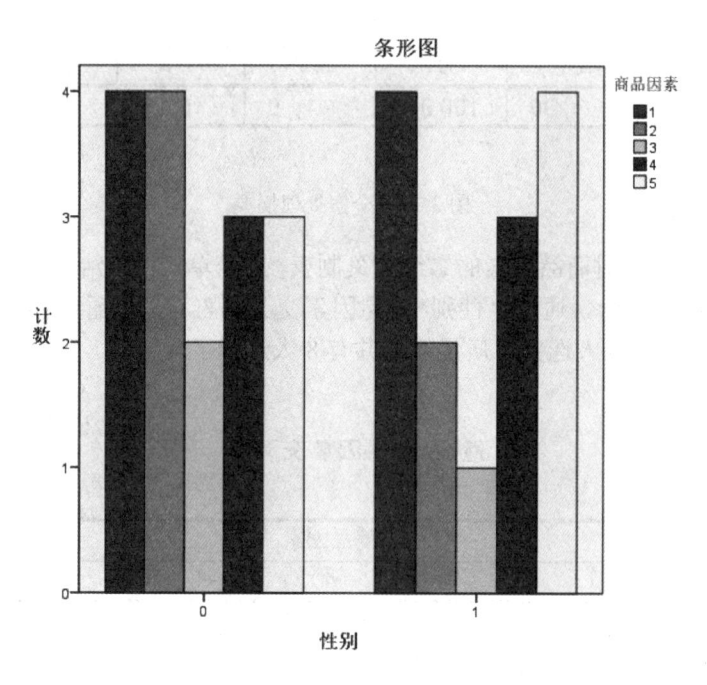

图 3-40　条形图

3.5　统计报告

在统计分析的过程中有时需要包含多个统计量的分析报表，以获得变量的相关信息，为进一步的数据分析打下基础。SPSS 的报告功能可以按照一定的要求，以列表的形式输出数据的相关统计量。

1. 在线分析处理报告（OLAP）

可以对数据进行描述性分析，并给出交互性表格以方便用户自主选择报告的内容与形式。SPSS 的 OLAP（联机分析处理）立方过程可以方便地生成在线分析处理报告，SPSS 的 OLAP

（联机分析处理）立方过程可以计算一个或多个分类分组变量类别中连续摘要变量的总和、平均值和其他单变量统计量。其可以为每个分组变量的每个类别创建单独的层，表中的每一层依据一个分组变量的结果输出。在线分析处理报告（OLAP）最大的特点就是交互性强，用户自主选择报告的内容与形式。

2. 个案摘要报告

可以将数据按用户的指定要求进行整理和报告，方便用户的分析过程。SPSS 的个案汇总过程可以方便地生成个案摘要报告，本书下面对其操作做详细介绍。SPSS 的个案汇总过程可以为一个或多个分组变量类别中的变量计算子组统计量并将各级别的统计量进行列表以形成个案摘要报告。在个案摘要报告中，每个类别中的数据值可以列出也可以不列出，对于大型数据集，可以选择只列出部分个案。

3. 行形式的摘要分析报告

可以将数据重新组织，并按用户的要求列表在输出窗口输出。此外，行形式的摘要报告还可以进行相关的统计分析并给出相应的统计量。与个案摘要报告相比，行形式的摘要报告可以生成更复杂的报告形式。SPSS 的行形式摘要报告过程可以方便地生成行形式摘要报告。

4. SPSS 的列形式摘要报告

列形式摘要报告与行形式摘要报告功能基本相同，只是在输出格式上略有差异。对于列形式摘要报告的特点，读者可以参考上节关于列形式摘要报告的介绍。

上机题

1. 某农业厅统计了某地两块实验地作物产量的抽样调查数据，其中"实验地"中"0"和"1"分别表示"实验地1"和"实验地2"。部分相关数据如表3-1所示（数据路径：sample\chap03\上机题\上机题3-1.sav）。

表3-1 实验地作物产量的抽样调查数据

观测编号	产量（kg）	实验地
1	64	0
2	66	1
3	67	1
4	68	0
5	68	0
6	69	1
7	70	1
8	70	1
9	71	0
10	72	1
11	72	0
12	73	0
13	73	0
14	73	1
15	73	1

（1）试给出产量的平均值、标准偏差和四分位点。

（2）统计并绘图频率分布直方图。

2. 现有表 3-2 所示的我国 31 个省、市、自治区的固定投资的统计数据（数据路径：sample\chap03\上机题\上机题 3-2.sav），试给出固定投资的平均值、中位数、标准偏差、偏度和峰度。

表 3-2　我国 31 个省、市、自治区的固定投资的统计数据

省　　份	固定投资（亿元）
上海	5400
北京	3130
天津	1900
浙江	7400
江苏	10 000
广东	11 000
福建	4100
山东	10 500
辽宁	4600
新疆	1600
湖北	5000
河北	5500
吉林	2100
海南	600
湖南	4200

3. 为分析地区销售的情况（见表 3-3），调查者观察了两个地区的商品 A 和商品 B 的销售情况。试先对地区销售量按照五级制划分等级并做出等级的交叉分析表，分析商品 A 和商品 B 之间是否存在关联（数据路径：sample\chap03\上机题\上机题 3-3.sav）。

表 3-3　两个地区的商品 A 和商品 B 的销售情况

地　　区	商品 A（件）	商品 B（件）
1	85	89
1	87	88
1	88	90
1	88	87
1	89	92
1	90	87
1	96	97
2	53	53
2	62	63
2	63	76
2	64	58
2	66	47
2	68	68
2	71	70
2	72	78

（1）试用 SPSS 对商品 A 和商品 B 的销售量划分为五级，具体标准为：50~60 为一级，60~70 为二级，70~80 为三级、80~90 为四级、90~100 为五级。

（2）试应用交叉分析表分析商品 A 和商品 B 的销售情况是否存在关联。

4. 某地对土壤中某种元素含量进行了抽样调查，得到了 106 个样本数据。部分相关数据如表 3-4 所示（数据路径：sample\chap03\上机题\上机题 3-4.sav）。试采用探索性分析方法，分析该元素的含量是否呈正态分布。

表 3-4 土壤中某种元素含量的抽样调查结果

样 本 号	含量（μg/L）
30130	800
30087	1100
30088	1000
30057	900
40041	700
40114	600
30077	900
40010	700
30064	700
40016	552
30125	700
40107	520
40040	700
30030	900
30092	750

第 4 章 常用统计图的绘图

统计图是统计资料分析的关键组成部分，统计资料的相关信息可以形象生动地表现在统计图中，因此利用统计图形来清晰呈现与分析问题是统计分析者的一项基本技能。SPSS 22.0 提供了全面完善的绘图功能。

SPSS 22.0 可以绘图条形图、线形图、面积图、箱图等各种常用图形，几乎能满足用户的所有基本需求。本章将结合实例详细介绍利用 SPSS 22.0 绘图统计图形。

4.1 SPSS 22.0 绘图功能简介

SPSS 22.0 的绘图功能主要通过"图形"菜单实现。

4.1.1 "图形"菜单

SPSS 22.0 主要提供了 3 种程序实现图形绘图：旧对话框程序、图形构建程序、图形画板模板选择程序。图形画板模板选择程序为用户提供了一个绘图图形的简易可视化界面，用户通过该程序经过简单的菜单操作设置便能得到满意的图形，甚至在不确定自己所要输出图形类型的情况下也可顺利完成绘图工作。

打开要分析的数据文件，单击"图形"菜单（见图 4-1），发现下拉菜单包含"图表构建器"、"图形画板模板选择程序"和"旧对话框"选项，SPSS 22.0 能绘图的常用图形均可通过设置这些选项实现。

图 4-1 "图形"菜单

当然，统计图形除通过"图形"菜单直接实现外，部分统计图形还会伴随其他分析过程而输出，如回归分析过程、方差分析过程等。

4.1.2 图表构建器简介

SPSS 22.0 的图形构建程序继承了以前各版本的优点，用户几乎完全可以通过鼠标拖动过程完成图形的绘图工作。用户首先选择图形的类型，再从类型库中选择自己想要输出的图形描述，通过将不同的变量名拖入对应的坐标轴来绘图各种常用图形。

打开要分析的数据文件后，在菜单选项组中依次选择"图形"|"图表构建器"命令，打开如图 4-2 所示的"图表构建器"对话框。

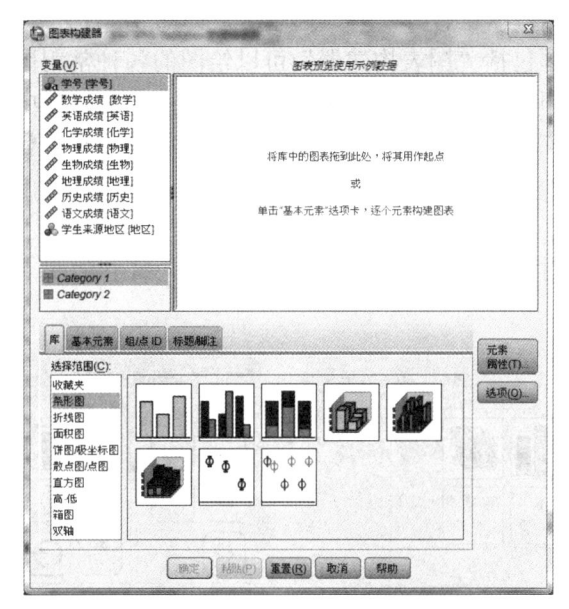

图 4-2 "图表构建器"对话框

用户使用图表构建器可以根据预定义的图库图表或图表的单独部分生成图表。"图表构建器"对话框中主要包括以下几部分。

（1）画布。

画布是"图表构建器"对话框中生成图表的区域，在图 4-2 "图表构建器"对话框右上部。在绘图过程中，用户可以通过鼠标将图库图表或基本元素拖放到画布上的方法生成图表，生成图表时，画布会显示图表的预览。

（2）轴系。

轴系定义了特定坐标空间中的一个或多个轴。用户在将图库项拖到画布上时，"图表构建器"会自动创建轴系。此外，也可以从"基本元素"选项卡中选择一个轴系，每个轴都包含一个用于拖放变量的轴放置区，蓝色文字表示该区域仍需要放置变量。每个图表都需要将一个变量添加到 X 轴放置区。

（3）图形元素。

图形元素是图表中表示数据的项，这些项为条、点、线等。

（4）"变量"列表。

该列表显示了"图表构建器"所打开的数据文件中的所有可用变量。如果在此列表中所选的变量为分类变量,则"类别"列表会显示该变量的已定义类别。同样,也可使用"类别"列表查看构成多重响应集的变量。用户还可以临时更改变量的测量级别,方法是在"变量"列表中右击该变量的名称,然后在弹出的快捷菜单中选择一个测量级别以适合作图,但这不会改变数据文件中实际的数据类型。

(5) 放置区。

放置区是画布上的区域,用户可以将变量从"变量"列表中拖放到这些区域中。在前面提过,轴放置区是基本放置区。某些图库图表包含分组放置区,这些放置区以及面板放置区和点标签放置区也可以从"组/点 ID"选项卡添加。

(6) "库"选项卡。

"图表构建器"对话框默认打开"库"选项卡,如图 4-3 所示。

"选择范围"列表框包括"图表构建器"可以绘图的各种常用图形及收藏夹,单击其中的某一图表类型,右侧即显示该图表类型可用的图库。用户可以选中所需图表的图片将其拖到画布上,也可以双击该图片同样使其反映在画布上。如果画布已显示了一个图表,则图库图表会替换该图表上的轴系和图形元素。

(7) "基本元素"选项卡。

在"图表构建器"对话框中单击"基本元素"标签,打开如图 4-4 所示的"基本元素"选项卡。

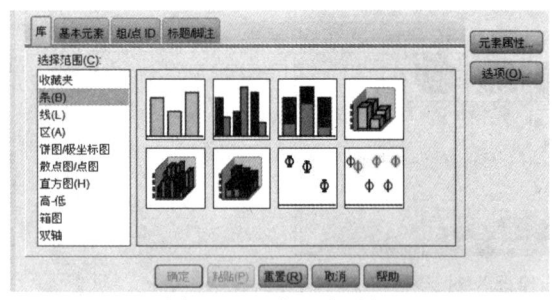

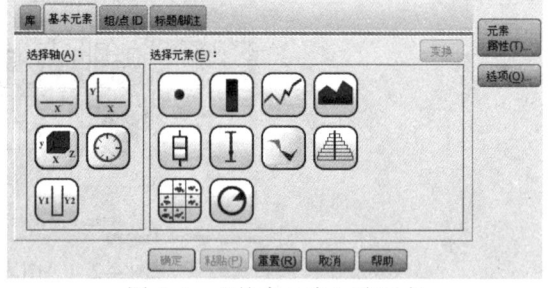

图 4-3 "库"选项卡　　　　　图 4-4 "基本元素"选项卡

基本元素包括轴和图形元素。这些元素之所以为"基本",是因为缺少它们就无法创建图表。如果用户是第一次使用"图表构建器",建议改用图库图表,由于图库图表能够自动设置属性并添加功能,因此可以简化图形的创建过程。"选择轴"列表框中列出了用户可选的 5 种坐标轴形式,"选择元素"列表给出了 10 种用户可选的图形元素。

(8) "组/点 ID"选项卡。

在"图表构建器"对话框中单击"组/点 ID"标签,打开如图 4-5 所示的"组/点 ID"选项卡。

选择"组/点 ID"选项卡界面中的某一复选框时,将会在画布中增加相应的一个放置区;同理,也可以通过单击已选择的复选框取消在画布中添加的放置区。

(9) "标题/脚注"选项卡。

在"图表构建器"对话框中单击"标题/脚注"选项卡,打开如图 4-6 所示的"标题/脚注"选项卡。

用户通过选择"标题/脚注"选项卡中的相应复选框,并在"元素属性"对话框中的"内容"文本框中输入相应标题名或脚注名,然后单击"应用"按钮使设置内容生效,这样便可以为输出的图形添加标题或脚注说明；同理，可以通过取消选择相应复选框移去已经设置的标题或脚注。

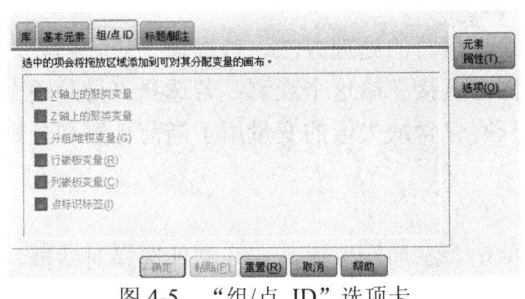

图 4-5 "组/点 ID"选项卡

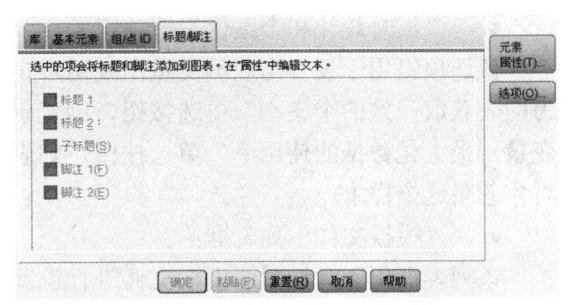

图 4-6 "标题/脚注"选项卡

（10）"元素属性"按钮。

在"图表构建器"对话框中单击"元素属性"按钮，弹出如图 4-7 所示的"元素属性"对话框。

"编辑属性"列表框用于显示可以进行属性设置的图形元素，图 4-7 中显示的图形元素包括条形图 1、X-Axis1、Y-Axis1 等。每一种图形元素可以设置的属性往往是不同的，用户应按照预定目标对相应元素属性进行设置。

元素属性设置完成后，单击"应用"按钮以使设置生效。

（11）"选项"按钮。

在"图表构建器"对话框中单击"选项"按钮，弹出如图 4-8 所示的"选项"对话框，用户可以在此设置绘图时如何处理缺失值及选用哪些图形面板等内容。

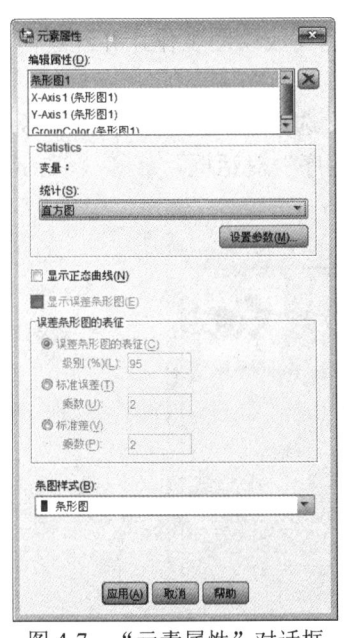

图 4-7 "元素属性"对话框

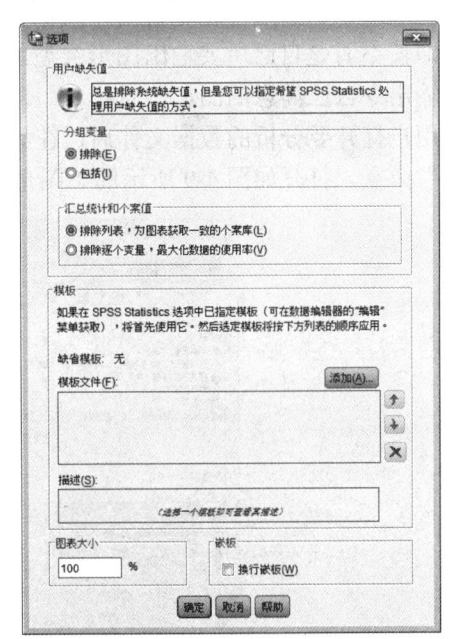

图 4-8 "选项"对话框

- "用户缺失值"选项组。

该选项组用于设置缺失值的处理方式。对于系统缺失值，SPSS 在绘图时将不加以统计；对于分组变量的缺失值有两种处理方式：若选择"排除"单选按钮，则表示绘图时忽略这些用户定义的缺失值;若选择"包括"单选按钮,则表示绘图时把它们作为一个单独的类别加以统计。

- "汇总统计和个案值"选项组。

该选项组用于设置当观测变量出现用户定义缺失值时的处理方法。若选择"排除列表,为图表获取一致的个案率"单选按钮,则表示绘图时直接忽略这个观测;若选择"排除逐个变量,最大化数据的使用率"单选按钮,则表示只有包含缺失值的变量用于当前计算和分析时才忽略这个样本。

- "模板文件"列表框。

该列表框用于对绘图的模板文件进行设置。单击"添加"按钮,打开文件选择对话框,添加指定的预置模板文件。绘图时最先使用的是系统默认模板,然后会按"模板"列表框中显示的顺序使用,靠后显示的模板将会覆盖前面的模板效果。

- "图表大小"文本框。

用于设置图形显示的大小,默认值为 100%。

- "嵌板"选项组。

该选项组用于图形列过多时的显示设置。若选择"换行嵌板"复选框,则表示图形列过多时允许换行显示;否则图形列过多时,每行上的图形会自动缩小以显示在同一行中。

设置完成后,单击"确定"按钮回到主对话框。

所有设置完成后,单击主对话框中的"确定"按钮,则可根据设置输出图形。

4.1.3 图形画板模板选择程序简介

图形画板模板选择程序为用户提供一个绘图图形的简易可视化界面,用户通过该程序可以在即使不清楚自己所要输出图形类型的情况下也能顺利完成绘图工作,并经过简单的设置便能输出令自己满意的图形。

用户打开要分析的数据文件后,在菜单选项组中依次选择"图形"|"图形画板模板选择程序"命令,打开如图 4-9 所示的"图形画板模板选择程序"对话框。

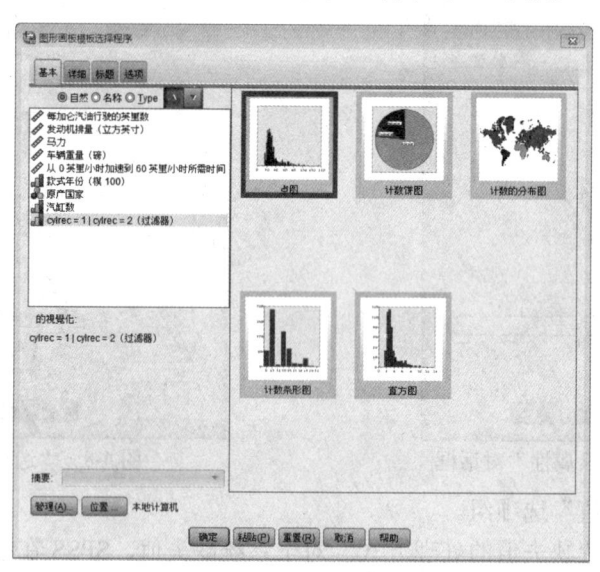

图 4-9 "图形画板模板选择程序"对话框

"图形画板模板选择程序"对话框包括 4 个选项卡:基本、详细、标题和选项。下面分别进行介绍。

1. "基本"选项卡

当用户不确定哪种直观表示类型最能代表要分析的数据时,可以使用"基本"选项卡,用户选择数据时,对话框会自动显示适合数据的直观表示类型子集。

(1) 变量列表。

变量列表将显示所打开数据文件中的所有变量。用户可以通过单击选择变量列表上方的"自然"、"名称"或"Type"单选按钮对列表中的变量进行排序。选择一个或多个变量后,对话框右侧会显示对应可用的直观表示图类型。

(2) "摘要"下拉列表。

对于某些直观表示,用户可以选择一个摘要统计。常用的摘要统计量包括和、平均值、极小值和极大值等。

(3) 管理模板和样式表。

单击"基本"选项卡中的"管理"按钮,弹出如图 4-10 所示的"管理本地模板、样式表和地图"对话框。

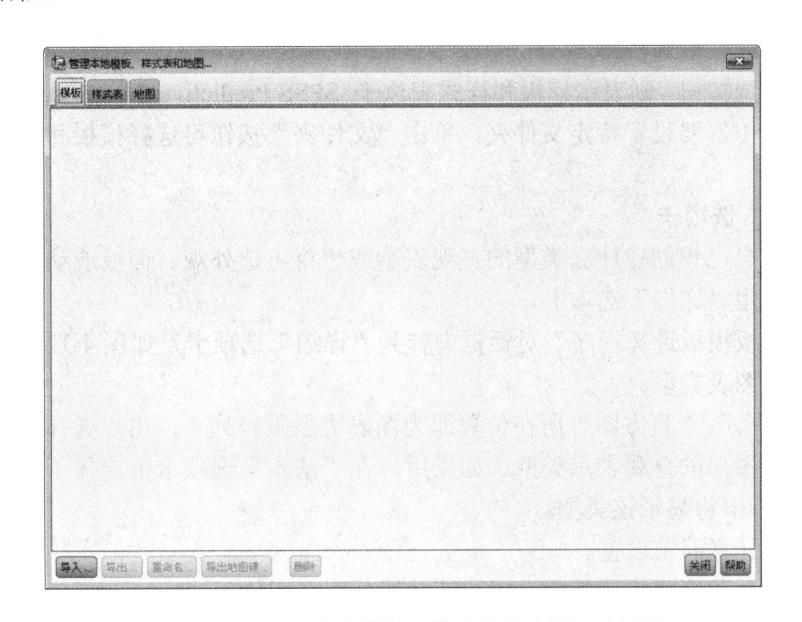

图 4-10 "管理本地模板、样式表和地图"对话框

"模板"选项卡列出所有本地模板;"样式表"选项卡列出所有本地样式表并显示带有样本数据的示例直观表示。用户可以选择一个样式表将其样式应用到示例直观表示。"地图"选项卡列出了所有的绘图地图的本地样式表以及带有样本数据的示例直观表示。

用户可以在当前激活的所有选项卡上进行以下操作。

导入——用于从文件系统中导入直观表示模板或样式表。导入模板或样式表使其可以用于 SPSS 应用程序。用户只有在导入模板或样式表后才能在应用程序中使用另一个用户发送的模板或样式表。

导出——用于将直观表示模板或样式表导出到文件系统中。当用户想将模板或样式表发送给另一个用户时，可以将其导出。

重命名——用于重命名所选的直观表示模板或样式表，但用户无法将模板名称更改为已使用的名称。

导出地图键——用于将直观表示地图键导出到文件系统中。适用于用户将地图键发送给另一个用户的情况。

删除——用于删除所选的直观表示模板或样式表。删除操作无法取消，因此须谨慎进行。

（4） 设置模板和样式表的位置。

单击"基本"选项卡中的"位置"按钮，弹出如图 4-11 所示的"模板、样式表和地图"对话框。此对话框用于设置模板和样式表的保存位置，包括以下两个单选按钮。

- "本地计算机"单选按钮。

若选择此单选按钮，则表示模板和样式表位于本地计算机上的特定文件夹中。在 Windows XP 上，此

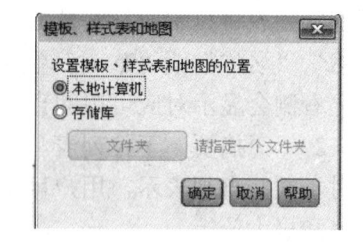

图 4-11 "模板、样式表和地图"对话框

文件夹是 C:\Documents and Settings\<user>\Application Data\SPSSInc\ Graphboard，文件夹无法更改。

- "存储库"单选按钮。

若选择此单选按钮，则表示模板和样式表位于 SPSS Predictive Enterprise Repository 中的用户指定文件夹中。要设置特定文件夹，单击"文件夹"按钮可选择模板和样式表存储的所在文件夹。

2. "详细"选项卡

当用户知道自己想创建什么类型的直观表示或想将可选外观、面板或动画添加到直观表示中时，可以使用"详细"选项卡。

在"图形画板模板选择程序"对话框中转到"详细"选项卡，如图 4-12 所示。

（1） 设置图表类型。

如图 4-12 所示，"直方图"所在位置即为图表类型下拉列表，用户选择好图表类型后，界面将自动显示图形的直观表示类型。如果用户在"基本"选项卡上选择了一个直观表示类型，"详细"选项卡将显示该类型。

（2） 图表元素简单设置。

包括图表轴系和摘要统计量的设置，其功能分别介绍如下。

- "类别"下拉列表。

用于选择饼图扇形所代表的内容。

- "摘要"下拉列表在图中有标注。

对于某些直观表示，用户可以选择一个摘要统计。常用的摘要统计量包括和、平均值、极小值和极大值等。

（3） "可选审美原则"选项组。

用户通过"可选审美原则"选项组可以直观表示图形添加维数，添加后的外观效果取决于直观表示类型、变量类型和图形元素类型以及统计量。值得注意的是，并非所有外观或重叠都可以用于所有直观表示类型。

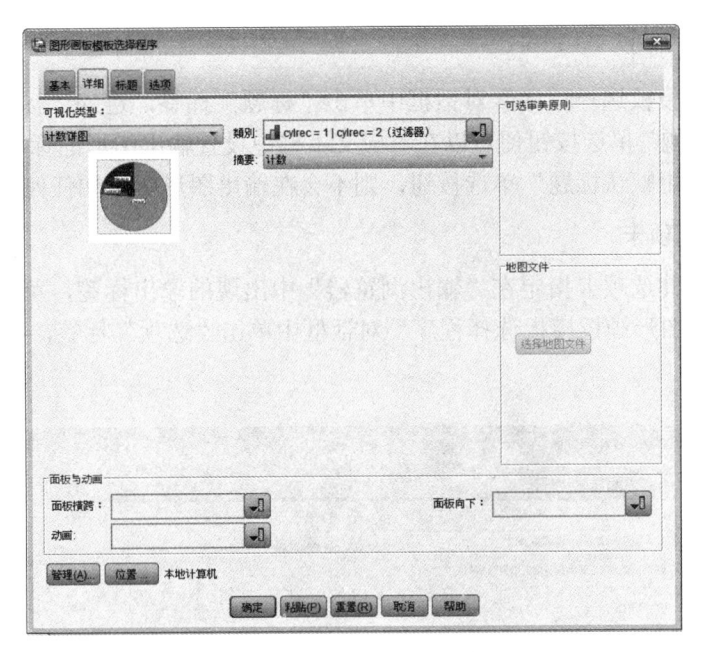

图 4-12 "详细"选项卡

"颜色"下拉列表——当用户使用分类变量定义颜色时,系统将根据单个类别拆分直观表示图形,每一个类别一种颜色。当颜色是连续数值范围时,则颜色根据变量的值而不同。如果图形元素代表多个个案,且一个范围变量用于颜色,则颜色根据范围变量的均值而不同。

"形状"下拉列表——当用户使用分类变量定义形状时,系统将根据变量将直观显示图形拆分成不同的形状,对每一个类别一种形状。

"透明度"下拉列表——当用户使用分类变量定义透明度时,系统将根据单个类别拆分直观表示,每个类别一个透明度级别。当透明度是连续数值范围时,根据范围字段/变量的值透明度各不相同。如果图形元素代表多个个案,且一个范围变量用于透明度,则透明度根据范围变量的均值各不相同。在最大值处,图形元素完全透明;在最小值处,则完全不透明。

数据标签——任何类型的数据都可以用来定义数据标签,数据标签与图形元素相关联。

大小——当用户使用分类变量定义大小时,系统则根据每个类别拆分直观显示图形,每一类别一个大小。当大小是连续数值范围时,则大小根据变量的值而不同。同样,如果图形元素代表多个个案,且一个范围变量用于定义大小,则大小根据范围变量的均值而不同。

(4)"面板与动画"选项组。

该选项组用于选择面板变量和动画变量,用户便可以得到个性化的图形。

- "面板横跨"下拉列表:该下拉列表用以从中选择面板变量,且只能选择分类变量。输出图形中将为每个类别生成一个图形,但是所有面板同时从左至右依次显示。面板对于检查直观表示是否取决于面板变量的条件非常有用。
- "面板向下"下拉列表:该下拉列表用以从中选择面板变量,且只能选择分类变量。输出图形中将按每个类别从上至下依次生成一个图形,但是所有面板同时显示。
- "动画"下拉列表:该下拉列表用以从中选择动画变量,用户可以指定分类变量或连续变量作为动画变量,若选择连续变量,则变量值将自动被拆分到范围中。动画与面板类似,输出结果从动画变量的值中创建了多个图形,但是这些图形不一起显示。

3. "标题"选项卡

在"图形画板模板选择程序"对话框中单击"标题"标签，进入"标题"选项卡。用户选择"使用定制标题"单选按钮便可以在对应文本框中设置输出图形的标题、副标题和脚注；若采用默认的"使用默认标题"单选按钮，则不会在输出图形中添加任何标题和脚注。

4. "选项"选项卡

用户可以使用此选项卡指定在"输出浏览器"中出现的输出标签，可视化样式表和缺失值处理方法。在"图形画板模板选择程序"对话框中单击"选项"标签，打开如图 4-13 所示"选项"选项卡。

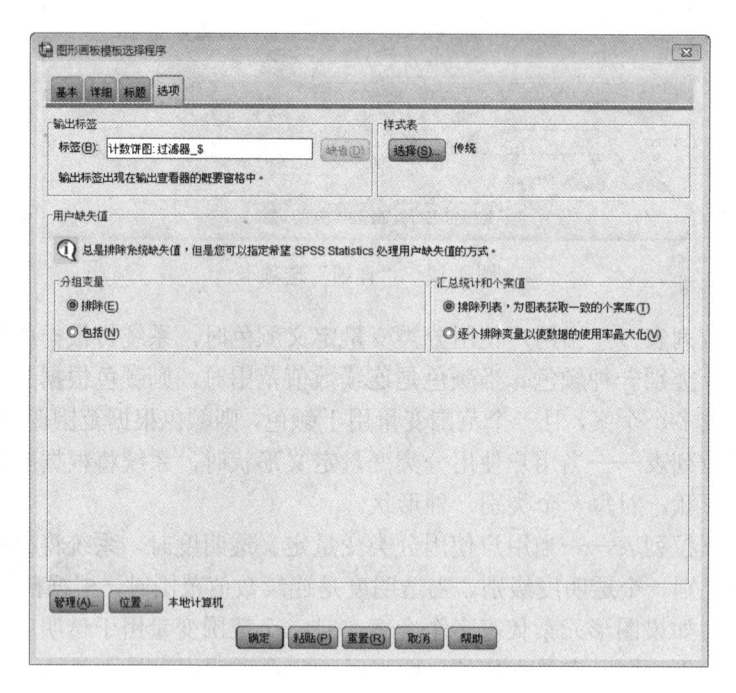

图 4-13 "选项"选项卡

（1）"输出标签"选项组。

该选项用于设置在"输出浏览器"的概要窗格中出现的文本，用户可以在"标签"文本框中输入想要输出的内容。默认标签是根据变量和模板选择产生的，如果更改了标签，后来又希望恢复默认标签，需单击"默认"按钮。

（2）"样式表"选项组。

用户可以单击"选择"按钮，选择可视化样式表用以指定可视化的样式属性。

（3）"用户缺失值"选项组。

该选项组用于设置所分析数据缺失值的处理方式，各选项功能与前文所述一致，在此不再赘述。

5. 输出图形

所有设置完成后，单击主对话框中的"确定"按钮，即可根据设置输出图形。

4.1.4 旧对话框模式创建图形

利用旧对话框模式创建图形是利用 SPSS 直接生成图形的重要手段之一，它主要通过对两个对话框的设置来完成图形的绘图。与使用"图形画板模板选择程序"对话框中的"详细"选项卡类似，使用旧对话框模式创建图形一般要求用户对所要输出的图形直观表示有一个较为清醒的认识。

通过"图形"菜单的"旧对话框"子菜单可以绘图的图形种类有：条形图、三维条形图、线图、面积图、饼图、高低图、箱图、误差条形图、金字塔图、散点图和直方图等。本节以条形图的创建为例，简单说明如何利用旧对话框模式创建图形。

（1）打开要分析的数据文件后，在菜单选项组中依次选择"图形"|"旧对话框"|"条形图"命令，打开如图 4-14 所示的"条形图"对话框。

"条形图"对话框主要包括如下两部分。

- 图形直观表示选项组。

对话框上半部分显示出要创建的图形类型的各种直观表示，如对于条形图，用户可以选择的图形类型有"简单箱图"、"集群条形图"和"堆积面积图"3 种，用户应结合各种图形的特征和自己的分析目的选择一种直观表示。为了方便下文描述，假设用户选择"简单箱图"直观显示。

- "图表中的数据为"选项组。

该选项组用于选择要在图形中分析和实现的数据。为方便下文描述，假设用户选择"个案组摘要"单选按钮。

（2）当用户设置好图形直观表示及显示数据后，单击"条形图"对话框中的"定义"按钮，弹出如图 4-15 所示的"定义简单条形图：个案组摘要"对话框进行图形详细设置。

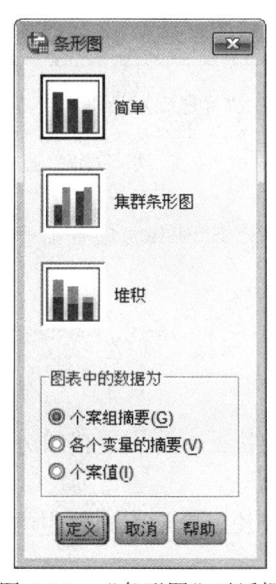

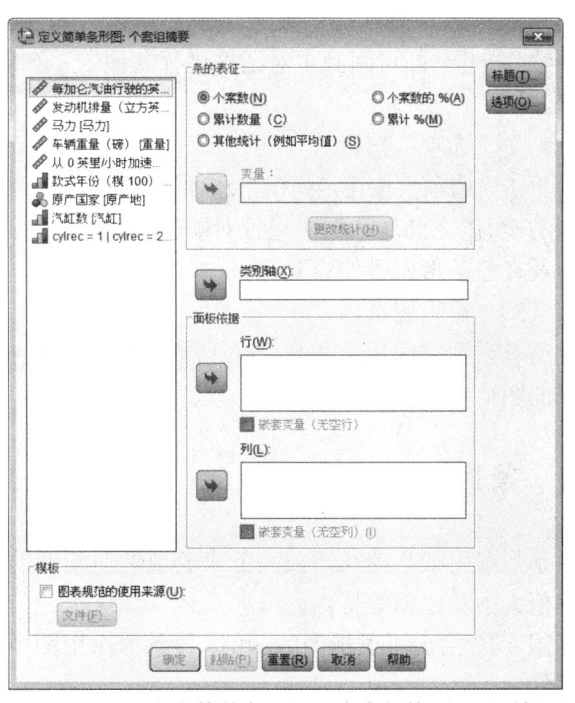

图 4-14 "条形图"对话框   图 4-15 "定义简单条形图：个案组摘要"对话框

- "条的表征"选项组。

该选项组用于选择输出图形要显示的摘要统计量。除对话框中显示的摘要统计量外，用户还可以更改输出的统计量，具体步骤为：选择"其他统计量"单选按钮，然后从变量列表中选择相应变量进入"变量"列表框，单击"更改统计量"按钮，从打开的对话框中选择想要输出的统计量，最后单击"确定"按钮即可完成设置。

- "类别轴"列表框。

该列表框用于从变量列表中选择 X 轴要表示的变量。

- "面板依据"选项组。

该选项组用于对要输出的面板图形进行设置，"行"和"列"输入框用于选择行或列面板变量。对于某些图表，仅可按行或按列生成面板，而对于其他图表，则同时按行和列生成面板。

如果行或列中的变量嵌套，则选择"嵌套变量（无空行/列）"单选按钮，表示仅针对每个嵌套而不是每个类别组合创建面板。如果变量的含义依赖于其他变量的值，则该变量是嵌套的。

如果未选择"嵌套变量（无空行/列）"单选按钮，则变量会存在交叉，这意味着将为每个变量中的每个类别组合创建一个面板。如果变量嵌套，则会导致出现空列或空行。

- "图表规范的使用来源"复选框。

用于打开图形显示模板，若选择此复选框，则可单击"文件"按钮选择相应模板。

- "标题"按钮。

单击"标题"按钮，打开如图 4-16 所示的"标题"对话框，用户可以在此设置输出图形的标题和脚注等。设置完成后单击"继续"按钮，即可回到主对话框进行其他设置。

- "选项"按钮。

单击"选项"按钮，弹出"选项"对话框，用户可以在此对话框中进行对缺失值的处理及误差条形图等的设置。

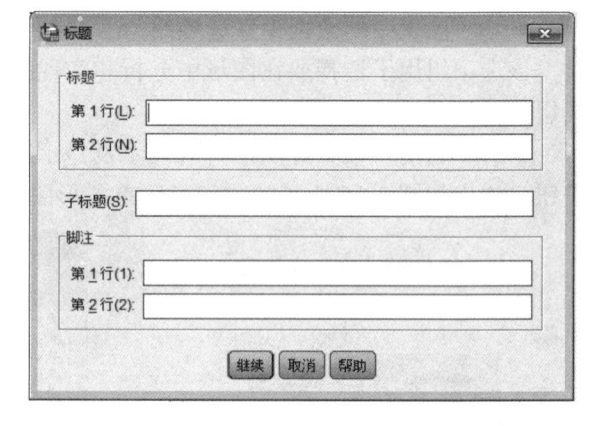

图 4-16 "标题"对话框

(3) 输出图形。

所有设置完成后，单击主对话框中的"确定"按钮即可从 SPSS Statistics 查看器中输出设置好的图形。

4.2 条形图

条形图用线条的长短或高低来表现性质相近的间断性资料的特征，适用于描绘分类变量的取值大小及比例等特点。

图 4-17 给出了条形图的示例，该条形图用图中线条的高低或长短表示不同学生的数学成绩高低。

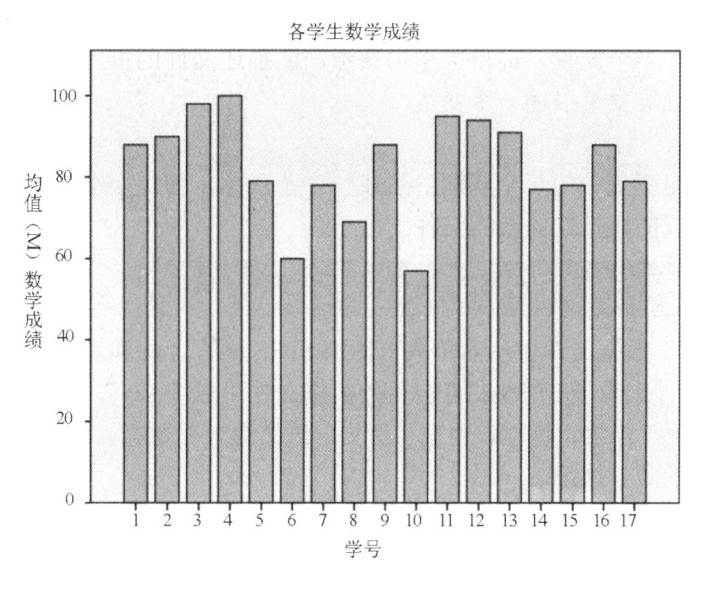

图 4-17 条形图示例

4.2.1 条形图的类型

SPSS 22.0 提供了 9 种组合用于绘图不同数据类型的条形图，9 种组合可以由 3 种常用图形和 3 种描述模式组合而成，下面将对其分别进行说明。

1. 条形图常用的图形类型

条形图常用的图形类型有 3 种，分别是简单条形图、分类条形图和分段条形图。

（1）简单条形图。

又称单式条形图，该条形图用单个条形对每一个类别、观测或变量做对比，用间隔的等宽条表示各类统计数据的大小，主要由两个统计量决定。通过简单条形图可以清楚地看到各类数据间的对比情况。

（2）分类条形图。

又称集群条形图，适用于对两个变量交叉分类的描述。该条形图使用一组条形对指标进行对比，每个组的位置是一个变量的取值，与其紧密排列的条带是以不同颜色标记的另一个变量的取值，因此图形主要由 3 个变量决定。分类条形图可以看做简单条形图中的每一个条带对应数据根据其他变量做的进一步分类。

（3）分段条形图。

也称堆栈条形图，适用于对两个变量交叉分类的描述。该图中每个条的位置是其中一个变量取值，条的长度是要描述的统计量的值，但是条带按照另一个变量各类别所占的比例被划分为多个段，并用不同的颜色或阴影来表示各个分段。

2. 条形图的描述方法

每种条形图的图形类型分别对应 3 种描述方法：个案分组模式、变量分组模式和个案模式。

（1）个案分组模式。

此模式将根据分组变量对所有个案进行分组，根据分组后的个案数据创建条形图。

(2) 变量分组模式。

此模式可以描述多个变量，简单类型的条形图能描述文件的每一个变量；复杂类型的条形图能使用另一个分类变量描述一个变量。

(3) 个案模式。

此模式将为分组变量中的每个观测值生成一个条形图，因此个案模式适用于对原始数据进行一定整理后形成的概括性的数据文件。

4.2.2 条形图的参数设置

下面将以"4-1"数据文件说明简单条形图的 SPSS 操作过程和对输出图形的解释说明。

"4-1"数据文件来源于 SPSS 22.0 自带的数据文件"成绩.sav"，假设数据文件涉及学生的学号、数学、英语、化学、物理、地理、历史、语文等方面数据，每个个案对应一个学生。我们关心的是学生的数学成绩。

打开"4-1"数据文件，在 SPSS Statistics 数据编辑器窗口可以看到"4-1"数据文件中的变量描述，如图 4-18 所示。

图 4-18　"4-1"数据文件的变量描述

1. 用图表构建器绘图简单条形图

(1) 打开"4-1"数据文件，进入 SPSS Statistics 数据编辑器窗口，在菜单选项组中依次选择"图形"|"图表构建器"命令，打开"图表构建器"对话框。

(2) 在"选择范围"列表框中选择"条形图"，然后从右侧显示的直观表示中双击简单条形图直观表示或将其选中拖入画布中。从变量列表中选中"学号"变量并拖至 X 轴变量放置区，选择"数学成绩"拖至 Y 轴变量放置区。设置结果如图 4-19 所示。

(3) 设置图形元素的属性。

- 在条元素属性设置界面中，选择"平均值"作为输出统计量，选择"显示误差条形图"复选框，单击"应用"按钮使设置生效。
- 在"元素属性"对话框中单击 X-Axis1 进入 X 轴元素属性设置界面，在"排序依据"下拉列表框中选择"定制"，选择"仅显示数据中存在的类别"单选按钮，然后单击"应用"按钮使设置生效。
- 在"元素属性"对话框中单击 Y-Axis1 进入 Y 轴元素属性设置界面，在"轴标签"文本框中采用默认的"平均值 数学成绩"作为 Y 轴标签，其他采用默认设置，然后单击"应用"按钮使设置生效。

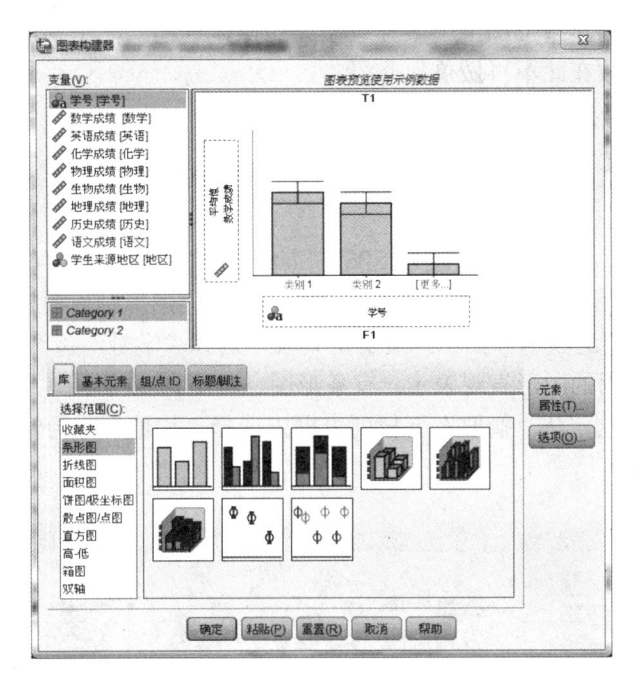

图 4-19 "图表构建器"对话框

（4）在主对话框中单击"标题/脚注"按钮，进入"标题/脚注"选项卡，选择"标题 1"复选框，此时在"元素属性"对话框"编辑元素"列表框中增加"标题 1"图形元素，在"内容"文本框中输入"各学生数学成绩"，最后单击"应用"按钮保存设置。

（5）输出图形。

所有设置完成后，单击"图表构建器"对话框中的"确定"按钮，即可在 SPSS Statistics 查看器中输出图形，如图 4-20 所示。

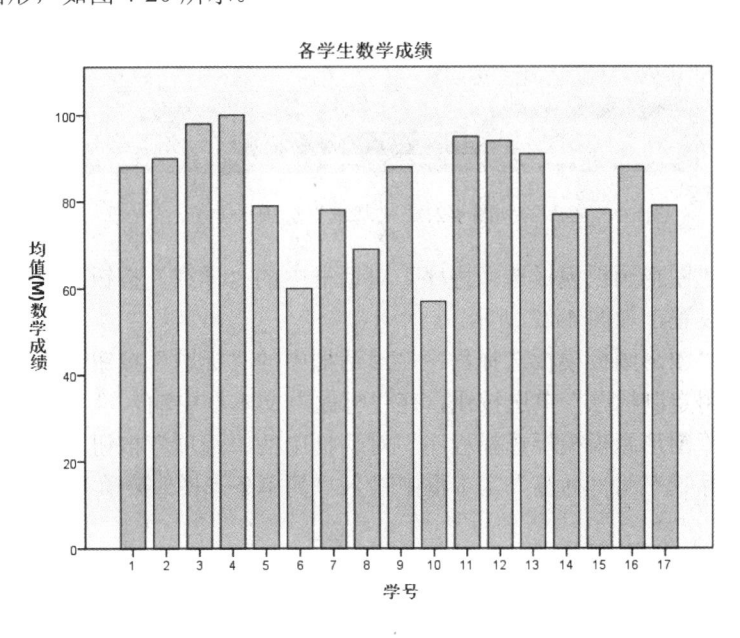

图 4-20　简单条形图输出结果

上例简要说明了简单条形图下个案分组模式的操作过程，简单条形图的变量分组和个案模式做法与此类似，故在此不再做单独介绍。

2. 用图形画板模板选择程序绘图简单条形图

本例使用的数据文件依然是"4-1"数据文件，将使用图形画板模板选择程序得到与图4-20相似的输出结果。

（1）打开"4-1"数据文件，进入 SPSS Statistics 数据编辑器窗口，在菜单选项组中依次选择"图形"|"图形画板模板选择程序"命令，打开"图形画板模板选择程序"对话框。

（2）在"基本"选项卡界面中，从变量列表中选择"学号"和"数学成绩"两个变量，对话框右侧将显示可用的图形直观表示，有条形图、饼图、3D饼图、线图、面积图等，从中选择条形图直观表示 ，从"摘要"下拉列表框中选择"均值"作为输出摘要统计量。设置结果如图4-21所示。

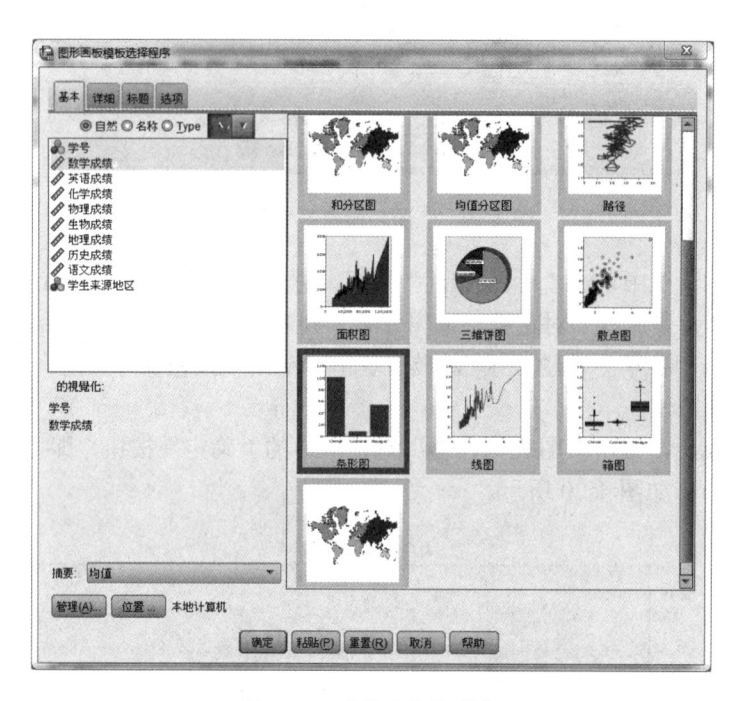

图 4-21　"基本"选项卡

（3）单击"图形画板模板选择程序"对话框中的"详细"按钮，进入"详细"选项卡界面。采用默认设置，如图4-22所示。

（4）单击"图形画板模板选择程序"对话框中的"标题"按钮，进入"标题"选项卡界面，选择"使用定制标题"单选按钮，在"标题"文本框中输入"各学生数学成绩"。

（5）单击"图形画板模板选择程序"对话框中的"选项"按钮，进入"选项"选项卡界面。在"输出标签"的"标签"文本框中输入"简单条形图: 数学-学号"字样，其他采用默认设置。

（6）输出图形。

单击"图形画板模板选择程序"对话框中的"确定"按钮。

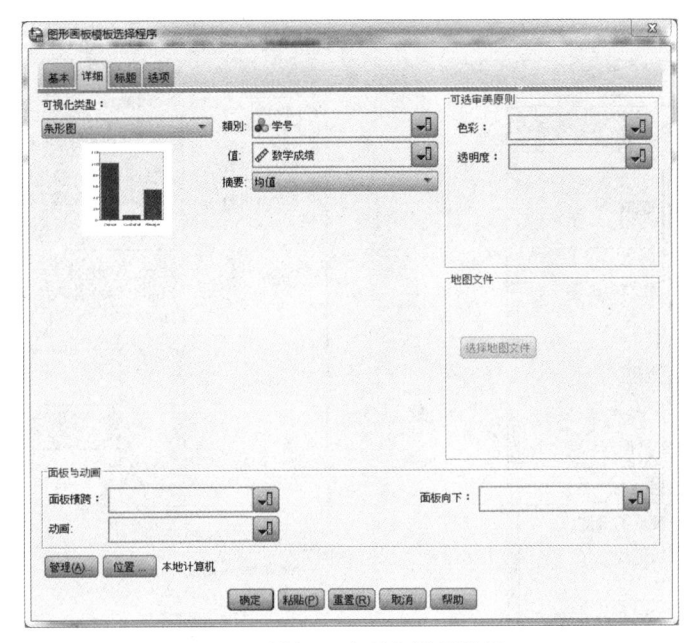

图 4-22 "详细"选项卡设置结果

3. 使用旧对话框绘图简单条形图

（1）打开"4-1"数据文件，进入 SPSS Statistics 数据编辑器窗口，在菜单选项组中依次选择"图形"|"旧对话框"|"条形图"命令，打开"条形图"对话框。选择"简单"条形图直观表示，在"图表中的数据为"选项组中选择"个案组摘要"，设置结果如图 4-23 所示。

该对话框包括条形图类型直观显示：简单箱图、集群条形图和堆积面积图，也包括各种图形类型的 3 种模式：个案组摘要、各个变量的摘要和个案值。图形类型及其模式的介绍在 4.2.1 节中已做详细介绍，在此不再赘述。

（2）单击"条形图"中的"定义"按钮，即可进入"定义简单条形图：个案组摘要"对话框。从"条的表征"选项组中选择"其他统计量"单选按钮，从变量列表中将"数学成绩"变量选入"变量"列表框中，系统默认表的特征为数学成绩的平均值。将"学号"变量选入"类别轴"框中，其他采用默认设置，如图 4-24 所示。

该对话框在前文已有介绍，现就"条的表征"选项组做详细介绍。该选项组中的选项用于定义确定条形图中条带的长度的统计量，各单选按钮含义如下。

- "个案数"单选按钮。

若选择此单选按钮，则表示条形图的长度为分类变量值的观测数。条形图中条的长度表示频率，分类变量可以是字符型变量或数值型变量。该选项为系统默认选项。

- "个案数的%"单选按钮。

若选择此单选按钮，则表示条形图的长度为分类变量的观测在总观测中所占的比重，即以频率作为统计量，条形图中条的长度表示的是频率。

- "累积数量"单选按钮。

若选择此单选按钮，则表示条形图的长度为分类变量中到某一值的累积频率，即分类变量的当前值对应的个案数与以前各值对应的总个案数。

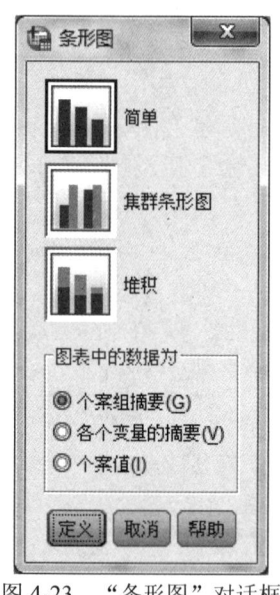

图 4-23 "条形图"对话框

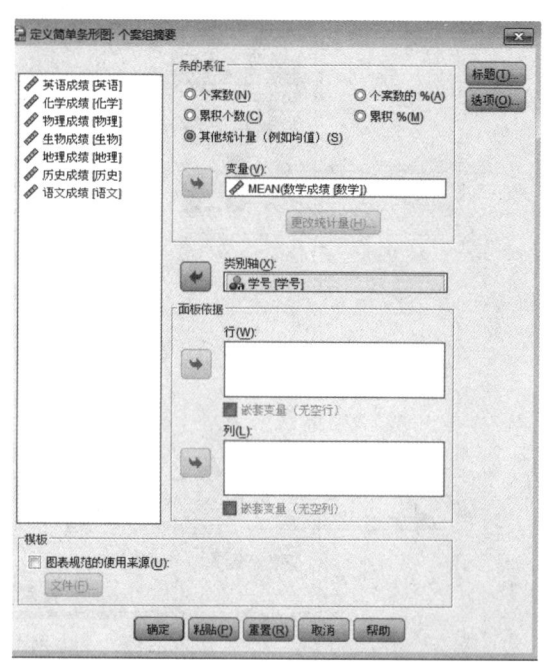

图 4-24 "定义简单条形图:个案组摘要"对话框

- "累积%"单选按钮。

若选择此单选按钮,则表示条形图的长度为分类变量中到某一值的累积百分比,即条的长度表示的是累积频率。

- "其他统计"单选按钮。

若选择此单选按钮,则"变量"列表框被激活,选入变量后,系统默认设置对该变量的数据取平均值,并作为条形图的长度。如果想选择其他条的表征,则可单击"更改统计"按钮,打开如图 4-25 所示的"统计"对话框。

在"统计"对话框中可以选择总体特征的描述统计量、单侧区间数据的特征描述统计量和双侧区间数据的特征描述统计量。总体特征的描述统计量设置较为简单,下面将重点介绍单侧区间的特征描述统计量和双侧区间的特征描述统计量的设置。

- 单侧区间的特征描述统计量。

"统计量"对话框中给出了单侧区间数据特征的描述统计量,当选择该部分中的选项时,上方的"值"文本框被激活,在文本框中输入数值,表示单侧区间的内界。按照原有数据与内界的大小关系,可将所有数据划分为两个区间,即大于该值的区间和小于该值的区间,各单选按钮含义分别介绍如下:若选择"上百分比"单选按钮,则以变量值大于阈值(内界)的比例作为条形的长度,"下百分比"单选按钮的含义恰好相反;若选择"百分位"单选按钮,则表示以变量值百分位数作为条形的长度;若选择"上个数"单选按钮,则表示以变量值大于阈值的个数作为条形的长度,"下个数"单选按钮的含义恰好与之相反。

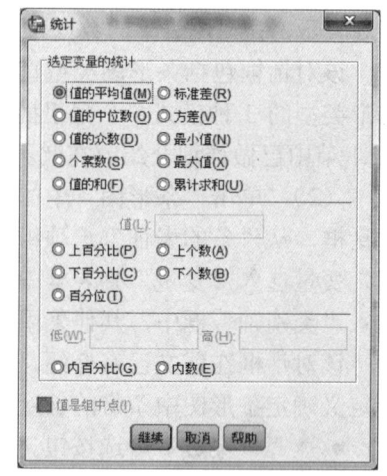

图 4-25 "统计"对话框

- 双侧区间的特征描述统计量。

"统计量"对话框下方给出了双侧区间数据特征的描述统计量。当选择该部分中的选项时,上方的"低"和"高"文本框被激活,分别用于输入区间的下限和上限。各单选按钮的含义分别介绍如下:若选择"内百分比"单选按钮,则表示以变量值在该区间的比例为纵轴;若选择"内数"单选按钮,则表示以变量值在指定区间的数目为条形长度。

- "值是组中点"复选框。

若选择此复选框,则表示值由中点分类。

设置完成后,单击"继续"按钮,则可返回主对话框中进行其他设置。

(3) 在"定义简单条形图:个案组摘要"对话框中单击"标题"按钮,打开"标题"对话框,在"标题"选项组"第 1 行"文本框中输入"数学成绩"。设置完成后,单击"继续"按钮,返回主对话框中进行其他设置。

(4) 在"定义简单条形图:个案组摘要"对话框中单击"选项"按钮,打开"选项"对话框。用户可以在此对话框中设置对缺失值的处理方法、是否显示误差条形图及误差条形图的内容,图表的可用选项取决于图表的类型和数据。选择"显示误差条形图"复选框,其他采用默认设置,如图 4-26 所示。

"选项"对话框界面的介绍如下:

- "缺失值"选项组。

该选项组中的选项仅在主对话框"条的表征"选项组中有多个变量时才会被激活。用户若选择"按列表排除个案"单选按钮,则表示被摘要的变量存在缺失值时会从整个图表中排除个案;若选择"按变量顺序排除个案"单选按钮,则表示可从每个计算的摘要统计量中排除单个缺失个案,不同的图表元素可能基于不同的个案组。

图 4-26 "选项"对话框

- "使用个案标签显示图表"复选框。

若选择此复选框,则表示在图中显示个案的标签值。此选项仅在定义散点图并在主对话框中指定了"标注个案依据"字段的变量时可用。

"显示误差条形图"复选框功能与前面章节所讲的一致,在此不再赘述。设置完成后,单击"继续"按钮,则可返回主对话框中进行其他设置。

(5) 输出图形。

所有设置完成后,单击"定义简单条形图:个案组摘要"对话框中的"确定"按钮,即可在 SPSS Statistics 查看器中输出图形,如图 4-20 所示。

由于旧对话框程序与互动程序的操作方法基本相同,且在 4.2.2 节中已做简单介绍,用户可以参照前文自主学习。在接下来的章节,将重点介绍常用的 3 种绘图方法:图表构建器、图形画板模板选择程序和旧对话框模式。

4.3 线图

线图是用线段的升降在坐标系中表示某一变量的变化趋势或某变量随时间变化的过程的图形。线图适用于连续性资料,通常用来表示两个因素之间的关系,即当一个因素变化时,另一个因素对应的变化情况。

如图 4-27 所示为线图，该图用线段的升降表示出不同数学成绩水平下物理成绩的线性走势。

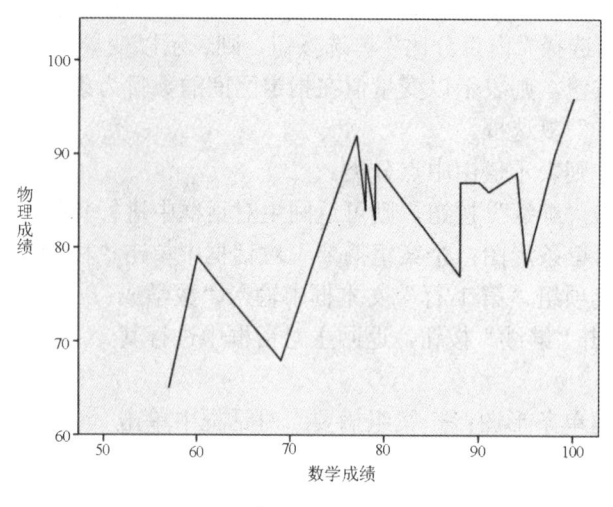

图 4-27 线图示例

4.3.1 线图的类型

线图利用线条的延伸和波动，反映连续性变量的变化趋势，描述非连续性的资料一般不使用线图，而使用条形图或直线图。线图可以是直线图，也可以是折线图，适用于连续性资料。线图分为 3 种类型：简单线图、多重线图和垂直线图。简单线图，用一条折线表示某个现象的变化趋势；多重线图，用多条折线表示各种现象的变化趋势；垂直线图或下降线图，用于反映某些现象。

像条形图一样，线图的每种图形类型分别对应 3 种不同的模式：个案分组模式、变量分组模式和个案模式。3 种模式的概念与条形图中的一致，在此不再赘述。

综上，SPSS 22.0 提供了 9 种不同的线图供用户选择，最大化满足用户的个性化和研究需求。本节实验所使用的数据文件依然是 "4-1" 数据文件，该数据文件描述在 4.2.2 节中已给出。

4.3.2 线图的参数设置

如果需要用图形描述数学和物理之间的关系，可以建立两者之间的线形图。接下来将演示如何用图表构建器绘图简单条形图，其他方法的绘图过程可参照前面自主学习。

（1）打开 "4-1" 数据文件，进入 SPSS Statistics 数据编辑器窗口，在菜单选项组中依次选择 "图形" | "图表构建器" 命令，打开 "图表构建器" 对话框。

（2）指定变量。

在 "选择范围" 列表框中选择 "线"，然后从右侧显示的直观表示中双击简单条形图直观表示☑或将其选择拖入画布中。将变量 "数学成绩" 和 "物理成绩" 分别拖入横轴和纵轴变量放置区内，设置结果如图 4-28 所示。

（3）与条形图一样，用户可以在 "元素属性" 对话框中对所有元素属性可选项进行设置。在属性设置对话框中选择 "平均值" 作为摘要统计量；"标题/脚注" 选项卡中选择 "标题 1" 复选框，在 "元素属性" 对话框的 "内容" 文本框中输入 "数学和物理关系线形图"

作为输出简单线性图的标题。设置完成后，单击"应用"按钮使设置生效。

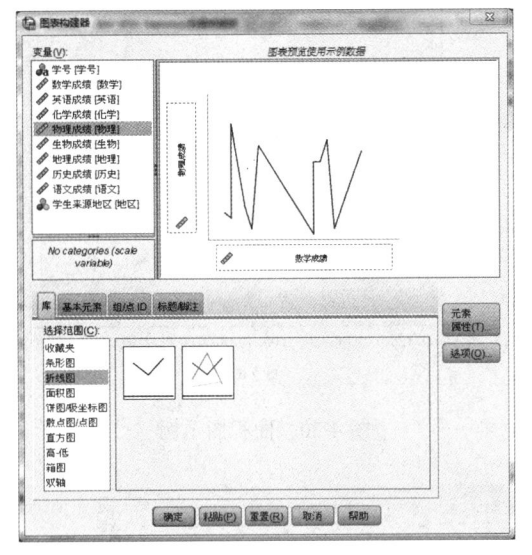

图 4-28 "图表构建器"对话框变量设置结果

（4）输出图形。

所有设置结束后，单击主对话框中的"确定"按钮，即可在 SPSS Statistics 查看器中输出图形，如图 4-29 所示。

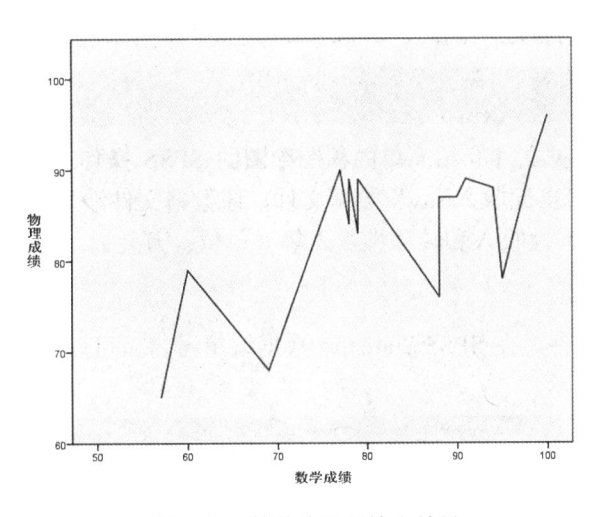

图 4-29 简单线形图输出结果

4.4 面积图

面积图与线形图反映的信息相似，经常用来描述某个汇总变量随时间或其他变量的变化过程。面积图通过面积的变化描绘连续型变量的分布形状或者变化趋势，直观地看，它相当于在线形图中用某种颜色填充线条和横轴之间的面积区域。

图 4-30 给出了堆积面积图的示例，该图分析了可支配收入和经营净收入之间的走势。

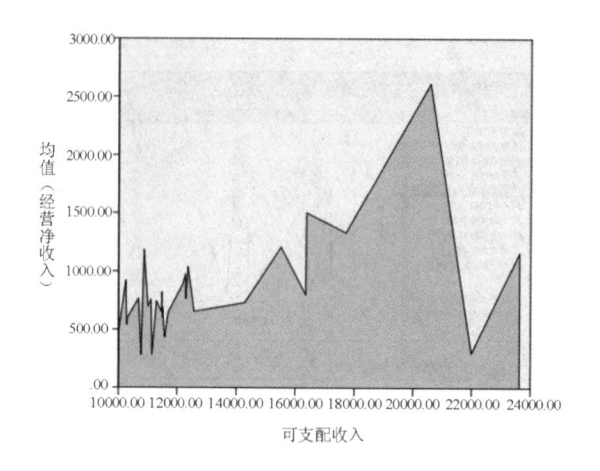

图 4-30 面积图示例

4.4.1 面积图的类型

面积图较线形图更厚实，给人印象更深刻，所以广泛应用于各领域。SPSS 22.0 提供了两种基本面积图类型：简单面积图和堆积面积图。

类似于简单线形图，简单面积图用面积的变化表示某一现象变动的趋势；堆积面积图，又称层叠面积图，使用不同颜色面积表示两种或多种现象变化的趋势。两种基本面积图类型又分别包含 3 种模式：个案组模式、变量分组模式和个案模式。3 种模式的定义与前面章节所描述的一致，在此不再赘述。因此，SPSS 22.0 提供了 6 种类型的面积图供用户选择。

4.4.2 面积图的参数设置

本节使用"4-2"数据文件介绍简单面积图绘图的 SPSS 操作过程。"4-2"数据文件来源于 SPSS 22.0 自带的"可支配收入.sav"数据文件，该数据文件涉及各地区可支配收入、工薪收入、经营净收入、财产性收入和转移性收入等（单位：万元）。

1. 实验数据的描述

打开"4-2"数据文件，在 SPSS Statistics 数据编辑器窗口可以看到"4-2"数据文件中的变量描述，如图 4-31 所示。

图 4-31 "4-2"数据文件的变量描述图

2. 简单面积图的 SPSS 操作过程

像条形图和线图的绘图一样，SPSS 22.0 提供的可以用于绘制面积图的程序也有 4 种。本节仅介绍如何使用图形画板模板选择程序绘制简单面积图，用户可以参照前文自主学习简单面积图的其他绘图方法。

（1）打开"4-2"数据文件，进入 SPSS Statistics 数据编辑器窗口，在菜单选项组中依次选择"图形"|"图形画板模板选择程序"命令，打开"图形画板模板选择程序"对话框。

（2）在"基本"选项卡界面中，从变量列表中选择"可支配收入"和"工薪收入"两个变量，从中选择面积图直观表示 ，在"摘要"下拉框中选择"平均值"作为摘要统计量。

（3）在"标题"选项卡中为图标添加"可支配收入和工薪收入"标题，其他均采用默认设置。

（4）输出图形。

所有设置完成后，单击"定义集群条形图：个案组摘要"对话框中的"确定"按钮，即可在 SPSS Statistics 查看器中输出如图 4-32 所示图形。

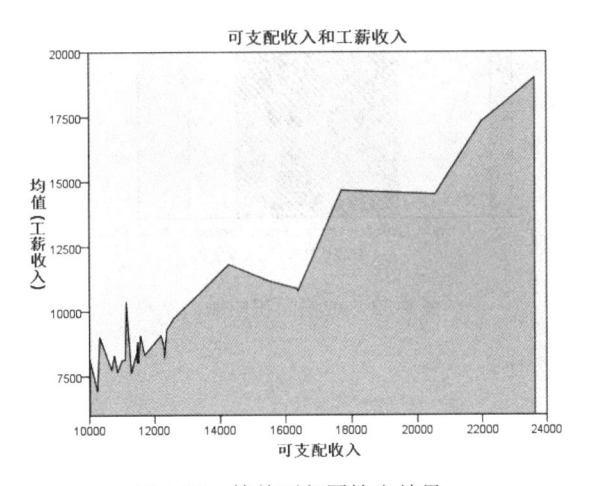

图 4-32 简单面积图输出结果

4.4.3 案例分析

本节仍使用"4-2"数据文件说明堆积面积图的 SPSS 操作过程，4 种程序均可用于绘图堆积面积图，绘图过程与堆积条形图和垂直线图的绘图过程相似，本节仅简单介绍如何应用"图表构建器"绘图堆积面积图，用户可以参照前面章节学习其他 3 种程序在堆积面积图绘图中的使用方法。

我们将利用"4-2"数据文件得到可支配收入和转移性收入的堆积面积图，其操作过程具体如下。

（1）打开"4-2"数据文件，进入 SPSS Statistics 数据编辑器窗口，在菜单选项组中依次选择"图形"|"图表构建器"命令，打开"图表构建器"对话框。

（2）在"选择范围"列表框中选择"区"，然后从右侧显示的直观表示中双击多重线图直观表示 或将其选择拖入画布中。从变量列表中选择"转移性收入"变量并拖至 X 轴变量放置区，选择"可支配收入"拖至 Y 轴变量放置区，将"是否沿海"拖入"堆栈：设置颜色"

变量放置区,并且双击"堆栈:设置颜色"放置区,在弹出的"分组区域"对话框中"分组依据"下拉菜单中选择"图案",则不同的组用不同图案表示。

(3) 所有图形元素的属性均可以在"元素属性"对话框中进行设置,设置方法与前面所述相同。在"元素属性"对话框选择"编辑属性"列表中的"区",设置完毕,单击"应用"按钮使设置生效,其他采用默认设置。

(4) 输出图形。

所有设置结束后,单击主对话框中的"确定"按钮,即可在 SPSS Statistics 查看器中输出图形,如图 4-33 所示。

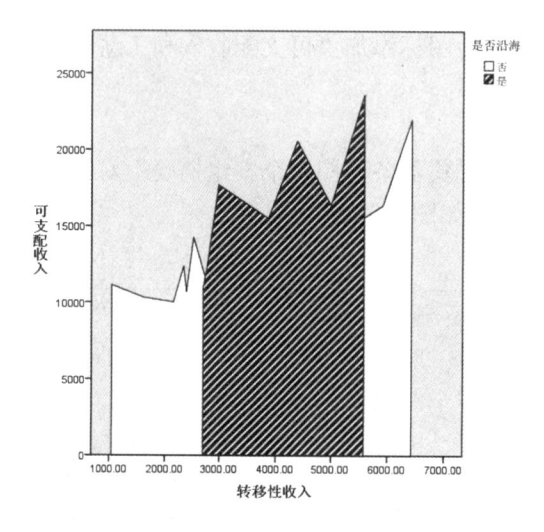

图 4-33 堆积面积图输出结果

4.5 饼图

饼图又称为饼形图或圆形图,通常用来表示整体的构成部分及各部分之间的比例关系。

图 4-34 给出了饼图的示例图,该图用不同的颜色将饼图分为三部分,用扇形 1、2、3 代表了班级 1、班级 2 和班级 3 的人数在学生总数中的百分比。

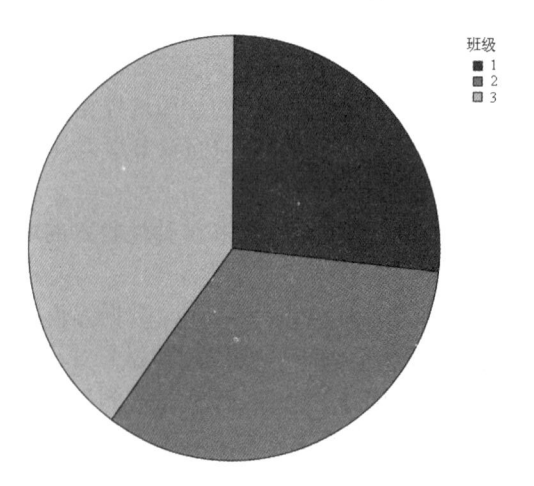

图 4-34 饼图示例

4.5.1 饼图的类型

饼图用同一个圆形表示不同部分的比例情况,其中,整个圆的面积表示整体,圆中的扇形部分是按构成整体的各个部分在整体中所占比例的大小切割而成的。饼图可以直观地反映各部分与整体之间的关系及各部分之间的关系。

SPSS 22.0 提供了 3 种不同的饼图模式,即个案分组模式、变量分组模式和个案模式。绘图饼图的程序同样有四种:图表构建器、用图表画表模板选择程序、旧对话框程序和互动程序,各种方法操作的一般过程在 4.1 节已简单介绍,在此不再赘述。

4.5.2 饼图的参数设置

我们将继续基于"4-2"数据文件介绍饼图的绘图过程,"4-2"数据文件的变量描述在 4.4 节中已经给出,在此不再赘述。本节仅介绍如何使用图表构建器绘图饼图,其他 3 种方法用户可以参照前文自主学习。

(1) 打开"4-2"数据文件,进入 SPSS Statistics 数据编辑器窗口,在菜单选项组中依次选择"图形"|"图表构建器"命令,打开"图表构建器"对话框。

(2) 在"选择范围"列表框中选择"饼图/极坐标图",然后从右侧显示的直观表示中双击饼图直观表示◐或将其选择拖入画布中,将变量"教育水平"拖入横轴放置区内。

(3) 像其他图形绘图一样,用户可以在"元素属性"对话框中对所有元素属性可选项进行设置。在极坐标区域属性设置对话框中选择"计数"作为摘要统计量,单击"应用"按钮使设置生效。在"标题/脚注"选项卡中选择"标题 1"复选框,在"元素属性"对话框的"内容"文本框中输入"教育水平饼图"作为输出饼状图的标题,设置完成后,单击"应用"按钮使设置生效。

(4) 输出图形。

所有设置结束后,单击主对话框中的"确定"按钮,即可在 SPSS Statistics 查看器中输出图形,如图 4-35 所示。

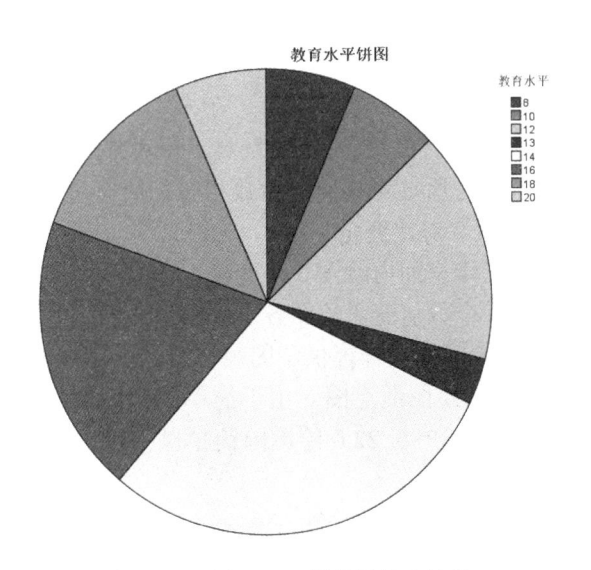

图 4-35 饼状图输出结果

4.6 散点图

散点图是以点的分布情况反映变量之间相互关系的一种统计图形，散点图适用于描绘测量数据的原始分布状况，用户可以通过点的位置判断观测值的高低、大小、变动趋势或变化范围。

图 4-36 给出了散点图的示例，该图表示男、女同学体重情况。

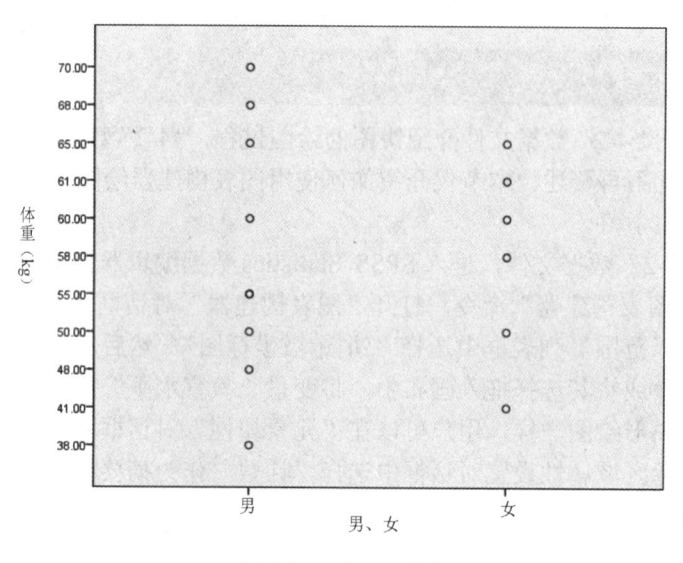

图 4-36　散点图示例

4.6.1 散点图的类型

SPSS 22.0 提供了散点图的 5 种基本类型，分别为简单散点图、重叠散点图、矩阵散点图、三维散点图和简单圆点图等，各基本类型含义简单介绍如下。

（1）简单散点图。用于对照某个变量绘图另一个变量或在一个标记变量定义的类别中绘图两个变量。

（2）重叠散点图。用于绘图两个或多个 y-x 变量对，每对都采用不同标记来表示。

（3）矩阵散点图。行和列数与所选矩阵变量个数相等，所有可能变量组合被显示（变量 1 对比变量 2）和"翻转"（变量 2 对比变量 1）。

（4）三维散点图。用于在三维空间内绘图 3 个变量。

（5）简单圆点图。用于为某个数值变量绘图各个观察值。

同其他图形的绘图一样，SPSS 22.0 同样提供了图表构建器、用图表画表模板选择程序、旧对话框程序和互动程序 4 种方法绘图散点图。由于简单圆点图的绘图较为简单，接下来我们将使用"4-2"数据文件，说明 SPSS 22.0 绘图除简单圆点图外的 4 种散点图的具体操作方法。

4.6.2 简单散点图的参数设置

本节仅介绍如何使用图形画板模板选择程序绘图简单散点图，其他方法用户可以自主参照前文学习。

（1）打开"4-2"数据文件，进入 SPSS Statistics 数据编辑器窗口，在菜单选项组中依次选择"图形"|"图形画板模板选择程序"命令，打开"图形画板模板选择程序"对话框。

（2）在"基本"选项卡界面中，从变量列表中选择"可支配收入"和"工薪收入"变量，从右侧可用图形类型直观表示中选择显示简单散点图的直观表示。

（3）在"标题"选项卡中为图表添加"可支配收入和工薪收入简单散点图"标题，其他均采用默认设置。

（4）输出图形。

所有设置完成后，单击主对话框中的"确定"按钮，即可在 SPSS Statistics 查看器中输出如图 4-37 所示的图形。

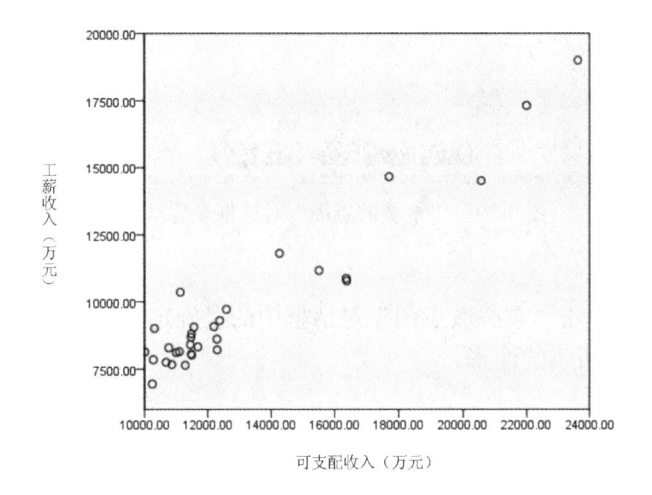

图 4-37 简单散点图输出结果

4.6.3 重叠散点图的参数设置

重叠散点图的绘图主要是通过旧对话框程序实现的，现结合"4-2"数据文件简单说明重叠散点图的绘图过程。

（1）打开"4-2"数据文件，进入 SPSS Statistics 数据编辑器窗口，在菜单选项组中依次选择"图形"|"旧对话框"|"散点图/点图"命令，打开"散点图/点图"对话框。对话框显示 5 种可用的散点图类型，如图 4-38 所示。

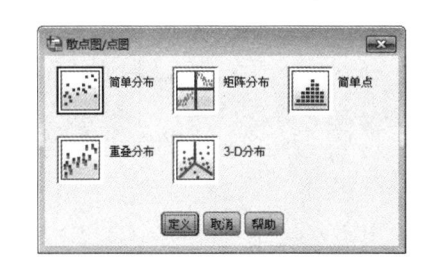

图 4-38 "散点图/点图"对话框

因为我们想要输出的是重叠散点图，因此选择"重叠分布"直观表示。

（2）单击"散点图/点图"对话框中的"定义"按钮，进入"重叠散点图"对话框，以便指定变量及其他图形元素。从变量列表中分别将"可支配收入"变量选入变量对 1 和 2 的 Y 变量放置区，将"工薪收入"和"教育水平"拖入变量对 1 和 2 的 X 放置区。打开"标题"对话框，将"堆积散点图示例"输入"第 1 行"文本框中，单击"继续"按钮保存设置回到主对话框中。设置结果如图 4-39 所示。

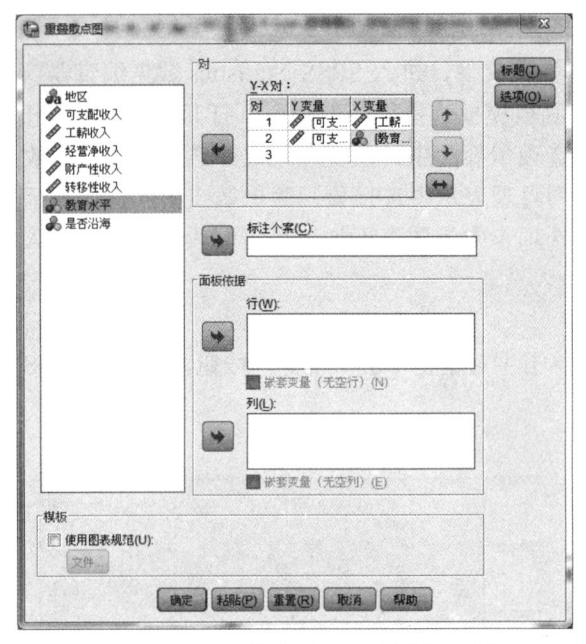

图 4-39 "重叠散点图"对话框设置结果

（3）输出图形。

所有设置完成后，单击"重叠散点图"对话框中的"确定"按钮，即可在 SPSS Statistics 查看器中输出如图 4-40 所示的图形。

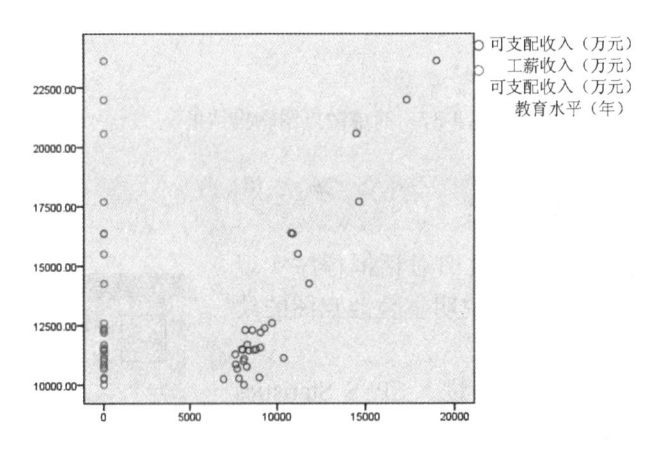

图 4-40 重叠散点图输出结果

4.6.4 矩阵散点图的参数设置

SPSS 22.0 提供的可以绘图矩阵散点图的程序主要有图表构建器和旧对话框程序两种，下面将结合"4-2"数据文件简单介绍图表构建器的操作过程。用户可参照前文学习如何使用旧对话框绘图矩阵散点图。

（1）打开"4-2"数据文件，进入 SPSS Statistics 数据编辑器窗口，在菜单选项组中依次选择"图形"|"图表构建器"命令，打开"图表构建器"对话框。

（2）在"选择范围"列表框中选择"散点图/点图"，然后从右侧显示的直观表示中双击矩阵散点图直观表示⊞或将其选择拖入画布中。将变量"可支配收入"、"工薪收入"和"经营净收入"拖入散点矩阵变量放置区内，结果如图 4-41 所示。

（3）像绘图其他图形一样，用户可以在"元素属性"对话框中对所有元素属性选项进行设置。在"标题/脚注"选项卡中选择"标题 1"复选框，在"元素属性"对话框的"内容"文本框中输入"矩阵散点图示例"作为输出矩阵散点图的标题，设置完成后，单击"应用"按钮使设置生效。

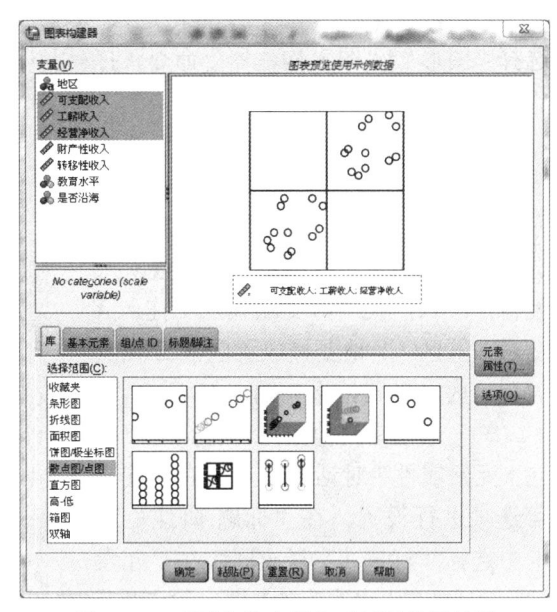

图 4-41 "图表构建器"对话框设置结果

（4）输出图形。

所有设置结束后，单击主对话框中的"确定"按钮，即可在 SPSS Statistics 查看器中输出图形，如图 4-42 所示，由此观察到 3 个变量两两之间存在特别明显的线性关系。

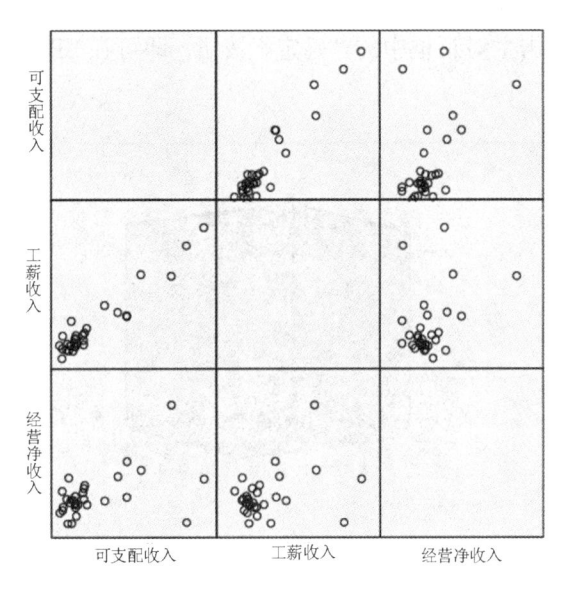

图 4-42 矩阵散点图输出结果

4.6.5 三维散点图

三维散点图的绘图过程与简单散点图的绘图过程基本一致，三维散点图与简单散点图相比只是增加一个 Z 轴而已。我们将以"4-2"数据文件为例，通过图表构建器在三维散点图绘图中的应用简要说明三维散点图的绘图过程。其他程序在三维散点图的绘图过程中的应用，用户可以参照前文自主学习。

(1) 打开"4-2"数据文件，进入 SPSS Statistics 数据编辑器窗口，在菜单选项组中依次选择"图形"|"图表构建器"命令，打开"图表构建器"对话框。

(2) 在"选择范围"列表框中选择"散点图/点图"，然后从右侧显示的直观表示中双击简单直方图直观表示 或将其选择拖入画布中。将变量"工薪收入"、"经营净收入"及"可支配收入"拖入 X 轴变量放置区、Y 轴变量放置区及 Z 轴变量放置区内，设置结果如图 4-43 所示。

(3) 像绘图其他图形一样，用户可以在"元素属性"对话框中对所有元素属性可选项进行设置。在"标题/脚注"选项卡中选择"标题 1"复选框，在"元素属性"对话框的"内容"文本框中输入"三维散点图示例"作为输出三维散点图的标题，设置完成后，单击"应用"按钮使设置生效。

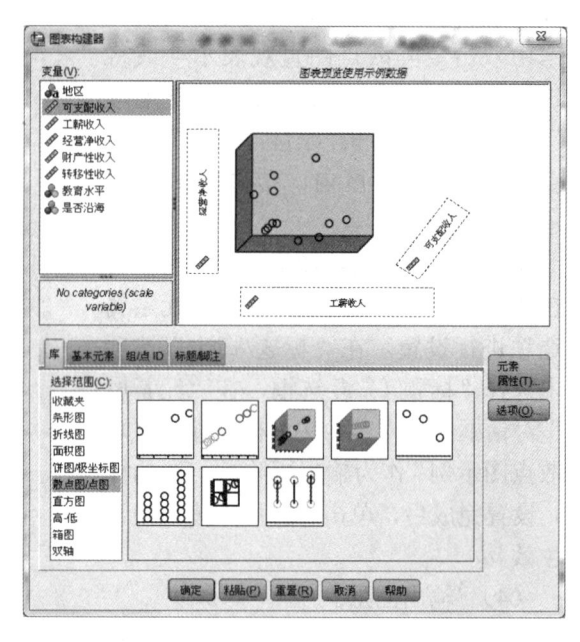

图 4-43 "图表构建器"对话框设置结果

(4) 输出图形。

所有设置结束后，单击主对话框中的"确定"按钮，即可在 SPSS Statistics 查看器中输出图形，如图 4-44 所示。

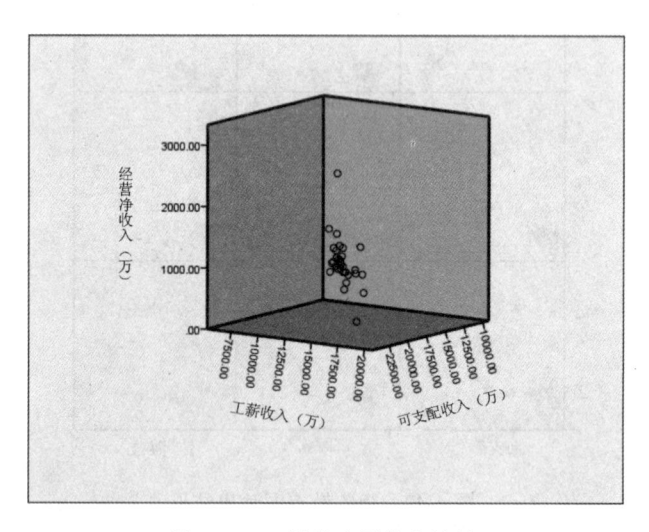

图 4-44 三维散点图输出结果

4.7 箱图

箱图又称箱丝图，是一种描述数据分布的统计图，可用于表现定量变量的 5 个百分位点，即 2.5%、25%、50%、75% 和 97.5% 分位数。由 25% 分位数～75% 分位数构成图形的箱，由

2.5%～25%和 75%～97.5%构成图形的两条"丝"。

图 4-45 给出了箱图的示例，该图给出了 3 个班级学生身高的信息。

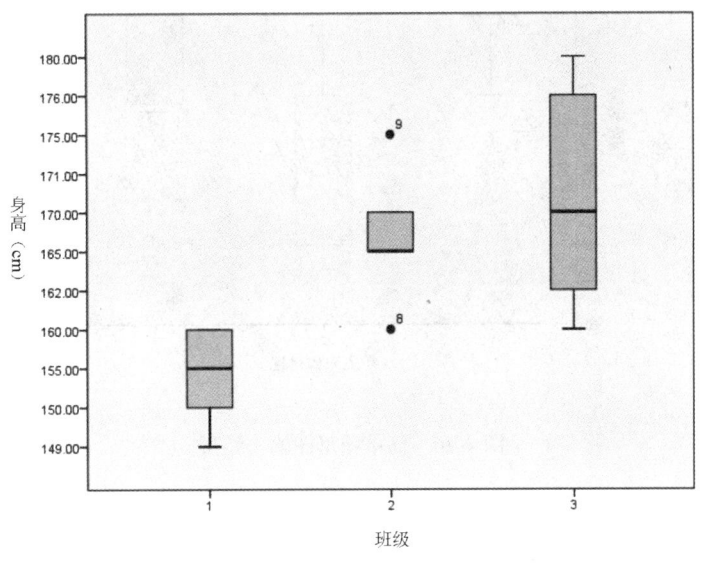

图 4-45　箱图示例

4.7.1　箱图的类型

SPSS 22.0 根据用户需要，提供了两种箱图类型：简单箱形图和分类箱形图。简单箱形图用于描述单个变量数据的分布；分类箱形图又称复式箱形图，用于描述某个变量关于另一个变量数据的分布。每种基本图形类型又包括两种模式：个案组模式和变量分组模式。两种模式的含义与前面章节所述一致，在此不再赘述。因此，SPSS 22.0 提供了 4 种可用箱形图供用户选择。

4.7.2　简单箱形图的参数设置

本节将继续使用"4-1"数据文件介绍如何使用图形画板模板选择程序绘图箱形图，其他方法用户可参照前文自主学习。

（1）打开"4-1"数据文件，进入 SPSS Statistics 数据编辑器窗口，在菜单选项组中依次选择"图形"|"图形画板模板选择程序"命令，打开"图形画板模板选择程序"对话框。

（2）在"基本"选项卡界面中，从变量列表中选择"数学"和"学生来源地区"变量，从右侧可用图形类型直观表示中选择显示箱形图直观表示 。

（3）在"标题"选项卡中为图表添加"简单箱形图示例"标题，其他均采用默认设置。

（4）输出图形。

所有设置完成后，单击主对话框中的"确定"按钮，即可在 SPSS Statistics 查看器中输出如图 4-46 所示的图形。

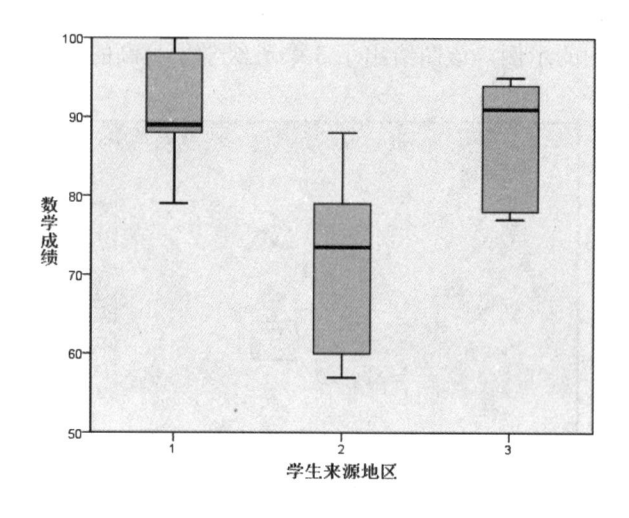

图 4-46　简单箱形图输出结果

4.8 误差条图

误差条图是一种用于描述平均值、标准偏差、标准误和总体平均值的置信区间等指标的统计图形。

图 4-47 所示给出了误差条图的示例，该图给出了男女学生身高的平均值及 95%置信度下身高的置信区间。图中，线 1 和线 2 分别代表置信区间的最大值和最小值，点给出了身高的平均值。

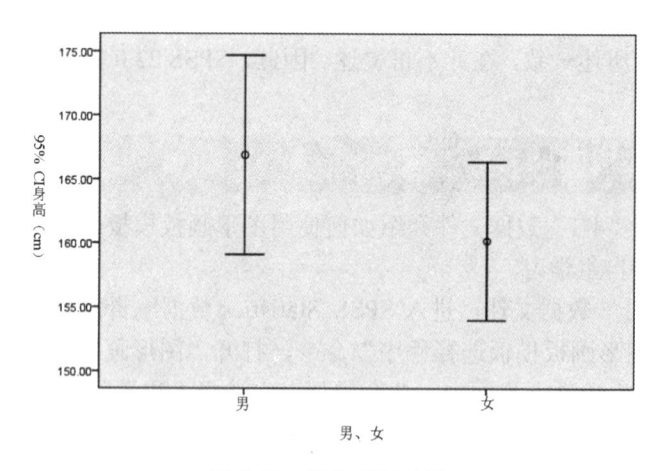

图 4-47　误差条图示例

4.8.1 误差条图的类型

误差条图是一种描述总体离散情况分布的统计图形，可以描述正态分布整体的平均值、标准偏差及其置信区间等，利用误差条图可以观测样本的离散程度。误差条图还可以伴随着其他图形的建立过程而输出，如条形图、线图等。

误差条图包括两种基本类型,即简单误差条图和复式误差条图。每种图形类型同时包含个案组和变量组两种模式,因此 SPSS 22.0 提供了 4 种误差条图形式供用户选择。

4.8.2 简单误差条图的参数设置

SPSS 22.0 中可用于绘图误差条图的主要有旧对话框程序和互动程序两种方法。接下来我们将以"4-2"数据文件为例,介绍如何使用旧对话框模式程序绘图误差条图。用户可自主学习互动程序的使用。

(1) 打开"4-2"数据文件,进入 SPSS Statistics 数据编辑器窗口,在菜单选项组中依次选择"图形"|"旧对话框"|"误差条形图"命令,打开"误差条形图"对话框。选择"简单"直观表示,在"图表中的数据为"选项组中选择"个案组摘要"。

(2) 单击"误差条形图"对话框中的"定义"按钮,进入"定义简单误差条形图:个案组摘要"对话框,以便指定变量及其他图形元素。在变量列表中分别将"教育水平"和"可支配收入"选入"类别轴"变量放置区和"变量"列表框中。

(3) 打开"标题"对话框,将"简单误差条图示例"输入"第 1 行"文本框中作为输出图形的标题,单击"继续"按钮保存设置回到主对话框中,其他采用默认设置。

(4) 输出图形。

所有设置完成后,单击主对话框中的"确定"按钮,即可在 SPSS Statistics 查看器中输出图形,如图 4-48 所示。

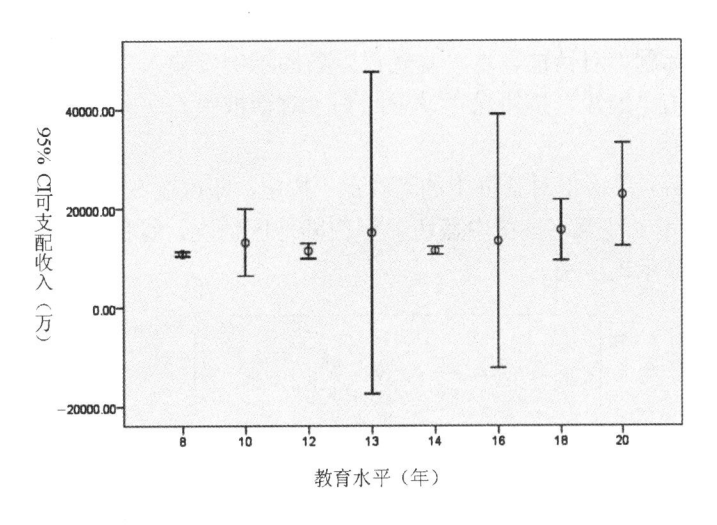

图 4-48 简单误差条图输出结果

4.8.3 复式误差条图的参数设置

复式误差条图绘图的 SPSS 操作过程与简单误差条图绘图过程类似,下面将对其绘图过程进行简单介绍。

(1) 打开"4-2"数据文件,进入 SPSS Statistics 数据编辑器窗口,在菜单选项组中依次选择"图形"|"旧对话框"|"误差条形图"命令,打开"误差条形图"对话框。选择"集群条形图"直观表示,在"图表中的数据为"选项组中选择"个案组摘要"。

(2) 单击"误差条形图"对话框中的"定义"按钮,进入"定义复式误差条形图:个案组摘要"对话框,以便指定变量及其他图形元素。在变量列表中分别将"教育水平"、"可支配收入"和"是否沿海"变量选入"类别轴"变量放置区、"变量"和"定义聚类"列表框中。其他采用默认设置,设置结果如图 4-49 所示。

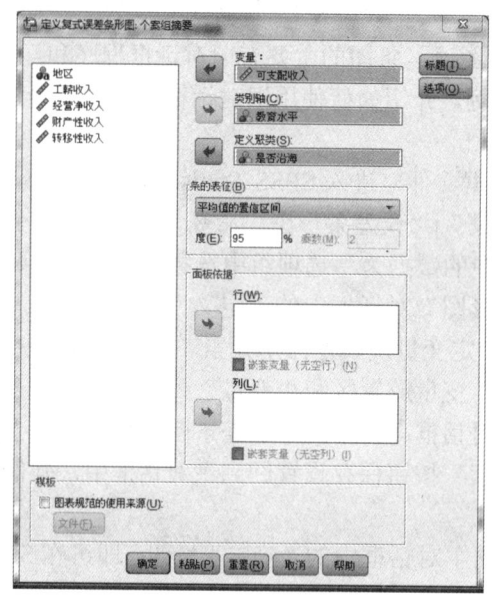

图 4-49 "定义复式误差条形图:个案组摘要"对话框

(3) 打开"标题"对话框,将"复式误差条图示例"输入"第 1 行"文本框中作为输出图形的标题,单击"继续"按钮保存设置回到主对话框中。

(4) 输出图形。

所有设置完成后,单击主对话框中的"确定"按钮,即可在 SPSS Statistics 查看器中输出图形,如图 4-50 所示(注意,该图中蓝色显示内陆地区情况,绿色显示沿海地区情况,由于本书黑白印刷未能显示出区别)。

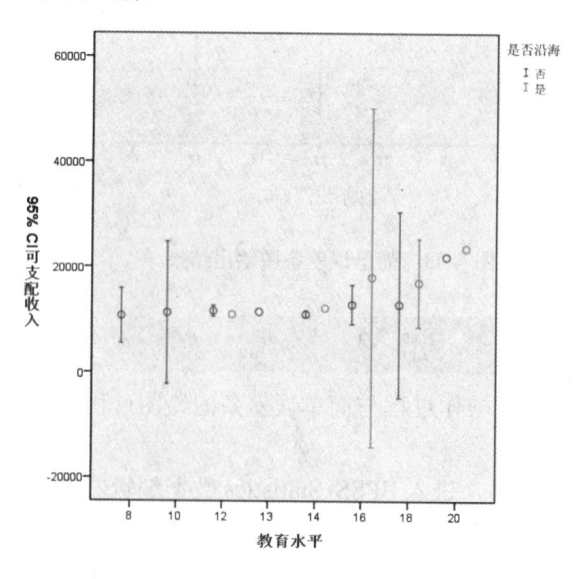

图 4-50 复式误差条图输出结果

上机题

表 4-1 中数据为某班学生的部分基本信息，包括年龄、性别、学习时间程度及成绩等基本信息，其中，性别变量中男女分别用 1、2 表示，按学习时间程度共把学生分为 5 类，城乡中用 0 代表城镇、1 代表农村，其他数据含义可参考源数据文件的变量视图（数据路径：sample\chap04\上机题\上机题.sav）。

表 4-1 某班学生部分基本信息

年龄	性别	学习时间程度	城乡	成绩（分）	成绩类别
23	2	1	1	78	3
23	1	1	0	86	4
24	2	3	1	71	2
21	1	4	1	71	2
20	1	2	0	23	1
23	1	3	1	88	4
19	1	3	0	71	2
20	2	2	0	84	3
22	2	1	0	24	1
21	1	3	1	89	4
22	2	3	1	80	3
23	1	4	0	24	1
24	2	4	1	72	2
22	2	3	1	90	4
21	1	3	0	83	3
22	1	4	1	91	4
21	1	3	1	73	2
20	2	1	0	75	2
19	2	3	0	91	4

（1）决策者希望了解分属不同学习时间程度的城镇学生和农村学生的成绩的差别，试用一条形图反映有关信息。

（2）利用题中的数据，绘图一线图，以反映出不同学习时间水平的男学生和女学生之间的成绩差异。

（3）利用题中的数据，绘图出反映不同学习时间程度、学生数量的饼图。

（4）利用题中的数据，绘图出可以反映不同成绩类别、成绩水平的箱图。

（5）利用题中的数据，绘图出可以反映不同成绩类别、成绩水平的误差条形图。

第 5 章 Means 过程和 T 检验

在数据分析过程中，我们经常需要分组输出数据的平均值等描述性统计量，对数据进行平均值比较包括样本平均值与总体平均值比较、独立的样本之间的平均值比较、配对样本之间的平均值比较等。其中分组输出数据的描述性统计量可应用平均值过程完成，对数据进行平均值比较可以通过相应的 T 检验过程来完成。本章将分别介绍平均值过程和各类 T 检验的实际应用。

5.1 平均值过程

平均值过程计算一个或多个自变量类别中因变量的分组平均值和相关的单变量统计。本节将讲解 SPSS 中的平均值过程及相关操作。

5.1.1 平均值过程简介

与描述性统计分析相比，若仅计算单一组别的描述性统计指标，平均值过程并无特别之处；但若分组计算描述性统计指标，例如分班级和性别计算各组的均数和标准偏差，此时用平均值过程更显简捷。此外，平均值过程中可以执行单因素方差分析。

5.1.2 平均值过程的参数设置

打开相应的数据文件或者建立一个数据文件后，可以在 SPSS Statistics 数据编辑器窗口进行平均值比较分析。

（1）在菜单栏中选择"分析"|"比较平均值"|"平均值"命令，打开如图 5-1 所示的"平均值"对话框。

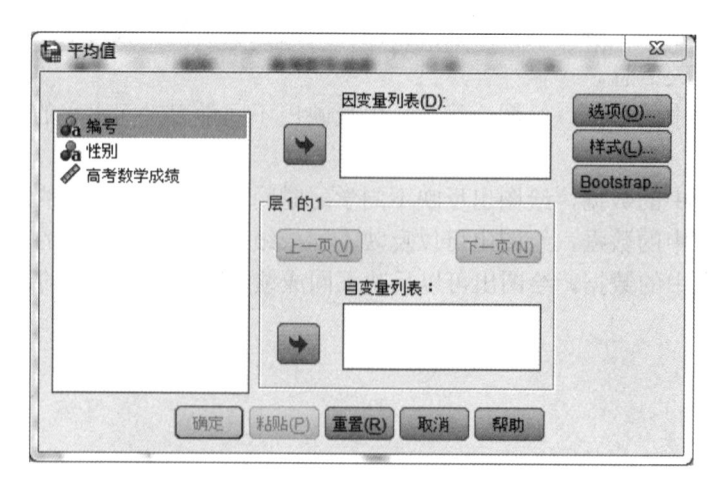

图 5-1 "平均值"对话框

（2）选择变量。

从源变量列表中选择需要平均值比较分析的因变量，然后单击按钮将选中的变量选入"因变量列表"中；从左侧源变量列表中选择分组变量，然后单击按钮将选中的变量选入"自变量列表"中。

选择"因变量列表"、"自变量列表"的变量完毕之后，如图 5-2 所示。

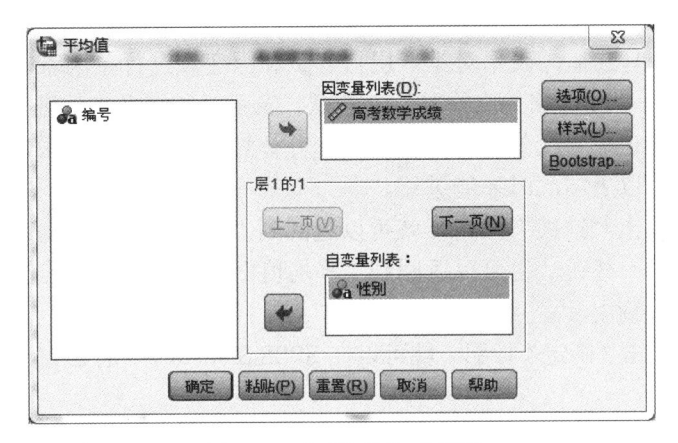

图 5-2 "平均值"对话框

（3）进行相应的设置。

单击右侧"选项"按钮，弹出如图 5-3 所示的"平均值：选项"对话框。

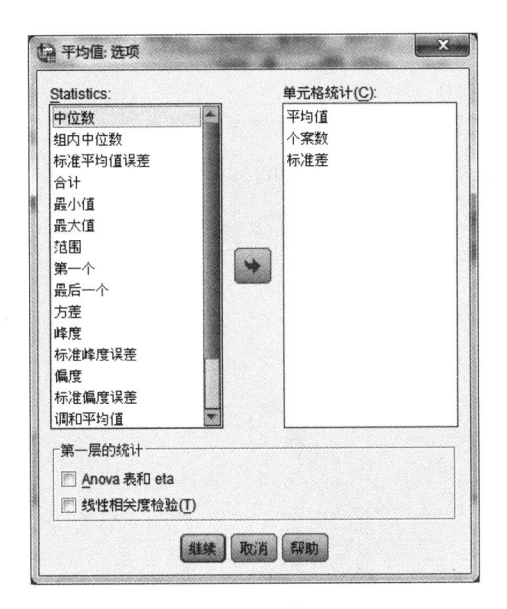

图 5-3 "平均值：选项"对话框

"平均值：选项"对话框主要用于设置输出统计量，包括以下内容。

- "Statistics"列表框。

该列表框用于存放可供输出的常用统计量，主要包括"中位数"、"组内中位数"、"标准平均值误差"、"合计"、"最小值"、"最大值"、"范围"、"第一个"、"最后一个"、"方差"、"峰度"、"偏度"、"调和平均值"等，这些统计量在"描述性分析"中均有介绍。

- "单元格统计"列表框。

该列表框主要用于存放用户指定要输出的统计量,其主要来源于左侧"Statistics"列表框。其中,系统默认输出的是"平均值"、"个案数"、"标准差",用户可以选择需要输出的统计量,然后单击中间的箭头按钮进入"单元格统计量"。

- "第一层的统计"选项组。

该选项组用于检验第一层自变量对因变量的影响是否显著,主要包括两个复选框:"Anova 表和 eta"复选框,表示对第一层自变量和因变量进行单因素方差分析,然后输出 Anova 表和 Eta 的值;"线性相关度检验"复选框,表示对各组平均数进行线性趋势检验,实际上是因变量的平均值对自变量进行线性回归,并计算该回归的判决系数和相关系数,该检验仅在自变量有 3 个以上层次时才能进行。

设置完成后,单击"继续"按钮,就可以返回到"平均值"对话框;如果只进行系统默认设置,单击"取消"按钮,也可以返回到"平均值"对话框,进行其他设置。

(4) 分析结果输出。

设置完成后,单击"确定"按钮,就可以在 SPSS Statistics 查看器窗口中得到平均值过程的结果。

除可以单击"确定"按钮,输出分析结果外,还可以单击"重置"按钮,重新进行设置;还可以单击"取消"按钮,取消进行平均值过程的操作,返回到 SPSS Statistics 数据编辑器窗口。

5.1.3 案例分析

下面以"5-1"数据文件为例,说明平均值的具体操作过程和对结果的说明解释。

1. 实验数据的描述

"5-1"数据文件为山东省某学校某班学生的高考数学成绩。试用平均值过程比较该班不同性别的学生之间成绩的差异。本数据文件的原始 Excel 数据文件如图 5-4 所示。

编号	性别	高考数学成绩(分数)
1	男	131
2	男	123
3	女	115
4	男	117
5	女	104
6	女	110
7	男	134
8	女	131
9	女	126
10	女	113
11	男	127
12	男	139
13	男	142
14	女	132
15	男	148
16	男	117
17	女	121
18	男	102
19	男	118
20	女	106
21	女	113
22	女	131
23	女	127
24	男	132
25	男	118
26	女	116
27	男	121
28	男	132
29	女	124
30	女	124

图 5-4 "5-1"数据文件的原始数据

在 SPSS 变量视图中建立变量"编号"、"性别"和"高考数学成绩"。我们把编号和性别定义为字符型变量，把高考数学成绩定义为数值型变量，并对变量性别进行值标签操作，用"1"表示"男"，"2"表示"女"，如图 5-5 所示。

图 5-5 "5-1"数据文件的变量视图

然后在 SPSS 活动数据文件的数据视图中，把收集的数据输入到各个变量中。

2. 实验的操作步骤

具体操作步骤如下：

（1）打开"5-1"数据文件，进入 SPSS Statistics 数据编辑器窗口，在菜单栏中选择"分析"|"比较平均值"|"平均值"命令，然后将"高考数学成绩"选入"因变量"，将"性别"选入"自变量列表"。

（2）单击"选项"按钮，选中"平均值"、"个案数"、"标准差"进入"单元格统计"列表框，然后单击"继续"按钮，保存设置结果。

3. 实验结果及分析

单击"确定"按钮，SPSS Statistics 查看器窗口的输出结果如图 5-6 和图 5-7 所示。

图 5-6 给出了平均值过程的个案处理摘要。该表显示了平均值过程中的个案数、已经排除的个案数目及总计的数据和相应的百分比，可以看出共有 32 个样本参加分析，没有缺失值记录。

图 5-7 给出了平均值比较结果报告。该班共有男生 16 人，其高考数学成绩的平均值是 126.88，标准偏差是 11.454；共有女生 16 人，其高考数学成绩的平均值是 119.88，标准偏差是 9.018。本结果说明该班不同性别的学生的高考数学成绩有很大的差异，男生的成绩要明显优于女生。

图 5-6 个案处理摘要

图 5-7 平均值比较报告

5.2 单样本 T 检验

"单样本 T 检验"过程检验单个变量的平均值是否与指定的常数有显著差异。本节将讲解 SPSS 中的"单样本 T 检验"过程及相关操作。

5.2.1 检验方法简介

"单样本 T 检验"过程将单个变量的样本平均值与假定的常数相比较,通过检验得出预先的假设是否正确的结论。例如,检验某班级的某次期末考试数学成绩平均分是否等于去年考试的平均成绩。该检验过程将输出每个检验变量的平均值、标准偏差和平均值的标准误差;每个数据值和假设的检验值之间的平均差、检验此差为 0 的 T 检验,以及此差的置信区间。

另外,"单样本 T 检验"过程一般要求检验假设数据正态分布。但是,此检验对偏离正态性也是相当稳健的。

5.2.2 单一样本 T 检验的参数设置

打开相应的数据文件或者建立一个数据文件后,可以在 SPSS Statistics 数据编辑器窗口进行单样本 T 检验。

(1) 在菜单栏中选择"分析"|"比较平均值"|"单样本 T 检验"命令,打开如图 5-8 所示的"单样本 T 检验"对话框。

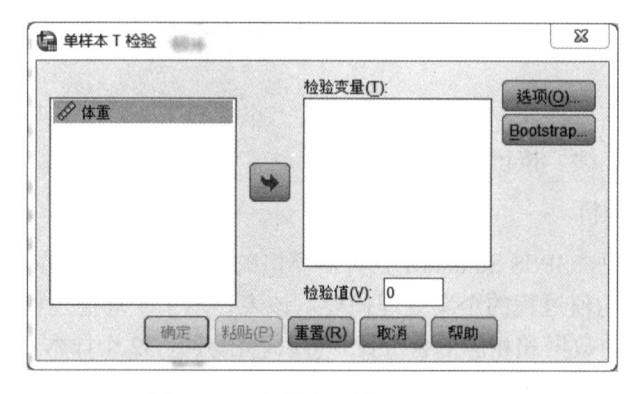

图 5-8 "单样本 T 检验"对话框

(2) 选择变量。

从源变量列表中选择需要检验的变量,然后单击 按钮将选中的变量选入右侧"检验变量"中,可以同时选择多个检验变量。其中,"检验变量"的度量标准为度量变量,数据类型为数值型。

选择"检验变量"完毕之后,如图 5-9 所示。

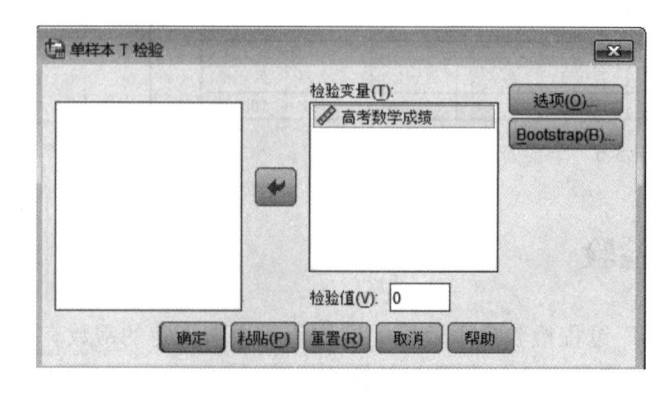

图 5-9 "单样本 T 检验"对话框

（3）进行相应的设置。
- "选项"按钮。

单击右侧"选项"按钮，弹出如图 5-10 所示的"单样本 T 检验：选项"对话框。

图 5-10 "单样本 T 检验：选项"对话框

"单样本 T 检验：选项"对话框主要对置信区间和缺失值进行设置，包括以下内容。

① "置信区间"输入框。

该输入框主要用于指定输出结果中的平均值置信区间，输入范围是 1%～99%，系统默认为 95%。

② "缺失值"选项组。

该选项组主要用于当检验多个变量，有一个或多个变量的数据缺失时，可以指定 T 检验剔除哪些个案，主要含有两个单选按钮："按分析顺序排除个案"，表示每个 T 检验均使用对于检验的变量具有有效数据的全部个案，此时样本大小可能随 T 检验的不同而不同；"按列表排除个案"，表示每个 T 检验只使用对于在任何请求的 T 检验中使用的所有变量都具有有效数据的个案，此时样本大小在各个 T 检验之间恒定。

- "检验值"文本框。

"单样本 T 检验"对话框中的"检验值"文本框用来输入一个假设的检验值，如果要检验一个高中所有男生的平均身高是否与去年全国男高中生的平均身高一致，那么此处应该输入的检验值为去年全国男高中生的平均身高数。

设置完成后，单击"继续"按钮，就可以返回到"单样本 T 检验"对话框；如果只进行系统默认设置，单击"取消"按钮，也可以返回到"单样本 T 检验"对话框，进行其他设置。

（4）结果输出。

设置完成后，单击"确定"按钮，就可以在 SPSS Statistics 查看器窗口得到单样本 T 检验的结果。

除单击"确定"按钮，输出分析结果外，还可以单击"重置"按钮，进行重新设置，也可以单击"取消"按钮，取消单样本 T 检验操作，返回 SPSS Statistics 数据编辑器窗口。

5.2.3 案例分析

下面以"5-2"数据文件为例，说明单样本 T 检验的具体操作过程和对结果的说明解释。

1. 实验数据的描述

"5-2"数据文件中包含近期河南省某高校大一男生体重情况的抽样调查数据。已知 5 年前对大一学生体检时，发现男生的平均体重是 65.6 kg。试用单样本 T 检验方法判断该校大一学生的体重与 5 年前相比是否有显著差异。本数据文件的原始 Excel 数据文件如图 5-11 所示。

在 SPSS 变量视图中建立变量"编号"和"体重",如图 5-12 所示。

编号	体重（kg）
1	59.3
2	61.2
3	63.4
4	65.3
5	70.1
6	78.6
7	81.9
8	74.8
9	65.7
10	65.9
11	71.2
12	75
13	74.8
14	63.8
15	82.4
16	57.9
17	65.1
18	64.9
19	74.2
20	64.2
21	58.9
22	69.4
23	56.8
24	65.8
25	69.9
26	74.7
27	62.8
28	61.9
29	70.8

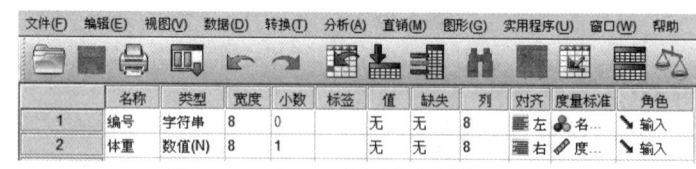

图 5-11 "5-2"数据文件的原始数据

图 5-12 "5-2"数据文件的变量视图

在 SPSS 活动数据文件的数据视图中,把收集的数据输入到各个变量中。

2. 实验的操作步骤

（1）打开"5-2"数据文件,进入 SPSS Statistics 数据编辑器窗口,在菜单栏中选择"分析"|"比较平均值"|"单样本 T 检验"命令,然后将"体重"选入"检验变量",在"检验值"输入框输入 65.6。

（2）单击"选项"按钮,在"置信区间"输入框中输入 95%,然后单击"继续"按钮,保存设置结果。

3. 实验结果及分析

单击"确定"按钮,SPSS Statistics 查看器窗口的输出结果如图 5-13 和图 5-14 所示。

图 5-13 列出了单个样本统计量情况。从该图可以看出,参与统计的样本个数为 50,平均值为 67.328。

单样本统计

	数字	平均值(E)	标准偏差	标准误差平均值
体重	50	67.328	7.3555	1.0402

图 5-13 单个样本统计量

图 5-14 给出了单个样本 T 检验结果。从该图可以看出,t 统计量的值是 1.661,自由度是 49,95%的置信区间是（-0.362,3.818）,临界置信水平为 0.103,远大于 5%。所以说明该校

大一学生的体重与 5 年前相比无显著差别。

单样本检验

	检验值 = 65.6				
	t	自由度	显著性（双尾）	平均差	差值的 95% 置信区间	
					下限	上限
体重	1.661	49	.103	1.7280	-.362	3.818

图 5-14　单个样本 T 检验

5.3　多样本 T 检验

5.3.1　两独立样本 T 检验

"独立样本 T 检验"过程主要用于检验两个样本是否来自具有相同平均值的总体。本节将讲解 SPSS 中的"独立样本 T 检验"过程及相关操作。

"独立样本 T 检验"过程比较两个样本或者两个分组个案的平均值是否相同。如糖尿病病人随机地分配到旧药组和新药组。旧药组病人主要接受原有的药丸，而新药组病人主要接受一种新药。在主体经过一段时间的治疗之后，使用独立样本 T 检验比较两组的平均血压。

此外，个案样本应随机分配到两个组中，从而使两组中的任何差别是源自实验处理而非其他因素。但是很多情况却不然，如比较男性和女性的平均教育年龄就不能应用"独立样本 T 检验"过程，因为性别可能为导致结果出现偏误的混杂因素。

1. 两独立样本 T 检验的参数设置

打开相应的数据文件或者建立一个数据文件后，可在 SPSS Statistics 数据编辑器窗口进行独立样本 T 检验。

（1）在菜单栏中依次单击"分析"|"比较平均值"|"独立样本 T 检验"选项卡，打开如图 5-15 所示的"独立样本 T 检验"对话框。

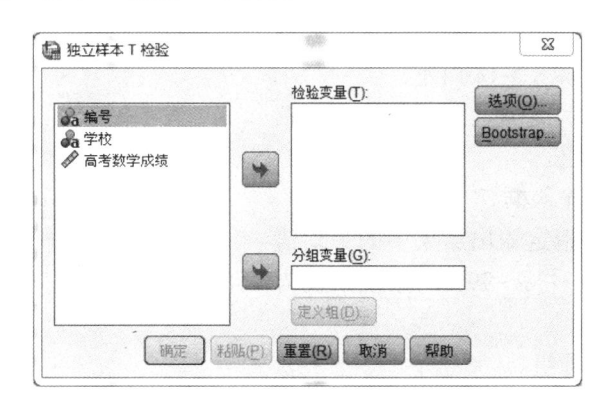

图 5-15　"独立样本 T 检验"对话框

（2）选择变量。

从左侧源变量列表中选择需要检验的变量，然后单击 按钮将选中的变量选入右侧"检验变量"中；从左侧源变量列表中选择分组变量，然后单击 按钮将选中的变量选入右侧"分组变量"中。

- "检验变量"。

该文本框中的变量为要进行 T 检验的目标变量，一般为度量变量，变量属性为数值型。

- "分组变量"。

该文本框中的变量为分组变量，主要用于对检验变量进行分组。分组变量为分类变量，其取值可以为数字，也可以为字符串。一旦指定分组变量后"定义组"按钮就会被激活，该按钮用于对分组变量进行设置。"定义组"对话框中含有两个单选按钮，如果分组变量是名义变量，则利用"使用指定值"单选按钮进行分组设定，对于短字符串分组变量，为"组 1"输入一个字符串，为"组 2"输入另一个字符串，具有其他字符串的个案将从分析中排除。如果分组变量是连续的度量变量，则利用"使用指定值"单选按钮进行分组设定，为"组 1"输入一个值，为"组 2"输入另一个值，具有任何其他值的个案将从分析中排除。若使用"分割点"单选按钮设置分割点，则输入一个将分组变量的值分成两组的数字，值小于分割点的所有个案组成一个组，值大于等于分割点的个案组成另一个组，如图 5-16 所示。

设置完"定义组"后，单击"继续"按钮，返回到"独立样本 T 检验"对话框，如图 5-17 所示。

图 5-16 "定义组"对话框 图 5-17 "独立样本 T 检验"对话框

（3） 进行相应的设置。

单击右侧"选项"按钮，弹出"独立样本 T 检验：选项"对话框，如图 5-18 所示。

"独立样本 T 检验：选项"对话框主要包括一个输入框和一个选项组。

- "置信区间"输入框。

该输入框主要用于指定输出结果中的平均值置信区间，输入范围是 1%～99%，系统默认为 95%。

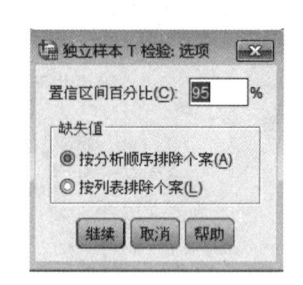

图 5-18 "独立样本 T 检验：选项"对话框

- "缺失值"选项组。

该选项组用于当检验多个变量，有一个或多个变量的数据缺失时，可以指定 T 检验剔除哪些个案，主要含有两个单选按钮："按分析顺序排除个案"，表示每个 T 检验均使用对于检验的变量具有有效数据的全部个案，此时样本大小可能随 T 检验的不同而不同；"按列表排除个案"，表示每个 T 检验只使用对于在任何请求的 T 检验中使用的所有变量都具有有效数据的个案，此时样本大小在各个 T 检验之间恒定。

设置完成后，可以单击“继续”按钮，就可以返回到“独立样本 T 检验”对话框；如果只进行系统默认设置，可以单击“取消”按钮，也可以返回到“独立样本 T 检验”对话框，进行其他设置。

（4） 分析结果输出。

设置完成后，可以单击“确定”按钮，就可以在 SPSS Statistics 查看器窗口得到独立样本 T 检验的结果。

除单击“确定”按钮，输出分析结果外，还可以单击“重置”按钮，进行重新设置，也可以单击“取消”按钮，取消进行独立样本 T 检验的操作，返回到 SPSS Statistics 数据编辑器窗口。

2. 案例分析

下面以“5-3-1”数据文件为例，说明独立样本 T 检验的具体操作过程和对结果的说明解释。

“5-3-1”数据文件记录了甲、乙两所学校各 40 名高三学生的高考数学成绩。试用独立样本 T 检验方法研究两所学校被调查的高三学生的高考数学成绩之间有无明显的差别。本数据文件的原始 Excel 数据文件如图 5-19 所示。

编号	学校	高考数学成绩（分数）
1	甲	131
2	甲	123
3	甲	115
4	甲	117
5	甲	104
6	甲	110
7	甲	134
8	甲	131
9	甲	126
10	甲	113
11	甲	127
12	甲	139
13	甲	142
14	甲	132
15	甲	148
16	甲	117
17	甲	121
18	甲	102
19	甲	118
20	甲	106
21	甲	113
22	甲	131
23	甲	127
24	甲	132
25	甲	118
26	甲	116
27	甲	121
28	甲	132
29	甲	124
30	甲	124

图 5-19 “5-3-1”数据文件的原始数据

在 SPSS 变量视图中建立变量“编号”、“学校”和“高考数学成绩”，如图 5-20 所示。

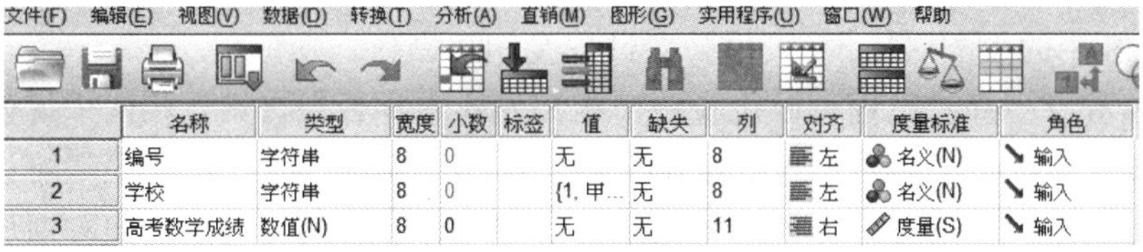

	名称	类型	宽度	小数	标签	值	缺失	列	对齐	度量标准	角色
1	编号	字符串	8	0		无	无	8	左	名义(N)	输入
2	学校	字符串	8	0		{1, 甲…	无	8	左	名义(N)	输入
3	高考数学成绩	数值(N)	8	0		无	无	11	右	度量(S)	输入

图 5-20 “5-1”数据文件的变量视图

在 SPSS 数据视图中，把相关数据输入到各个变量中。注意“学校”变量中“1”表示“甲学校”、“2”表示“乙学校”。

具体操作步骤如下：

（1） 打开“5-3”数据文件，进入 SPSS Statistics 数据编辑器窗口，在菜单栏中依次单击“分析”|“比较平均值”|“独立样本 T 检验”，打开“独立样本 T 检验”对话框。然后将“高考数学成绩”选入“检验变量”，将“学校”选入“分组变量”，单击“定义组”按钮，在“定义组”对话框的“组 1”中输入 1、“组 2”中输入 2，单击“继续”按钮。

（2） 单击“选项”按钮，在“置信区间”输入框中输入 95%，然后单击“继续”按钮，保存设置结果。

单击“确定”按钮，SPSS Statistics 查看器窗口的输出结果如图 5-21 和图 5-22 所示。

	学校	N	均值	标准差	均值的标准误
高考数学成绩	甲	40	119.95	12.249	1.937
	乙	40	132.65	11.263	1.781

图 5-21 组统计量

图 5-21 给出了分组的一些统计量。从该图可以看出参与分析的样本中，甲组的样本容量是 40，样本平均值是 119.95，标准偏差是 12.249，平均值的标准误差是 1.937；乙组的样本容量是 40，样本平均值是 132.65，标准偏差是 11.263，平均值的标准误差是 1.781。

		方差方程的 Levene 检验		均值方程的 t 检验					
								差分的95%置信区间	
		F	Sig.	t	df	Sig.(双侧)	均值差值	标准误差值	下限	上限
高考数学成绩	假设方差相等	.652	.422	-4.827	78	.000	-12.700	2.631	-17.938	-7.462
	假设方差不相等			-4.827	77.456	.000	-12.700	2.631	-17.939	-7.461

图 5-22 独立样本检验

图 5-22 给出了对本实验的独立样本 T 检验的结果。F 统计量的值是 0.652，对应的置信水平是 0.422，说明两样本方差之间不存在显著差别，所以采用的方法是两样本等方差 T 检验。t 统计量的值是-4.827，自由度是 78，95%的置信区间是（-17.938，-7.462），临界置信水平为 0.000，远小于 5%。所以说明两所学校被调查的高三学生的高考数学成绩之间有着明显的差别。

5.3.2 两配对样本 T 检验

"配对样本 T 检验"过程用于检验两个有联系的正态总体的平均值是否有显著差异。本节将讲解 SPSS 中的"配对样本 T 检验"过程及相关操作。

"配对样本 T 检验"过程可以检验两个相关的样本是否来自具有相同平均值的总体或者检验两个有联系的正态总体的平均值是否有显著差异。"配对样本 T 检验"可以检验两种类型的配对样本。第一种是对同一组测试对象进行测试前后的配对比较，如对糖尿病病人的研究中，对同一组病人在使用新治疗方法前测量血液含糖量，在治疗之后再次测量血液含糖量，此时对于该组病人就会形成两组测量数据样本。第二种是对测试对象按照属性相同的两个个体进行配对，然后对配对后的个体分别施加不同的处理，如对糖尿病病人按照体重进行配对（60 岁的两个病人配对，65 岁的两个病人配对，……），然后对配对的病人分别采用不同的治疗方法，这样就会形成两组不同的测量数据。另外，每对的观察值应在相同的条件下得到，得到的平均值差应是正态分布的，而每个变量的方差可以相等也可以不相等。

1. 两配对样本 T 检验的参数设置

打开相应的数据文件或者建立一个数据文件后，可以在 SPSS Statistics 数据编辑器窗口进行配对样本 T 检验。

（1）在菜单栏中依次选择"分析"|"比较平均值"|"配对样本 T 检验"命令，打开如图 5-23 所示的"配对样本 T 检验"对话框。

第 5 章　Means 过程和 T 检验

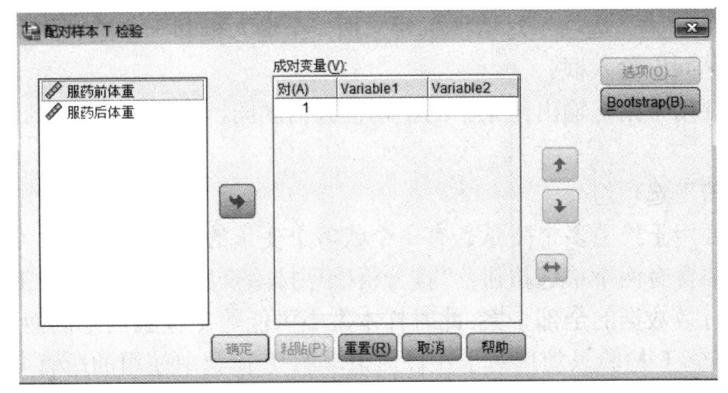

图 5-23　"配对样本 T 检验"对话框

（2）选择变量。

从左侧源变量列表中选择需要检验的成对变量，然后单击箭头按钮将选中的变量选入右侧"成对变量"中，对于每个配对检验指定两个定量变量（定距测量级别或定比测量级别）。对于匹配对或个案控制研究，每个检验主体的响应及其匹配的控制主体的响应必须在数据文件的相同个案中。选定一组成对变量后，可以继续选定下一组要分析的成对变量。

如果选定两组或两组以上的成对变量，可以通过 ↑ 或者 ↓ 按钮进行成对变量之间顺序的调换。另外，可以通过 ↔ 按钮调换成对变量中的两个变量之间的顺序。

选定"成对变量"后，如图 5-24 所示。

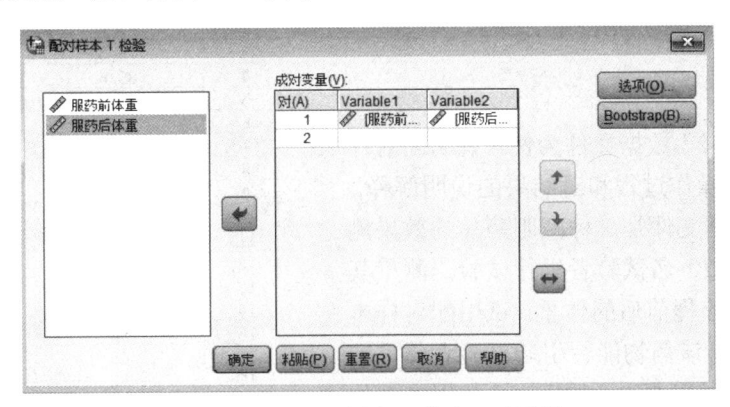

图 5-24　"配对样本 T 检验"对话框

（3）进行相应的设置。

单击右侧"选项"按钮，弹出"配对样本 T 检验：选项"对话框，如图 5-25 所示。

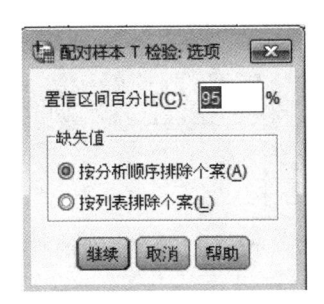

图 5-25　"配对样本 T 检验：选项"对话框

“配对样本 T 检验：选项”对话框主要包括一个输入框和一个选项组。

- “置信区间”输入框。

该输入框主要用于指定输出结果中的平均值置信区间，输入范围是 1%～99%，系统默认为 95%。

- “缺失值”选项组。

该选项组主要用于检验多个变量，有一个或多个变量的数据缺失时，可以指定 T 检验剔除哪些个案，主要含有两个单选按钮：“按分析顺序排除个案”，表示每个 T 检验均使用对于检验的变量具有有效数据的全部个案，此时样本大小可能随 T 检验的不同而不同；“按列表排除个案”，表示每个 T 检验只使用对于在任何请求的 T 检验中使用的所有变量都具有有效数据的个案，此时样本大小在各个 T 检验之间恒定。

设置完成后，单击“继续”按钮，就可以返回到“配对样本 T 检验”对话框；如果只进行系统默认设置，可以单击“取消”按钮，也可以返回到“配对样本 T 检验”对话框，进行其他设置。

（4） 分析结果输出。

设置完成后，单击“确定”按钮，就可以在 SPSS Statistics 查看器窗口得到配对样本 T 检验的结果。

除可以单击“确定”按钮，输出分析结果外，还可以单击“重置”按钮，进行重新设置，也可以单击“取消”按钮，取消进行配对样本 T 检验的操作，返回到 SPSS Statistics 数据编辑器窗口。

2. 案例分析

下面以“5-3-2”数据文件为例，说明配对样本 T 检验的具体操作过程和对结果的说明解释。

“5-3-2”数据文件是一种减肥药品的效果测试。测试抽取了 20 名试验者进行试验，测量其服用该产品一个疗程前后的体重。试用配对样本 T 检验的方法判断该药物能否引起试验者体重的明显变化。本数据文件的原始 Excel 数据文件如图 5-26 所示。

编号	服药前体重（kg）	服药后体重(kg)
1	68.4	67.3
2	67.9	66.9
3	74.3	75.1
4	89.6	82.7
5	76.2	77.9
6	79	75.1
7	90	86.9
8	80	79.9
9	57	60.5
10	69.9	69.5
11	69.8	69.8
12	73.4	75.6
13	76.5	76.9
14	67.9	69.4
15	93	85
16	65	67.4
17	68	70.8
18	84.3	82.4
19	67.4	70.3
20	73.2	70.6

图 5-26 “5-3-2”数据文件的原始数据

在 SPSS 变量视图中建立变量“编号”、“服药前体重”和“服药后体重”，如图 5-27 所示。

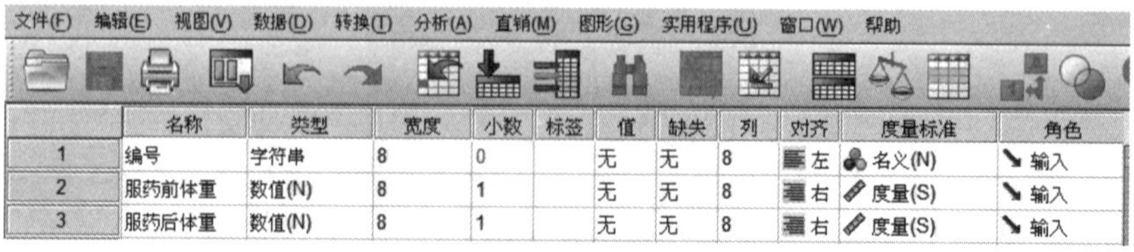

	名称	类型	宽度	小数	标签	值	缺失	列	对齐	度量标准	角色
1	编号	字符串	8	0		无	无	8	左	名义(N)	输入
2	服药前体重	数值(N)	8	1		无	无	8	右	度量(S)	输入
3	服药后体重	数值(N)	8	1		无	无	8	右	度量(S)	输入

图 5-27 “5-3-2”数据文件的变量视图

在 SPSS 数据视图中把相关数据输入到各个变量中。

具体操作步骤如下：

（1）打开"5-3-2"数据文件，进入 SPSS Statistics 数据编辑器窗口，在菜单栏中依次选择"分析"|"比较平均值"|"配对样本 T 检验"，然后将"服药前体重"和"服药后体重"作为一对选入"成对变量"列表框。

（2）单击"选项"按钮，在"置信区间"输入框中输入 95%，然后单击"继续"按钮，保存设置结果。

单击"确定"按钮，SPSS Statistics 查看器窗口的输出结果如图 5-28、图 5-29 和图 5-30 所示。

图 5-28 给出了本实验成对样本的一些统计量。进行服药前体重测量的样本共 20 个，样本平均值是 74.540，标准偏差是 9.2440，平均值的标准误差是 2.0670，进行服药后体重测量的样本共 20 个，样本平均值是 74.000，略有下降，标准偏差是 6.9309，平均值的标准误差是 1.5498。

		均值	N	标准差	均值的标准误
对 1	服药前体重	74.540	20	9.2440	2.0670
	服药后体重	74.000	20	6.9309	1.5498

图 5-28 成对样本统计量表

图 5-29 给出了本实验成对样本的相关系数。从该图可以看出服药前后体重的相关系数很高而且显著性很高。

		N	相关系数	Sig.
对 1	服药前体重 & 服药后体重	20	.964	.000

图 5-29 成对样本相关系数表

图 5-30 给出了本实验成对样本的配对样本 T 检验结果。从该图中可以得到 t 统计量的值是 0.767，95%的置信区间是（-0.9337，2.0137），临界置信水平为 0.453，远大于 5%。所以说明该药物并没有引起试验者体重的明显变化。

		成对差分					t	df	Sig.(双侧)
		均值	标准差	均值的标准误	差分的 95% 置信区间				
					下限	上限			
对 1	服药前体重 - 服药后体重	.5400	3.1488	.7041	-.9337	2.0137	.767	19	.453

图 5-30 成对样本检验表

上机题

1. 试对 5.3.1 节例题中甲、乙两所学校被抽取的高三学生的高考数学成绩做平均值过程分析，研究不同学校的学生之间成绩的差异（数据路径：sample\chap05\上机题\习题 5.1.sav）。

2. 表 5-1 列出了山东省某学校 50 名高二学生的身高数据。试对该数据做单一样本 T 检验，检验其是否与该校全体学生的平均身高 170 cm 有明显的差别（数据路径：sample\chap05\

上机题\习题 5.2.sav）。

表 5-1 山东省某学校 50 名高二学生的身高

编　号	身高（cm）
001	175
002	163
003	156
004	174
005	167
……	……
048	158
049	164
050	163

3. 试对 5.1 节例题中山东省某学校某班学生的高考数学成绩做独立样本 T 检验，研究该班不同性别的学生之间成绩有无明显的差别（数据路径：sample\chap05\上机题\习题 5.3.sav）。

4. 表 5-2 给出了广东省东部和西部主要年份的年降雨量。试用配对样本 T 检验的方法分别判断广东省东部和西部主要年份的年降雨量在（1980—1997 年）和（1998—2003 年）这两个时间段是否发生了显著的变化（数据路径：sample\chap05\上机题\习题 5.4.sav）。

表 5-2 广东省东部和西部主要年份年降雨量（单位：毫米）

年　份	粤　东	粤　西
1980	1369.1	2274.0
1985	1481.3	2411.3
1990	2236.9	1510.2
1995	1512.2	2082.9
1996	1409.0	1222.6
1997	2040.9	2344.3
1998	1593.6	1266.4
1999	1517.4	1392.6
2000	1486.7	1762.7
2001	1947.9	2314.5
2002	1409.7	2263.3
2003	1406.6	1372.4

第 6 章 非参数检验

我们在前几章中提到的参数检验，是在总体的分布形式给定或被假定的前提下，对总体的相关参数进行的估计和检验。由于种种原因，在数据分析过程中，往往无法获得总体分布情况，从而对总体分布形态作简单假定，但又希望能从样本数据中获得尽可能多的信息，于是非参数检验作为一种通过样本检验关于总体的相关假设的方法应运而生。非参数检验由于一般不涉及总体参数而针对总体的某些一般性假设而得名，又称分布自由检验。作为统计分析方法的重要组成部分，非参数检验在统计分析和实际工作中有着极为广泛的应用。

6.1 非参数检验简介

非参数检验是统计分析方法的重要组成部分，它与参数检验共同构成统计推断的基本内容。参数检验的最根本的前提就是关于总体分布形式的假设成立，但很多情况下这一假设并不被满足，无法获得有关总体分布的相关信息。于是统计学家们经过深入的研究，提出了许多不需要对总体分布情况进行严格限定的统计推断方法，这类检验方法的假设前提比参数检验要少得多并且容易满足。由于这些检验方法一般不涉及总体参数，故称为非参数检验。

非参数检验与参数检验相比，具有对样本数据要求较低、检验条件宽松、计算相对简单等诸多优点，所以得到了广泛的应用。SPSS 的非参数检验过程提供了卡方检验、二项检验、两独立样本检验、两配对样本检验、多独立样本检验、多配对样本检验、游程检验和单样本 K-S 检验等 8 种检验方法，本章将依次对各种方法进行详细的介绍。

6.2 卡方检验

卡方检验是一种根据样本数据来推断总体分布与期望分布或某一理论分布是否存在显著差异的检验，通常适用于对有多项分类值的总体分布的分析，是一种吻合性检验。

6.2.1 卡方检验的基本原理

卡方检验的原假设为：样本所属的总体的分布与期望分布或者某一理论分布无显著差异。卡方检验的检验统计量，如公式（6-1）所示。

$$\chi^2 = \sum_{i=1}^{k} \frac{(N_{oi} - N_{ei})^2}{N_{ei}} \tag{6-1}$$

其中 N_{oi} 表示观测频率，N_{ei} 表示理论频率。χ^2 值越小，表示观测频率与理论频率越接近，该 χ^2 统计量在大样本条件下渐进服从于自由度为 $k-1$ 的卡方分布。如果该 χ^2 统计量小于由显著性水平和自由度确定的临界值，则认为样本所属的总体的分布与理论分布无显著差异。

6.2.2 卡方检验的 SPSS 操作

建立或打开相应的数据文件后，可以在 SPSS Statistics 数据编辑器窗口进行卡方检验。

（1）在菜单栏中选择"分析"|"非参数检验"|"旧对话框"|"卡方"命令，打开如图 6-1 所示的"卡方检验"对话框。

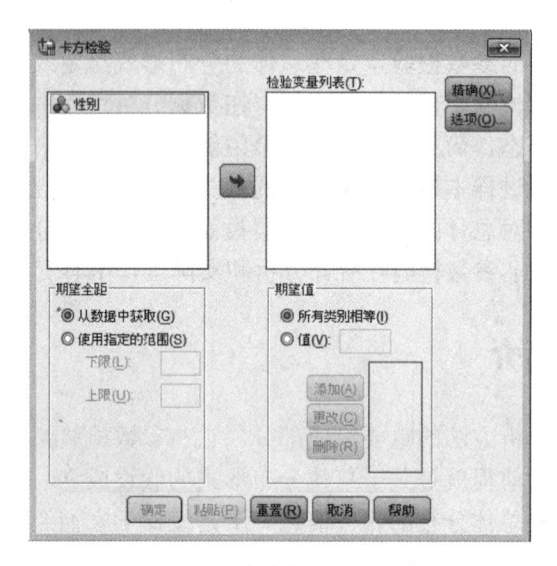

图 6-1 "卡方检验"对话框

（2）选择变量。

从源变量列表中选择要进行卡方检验的变量，单击 按钮使之进入检验变量列表。检验变量可以选择多个，SPSS 会分别对各个变量进行卡方检验。

（3）进行相应的设置。

- "期望全距"选项组。

该选项组用于确定进行卡方检验的数据范围，其包含两个单选按钮："从数据中获取"和"使用指定的范围"。如果选择"从数据中获取"，SPSS 将使用数据中的最大值和最小值作为检验范围；用户也可选择"使用指定的范围"并在"上限"和"下限"输入框中输入设定的范围。

- "期望值"选项组。

该选项组用于设置总体中各分类所占的比例，包括"所用类别相等"和"值"两个单选按钮。系统默认选择"所有类别相等"，即检验总体是否服从均匀分布；用户也可以选择"值"选项并在其后的输入框中输入指定分组的期望概率值。注意：值输入的顺序要与检验变量递增的顺序相同。

- "选项"按钮。

单击"选项"按钮，打开如图 6-2 所示的"卡方检验：选项"对话框。

"卡方检验：选项"对话框包含"Statistics"和"缺失值"两个选项组。

图 6-2 "卡方检验：选项"对话框

① "Statistics" 选项组。

该选项组用于设置输出的统计量，其包含"描述性"和"四分位数"两个复选框，分别用于输出描述性统计量和四分位数。

② "缺失值" 选项组。

该选项组用于设置缺失值的处理方式，其包含两个单选按钮："按检验排除个案"，表示如果指定多个检验，将分别独立计算每个检验中的缺失值；"按列表排除个案"，表示从所有分析中排除任何变量具有缺失值的个案。

- "精确" 按钮。

单击"精确"按钮，打开如图 6-3 所示的"精确检验"对话框。

精确检验用于设置计算显著性水平的方法，其包含 3 个单选按钮。

- "仅渐进法" 单选按钮。

此为 SPSS 默认设置，表示显著性水平的计算基于渐进分布假设。渐进方法要求足够大的样本容量，如果样本容量偏小，该方法将会失效。

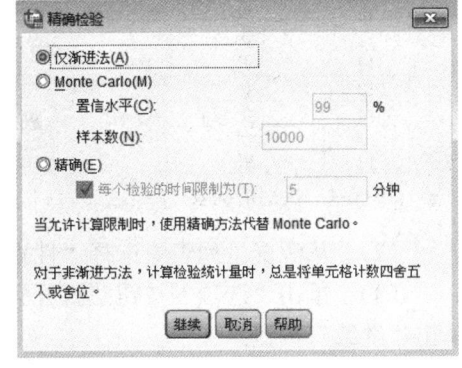

图 6-3 "精确检验"对话框

- "Monte Carlo" 单选按钮。

该选项表示使用 Monte Carlo 模拟方法计算显著性水平。一般应用于不满足渐进分布假设的巨量数据。使用时，在该单选按钮后的输入框中输入相应的置信水平和样本数。

- "精确" 单选按钮。

该方法可以得到精确的显著性水平，但是其缺点是计算量过大。用户可以设置相应的计算时间，如果超过该时间，SPSS 将自动停止计算并输出结果。

（4） 分析结果输出。

设置完成后，单击"确定"按钮，就可以在 SPSS Statistics 结果窗口得到卡方检验的结果。

设置完成后，除可单击"确定"按钮输出分析结果外，也可以单击"重置"按钮，进行重新选择变量，重新设置卡方检验的"选项"，还可以单击"取消"按钮，取消卡方检验操作，返回到 SPSS Statistics 数据编辑器窗口。

6.2.3 实验操作

下面以数据文件"6-1"为例，说明卡方检验的操作。

1. **实验数据描述**

图 6-4 给出了随机抽取的 100 名河南省某地区新死亡老人的性别情况。试用卡方检验方法研究该地区新死亡老人的男女比例是否存在明显的差别。

在用 SPSS 进行分析之前，要把数据录入到 SPSS 中。容易发现本例中有两个变量，分别是编号和性别。把编号定义为字符型变量，把性别定义为数值型变量，并对变量性别进行值标签操作，用"1"表示"男"，"2"表示"女"（如图 6-5 所示），再录入相关数据。

2. **实验操作步骤**

（1） 在菜单栏中依次选择"分析"|"非参数检验"|"旧对话框"|"卡方"命令，打开"卡方检验"对话框。

编号	性别
1	男
2	男
3	男
4	男
5	女
6	女
7	男
8	女
9	女
10	男
11	女
12	男
13	女
14	女
15	女
16	男

图 6-4 性别情况表

图 6-5 案例 6.1 变量设置

（2）从源变量列表中选择"性别"变量，单击 ➡ 按钮使之进入检验变量列表。

（3）单击"选项"按钮，打开"卡方检验：选项"对话框，选择"描述性"复选框，单击"继续"按钮。

（4）单击"确定"按钮，输出检验结果。

3. 实验结果分析

单击"确定"按钮，SPSS Statistics 结果查看器窗口的输出结果如图 6-6、图 6-7 和图 6-8。

描述统计

	数字	平均值	标准偏差	最小值	最大值(X)
性别	100	1.49	.502	1	2

图 6-6 描述性统计量

图 6-6 为"样本数"、"平均值"、"标准偏差"、"极小值"和"极大值"等描述性统计量。

图 6-7 为各种结果的观察数、期望数和残差。

图 6-8 为相关的检验统计量。从表中可以发现：卡方值是 0.040，自由度是 1，渐近显著性水平为 0.841，远大于 5%。所以该地区新死亡老人的男女比例没有明显的差别。

频率

性别

	观测到的 N	预期的 N	残差
男	51	50.0	1.0
女	49	50.0	-1.0
总计	100		

图 6-7 卡方检验频率表

检验统计

	性别
卡方	.040[a]
自由度	1
渐近显著性	.841

a. 0 个单元格 (0.0%) 的期望频率小于 5。最少的期望频率数为 50.0。

图 6-8 检验统计量表

6.3 二项检验

二项检验的基本功能是通过样本的频率分布来推断总体是否服从特定二项分布，它适用于对二分类变量的拟合优度检验。这种检验过程也是通过分析实际的频率与理论的频率之间的差别或者说吻合程度来完成的。

6.3.1 二项检验的基本原理

二项检验的零假设为：样本所属的总体与所指定的某个二项分布无显著差异。二项检验的检验统计量，如公式（6-2）所示。

$$p_1 = \frac{n_1 - np}{\sqrt{np(1-p)}} \qquad (6\text{-}2)$$

其中，n_1 表示第一个类别的样本个数，p 表示指定二项分布中第一个类别个体在总体中所占的比重。统计量在大样本条件下渐进服从于正态分布。如果该统计量小于临界值，则认为样本所属的总体的分布与所指定的某个二项分布无显著差异。

6.3.2 二项检验的 SPSS 操作

建立或打开相应的数据文件后，在 SPSS 中便可以进行二项检验。

（1）在菜单栏中依次选择"分析"|"非参数检验"|"旧对话框"|"二项式"命令，打开如图 6-9 所示的"二项式检验"对话框。

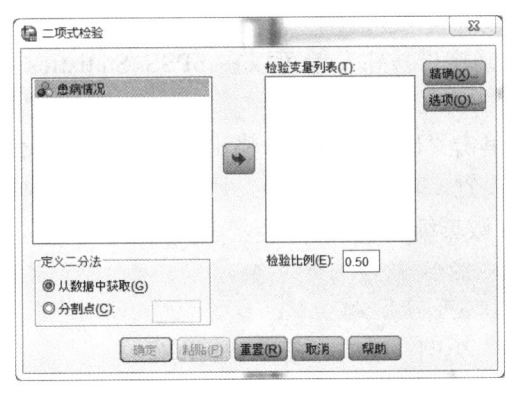

图 6-9 "二项式检验"对话框

（2）选择变量。

从源变量列表中选择要进行卡方检验的变量，单击 ▶ 按钮使之进入检验变量列表。检验变量可以选择多个，SPSS 会分别对各个变量进行二项检验。

（3）进行相应的设置。

- "定义二分法"选项组。

该选项组用于设定将数据分类的方式，系统默认选择"从数据中获取"单选按钮，此种方式适用于按照二分类方式录入的数据；"分割点"单选按钮用于设置分类临界值，大于此值的数据将作为第一组，小于此值的数据将作为第二组。

- "检验比例"输入框。

该输入框用于设置检验概率,系统默认为 0.5,即均匀分布。

- "精确"按钮。

单击"精确"按钮,打开如图 6-10 所示的"精确检验"对话框。

该对话框的内容和设置方式与卡方检验的精确检验对话框相同,读者可以参考 6.2 节的内容,在此不再赘述。

- "选项"按钮。

单击"选项"按钮,打开如图 6-11 所示的"二项式检验:选项"对话框。

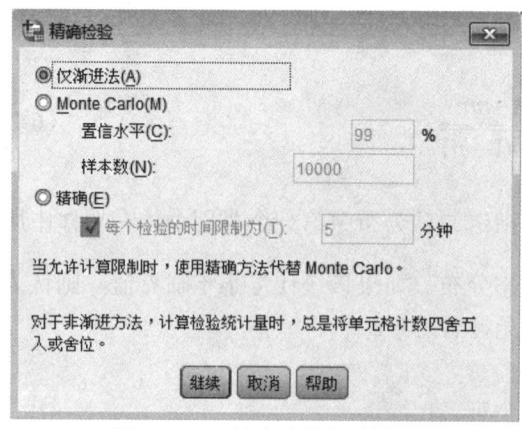

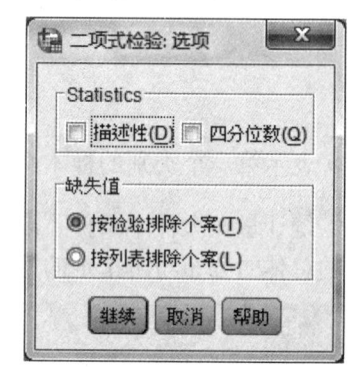

图 6-10 "精确检验"对话框　　　　图 6-11 "二项式检验:选项"对话框

该对话框的内容和设置方式与卡方检验的选项对话框相同,读者可以参考 6.2 节的内容,在此不再赘述。

(4) 分析结果输出。

设置完成后,单击"确定"按钮,就可以在 SPSS Statistics 结果窗口得到二项检验的结果。

设置完成后,除可以单击"确定"按钮,输出分析结果外,还可以单击"重置"按钮,进行重新选择变量,重新设置二项检验的选项,还可以单击"取消"按钮,取消二项检验操作,返回到 SPSS Statistics 数据编辑器窗口。

6.3.3　实验操作

下面以数据文件"6-2"为例,说明二项检验的操作。

1. 实验数据描述

慢性肾脏病正成为需要引起警觉的公共卫生问题。根据我国北京、上海、广州、河南等地区的流行病学调查,20 岁以上成年人慢性肾脏病患病率已达 10%左右。图 6-12 给出了随机抽取的 200 名河南省某地区 20 岁以上成人的慢性肾脏病患病情况。试用二项分布检验方法研究该地区 20 岁以上成人慢性肾脏病患病率是否低于一般概率水平。

在用 SPSS 进行分析之前,我们要把数据录入到 SPSS 中。容易发现本例中有两个变量,分别是编号和患病情况。把编号定义为字符型变量,把患病情况定义为数值型变量,并对变量患病情况进行值标签操作,用"1"表示"患病","0"表示"不患病",具体设置如图 6-13 所示,再录入相关数据。

第6章 非参数检验

编号	患病情况
1	患病
2	不患病
3	不患病
4	不患病
5	不患病
6	患病
7	不患病
8	不患病
9	不患病
10	患病
11	不患病
12	不患病
13	不患病
14	不患病
15	不患病
16	不患病

图 6-12 慢性肾脏病患病情况表

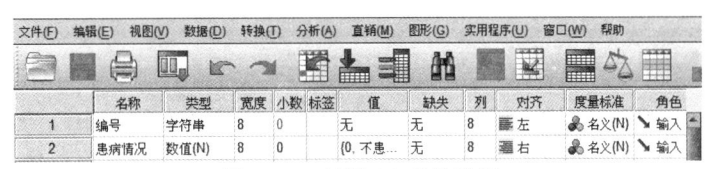

图 6-13 案例 6.2 变量设置

2．实验的操作步骤

实验的具体操作步骤如下：

（1）在菜单栏中依次选择"分析"|"非参数检验"|"旧对话框"|"二项式"命令，打开"二项式检验"对话框。

（2）从源变量列表中选择"患病情况"变量，单击 按钮使之进入检验变量列表。

（3）单击"选项"按钮，打开"二项式检验：选项"对话框，选择"描述性"复选框，单击"继续"按钮。

（4）单击"确定"按钮，输出检验结果。

3．实验结果分析

单击"确定"按钮，SPSS Statistics 结果查看器窗口的输出结果，如图 6-14 和图 6-15 所示。

描述统计

	数字	平均值	标准偏差	最小值	最大值(X)
患病情况	200	.04	.184	0	1

图 6-14 描述性统计量表

图 6-14 给出了"样本数"、"平均值"、"标准偏差"、"极小值"和"极大值"等描述性统计量。

二项式检验

		类别	数字	观测到的比例	检验比例	精确显著性水平（双尾）
患病情况	组 1	患病	7	.04	.50	.000
	组 2	不患病	193	.97		
	总计		200	1.00		

图 6-15 检验统计量表

图 6-15 为相关的检验统计量。从表中可以发现，患病组的样本个数是 7，观测的概率值是 0.0，期望概率值是 0.1，不患病组的样本个数是 193，观测的概率值是 1.0，渐近显著性水平单侧检验结果为 0.000，因此可认为该地区 20 岁以上慢性肾脏病患病率低于一般概

率水平。

6.4 两独立样本检验

两独立样本检验可以判断两个独立的样本是否来自相同分布的总体。这种检验过程是通过分析两个独立样本的均数、中位数、离散趋势、偏度等描述性统计量之间的差异来实现的。

6.4.1 两独立样本检验的基本原理

两独立样本检验主要通过对两个独立样本的集中趋势、离中趋势、偏度等指标进行差异性检验从而分析该两独立样本是否来自于相同分布的总体。SPSS 提供了 Mann-Whitney U 检验法、Kolmogorov-Smirnov Z 双样本检验法、Moses 极限反应检验法和 Wald-Wolfowitz 游程检验法四种方法进行两独立样本检验。

（1）Mann-Whitney U 检验法。

Mann-Whitney U 检验法的思想是检验两个样本的总体在某些位置上是否相同，其基于对平均等级的分析实现推断。其检验思路是，首先对两个样本合并并按升序排列得出每个数据的等级，然后对这两个样本求平均等级并计算第一组样本的每个等级优于第二组样本的每个等级的个数 N_1 和第二组样本的每个等级优于第一组样本的每个等级的个数 N_2。如果平均等级和 N_1、N_2 之间的差距过大，则认为两个样本来自于不同的总体。

（2）Kolmogorov-Smirnov Z 双样本检验法。

Kolmogorov-Smirnov Z 双样本检验法检验思路是，首先对两个样本合并并按升序排列得出每个数据的等级，然后得出样本等级的累积频率与样本点的累积频率的差值序列并计算该序列的 K-S Z 统计量。如果该统计量的伴随概率 P 值小于显著性水平，则认为两个样本的总体分布具有显著性差异。

（3）Moses 极限反应检验法。

Moses 极限反应检验法将一个样本作为实验样本而另一个样本作为控制样本，将两个样本合并按升序排列得出每个数据的等级并计算控制组的跨度（即控制组样本中最大等级和最小等级之间包含的样本个数）。然后，忽略取值极高和极低的各 5%数据后计算截头跨度，如果跨度和截头跨度相差较大，则认为两个样本存在极限反应，其总体分布具有显著性差异。

（4）Wald-Wolfowitz 游程检验法。

Wald-Wolfowitz 游程检验法的思想是检验两个样本是否被随机赋等级。其检验思路是，首先对两个样本合并并按升序排列，然后对样本标志值序列求游程，如果得到的游程数较小，则认为两个样本的总体分布具有显著性差异。

6.4.2 两独立样本检验的 SPSS 操作

建立或打开相应的数据文件后，在 SPSS 中便可以进行两独立样本检验。

（1）在菜单栏中依次选择"分析"|"非参数检验"|"旧对话框"|"2 个独立样本"命令，打开如图 6-16 所示的"两个独立样本检验"对话框。

（2）选择变量。

从源变量列表中选择要进行两独立样本检验的变量，单击 ▶ 按钮使之进入检验变量列表；同时，选择分组变量，单击 ▶ 按钮使之进入分组变量列表。

单击"定义组"按钮，弹出如图6-17所示的"两独立样本：定义组"对话框。

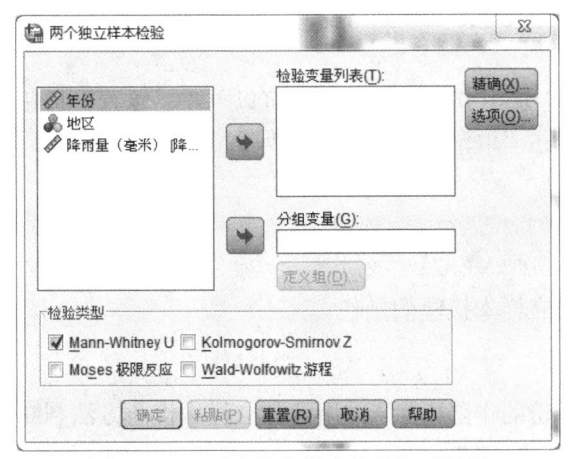

图 6-16 "两个独立样本检验"对话框 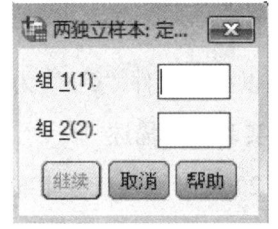　　　图 6-17 "两独立样本：定义组"对话框

该对话框中包含两个输入框："组1"输入框用于输入代表第一组变量的数值，"组2"输入框用于输入代表第二组变量的数值。输入完成后单击"继续"按钮，返回主对话框。

（3）进行相应的设置。

- "检验类型"选项组。

该选项组用于设置所进行的检验：如果选择"Mann-Whitney U"复选框，则使用Mann-Whitney U 方法进行检验；如果选择"Kolmogorov-Smirnov Z"复选框，则使用Kolmogorov-Smirnov Z 双样本检验法进行检验；如果选择"Moses 极限反应"复选框，则使用 Moses 极限反应来进行检验；如果选择"Wald-Wolfowitz 游程"复选框，则使用Wald-Wolfowitz 游程检验法进行检验。

- "精确"按钮。

单击"精确"按钮，弹出如图6-18所示的"精确检验"对话框。

该对话框的内容和设置方式与卡方检验的精确检验对话框相同，读者可以参考 6.2 节的内容，在此不再赘述。

- "选项"按钮。

单击"选项"按钮，弹出如图6-19所示的"两独立样本：选项"对话框。该对话框的内容和设置方式与卡方检验的选项对话框相同，读者可以参考6.2节的内容，在此不再赘述。

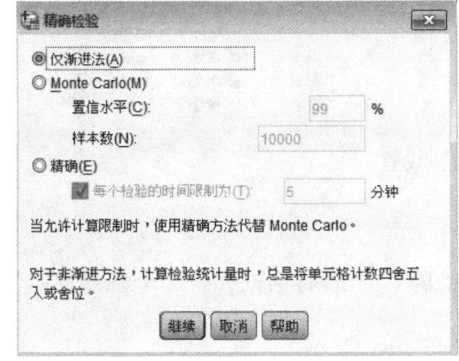

图 6-18 "精确检验"对话框 　　　图 6-19 "两独立样本：选项"对话框

(4) 分析结果输出。

设置完成后,单击"确定"按钮,就可以在 SPSS Statistics 结果窗口得到两独立样本检验的结果。

设置完成后,除可以单击"确定"按钮,输出分析结果外,还可以单击"重置"按钮,重新选择变量,重新设置"选项";也可以单击"取消"按钮,取消两独立样本检验操作,返回到 SPSS Statistics 数据编辑器窗口。

6.4.3 实验操作

下面以数据文件"6-3"为例,说明两独立样本检验的操作。

1. 实验数据描述

图 6-20 列出了广东省北部和中部主要年份的年降雨量。试用两独立样本检验方法判断两个地区的年降雨量是否存在显著差异。

年份	粤北降雨量(mm)	粤中降雨量(mm)
1957	1641.2	1988.5
1962	1735.4	1521.6
1965	1189.4	2332.5
1970	1708.8	1470.4
1975	2120.8	2516.7
1980	1459.4	1492.2
1985	1360.2	1706
1990	1436.6	1239.5
1995	1506.9	1752.4
2000	1565.8	1798.9
2001	1689.8	2678.9
2002	1814.9	1866.7
2003	1388.2	1338.7
2004	1251.8	1636.5
2005	1772.2	1986.2

图 6-20 广东省北部和中部主要年份年降雨量(单位:毫米)

分析前我们把数据录入到 SPSS 中。本例数据中有年份、地区和降雨量三个变量。我们把年份、地区和降雨量都定义为数值型变量,并对变量地区进行值标签操作,用"1"表示"粤北","2"表示"粤中",相应设置见图 6-21,然后录入相关数据。

图 6-21 案例 6.3 变量设置

2. 实验的操作步骤

(1) 在菜单栏中依次选择"分析"|"非参数检验"|"旧对话框"|"2 个独立样本"命令,打开"2 个独立样本检验"对话框。

(2) 从源变量列表中选择"降雨量"变量,单击 按钮使之进入检验变量列表;选择"地区"变量,单击 按钮使之进入分组变量列表;单击"定义组"按钮,弹出"两独立样本：定义组"对话框，输入两组的组标记值。

（3）单击"选项"按钮，打开"两独立样本检验：选项"对话框，选择"描述性"复选框，单击"继续"按钮。

（4）在检验类型选项组中，选择"Mann-Whitney U"、"Moses 极限反应"和"Kolmogorov-Smirnov Z"复选框。

（5）单击"确定"按钮，输出检验结果。

3. 实验结果分析

单击"确定"按钮，SPSS Statistics 结果查看器窗口的输出结果如图 6-22、图 6-23、图 6-24 和图 6-25 所示。

描述统计

	数字	平均值	标准偏差	最小值	最大值(X)
降雨量（毫米）	30	1698.903	360.1885	1189.4	2678.9
地区	30	1.50	.509	1	2

图 6-22 描述性统计量表

检验统计[a]

	降雨量（毫米）
Mann-Whitney U	73.000
Wilcoxon W	193.000
Z	-1.638
渐近显著性（双尾）	.101
精确显著性[2*(单尾显著性)]	.106[b]

a. 分组变量：地区
b. 未修正结。

图 6-23 Mann-Whitney U 检验表

检验统计[a,b]

	降雨量（毫米）
观测到的控制组范围	27
显著性（单尾）	.299
修整后的控制组范围	21
显著性（单尾）	.123
从每个末端修整的界外值	1

a. Moses 检验
b. 分组变量：地区

图 6-24 Moses 极限反应检验法的检验统计量表

检验统计[a]

		降雨量（毫米）
最极端差分	绝对	.333
	正	.333
	负	.000
Kolmogorov-Smirnov Z		.913
渐近显著性（双尾）		.375

a. 分组变量：地区

图 6-25 Kolmogorov-Smirnov Z 双样本检验法的检验统计量

图 6-22 为变量"降雨量"和"地区"的"样本数"、"平均值"、"标准偏差"、"极小值"和"极大值"等描述性统计量。

图 6-23 列出了 Mann-Whitney U 检验相关的检验统计量。渐近显著性为 0.101，大于 0.05。

图 6-24 列出了 Moses 极限反应检验相关的检验统计量。Moses 检验控制组观察跨度是 27，显著性水平为 0.299 大于 0.05，修整的控制组跨度为 21，显著性水平为 0.123 大于 0.05。

图 6-25 为 Kolmogorov-Smirnov Z 双样本检验法的检验统计量。Kolmogorov-Smirnov Z

统计量值为 0.913，渐近显著性水平为 0.375 大于 0.05。

从以上 3 种检验方法结果可知，检验 P 值均大于 0.05，因此两个地区的年降雨量不存在显著差异。

6.5 两配对样本检验

两配对样本的非参数检验是指在总体分布未知的条件下对样本来自的两相关配对总体是否具有显著差异进行的检验，可以判断两个相关的样本是否来自相同分布的总体。

6.5.1 两配对样本检验的基本原理

两配对样本的非参数检验一般用于配对研究对象对给予不同处理或进行处理前后是否具有显著性差异的分析。SPSS 提供了 Wilcomxon 配对符等级检验进行检验、符号检验、McNemar 变化显著性检验和边际齐性检验四种检验方法进行两配对样本的检验。

（1）符号检验。

符号检验是一种利用正、负号的数目对某种假设作出判定的非参数检验方法。符号检验的基本思路是，将第二组样本的每个观测值减去第一个样本的对应观测值，观测所得到的差值的符号；如果差值中正数的个数和负数的个数差距较大，则认为两样本来自的两相关配对总体具有显著差异。

（2）Wilcomxon 配对符等级检验。

Wilcomxon 配对符等级检验是一种扩展的符号检验。其基本思路是，如果两样本来自的两相关配对总体没有显著差异的话，不但差值中正数的个数和负数的个数应大致相等，而且正值和负值的等级和也大致相等。

（3）McNemar 变化显著性检验。

McNemar 变化显著性检验的思想是以其自身为对照，进行二项分布检验。其通过初始的观测比率和事后的观测比率的变化计算二项分布的概率值，McNemar 变化显著性检验要求数据必须为两分类数据。

（4）边际齐性检验。

边际齐性检验是 McNemar 变化显著性检验从两分类数据向多分类数据的推广，其通过卡方分布检验的观测比率和事后的观测比率的变化。

6.5.2 两配对样本检验的 SPSS 操作

建立或打开相应的数据文件后，在 SPSS 中便可以进行两配对样本检验。

（1）在菜单栏中依次选择"分析"|"非参数检验"|"旧对话框"|"2 个相关样本"命令，打开如图 6-26 所示的"两个关联样本检验"对话框。

（2）选择变量。

从源变量列表中选择要进行两独立样本检验的变量，单击 按钮使之进入检验对列表。变量必须成对引入，SPSS 允许引入多对变量，系统会分别进行分析。

（3）进行相应的设置

- "检验类型"选项组。

该选项组用于设置所进行的检验：如果选择"Wilcoxon"复选框，则使用 Wilcoxon 配对符等级检验进行检验;如果选择"符号检验"复选框,则使用符号检验进行检验;如果选择"McNemar"复选框,则使用 McNemar 变化显著性检验进行检验;如果选择"边际同质性"复选框,则使用边际齐性检验进行检验。

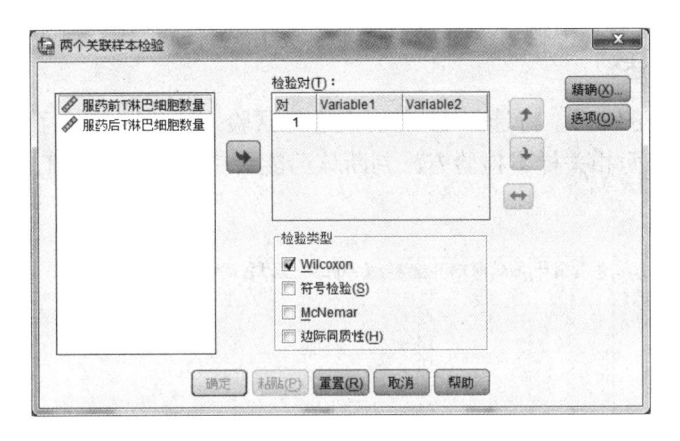

图 6-26 "两个关联样本检验"对话框

- "精确"按钮。

单击"精确"按钮,打开如图 6-27 所示的"精确检验"对话框。

该对话框的内容和设置方式与卡方检验的精确检验对话框相同,读者可以参考 6.2 节的内容,在此不再赘述。

- "选项"按钮。

单击"选项"按钮,打开如图 6-28 所示的"两个相关样本:选项"对话框。

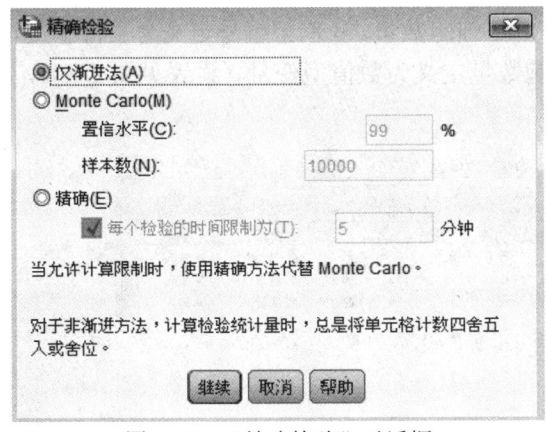

图 6-27 "精确检验"对话框 图 6-28 "两个相关样本:选项"对话框

该对话框的内容和设置方式与卡方检验的选项对话框相同,读者可以参考 6.2 节的内容,在此不再赘述。

(4) 分析结果输出。

设置完成后,单击"确定"按钮,就可以在 SPSS Statistics 结果窗口得到两配对样本检验的结果。

设置完成后,除可单击"确定"按钮,输出分析结果外,还可以单击"重置"按钮,进行重新选择变量,重新设置"选项",也可以单击"取消"按钮,取消两配对样本的操作,返回到 SPSS Statistics 数据编辑器窗口。

6.5.3 实验操作

下面以数据文件“6-4”为例，说明两配对样本检验的操作。

1. 实验数据描述

为分析一种新药的效果，特选择 15 名病人进行试验，图 6-29 给出了试验者服药前后的 T 淋巴细胞数量。试用两相关样本检验方法判断该药能否引起患者体内 T 淋巴细胞数量的显著变化。

患者编号	服药前T淋巴细胞数量（g/L）	服药后T淋巴细胞数量（g/L）
1	11.5	11
2	12.6	12.3
3	13.4	14.1
4	15.2	13.6
5	10.9	11.5
6	14.5	14.6
7	13	12.5
8	12.6	11.4
9	13.1	12.5
10	12.9	13.9
11	14.5	13.6
12	13.8	14.6
13	11	11.6
14	14.5	13.4
15	12.4	13.5

图 6-29 患者服药前后 T 淋巴细胞的数量变化

在用 SPSS 进行分析之前，要把数据录入到 SPSS 中。容易发现，本例中有 3 个变量，分别是编号、服药前 T 淋巴细胞数量和服药后 T 淋巴细胞数量。我们把编号定义为字符型变量，把服药前 T 淋巴细胞数量和服药后 T 淋巴细胞数量定义为数值型变量（设置见图 6-30），再进行数据录入。

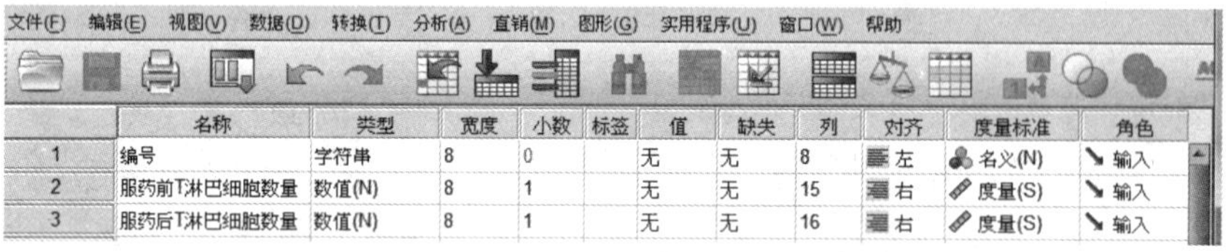

	名称	类型	宽度	小数	标签	值	缺失	列	对齐	度量标准	角色
1	编号	字符串	8	0		无	无	8	左	名义(N)	输入
2	服药前T淋巴细胞数量	数值(N)	8	1		无	无	15	右	度量(S)	输入
3	服药后T淋巴细胞数量	数值(N)	8	1		无	无	16	右	度量(S)	输入

图 6-30 案例 6.4 变量设置

2. 实验的操作步骤

（1） 在菜单栏中依次选择“分析”|“非参数检验”|“旧对话框”|“2 个相关样本”命令，打开“两个关联样本检验”对话框。

（2） 从源变量列表中选择“服药前 T 淋巴细胞数量”和“服药后 T 淋巴细胞数量”变量，单击按钮使之进入检验对列表。

（3） 单击“选项”按钮，打开“两个相关样本：选项”对话框，选择“描述性”复选框，单击“继续”按钮。

（4） 在检验类型选项组中，选择“Wilcomxon”和“符号检验”复选框。

（5） 单击“确定”按钮，输出检验结果。

3. 实验结果分析

单击"确定"按钮,SPSS Statistics 结果查看器窗口的输出结果如图 6-31、图 6-32 和图 6-33 所示。

图 6-31 列出了两个变量的"样本数"、"平均值"、"标准偏差"等描述性统计量。

描述统计

	数字	平均值	标准偏差	最小值	最大值(X)
服药前T淋巴细胞数量	15	13.060	1.3010	10.9	15.2
服药后T淋巴细胞数量	15	12.940	1.1945	11.0	14.6

图 6-31 描述性统计量表

图 6-32 列出了 Wilcomxon 检验相关的检验统计量。Wilcoxon 符号等级检验结果包括两部分:第一部分是等级表,易知共有 15 对变量参与了检验,服药前比服药后大的共有 8 对,平均等级为 8.31,服药前比服药后小的共有 7 对,平均等级为 7.64;第二部分是检验统计量表,Z 值为-0.370,渐近显著性为 0.712,远大于 0.05。

Wilcoxon 带符号等级检验

列组

		数字	等级平均值	等级之和
服药后T淋巴细胞数量 - 服药前T淋巴细胞数量	负秩	8[a]	8.31	66.50
	正秩	7[b]	7.64	53.50
	结	0[c]		
	总计	15		

a. 服药后T淋巴细胞数量 < 服药前T淋巴细胞数量
b. 服药后T淋巴细胞数量 > 服药前T淋巴细胞数量
c. 服药后T淋巴细胞数量 = 服药前T淋巴细胞数量

检验统计[a]

	服药后T淋巴细胞数量 - 服药前T淋巴细胞数量
Z	-.370[b]
渐近显著性(双尾)	.712

a. Wilcoxon 带符号等级检验
b. 基于正秩

图 6-32 Wilcomxon 检验的检验统计量

图 6-33 给出了符号检验相关的检验统计量。符号检验结果也包括两部分:第一部分是频率表,内容类似于 Wilcoxon 带符号等级检验结果中的等级表;第二部分是检验统计量表,精确显著性为 1,远大于 0.05。

符号检验

频率

		数字
服药后T淋巴细胞数量 - 服药前T淋巴细胞数量	负差分[a]	8
	正差分[b]	7
	结[c]	0
	总计	15

a. 服药后T淋巴细胞数量 < 服药前T淋巴细胞数量
b. 服药后T淋巴细胞数量 > 服药前T淋巴细胞数量
c. 服药后T淋巴细胞数量 = 服药前T淋巴细胞数量

检验统计[a]

	服药后T淋巴细胞数量 - 服药前T淋巴细胞数量
精确显著性水平（双尾）	1.000[b]

a. 符号检验
b. 使用了二项分布。

图 6-33　符号检验的检验统计量

从以上两种检验方法得出的结果容易知道，P 值均远大于 0.05，所以该药不能引起患者体内 T 淋巴细胞数量的显著变化。

6.6　多独立样本检验

多独立样本检验用于在总体分布未知的情况下判断多个独立的样本是否来自相同分布的总体。

6.6.1　多独立样本检验的基本原理

多独立样本检验的基本原理与两独立样本相同，两独立样本检验是多独立样本检验的特殊情况。SPSS 提供了 Kruskal-Wallis H 方法、Jonckheere-Terpstra 检验法和推广的中位数检验法 3 种方法进行多独立样本检验。

（1）Kruskal-Wallis H 检验。

Kruskal-Wallis H 检验是 Mann-Whitney U 检验法的扩展，是一种推广的评价值检验。其基本思路是，首先对所有样本合并并按升序排列得出每个数据的等级，然后对各组样本求平均等级。如果平均等级相差很大，则认为两组样本所属的总体有显著差异。

（2）Jonckheere-Terpstra 检验法。

Jonckheere-Terpstra 检验法在总体具有先验的排序的前提下具有较高的检验效率，其检验思路与两独立样本下的 Mann-Whitney U 检验法相似，计算某组样本的每个等级优于其他组样本的每个等级的个数。如果这些数据差距过大，则认为两组样本所属的总体有显著差异。

（3） 推广的中位数检验法。

推广的中位数检验法的基本思路是，首先将所有样本合并并计算中位数，然后计算各组样本中大于或小于这个中位数的样本的个数。如果这些数据差距过大，则认为两组样本所属的总体有显著差异。

6.6.2 多独立样本的 SPSS 操作

建立或打开相应的数据文件后，在 SPSS 中便可以进行多独立样本检验。

（1） 在菜单栏中依次选择"分析"|"非参数检验"|"旧对话框"|"K 个独立样本"命令，打开如图 6-34 所示的"多个独立样本检验"对话框。

（2） 选择变量。

从源变量列表中选择要进行两独立样本检验的变量，单击 ▶ 按钮使之进入检验变量列表；同时，选择分组变量，单击 ▶ 按钮使之进入分组变量列表。

单击"定义范围"按钮，弹出如图 6-35 所示的"多自变量样本：定义范围"对话框。

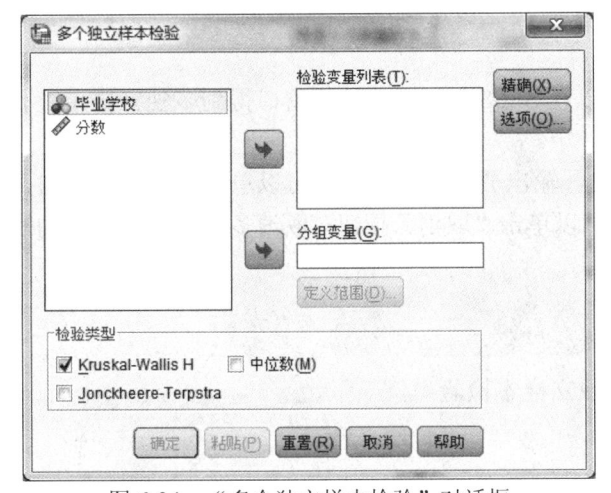

图 6-34 "多个独立样本检验"对话框　　图 6-35 "多自变量样本：定义范围"对话框

该对话框中包含两个输入框："最小值"输入框和"最大"输入框，用于设置分组变量的范围。

（3） 进行相应的设置。

- "检验类型"选项组。

该选项组用于设置所进行的检验：如果选择"Kruskal-Wallis H"复选框，则使用 Kruskal-Wallis H 方法进行检验；如果选择"Jonckheere-Terpstra"复选框，则使用 Jonckheere-Terpstra 检验法进行检验；如果选择"中位数"复选框，则使用推广的中位数检验进行检验。

- "精确"按钮。

单击"精确"按钮，打开如图 6-36 所示的"精确检验"对话框。

该对话框的内容与设置方式与卡方检验的精确检验对话框相同，读者可以参考 6.2 节的内容，在此不再赘述。

- "选项"按钮。

单击"选项"按钮，打开如图 6-37 所示的"多自变量样本：选项"对话框。

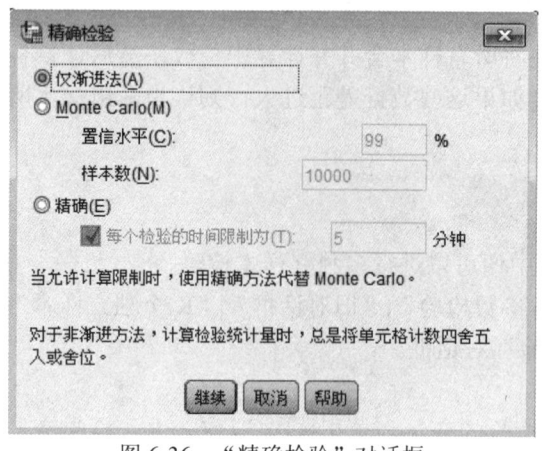

图 6-36 "精确检验"对话框　　　　图 6-37 "多自变量样本：选项"对话框

该对话框的内容和设置方式与卡方检验的选项对话框相同，读者可以参考 6.2 节的内容，在此不再赘述。

（4） 分析结果输出。

设置完成后，单击"确定"按钮，就可以在 SPSS Statistics 结果窗口得到多独立样本检验的结果。

设置完成后，除可以单击"确定"按钮，输出分析结果外，还可以单击"重置"按钮，进行重新选择变量，重新设置"选项"，也可以单击"取消"按钮，取消多独立样本检验的操作，返回到 SPSS Statistics 数据编辑器窗口。

6.6.3 实验操作

下面以数据文件"6-5"为例，说明多独立样本检验的操作。

1. 实验数据描述

某企业新招聘的一批员工毕业于 4 所不同的高校，从而来源于 4 所不同高校的员工构成了 4 个独立的样本。待到试用期结束后，人力资源部领导对这些新员工进行考察打分，结果如图 6-38 所示。试用多独立样本检验方法分析毕业于不同高校的员工在工作上的表现是否有显著的差异。

在用 SPSS 进行分析之前，要把数据录入到 SPSS 中。容易发现本例中有 3 个变量，分别是编号、毕业学校和分数。我们把编号定义为字符型变量，把毕业学校和分数定义为数值型变量，并对变量毕业学校进行值标签操作，用"1"表示"甲高校"，"2"表示"乙高校"，"3"表示"丙高校"，"4"表示"丁高校"，具体设置如图 6-39 所示，再录入相关数据。

编号	毕业学校	考评分数
1	甲高校	20
2	甲高校	29
3	甲高校	39
4	甲高校	38
5	甲高校	29
6	甲高校	20
7	甲高校	15
8	乙高校	67
9	乙高校	69
10	乙高校	72
11	乙高校	75
12	乙高校	76
13	乙高校	69
14	乙高校	79
15	丙高校	58
16	丙高校	48
17	丙高校	50
18	丙高校	49
19	丙高校	36
20	丙高校	50
21	丙高校	42
22	丁高校	87
23	丁高校	79
24	丁高校	94
25	丁高校	91
26	丁高校	89
27	丁高校	85
28	丁高校	77

图 6-38　员工考核成绩

图 6-39 案例 6.5 变量设置

2. 实验的操作步骤

（1）在菜单栏中依次选择"分析"|"非参数检验"|"旧对话框"|"K 个独立样本"命令，打开"多个独立样本检验"对话框。

（2）从源变量列表中选择"分数"变量，单击按钮使之进入检验变量列表；选择"高校"变量，单击按钮使之进入分组变量列表；单击"定义范围"按钮，弹出"多独立样本：定义组"对话框，输入组标记值的取值范围。

（3）单击"选项"按钮，打开"多独立样本检验：选项"对话框，选择"描述性"复选框，单击"继续"按钮。

（4）在检验类型选项组中，选中"Kruskal-Wallis H"复选框。

（5）单击"确定"按钮，输出检验结果。

3. 实验结果分析

单击"确定"按钮，SPSS Statistics 结果查看器窗口的输出结果如图 6-40 和图 6-41 所示。

Kruskal-Wallis 检验

列组

	毕业学校	数字	等级平均值
分数	甲高校	7	4.29
	乙高校	7	18.21
	丙高校	7	10.71
	丁高校	7	24.79
	总计	28	

检验统计[a,b]

	分数
卡方	24.681
自由度	3
渐近显著性	.000

a. Kruskal Wallis 检验
b. 分组变量：毕业学校

描述统计

	数字	平均值	标准偏差	最小值	最大值(X)
分数	28	58.29	23.974	15	94
毕业学校	28	2.50	1.139	1	4

图 6-40 描述性统计量表

图 6-41 Kruskal-Wallis H 检验的检验统计量

图 6-40 给出了两个变量的"样本数"、"平均值"、"标准偏差"、"极小值"和"极大值"等描述性统计量。

图 6-41 给出了 Kruskal-Wallis H 检验相关的检验统计量。Kruskal-Wallis 检验结果包括两部分：第一部分是等级表，易知各组的平均等级分别为 4.29、18.21、10.71、24.79；第二部分是检验统计量表，卡方值为 24.681，自由度为 3，渐近显著性水平为 0.000 远小于 0.05。

所以，毕业于不同高校的员工在工作上的表现有显著的差异。

6.7 多配对样本检验

多配对样本检验用于在总体分布未知的情况下，检验多个相关样本是否来自相同分布的总体。

6.7.1 多配对样本检验的基本原理

多配对样本检验的基本原理与两配对样本相同，两配对样本检验是多配对样本检验的特殊情况。SPSS 提供了 Friedman 双向评等级方差检验、Kendall'W 协同系数检验和 Cochran Q 检验进行多配对样本检验。

（1）Friedman 双向评等级方差检验。

Friedman 双向评等级方差检验与 Kruskal-Wallis H 检验的思路相似，Friedman 双向评等级方差检验还考虑到区组的影响。其首先对所有样本合并并按升序排列，然后求各观测量在各自行中的等级，然后对各组样本求平均等级和等级和。如果平均等级或等级和相差很大，则认为两组样本所属的总体有显著差异。

（2）Kendall'W 协同系数检验。

Kendall'W 协同系数检验的思想是考察多次评价中的排序是否随机。Kendall'W 协同系数反应了各行数据的相关程度。如果其取值接近于 1，则认为评价中的排序不是随机的，即样本来自多个配对总体的分布存在显著差异。

（3）Cochran Q 检验。

Cochran Q 检验用于处理二值数据，Cochran Q 统计量的计算公式如下。

$$Q = \frac{k(k-1)\sum_{j=1}^{k}(N_j - \overline{N})^2}{k\sum_{i=1}^{n}M_i - \sum_{i=1}^{n}M_i^2}$$

其中，N_j 表示第 j 列中取值为 1 的个数，M_i 表示第 i 行中取值为 1 的格式，Q 统计量近似服从于卡方分布。

6.7.2 多配对样本检验的 SPSS 操作

建立或打开相应的数据文件后，在 SPSS 中便可以进行两配对样本检验。

（1）在菜单栏中依次选择"分析"|"非参数检验"|"旧对话框"|"K 个相关样本"命令，打开如图 6-42 所示的"多个关联样本检验"对话框。

（2）选择变量。

从源变量列表中选择要进行两独立样本检验的变量，单击按钮使之进入检验变量列表。

(3) 进行相应的设置。
- "检验类型"选项组。

该选项组用于设置所进行的检验：如果选择"Friedman"复选框，则使用 Friedman 双向评等级方差分析进行检验；如果选择"Kendall's W"复选框，则使用 Kendall'W 协同系数进行检验；如果选择"Cochran's Q"复选框，则使用 Cochran 的 Q 检验进行检验。

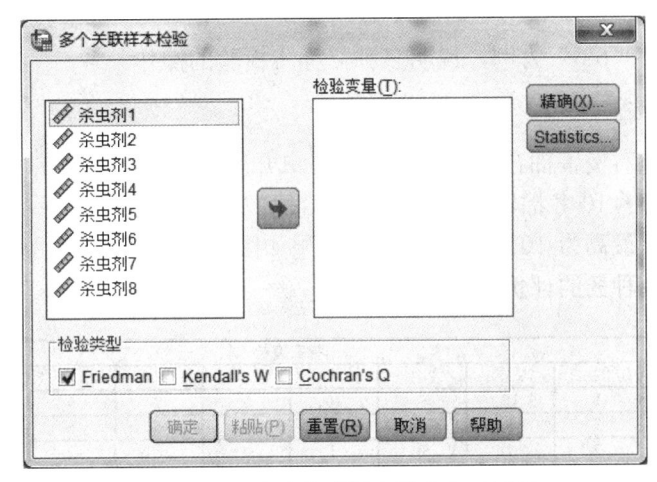

图 6-42 "多个关联样本检验"对话框

- "精确"按钮。

单击"精确"按钮，打开如图 6-43 所示的"精确检验"对话框。

该对话框的内容与设置方式与卡方检验的精确检验对话框相同，读者可以参考 6.2 节的内容，在此不再赘述。

- "Statistics"按钮。

单击"Statistics"按钮，打开如图 6-44 所示的"多个相关样本检验：统计"对话框。

该对话框用于设置是否输出描述性统计量和四分位数。与前几节中不同，多配对样本检验中无需处理缺失值。

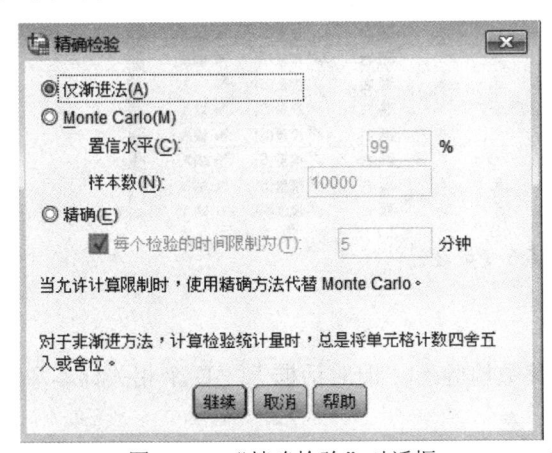

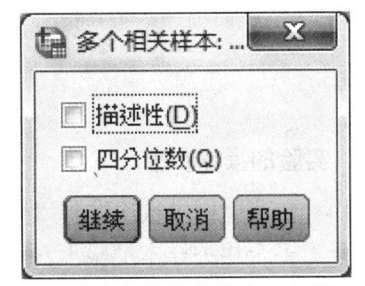

图 6-43 "精确检验"对话框   图 6-44 "多个相关样本检验：选项"对话框

(4) 分析结果输出。

设置完成后，单击"确定"按钮，就可以在 SPSS Statistics 结果窗口得到多配对样本检验的结果。

设置完成后，除可以单击"确定"按钮，输出分析结果外，还可以单击"重置"按钮，重新选择变量，重新设置"选项"，也可以单击"取消"按钮，取消多配对样本的操作，返回 SPSS Statistics 数据编辑器窗口。

6.7.3 实验操作

下面以数据文件"6-6"为例，说明多独立样本检验的操作。

1. **实验数据描述**

某农药制造厂针对侵害棉花生长的一系列害虫开发出了 8 种杀虫剂，为判断哪种农药最为有效，特随机选取了 10 名棉农并把各种药交给他们使用，一段时间后让棉农们对各种药的杀虫效果打分（效果最高为 10，最差为 0），结果如图 6-45 所示。试用多相关样本检验的方法判断棉农们对这 8 种药的评价是否一致。

杀虫剂编号	棉农编号									
	1	2	3	4	5	6	7	8	9	10
1	9	8	10	9	10	8	8	9	10	9
2	7	7	8	9	6	8	6	6	8	9
3	3	2	1	0	5	4	3	2	1	4
4	10	10	9	9	8	10	9	7	8	9
5	8	7	6	6	6	7	7	8	9	7
6	6	6	6	7	7	7	8	5	6	5
7	3	3	2	1	3	4	3	2	1	0
8	5	9	5	7	8	6	8	9	10	4

图 6-45 棉农打分表

首先把数据录入到 SPSS 中。本例中包含 8 个数值型变量，代表 8 种杀虫剂的评分（如图 6-46 所示），然后录入相关数据。

图 6-46 案例 6.6 变量设置

2. **实验的操作步骤。**

（1）在菜单栏中依次选择"分析"|"非参数检验"|"旧对话框"|"K 个相关样本"命令，打开"多个相关样本检验"对话框。

（2）从源变量列表中依次选中"杀虫剂 1"～"杀虫剂 8"变量，单击按钮使之进入检验变量列表。

（3）单击"Statistics"按钮，打开"多独立样本检验：统计"对话框，选择"描述性"

复选框，单击"继续"按钮。

(4) 在"检验类型"选项组中，选择"Friedman（F）"复选框。

(5) 单击"确定"按钮，输出检验结果。

3. 实验结果分析

单击"确定"按钮，SPSS Statistics 结果查看器窗口的输出结果如图 6-47 和图 6-48 所示。

图 6-47 列出了两个变量的"样本数"、"平均值"等描述性统计量。

图 6-48 列出了 Friedman 检验相关的检验统计量。Friedman 检验结果包括两部分：第一部分是等级表，从中可以看到各个杀虫剂的平均等级；第二部分是检验统计量表，卡方值为 53.086，自由度是 7，渐近显著性为 0.000 远小于 0.05。

因此我们得到结论，棉农们对这 8 种药的评价不一致，即不同药的杀虫效果不一样。

描述统计

	数字	平均值	标准偏差	最小值	最大值(X)
杀虫剂1	10	9.00	.816	8	10
杀虫剂2	10	7.40	1.174	6	9
杀虫剂3	10	2.50	1.581	0	5
杀虫剂4	10	8.90	.994	7	10
杀虫剂5	10	7.10	.994	6	9
杀虫剂6	10	6.30	.949	5	8
杀虫剂7	10	2.20	1.229	0	4
杀虫剂8	10	7.10	2.025	4	10

图 6-47 描述性统计量表

Friedman 检验

列组

	等级平均值
杀虫剂1	7.05
杀虫剂2	5.10
杀虫剂3	1.50
杀虫剂4	6.90
杀虫剂5	4.70
杀虫剂6	4.15
杀虫剂7	1.55
杀虫剂8	5.05

检验统计[a]

数字	10
卡方	53.086
自由度	7
渐近显著性	.000

a. Friedman 检验

图 6-48 Friedman 检验的检验统计量

6.8 游程检验

游程检验用于检验样本的随机性和两个总体的分布是否相同。

6.8.1 游程检验简介

游程检验的思路是将连续的相同取值的记录作为一个游程。如果序列是随机序列，那么游程的总数应当不太多也不太少，过多或过少的游程的出现均表示序列中相应的变量值的出现并不是随机的。

6.8.2 游程检验的 SPSS 操作

（1）在菜单栏中依次选择"分析"|"非参数检验"|"旧对话框"|"游程"命令，打开如图 6-49 所示的"游程检验"对话框。

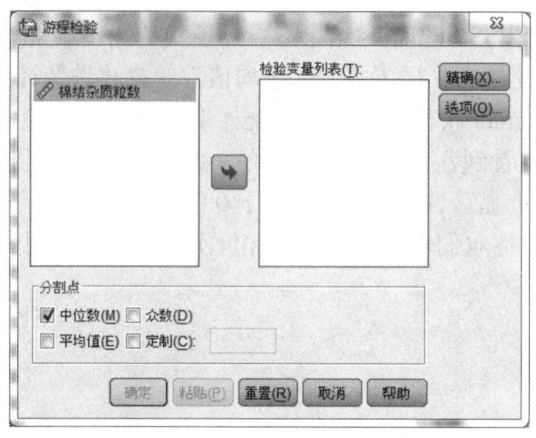

图 6-49 "游程检验"对话框

（2）选择变量。

从源变量列表中选择要进行游程检验的变量，单击 按钮使之进入检验变量列表。

（3）进行相应的设置。

- "分割点"选项组。

该选项组用于设置分类的标准。"中位数"、"众数"和"平均值"3 个单选按钮分别表示使用变量的中位数、众数和平均值作为分类的标准，用户也可以通过"设定"单选按钮和其后的输入框来自定义分类标准。

- "精确"按钮。

单击"精确"按钮，打开如图 6-50 所示的"精确检验"对话框。

该对话框的内容和设置方式与卡方检验的精确检验对话框相同，读者可以参考 6.2 节的内容，在此不再赘述。

- "选项"按钮。

单击"选项"按钮，打开如图 6-51 所示的"游程检验：选项"对话框。

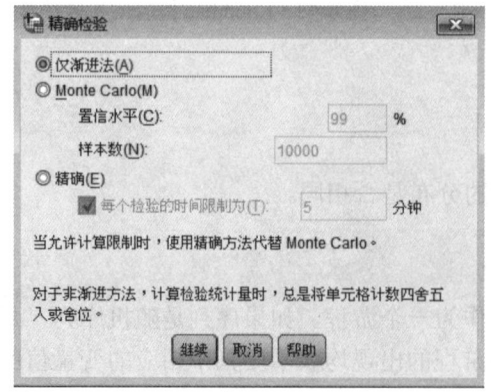

图 6-50 "精确检验"对话框 　　　　图 6-51 "游程检验：选项"对话框

该对话框的内容和设置方式与卡方检验的选项对话框相同，读者可以参考 6.2 节的内容，在此不再赘述。

（4） 分析结果输出。

设置完成后，单击"确定"按钮，就可以在 SPSS Statistics 结果窗口得到游程检验的结果。

设置完成后，除可以单击"确定"按钮，输出分析结果外，还可以单击"重置"按钮，重新选择变量，重新设置"选项"，也可以单击"取消"按钮，取消游程检验操作，返回到 SPSS Statistics 数据编辑器窗口。

6.8.3 实验操作

下面以数据文件"6-7"为例，说明游程检验的操作。

1. 实验数据描述

图 6-52 列出了某纺织厂连续 24 天试得的 28 号梳棉棉条的棉结杂质粒数的数据。试用游程检验方法研究该纺织厂的生产情况是否正常。

首先进行数据录入。本例数据中包含"天数编号"和"棉结杂质粒数"两个变量。我们把天数编号定义为字符型变量，把棉结杂质粒数定义为数值型变量（见图 6-53），然后录入相关数据。

天数编号	棉结杂质粒数（个）
1	71
2	69
3	68
4	75
5	74
6	67
7	70
8	76
9	77
10	69
11	68
12	64
13	70
14	63
15	61
16	69
17	68
18	67

图 6-52 棉结杂质粒数表

图 6-53 案例 6.7 变量设置

2. 实验的操作步骤

（1） 在菜单栏中依次选择"分析"|"非参数检验"|"旧对话框"|"游程"命令，打开"游程检验"对话框。

（2） 从源变量列表中选择"棉结杂质粒数"变量，单击 ▶ 按钮使之进入检验变量列表。

（3） 单击"选项"按钮，打开"游程：选项"对话框，选择"描述性"复选框，单击"继续"按钮。

（4） 在"分割点"选项组中，选择"平均值"复选框。

（5） 单击"确定"按钮，输出检验结果。

3. 实验结果分析

单击"确定"按钮，SPSS Statistics 结果查看器窗口的输出结果，如图 6-54 和图 6-55 所示。

描述统计

	数字	平均值	标准偏差	最小值	最大值(X)
棉结杂质粒数	24	69.33	3.738	61	77

游程检验

	棉结杂质粒数
检验值[a]	69.33
个案数 < 检验值	13
个案数 >= 检验值	11
个案总计	24
运行次数	11
Z	-.596
渐近显著性（双尾）	.551

a. 平均值

图 6-54　描述性统计量表　　　　　图 6-55　检验统计量表

图 6-54 列出了两个变量的"样本数"、"平均值"等简单描述性统计量。

图 6-55 给出了相关的检验统计量。从图中可以看出渐近显著性水平为 0.551 远大于 0.05。所以，接受样本随机性假设，该纺织厂的生产情况正常。

6.9　单样本 K-S 检验

单样本 K-S 检验用于检验样本是否来自特定的理论分布。这种检验过程是通过分析观测的经验累积频率分布与理论累积频率分布的偏离值来实现的。

6.9.1　单样本 K-S 检验简介

单样本 K-S 检验的思路是将样本观察值的分布和设定的理论分布间进行比较，求出它们之间的最大偏离并检验这种偏离是否是偶然的。如果这种偏离是偶然的，则认为样本的观察结果来自所设定的理论分布总体。

6.9.2　单样本 K-S 检验的 SPSS 操作

建立或打开相应的数据文件后，可以在 SPSS Statistics 数据编辑器窗口进行单样本 K-S 检验。

（1）在菜单栏中依次选择"分析"|"非参数检验"|"旧对话框"|"1 样本 K-S"命令，打开如图 6-56 所示的"单样本 Kolmogorov-Smirnov 检验"对话框。

（2）选择变量。

从源变量列表中选择要进行单样本 K-S 检验的变量，单击 按钮使之进入检验变量列表。

图 6-56 "单样本 Kolmogorov-Smirnov 检验"对话框

（3）进行相应的设置。
- "检验分布"选项组。

该选项组用于设置指定检验的分别类型的标准，系统可以检验常规分布、相等分布、泊松分布和指数分布。
- "精确"按钮。

单击"精确"按钮，打开如图 6-57 所示的"精确检验"对话框。

该对话框的内容和设置方式与卡方检验的精确检验对话框相同，读者可以参考 6.2 节的内容，在此不再赘述。
- "选项"按钮。

单击"选项"按钮，打开如图 6-58 所示的"单样本 K-S：选项"对话框。

该对话框的内容和设置方式与卡方检验的选项对话框相同，读者可以参考 6.2 节的内容，在此不再赘述。

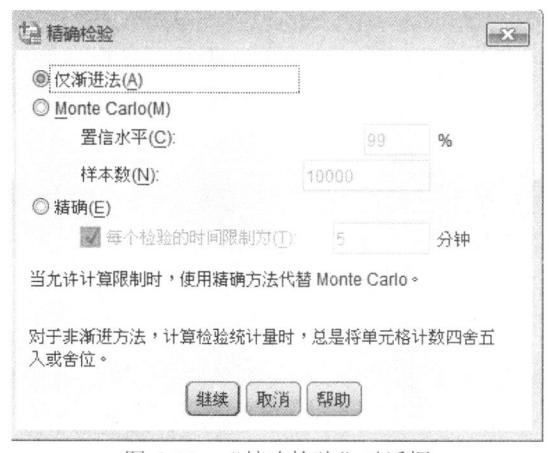

图 6-57 "精确检验"对话框

图 6-58 "单样本 K-S：选项"对话框

（4）分析结果输出。

设置完成后，单击"确定"按钮，就可以在 SPSS Statistics 结果窗口得到单样本 K-S 检验的结果。

设置完成后,除可以单击"确定"按钮,输出分析结果外,还可以单击"重置"按钮,重新选择变量,重新设置"选项",也可以单击"取消"按钮,取消单样本 K-S 检验的操作,返回到 SPSS Statistics 数据编辑器窗口。

6.9.3 实验操作

下面以数据文件"6-8"为例,说明游程检验的操作。

1. 实验数据描述

图 6-59 列出了河南大学某专业 30 名男生的百米速度。试用单样本 K-S 检验方法研究其是否服从正态分布。

编号	速度(m/s)
1	12.9
2	13.1
3	14.3
4	13.9
5	14.6
6	13.9
7	14.5
8	14.3
9	14.3
10	13.3
11	13
12	15
13	14.3
14	14.2
15	13.2
16	12
17	12.8
18	13.4
19	14.2
20	14

图 6-59 百米速度(m/s)

在用 SPSS 进行分析之前,要把数据录入到 SPSS 中。容易发现本例中有两个变量,分别是编号和速度。把编号定义为字符型变量,把速度定义为数值型变量,然后录入相关数据。录入完成后数据如图 6-60 所示。

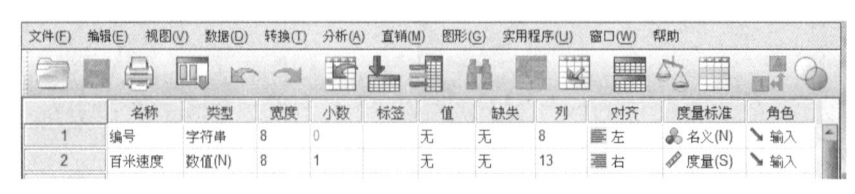

图 6-60 案例 6.8 变量设置

2. 实验的操作步骤

(1) 在菜单栏中依次选择"分析"|"非参数检验"|"旧对话框"|"1 样本 K-S"命令,打开"单样本 Kolmogorov-Smirnov 检验"对话框。

(2) 从源变量列表中选择"百米速度"变量,单击按钮使之进入检验变量列表。

(3) 单击"选项"按钮,打开"单样本 K-S:选项"对话框,选择"描述性"复选框,单击"继续"按钮。

（4）在"检验分布"选项组中，选择"常规"按钮。

（5）单击"确定"按钮，输出检验结果。

3. 实验结果分析

单击"确定"按钮，SPSS Statistics 结果查看器窗口的输出结果，如图 6-61 和图 6-62 所示。

描述统计

	数字	平均值	标准偏差	最小值	最大值(X)
百米速度	30	13.940	.8295	12.0	16.2

图 6-61　描述性统计量表

单样本 Kolmogorov-Smirnov 检验

		百米速度
数字		30
正态参数[a,b]	平均值	13.940
	标准偏差	.8295
最极端差分	绝对	.132
	正	.132
	负	-.081
检验统计		.132
渐近显著性（双尾）		.192[c]

a. 检验分布是正态分布。
b. 根据数据计算。
c. Lilliefors 显著性校正。

图 6-62　检验统计量表

图 6-61 给出了两个变量的"样本数"、"平均值"、"标准偏差"、"极小值"和"极大值"等描述性统计量。

图 6-62 给出了相关的检验统计量。从表中可以看出：最大差分绝对值为 0.132，正的最大差分为 0.132，负的最大差分是-0.081，单样本 K-S 检验 Z 统计量值为 0.132，渐近显著性水平为 0.192 远大于 0.05。

所以，这 30 名男生的百米速度符合正态分布。

上机题

1. 表 6-1 给出了某高校机械学院的 200 名入学新生的性别情况。试用卡方检验方法研究这些新生的男女比例是否存在明显的差别（数据路径：sample\chap06\上机题\习题 6.1.sav）。

表 6-1　入学新生性别情况统计

编号	性别
1	女
2	男
3	男
4	男
……	……
198	男
199	女
200	男

2. 表 6-2 给出了某企业新招聘的 100 名职员的性别情况。试做二项分布检验，判断该企业新招聘的男性职员的比例是否低于 50%（数据路径：sample\chap06\上机题\习题 6.2.sav）。

表 6-2　新职员性别情况统计

编号	性别
1	男
2	男
3	男
4	男
……	……
98	男
99	男
100	女

3. 使用表 6-3 的数据，做两独立样本检验，判断粤东和粤西两个地区的年降雨量是否存在显著差异（数据路径：sample\chap06\上机题\习题 6.3.sav）。

表 6-3　广东省东部和西部主要年份年降雨量（单位：毫米）

年份	粤东年降雨量（mm）	粤西年降雨量（mm）
1957	1860.3	1327.2
1962	1053.4	1377.1
1965	1270.2	1695.2
1970	1267.8	1618.6
1975	1570.0	1683.0
1980	1369.1	2274.0
1985	1481.3	2411.3
1990	2236.9	1510.2
1995	1512.2	2082.9
2000	1486.7	1762.7
2001	1947.9	2314.5
2002	1409.7	2263.3
2003	1406.6	1372.4
2004	1156.3	1068.5
2005	1631.3	1387.3

4. 使用表 6-4 中数据，做两相关样本检验，判断该药物能否引起试验者体重的明显变化（数据路径：sample\chap06\上机题\习题 6.4.sav）。

表6-4 试验者服药前后的体重（kg）

编号	服药前体重（kg）	服药后体重（kg）
001	65.0	67.4
002	68.0	70.8
003	84.3	82.4
004	67.4	70.3
005	73.2	70.6
……	……	……
018	74.3	75.1
019	89.6	82.7
020	76.2	77.9

5. 参加某篮球俱乐部试训的一批球员来自4个不同的国家，从而来源于4个不同国家的球员构成了4个独立的样本。试训期结束后，教练员对这些球员进行考察打分，结果如表6-5所示。试用多独立样本检验方法分析，来自不同国家的球员的表现是否有显著的差异（数据路径：sample\chap06\上机题\习题6.5.sav）。

表6-5 球员考核成绩

A国	20	29	39	38	29	20	15
B国	67	69	72	75	76	69	79
C国	58	48	50	49	36	50	42
D国	87	79	94	91	89	85	77

6. 某饮料制造商刚刚开发出了一系列新口味的饮料，为判断哪种饮料最受消费者的喜爱，特随机选取了10名消费者并把各种饮料交给他们试用，一段时间后让消费者们对各种饮料的喜爱程度打分（最喜欢为10，最不喜欢为0），结果如表6-6所示。试用多相关样本检验的方法判断消费者们对这8种饮料的评价是否一致（数据路径：sample\chap06\上机题\习题6.6.sav）。

表6-6 消费者打分表

饮料编号	消费者编号									
	1	2	3	4	5	6	7	8	9	10
1	9	8	10	9	10	8	8	9	10	9
2	7	7	8	9	6	8	6	6	8	9
3	3	2	1	0	5	4	3	2	1	4
4	10	10	9	9	8	10	9	7	8	9
5	8	7	6	6	6	7	7	8	9	7
6	6	6	6	7	7	7	8	5	6	5
7	3	3	2	1	3	4	3	2	1	0
8	5	9	5	7	8	6	8	5	10	4

7. 表 6-7 给出了某汽车连续 15 天每加仑汽油行驶英里数。试用游程检验方法研究该汽车每加仑汽油行驶英里数是否为随机（数据路径：sample\chap06\上机题\习题 6.7.sav）。

表 6-7　每加仑汽油行驶英里数表

天数编号	每加仑汽油行驶英里数
001	21.3
002	22.9
003	22.5
004	20.1
005	19.1
006	22.4
007	21.4
008	20.6
009	19.5
010	23.1
011	18.4
012	17.5
013	16.0
014	16.9
015	20.5

8. 表 6-8 给出山东省某学校 50 名初三学生的身高。试用单样本 K-S 检验方法研究其是否服从正态分布（数据路径：sample\chap06\上机题\习题 6.8.sav）。

表 6-8　山东省某学校 50 名初三学生的身高

编　　号	身高（cm）
001	176
002	178
003	158
004	164
005	163
……	……
048	156
049	174
050	167

第 7 章 相 关 分 析

相关分析是不考虑变量之间的因果关系而只研究分析变量之间的相关方向以及相关程度的一种统计分析方法，包括简单相关分析、偏相关分析、距离分析等。本章将结合大量实例介绍应用 SPSS 22.0 进行相关分析。

7.1 相关分析的基本原理

现象与现象直接的依存关系，从数量联系上看，可以分为两种不同的类型，即函数关系和相关关系。

函数关系是从数量上反映现象间的严格的依存关系，即当一个或几个变量取一定的值时，另一个变量有确定值与之相对应。相关关系是现象间不严格的依存关系，即各变量之间不存在确定性的关系。在相关关系中，当一个或几个相互联系的变量取一定数值时，与之相对应的另一变量值也相应发生变化，但其关系值不是固定的，往往按照某种规律在一定的范围内变化。

回归方程的确定系数在一定程度上反映了两个变量之间关系的密切程度，并且确定系数的平方根就是相关系数。但确定系数一般是在拟合回归方程之后计算的，如果两个变量间的相关程度不高，拟合回归方程便没有意义，因此相关分析往往在回归分析前进行。

7.1.1 相关关系的分类

现象之间的相关关系按照不同的标志有不同的分类。

（1）按相关的程度划分，现象之间的相关关系可以划分为完全相关、不相关和不完全相关三种。

当一个现象的数量变化完全由另一个现象的数量变化所决定时，称这两种现象间的关系为完全相关；当两个现象彼此互相不影响，其数量变化各自独立时，就成为不相关；当两个现象之间的关系介于完全相关和不相关之间时，就是不完全相关。

完全相关可以以方程的方式呈现，因此，完全相关便转化为一般意义上的函数关系；通常现象都是不完全相关的，这是相关分析的主要研究对象。

（2）按相关的方向划分，现象之间的相关关系可划分为正相关和负相关。

当一个现象的数量由小变大，另一个现象的数量也相应由小变大时，这种相关就成为正相关；反之，则成为负相关。需要注意的是，许多现象的正、负相关的关系仅在一定范围内存在。

（3）按相关的形式划分，现象之间的相关关系可划分为线性相关和非线性相关。

相关关系是一种数量关系上不严格的相互依存关系。当两种相关关系之间的关系大致呈现出线性关系时，则称为线性相关；如果两种相关现象之间近似地表现为一条曲线，则称为非线性相关。

（4）按照影响因素的多少划分，现象之间的相关关系可划分为单相关、复相关和偏相关。

单相关是两个变量间的关系，即一个因变量对一个自变量的相关关系，也叫简相关；复相关是指三个或三个以上变量之间的关系，即一个因变量对两个或两个以上自变量的相关关系，又称多元相关；偏相关是指某一变量与多个变量相关时，假定其他变量不变，其中两个变量的相关关系。

7.1.2 描述相关关系的方法

在统计中，制定相关图或相关表，可以直接判断现象之间大致上呈何种关系的形式，另一种精确描述变量间相关关系的方法是计算变量之间的相关系数。由于相关图和相关表只能感性地反映出变量间的相关关系，本书主要介绍相关系数的计算方法。

对不同类型的变量，相关系数的计算公式也不同。在相关分析中，常用的相关系数主要有 Pearson 简单相关系数、Spearman 等级相关系数和 Kendall 等级相关系数和偏相关系数。Pearson 简单相关系数适用于等间隔测度，而 Spearman 等级相关系数和 Kendall 等级相关系数都是非参测度。一般用 ρ 和 r 分别表示总体相关系数和样本相关系数。

（1）Pearson 简单相关系数。

若随机变量 X、Y 的联合分布是二维正态分布，x_i 和 y_i 分别为 n 次独立观测值，则计算 ρ 和 r 的公式分别定义为公式（7-1）和公式（7-2）。

$$\rho = \frac{E[X-E(X)][Y-E(Y)]}{\sqrt{D(X)}\sqrt{D(Y)}} \tag{7-1}$$

$$r = \frac{\sum_{i=1}^{n}(x_i-\bar{x})(y_i-\bar{y})}{\sqrt{\sum_{i=1}^{n}(x_i-\bar{x})^2}\sqrt{\sum_{i=1}^{n}(y_i-\bar{y})^2}} \tag{7-2}$$

其中，$\bar{x}=\frac{1}{n}\sum_{i=1}^{n}x_i$，$\bar{y}=\frac{1}{n}\sum_{i=1}^{n}y_i$。

可以证明，样本相关系数 r 为总体相关系数 ρ 的最大似然估计量。

简单相关系数 r 的性质：

① $-1 \leq r \leq 1$，r 绝对值越大，表明两个变量之间的相关程度越强。

② 若 $0 < r \leq 1$，表明两个变量之间存在正相关。若 $r=1$，则表明变量间存在着完全正相关的关系。

③ 若 $-1 \leq r < 0$，表明两个变量之间存在负相关。若 $r=-1$，则表明变量间存在着完全负相关的关系。

④ $r=0$，表明两个变量之间无线性相关。

应该注意的是，简单相关系数所反映的并不是任何一种关系，而仅仅是线性关系。另外，相关系数所反映的线性关系并不一定是因果关系。

（2）Spearman 等级相关系数。

等级相关用来考察两个变量中至少有一个为定序变量时的相关系数，例如，学历与收入之间的关系。它的计算公式如式（7-3）所示：

$$r = 1 - \frac{6\sum_{i=1}^{n} d_i^2}{n(n^2-1)} \tag{7-3}$$

式中，d_i 表示 y_i 的等级和 x_i 的等级之差，n 为样本容量。

（3）Kendall 等级相关系数

Kendall 等级相关系数利用变量等级计算一致对数目 U 和非一致对数目 V，采用非参数检验的方法度量定序变量之间的线性相关关系。其计算公式如式（7-4）所示。

$$\tau = (U - V)\frac{2}{n(n-1)} \tag{7-4}$$

7.1.3 关于总体相关系数 ρ 的假设检验

关于总体相关系数 ρ 的假设检验步骤与其他假设检验步骤一致，可以分为以下几步。

（1）提出原假设和备择假设。

$$H_0: \rho = 0$$

$$H_1: \rho \neq 0$$

（2）构造并计算统计量。

根据相关系数的类别不同，使用不同的检验统计量，具体如下。

① Pearson 简单相关系数检验。该相关系数对应的统计量如式（7-5）所示。

$$T = \frac{r\sqrt{n-2}}{1-r^2} \sim t(n-2) \tag{7-5}$$

其中，r 表示 Pearson 简单相关系数值，n 表示样本观测个数。

② Spearman 等级相关系数检验。其小样本情况下对应的统计量如式（7-6）所示：

$$T = \frac{r\sqrt{n-2}}{1-r^2} \sim t(n-2) \tag{7-6}$$

大样本情况下对应的统计量如式（7-7）所示：

$$Z = r\sqrt{n-2} \sim N(0,1) \tag{7-7}$$

其中，r 表示 Spearman 等级相关系数值，n 表示样本观测个数。

③ Kendall 等级相关系数检验。小样本情况下，Kendall 等级相关系数服从 Kendall 分布。大样本情况下它对应的检验统计量如式（7-8）所示：

$$Z = \tau\sqrt{\frac{9n(n-1)}{2(2n+5)}} \sim N(0,1) \tag{7-8}$$

其中，τ 表示 Kendall 等级相关系数值，n 表示样本观测个数。

（3）比较 P 值和显著性水平 a，做出统计决策。

SPSS 软件自动计算得出 P 值，若 P 值小于显著性水平，则拒绝原假设，即认为两个变量之间的相关关系显著；否则，接受原假设，即认为变量之间不存在显著相关性。

7.2 双变量的相关分析

双变量相关分析是最简单也是最常用的一种相关分析方法，其基本功能是研究变量间的线性相关程度并用适当的统计指标表示出来。它通过计算两个之间的相关系数，对两个变量之间是否显著相关作出判断。

7.2.1 双变量相关分析的 SPSS 操作

打开相应的数据文件或者建立一个数据文件后，在 SPSS Statistics 数据编辑器窗口就可以进行相关分析。本节主要介绍双变量相关分析。

（1）在菜单栏中依次选择"分析"|"相关"|"双变量"命令，打开如图 7-1 所示的"双变量相关"对话框。

图 7-1 "双变量相关"对话框

（2）选择变量。

从源变量列表中选择需要相关分析的变量，然后单击箭头按钮将选中的变量选入"变量"列表中。

（3）进行相应的设置。

- "相关系数"选项组。

该选项组提供三种相关系数复选框，分别为 Pearson 复选框、Kendall 的 tau-b(K)复选框和 Spearman 复选框，可以分别计算 Pearson 简单相关系数、Kendall 等级相关系数和 Spearman

等级相关系数。

- "显著性检验"选项组。

它包括双侧检验和单侧检验两个复选框。如果了解变量间是正相关或者负相关,应选择"双侧检验"单选按钮;否则,应选择"单侧检验"单选按钮。

- "标记显著性相关"复选框。

如果选择此复选框,则在输出结果中标出有显著意义的相关系数。

- "选项"按钮。

单击右方的"选项"按钮,打开如图 7-2 所示的"双变量相关性:选项"对话框。

① "Statistics"选项组。

该选项组用于选择输出的统计量。"平均值和标准差"复选框表示计算平均值和标准差,为每个变量显示其平均值和标准差,并且显示具有非缺失值的个案数。"叉积偏差和协方差"复选框表示计算变量叉积偏差和协方差,即为每对变量显示叉积偏差和协方差,偏差的叉积等于校正平均值变量的乘积之和。这是 Pearson 相关系数的分子。协方差是有关两个变量之间关系的一种非标准化度量,等于叉积偏差除以 $N-1$。

图 7-2 "双变量相关性:选项"对话框

② "缺失值"选项组。

该选项组用于选择处理默认值的方法。"按对排除个案"复选框表示在计算某个统计量时,在这一对变量中排除有默认值的观测,为系统默认选项;"按列表排除个案"复选框表示对于任何分析,排除所有含默认值的观测个案。

所有设置结束后,单击"继续"按钮,则可返回主对话框;如果只进行系统默认设置,可以单击"取消"按钮,也可以返回到主对话框,进行其他设置。

(4) 分析结果输出。

设置完成后,单击"确定"按钮,就可以在 SPSS Statistics 查看器窗口得到相关分析的结果。

除单击"确定"按钮,输出分析结果外,还可以单击"重置"按钮重新设置,或者单击"取消"按钮,取消相关分析的操作,返回到 SPSS Statistics 数据编辑器窗口。

7.2.2 实验操作

下面以"7-1"数据文件为例,说明双变量相关分析的具体操作过程和对输出结果的说明解释。

1. 实验数据的描述

"7-1"数据文件记录了郑州市 2006 年市区分月统计的平均温度和日照时数。试据此分析平均温度和日照时数的相关性。

月份	平均气温（摄氏度）	日照时数（小时）
1	0.3	66.2
2	3.9	116.5
3	11.5	230.9
4	17.2	211.7
5	21.9	212.3
6	27.8	236.4
7	27.1	93.8
8	26.1	128.9
9	21.2	108.1
10	19	134.4
11	10.9	157.1
12	3	107.9

图 7-3　数据文件 "7-1" 的原始数据

首先将数据录入到 SPSS 中。本例数据包含月份、平均温度和日照时数三个变量。我们将其都定义为数值型变量（如图 7-4 所示），然后录入相关数据。

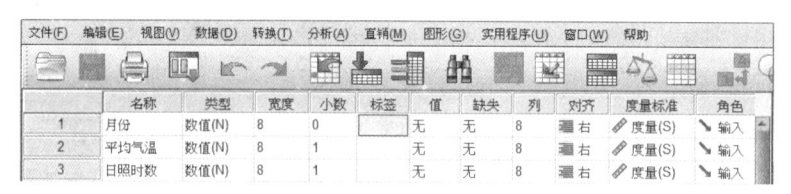

图 7-4　案例 7.1 变量设置

2. 实验的操作步骤

（1）打开 "7-1" 数据文件，进入 SPSS Statistics 数据编辑器窗口，在菜单栏中依次选择 "分析"|"相关"|"双变量" 命令，打开 "双变量相关" 对话框。

（2）将 "平均气温" 和 "日照时数" 选入 "变量" 列表。

（3）单击 "选项" 按钮，打开 "双变量相关性：选项" 对话框。选择 "平均值和标准偏差"、"叉积偏差和协方差" 两个复选框，并选中 "按对排除个案" 单选按钮，然后单击 "继续" 按钮，保存设置结果。

3. 实验结果及分析

在主对话框中单击 "确定" 按钮，SPSS Statistics 查看器窗口的输出结果如图 7-5 和图 7-6 所示。

描述统计

	平均值	标准 偏差	N
平均气温	15.825	9.7447	12
日照时数	150.350	58.2054	12

图 7-5　描述性统计量表

相关性

		平均气温	日照时数
平均气温	Pearson 相关性	1	.357
	显著性（双尾）		.254
	平方与叉积的和	1044.543	2228.305
	协方差	94.958	202.573
	N	12	12
日照时数	Pearson 相关性	.357	1
	显著性（双尾）	.254	
	平方与叉积的和	2228.305	37266.610
	协方差	202.573	3387.874
	N	12	12

图 7-6　相关分析结果表

图 7-5 为描述性统计量的输出表格,包括平均值、标准偏差和观测样本数。

图 7-6 表示相关分析输出结果表,平均气温和日照时数之间的 Pearson 相关系数为 0.357,表示二者之间存在不完全相关且为正相关。两者之间不相关的双侧显著性值为 0.254<0.01,表示在 0.01 的显著性水平上肯定了二者不相关的假设。所以由图 7-6 可以得出结论:郑州市 2006 年平均气温和日照时数之间不存在显著相关关系。

7.3 偏相关分析

相关分析适用于仅包括两个变量的数据分析,当数据文件包括多个变量时,直接对两个变量进行相关分析往往不能真实地反映二者之间的相关关系,此时就需要用到偏相关分析,从中剔除其他变量的线性影响。

7.3.1 偏相关分析的基本原理

偏相关系数也称净相关分析,它是在控制其他变量的线性影响下分析两变量间的线性相关,所采用的工具是偏相关系数。假如有个 g 控制变量,则称为 g 阶偏相关。一般的,假设有 n($n>2$) 个变量 $X_1, X_2, \cdots, X_k$,则任意两个变量 X_i 和 X_j 的 g 阶样本偏相关系数公式如式(7-9)所示:

$$r_{ij \cdot l_1 l_2 \cdots l_g} = \frac{r_{ij \cdot l_1 l_2 \cdots l_{g-1}} - r_{i l_g \cdot l_1 l_2 \cdots l_{g-1}} r_{j l_g \cdot l_1 l_2 \cdots l_{g-1}}}{\sqrt{(1 - r^2_{i l_g \cdot l_1 l_2 \cdots l_{g-1}})(1 - r^2_{j l_g \cdot l_1 l_2 \cdots l_{g-1}})}} \tag{7-9}$$

式中,右边均为 $g-1$ 阶的偏相关系数,其中 l_1,l_2,$\cdots$,l_g 为自然数从 1 到 k 除了 i 和 j 的不同组合。

本节主要研究一阶偏相关。如分析变量 X_1 和 X_2 之间的净相关时,控制 X_3 的线性关系,则 X_1 和 X_2 之间的一阶偏相关系数如式(7-10)所示:

$$r_{123} = \frac{r_{12} - r_{13} r_{23}}{\sqrt{(1 - r^2_{13})(1 - r^2_{23})}} \tag{7-10}$$

其假设检验过程为:
(1) 提出原假设和备择假设。

$$H_0 : \rho = 0$$

$$H_1 : \rho \neq 0$$

(2) 构造并计算统计量。偏相关用到的统计量为 t 统计量,其数学定义如公式(7-11)所示:

$$t = r \sqrt{\frac{n - g - 2}{1 - r^2}} \sim t(n - g - 2) \tag{7-11}$$

式中，r 为偏相关系数，n 为样本数，g 为阶数。

（3）选取恰当的显著性水平，做出统计决策。

SPSS 自动计算给出 P 值，若 P 值小于显著性水平，则拒绝原假设，即认为两个变量之间的偏相关关系显著；否则，接受原假设，即认为两变量之间的偏相关系数与零无显著差异。

7.3.2 偏相关分析的 SPSS 操作

打开相应的数据文件或者建立一个数据文件后，在 SPSS Statistics 数据编辑器窗口中就可以进行偏相关分析。

（1）在菜单栏中依次选择"分析"|"相关"|"偏相关"命令，打开如图 7-7 所示的"偏相关"对话框。

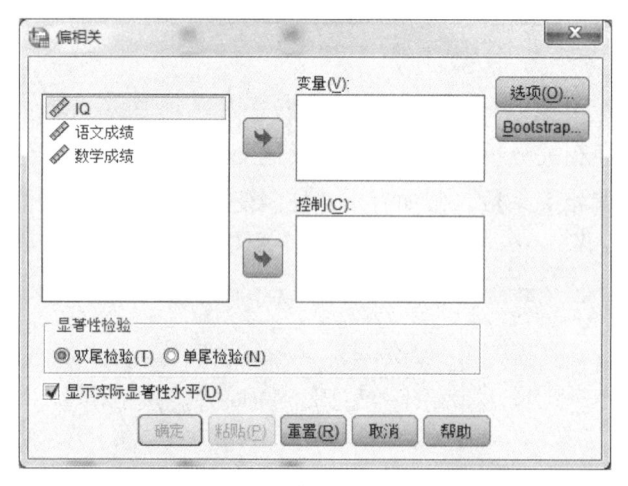

图 7-7 "偏相关"对话框

（2）选择变量。

从源变量列表中选择需要偏相关分析的变量，然后单击箭头按钮 将选中的变量选入"变量"列表框中；从源变量列表中选择控制变量，然后单击箭头按钮 将选中的变量选入"控制"列表框中。

- "变量"列表。

该文本框中的变量是需要进行偏相关分析的，因此，至少应包含两个以上的变量名，当其中变量个数大于等于三个时，输出结果为两两变量间偏相关分析的结果。

- "控制"列表。

该文本框中显示的是应该提出其影响的变量名，如果不选入控制变量，则进行的是简单相关分析。

（3）进行相应的设置。

"偏相关"对话框的设置选项与"双变量分析"对话框的设置选项相同，用户可以参照双变量分析的相关部分自主学习。

设置完成后，单击"继续"按钮，返回到"偏相关"主对话框；如果只进行系统默认设置，单击"取消"按钮，也可以返回到"偏相关"主对话框，进行其他设置。

（4）输出分析结果。

设置完成后，单击"确定"按钮，就可以在 SPSS Statistics 查看器窗口得到偏相关分析的结果。

除单击“确定”按钮，输出分析结果外，还可以单击“重置”按钮重新设置，或者单击“取消”按钮，取消进行偏相关的操作，返回到 SPSS Statistics 数据编辑器窗口。

7.3.3 实验操作

下面以“7-2”数据文件为例，说明偏相关分析的具体操作过程和对结果的说明解释。

1. 实验数据的描述

“7-2”数据文件记录了给出随机抽取的河南省某学校的 19 名学生的 IQ 值、语文成绩和数学成绩。因为语文成绩和数学成绩都受 IQ 的影响，所以试用偏相关分析研究学生语文成绩和数学成绩的相关关系。“7-2”数据文件的 Excel 原始数据文件，如图 7-8 所示。

编号	IQ	语文成绩	数学成绩
1	123	99	98
2	110	88	89
3	115	86	91
4	116	90	91
5	71	67	63
6	62	45	37
7	88	60	61
8	100	86	85
9	120	93	98
10	117	91	90
11	98	82	79
12	60	43	32
13	71	67	63
14	88	60	61
15	115	86	91
16	114	85	94
17	118	87	93
18	121	88	99
19	71	67	63

图 7-8 “7-2”数据文件的原始数据

首先将数据录入至 SPSS 软件中。本例数据中包含 IQ、语文成绩和数学成绩三个变量。我们将其都定义为数值型变量（见图 7-9），然后录入相关数据。

文件(F) 编辑(E) 视图(V) 数据(D) 转换(T) 分析(A) 直销(M) 图形(G) 实用程序(U) 窗口(W) 帮助

	名称	类型	宽度	小数	标签	值	缺失	列	对齐	度量标准	角色
1	IQ	数值(N)	8	0		无	无	8	右	度量(S)	输入
2	语文成绩	数值(N)	8	0		无	无	8	右	度量(S)	输入
3	数学成绩	数值(N)	8	0		无	无	8	右	度量(S)	输入

图 7-9 案例 7.2 变量设置

2. 实验的操作步骤

（1） 打开数据文件“7-2”，进入 SPSS Statistics 数据编辑器窗口，在菜单栏中依次选择“分析” | “相关” | “偏相关”命令，打开“偏相关”对话框。

（2） 将“语文成绩”和“数学成绩”选入“变量”列表框，将“IQ”选入“控制”列表框中。

（3） 单击“选项”按钮，打开“偏相关性：选项”对话框。选择“Statistics”选项组中的“平均值和标准偏差”、“零阶相关系数”两个复选框，并选择“缺失值”选项组中的“按对排除个案"单选按钮，然后单击"继续"按钮返回主对话框，保存设置结果，其他设置使用默认设置。

3. 实验结果及分析

单击"确定"按钮，SPSS Statistics 查看器窗口的输出结果如图 7-10 和图 7-11 所示。

图 7-10 为描述性统计量表，包括语文成绩、数学成绩和 IQ 三个变量的平均值、标准偏差和观测值个数。

图 7-11 为相关性输出表，表格的上半部分表示没有控制变量时三个变量两两间的相关关系。由表可以看出，语文成绩和数学成绩之间的相关系数为 0.979，且其在双侧显著性 0.01 上显著，因此在没有控制变量时语文成绩和数学成绩之间存在显著的正相关性。

图 7-11 的下半部分给出了含控制变量 IQ 时语文成绩和数学成绩之间的偏相关分析结果。由表可以明显看到，在剔除控制变量 IQ 的影响后，语文成绩和数学成绩之间的偏相关系数为 0.858，显著性水平为 0.000，可以认为这些学生语文成绩和数学成绩之间存在显著的正相关性。

描述统计

	平均值	标准 偏差	N
语文成绩	77.37	16.388	19
数学成绩	77.79	20.539	19
IQ	98.84	22.134	19

图 7-10 描述性统计量表

相关性

控制变量			语文成绩	数学成绩	IQ
-无-a	语文成绩	相关性	1.000	.979	.923
		显著性（双侧）	.	.000	.000
		df	0	17	17
	数学成绩	相关性	.979	1.000	.955
		显著性（双侧）	.000	.	.000
		df	17	0	17
	IQ	相关性	.923	.955	1.000
		显著性（双侧）	.000	.000	.
		df	17	17	0
IQ	语文成绩	相关性	1.000	.858	
		显著性（双侧）	.	.000	
		df	0	16	
	数学成绩	相关性	.858	1.000	
		显著性（双侧）	.000	.	
		df	16	0	

a. 单元格包含零阶 (Pearson) 相关。

图 7-11 相关性输出表

7.4 距离分析

偏相关分析通过控制一些被认为次要变量的影响得到两个变量间的实际相关系数，但实际问题中，变量可能会多到无法一一关心的地步，每个变量都携带了一定的信息，但彼此又有所重叠，此时最直接的方法就是将所有变量按照一定的标准进行分类，即聚类分析。本节介绍的距离分析便可为聚类分析提供这一标准。

7.4.1 距离分析的基本原理

距离是对观测量之间或变量之间的相似或不相似程度的一种测度，通过计算一对观测量或变量间的广义距离，将距离较小的变量或观测量归为同类，距离较大的变量或观测量归为其他类别，从而为聚类分析、因子分析等复杂数据集的分析打下基础。

与距离分析相关的统计量分为非相似性测度和相似性测度两大类。

（1）非相似性测度。

非相似性测度主要通过分析变量间的不相似程度对变量进行分类，包括以下内容。

定距数据。包括欧氏距离、平方 Euclidean 距离、Chebychev、块、Minkowski 或定制等方法。

计数数据。包括卡方测量和 phi 平方测量两种测度方法。

二分类数据。包括欧氏距离、平方 Euclidean 距离、刻度差分、模式差分、方差、形状或 Lance 和 Williams 等测度方法。

相似性测度方法。与非相似性测度相反，相似性测度通过计算变量之间的相似系数从而将变量进行分类，主要包括以下内容。

定距数据。包括 Pearson 相关和余弦两种测度方法。

二分类数据。包括 Russell 和 Rao、简单匹配、Jaccard、切块、Rogers 和 Tanimoto、Sokal 和 Sneath 1、Sokal 和 Sneath 2、Sokal 和 Sneath 3、Kulczynski 1、Kulczynski 2、Sokal 和 Sneath 4、Hamann、Lambda、Anderberg 的 D、Yule 的 Y、Yule 的 Q、Ochiai、Sokal 和 Sneath 5、phi 4 点相关或离差等 20 余种测度方法。

相似性测度及非相似性测度方法的详细介绍在第 8 章。SPSS 软件可以用来进行距离分析，距离分析不会给出常用的 P 值，而只是给出各变量间的距离大小，由用户自行判断其相似的程度。

7.4.2 距离分析的 SPSS 操作

打开相应的数据文件或者建立一个数据文件后，在 SPSS Statistics 数据编辑器窗口就可以进行偏相关分析。

（1）在菜单栏中依次选择"分析"|"相关"|"距离"命令，打开"距离"对话框，如图 7-12 所示。

（2）选择变量。

从源变量列表中选择需要距离分析的变量，然后单击箭头按钮 将选中的变量选入"变量"列表框或者"标注个案"中。

● "变量"列表框。

该列表框用于选入用于距离分析的变量名，至少包含两个变量名，可以为连续变量或分类变量。

● "标注个案"列表框。

该列表框用于选入个案标示变量，只有在"计算距离"选项组中选择"个案间"单选按钮时，此选项框才可使用。

图 7-12 "距离"对话框

(3) 进行简单设置。

- "计算距离"选项组。

该选项组包括"个案间"和"变量间"两个单选按钮,若选择,则分别表示输出结果是个案间或者变量间的距离分析值。

- "测量"选项组。

该选项组包括"非相似性"和"相似性"两个单选按钮和"测量"按钮。关于非相似性测度和相似性测度的详细设置,下面将单独进行详细介绍。

(4) 非相似性测度的详细设置。

若选择"非相似性"单选按钮,表示所用测度方法为非相似性测度。此时可以单击"度量"按钮,弹出"距离:非相似性度量"对话框继续进行设置,如图 7-13 所示。

- "测量"选项组。

该选项组用于选择度量标准,根据数据类型分为区间、计数和二分类 3 种。各单选按钮的详细介绍如表 7-1 所示。

图 7-13 "距离:非相似性度量"对话框

表 7-1 "度量标准"选项组内容

度量标准	测度方法	含义及介绍
区间	Euclidean 距离	各项值之间平方差之和的平方根,这是定距数据的默认选项
	平方 Euclidean 距离	各项值之间平方差之和
	Chebychev	各项值之间的最大绝对差
	块	各项值之间绝对差之和,又称为 Manhattan 距离
	Minkowski	各项值之间 p 次幂绝对差之和的 p 次根。选择此项还需要在"幂"和"根"下拉列表中选择 p 值和 r 值,其取值范围均在 1~4 间
	定制	各项值之间 p 次幂绝对差之和的 r 次根。选择此项还需要在"幂"和"根"下拉列表中选择 p 值和 r 值,其取值范围均在 1~4 间
计数	卡方统计量测量	此度量基于对两组频率等同性的卡方检验,是计数数据的默认值
	phi 平方统计量测量	此度量等于由组合频率的平方根标准化的卡方测量
二分类	欧氏距离	根据四重表计算 SQRT($b+c$) 得到,其中 b 和 c 代表对应于在一项上存在但在另一项上不存在的个案的对角单元
	平方 Euclidean 距离	计算非协调的个案的数目。它的最小值为 0,没有上限
	刻度差分	非对称性指数,其范围为 0 到 1
	模式差分	用于二分类数据的非相似性测量,其范围为 0 到 1。根据四重表计算 $bc/(n×2)$ 得到,其中 b 和 c 代表对应于在一项上存在但在另一项上不存在的个案的对角单元,n 为观察值的总数
	方差	根据四重表计算 $(b+c)/4n$ 得到,其中 b 和 c 代表对应于在一项上存在但在另一项上不存在的个案的对角单元,n 为观察值的总数。其范围为 0 到 1
	形状	此距离测量的范围为 0 到 1,它对不匹配项的非对称性加以惩罚
	Lance 和 Williams	又称为 Bray-Curtis 非量度系数,根据四重表计算 $(b+c)/(2a+b+c)$ 得到,其中 a 代表对应于两项上都存在的个案的单元,b 和 c 代表对应于在一项上存在但在另一项上不存在的个案的对角单元。此度量的范围为 0 到 1

第 7 章 相关分析

此外,若选择"二分类"单选按钮,用户可以更改"存在"和"不存在"字段以指定可指示某个特征存在或不存在的值,存在的默认值为 1,不存在的默认值为 0。该过程将忽略所有其他值。

- "转换值"子设置栏。

在此设置计算距离之前对观测量或变量进行标准化的方法,但是对二元变量不能进行标准化。其标准化下拉列表中除"无"外,可选的标准化方法如表 7-2 所示。

表 7-2 标准化方法及其介绍

标准化方法	含义及其他
Z 得分	将值标准化到平均值为 0 且标准偏差为 1 的 z 得分
范围-1 到 1	要进行标准化的项的每个值均除以值范围
范围 0 到 1	该过程从要进行标准化的每个项中抽取最小值,然后除以范围
1 的最大量级	该过程将要进行标准化的项的每个值除以这些值中的最大值
1 的平均值	该过程将要进行标准化的项的每个值除以这些值的平均值
使标准差为 1	该过程将要进行标准化的变量或个案的每个值除以这些值的标准偏差

除"无"外,以上各种标准化方法均需指定标准化的对象。若选择"按照变量"复选框,则表示对变量进行标准化;若选择"按照个案"复选框,则表示对每个观测量进行标准化。

- "转换度量"选项组。

在此设置对距离测度的结果进行转换的方法,可用的选项有绝对值、更改符号和重新调整到 0~1 范围。有的符号可以表示相关性的方向,当仅对相关性的大小感兴趣时,则可选择"绝对值"复选框;若选择"更改符号"复选框,则表示改变距离的符号,如此可以把非相似性测度转换成相似性测度,反之亦然;若选择"重新标度到 0~1 全距"复选框,则表示转换后的取值范围是 0~1,对已经在"转换值"栏进行相关设置后的测度一般不再使用此方法。

(5) 相似性测度的详细设置。

"测量"选项组包括"相似性"复选框,表示所用测度方法为相似性测度。如果选择此复选框,可以单击"度量"按钮,将弹出如图 7-14 所示的"距离:相似性测量"对话框继续进行设置。

"距离:相似性度量"对话框与"距离:非相似性测量"对话框大体相似,仅在度量标准中有所差别,"距离:相似性测量"对话框中没有"计数"复选框。"区间"及"二分类"复选框中"度量"下拉列表也稍有不同。具体介绍如下。

图 7-14 "距离:相似性测量"对话框

- "度量标准"选项组。

该选项组用于选择测度类型,根据数据类型分为区间和二分类两种,详细内容如表 7-3 所示。

表 7-3 "度量标准"选项组内容及介绍

度量标准	测度方法	含义及其他
区间	Pearson 相关性	表示两个值矢量之间的积矩相关性,是定距数据的默认相似性测量
	余弦	表示两个值矢量之间角度的余弦
二分类	Russel 和 Rao	内积的二分类版本,对匹配项和不匹配项给予相等的权重,这是二分类相似性数据的默认度量
	简单匹配	这是匹配项与值总数的比率,对匹配项和不匹配项给予相等的权重
	Jaccard	在此指数中,不考虑联合不存在项,对匹配项和不匹配项给予相等的权重,又称为相似率
	骰子	在此指数中,不考虑联合不存在项,对匹配项则给予双倍权重,又称 Czekanowski 或 Sorensen 度量
	Rogers 和 Tanimoto	在此指数中,对不匹配项给予双倍权重
	Sokal 和 Sneath 1	在此指数中,对匹配项给予双倍权重
	Sokal 和 Sneath 2	在此指数中,对不匹配项给予双倍权重,不考虑联合不存在项
	Sokal 和 Sneath 3	这是匹配项与不匹配项的比率,此指数有下限 0,无上限。理论上,当没有不匹配项时,此指数就未定义,然而,"距离"在未定义该值或该值大于 9999.999 时会指定随意值 9999.999
	Kulczynski 1	这是联合存在项与所有不匹配项的比率,此指数有下限 0,无上限。理论上,当没有不匹配项时,此指数就未定义,然而,"距离"在未定义该值或该值大于 9999.999 时会指定随意值 9999.999
	Kulczynski 2	此指数基于特征在一个项中存在的情况下也在另一个项中存在的条件概率。将充当另一个项的预测变量的各个项的各个值进行平均,以计算此值
	Sokal 和 Sneath 4	此指数基于一个项中的特征与另一个项中的值比匹配的条件概率。将充当另一个项的预测变量的各个项的各个值进行平均,以计算此值
	Hamann	此指数为匹配数减去不匹配数,再除以总项数。其范围为-1 到 1
	Lambda	此指数为 Goodman 和 Kruskal 的 lambda。通过使用一个项来预测另一个项(双向预测),从而与误差降低比例(PRE)相对应。值范围为 0 到 1
	Anderberg 的 D	类似于 lambda,此指数通过使用一个项来预测另一个项(双向预测),从而与实际误差降低相对应。值范围为 0 到 1
	Yule 的 Y	此指数为 2×2 表的交比函数,独立于边际总计,其范围为-1 到 1,又称为捆绑系数
	Yule 的 Q	此指数为 Goodman 和 Kruskal 的 gamma 的特殊情况。它是一个交比函数,独立于边际总计,其范围为-1 到 1
	Ochiai	此指数是余弦相似性测量的二分类形式,其范围为 0 到 1
	Sokal 和 Sneath 5	此指数是正匹配和负匹配的条件概率的几何平均数的平方。它独立于项目编码,其范围为 0 到 1
	phi 4 点相关	此指数是 Pearson 相关系数的二分类模拟,其范围为-1 到 1
	离散程度	此指数的范围为-1 到 1

此外,用户可以更改"存在"和"不存在"字段以指定可指示某个特征存在或不存在的值,存在的默认值为 1,不存在的默认值为 0,该过程将忽略所有其他值。

- "转换值"和"转换度量"选项组。

两个子设置栏与"距离:非相似性度量"对话框中的相关设置一致,在此不再赘述。

7.4.3 实验操作

下面以数据文件“7-3”为例，说明距离分析的操作过程及对输出结果的解释说明。

1. 实验数据描述

数据文件“7-3”给出了北京、天津和石家庄 2008 年各月的平均气温情况。试用距离分析方法研究这 3 个地区月平均气温的相似程度。该数据文件的原始 Excel 数据如图 7-15 所示。

月份	北京气温（摄氏度）	天津气温（摄氏度）	石家庄气温（摄氏度）
1	-3	-3.6	-2
2	0.6	-0.7	2.5
3	9.1	8.6	10.6
4	15.8	15.8	16.3
5	20.3	20.8	22.2
6	23.4	23.4	24.4
7	27.2	27	27.5
8	26	26.5	26.1
9	21	21.5	21.4
10	14.5	14.7	16
11	6.3	6.4	8
12	-1	-1.3	1.6

图 7-15 “7-3”数据文件的原始数据

首先将数据录入 SPSS 软件。本例中设置 4 个数值型变量，分别是月份、北京、天津和石家庄（见图 7-16），然后录入相关数据。

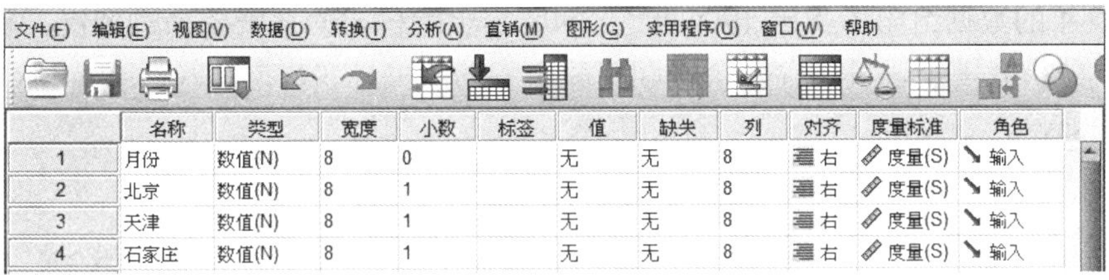

	名称	类型	宽度	小数	标签	值	缺失	列	对齐	度量标准	角色
1	月份	数值(N)	8	0		无	无	8	右	度量(S)	输入
2	北京	数值(N)	8	1		无	无	8	右	度量(S)	输入
3	天津	数值(N)	8	1		无	无	8	右	度量(S)	输入
4	石家庄	数值(N)	8	1		无	无	8	右	度量(S)	输入

图 7-16 案例 7.3 变量设置

2. 实验的操作步骤

（1） 打开“7-3”数据文件，进入 SPSS Statistics 数据编辑器窗口，在菜单栏中依次选择“分析”|“相关”|“距离”命令，打开“距离”主对话框。

（2） 选中所有变量，单击箭头按钮将变量“北京”、“天津”和“石家庄”选入右侧“变量”列表框；分别选择“变量间”单选按钮和“相似性”单选按钮。

（3） 其他设置均选择默认值。

3. 实验结果及分析

单击“确定”按钮，SPSS Statistics 查看器窗口的输出结果如图 7-17 和图 7-18 所示。

图 7-17 给出了距离分析个案处理摘要表，该表格给出了数据使用的基本情况，主要是对有无缺失值的统计信息，由结果可以明显看出“7-3”数据文件共有 31 个个案，各个省市的数据均完整，没有缺失值的存在。

个案处理摘要

	个案				
有效		缺失		总计	
数字	百分比	数字	百分比	数字	百分比
12	100.0%	0	0.0%	12	100.0%

图 7-17　距离分析个案处理摘要

图 7-18 给出的是各变量之间的相似矩阵，由矩阵表可以看出各变量间的相关系数极高，说明各城市的平均气温之间的相关性很高。

近似值矩阵

	值 的向量之间的相关性		
	北京	天津	石家庄
北京	1.000	.999	.998
天津	.999	1.000	.998
石家庄	.998	.998	1.000

这是相似性矩阵

图 7-18　距离分析近似矩阵

上机题

1. 表 7-4 的数据给出了我国 1996 年至 2008 年金融机构的存贷款余额情况，试做双变量相关分析，分析我国金融机构存款余额和贷款余额的相关性（数据路径：sample\chap07\上机题\习题 7.1.sav）。

表 7-4　我国金融机构存贷款余额（1996—2008）

年　份	金融机构存款余额（亿元）	金融机构贷款余额（亿元）
1996	68595.6	61156.6
1997	82392.8	74914.1
1998	95697.9	86524.1
1999	108778.9	93734.3
2000	123804.4	99371.1
2001	143617.2	112314.7
2002	170917.4	131293.9
2003	208055.6	158996.2
2004	241424.3	178197.8
2005	287163	194690.4
2006	335459.8	225347.2
2007	389371.2	261690.9
2008	466203.3	303394.6

2. 表 7-5 给出了我国 1996 年至 2008 年城镇居民家庭人均可支配收入和农村居民家庭人均纯收入的相关数据。因为城镇居民家庭人均可支配收入和农村居民家庭人均纯收入都受 GDP 的影响，所以试用偏相关分析研究我国城镇居民家庭人均可支配收入和农村居民家庭人均纯收入的相关关系（数据路径：sample\chap07\上机题\习题 7.2.sav）。

表 7-5　我国 GDP 与城乡居民人均收入情况（1996—2008）

年　份	城镇居民家庭人均可支配收入（元）	农村居民家庭人均纯收入（元）	GDP（亿元）
1996	4838.9	1926.1	71176.6
1997	5160.3	2090.1	78973
1998	5425.1	2162	84402.3
1999	5854	2210.3	89677.1
2000	6280	2253.4	99214.6
2001	6859.6	2366.4	109655.2
2002	7702.8	2475.6	120332.7
2003	8472.2	2622.2	135822.8
2004	9421.6	2936.4	159878.3
2005	10493	3254.9	183217.5
2006	11759.5	3587	211923.5
2007	13785.8	4140.4	257305.6
2008	15780.8	4760.6	300670

3. 表 7-6 给出了广东省 1995 年到 2005 年 3 个地区的年降雨量情况。试用距离分析方法研究这 3 个地区年降雨量的相似程度（数据路径：sample\chap07\上机题\习题 7.3.sav）。

表 7-6　广东省三地区年降雨量统计（1995—2005）

年　份	粤北（毫米）	粤东北（毫米）	粤西北（毫米）
1995	1506.9	1171.0	1766.4
1996	1633.1	1361.5	1693.1
1997	2045.3	1847.5	1815.3
1998	1862.3	1458.2	1737.5
1999	1314.3	1033.8	1318.7
2000	1565.8	1850.9	1318.2
2001	1689.8	1560.3	1889.2
2002	1814.9	1110.3	1480.9
2003	1388.2	1415.2	1251.8
2004	1156.3	1251.8	1034.7
2005	1772.2	1647.3	1905.2

第8章 方差分析

前面章节介绍的统计推断的方法，虽然所涉及的对象不同，但归纳起来都可视为两个平均数间的差异显著性检验。但这些方法并不适用于多个平均数间的差异显著性检验，此时我们可以采用方差分析法。方差分析法就是将所要处理的观测值作为一个整体，按照变异的不同来源把观测值总变异的平方和以及自由度分解为两个或多个部分，获得不同变异来源的均方与误差均方；通过比较不同变异来源的均方与误差均方，判断各样本所属总体方差是否相等。方差分析主要包括单因素方差分析、多因素方差分析、多变量方差分析和协方差分析等。方差分析在经济学、管理学、医学、心理学和生物学等方面具有广泛的应用，SPSS也提供了强大的方差分析功能，本章将介绍几种常用的方差分析的SPSS实现过程。

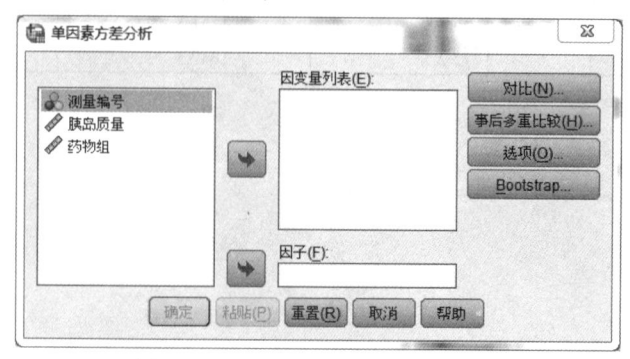

8.1 单因素方差分析

单因素方差分析用于分析单一控制变量影响下的多组样本的平均值是否存在显著性差异。

8.1.1 单因素方差分析的简介

单因素方差分析也称为一维方差分析，用于分析单个控制因素取不同水平时因变量的平均值是否存在显著差异。单因素方差分析基于各观测量来自于相互独立的正态样本和控制变量不同水平的分组之间的方差相等的假设。单因素方差分析将所有的方差划分为可以由该因素解释的系统性偏差部分和无法由该因素解释的随机性偏差，如果系统性偏差显著地超过随机性偏差，则认为该控制因素取不同水平时因变量的平均值存在显著差异。

8.1.2 单因素方差分析的参数设置

打开相应的数据文件或者建立一个数据文件后，在SPSS Statistics数据编辑器窗口就可以进行单因素方差分析。

（1）在菜单栏中依次选择"分析"|"比较平均值"|"单因素 ANOVA"命令，打开如图8-1所示的"单因素方差分析"对话框。

图8-1 "单因素方差分析"对话框

(2) 选择变量。

从源变量列表中选择需要进行方差分析的因变量,然后单击 按钮将选中的变量选入"因变量列表"中;从源变量列表中选择因子变量,然后单击 按钮将选中的变量选入"因子"列表中。

- "因变量列表"。

该列表框中的变量为要进行方差分析的目标变量,又称为因变量,且因变量一般为度量变量,类型为数值型。如要比较两种教学方法下学生的数学成绩是否一致,则数学成绩变量就是因变量,教学方法就是因子变量。

- "因子"列表框。

该列表框中的变量为因子变量,主要用来分组。自变量为分类变量,其取值可以为数字,也可以为字符串。因子变量值应为整数,并且为有限个类别。

选择好"因变量列表"、"因子"的变量后的对话框如图 8-2 所示。

(3) 进行相应的设置。

- "对比"按钮。

单击"对比"按钮,弹出如图 8-3 所示的"单因素 ANOVA:对比"对话框。

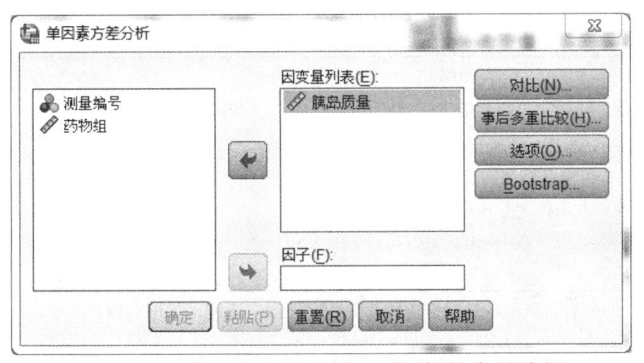

图 8-2 "单因素方差分析"对话框的变量选择　　图 8-3 "单因素 ANOVA:对比"对话框

① "多项式"复选框。

该复选框用于对组间平方和划分成趋势成分,或者指定先验对比,按因子顺序进行趋势分析。一旦用户选中"多项式"复选框,则"度"下拉列表框就会被激活,然后就可以对趋势分析进行指定多项式的形式,如"线性"、"二次项"、"立方"、"四次项"和"五次项"。

② "系数"输入框。

该输入框主要用于对组间平均数进行比较设定,即指定的用 t 统计量检验的先验对比。为因子变量的每个组(类别)输入一个系数,每次输入后单击"添加"按钮。每个新值都添加到系数列表的底部。要指定其他对比组,则单击"下一张"按钮。用"下一张"按钮和"上一张"按钮在各组对比间移动。系数的顺序很重要,因为该顺序与因子变量的类别值的升序相对应。列表中的第一个系数与因子变量的最低值相对应,而最后一个系数与最高值相对应。

- "事后多重比较"按钮。

单击"事后多重比较"按钮,弹出如图 8-4 所示的"单因素 ANOVA:事后多重比较"对话框。

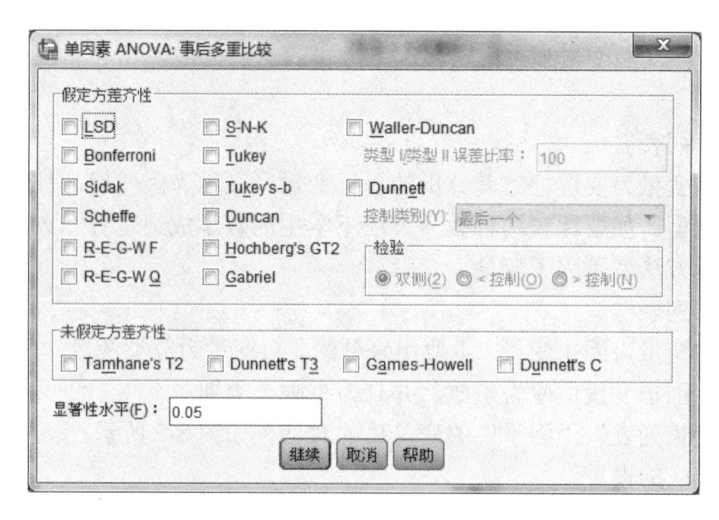

图 8-4 "单因素 ANOVA：事后多重比较"对话框

① "假定方差齐性"选项组。

该选项组用于在假定方差齐性下两两范围检验和成对多重比较，主要含有 14 种检验方法，如表 8-1 所示。

表 8-1 假定方差齐性下两两范围检验的检验方法

选项	方法简介
LSD	最小显著性差异法，主要使用 T 检验对组平均值之间的所有成对比较，检验敏感度较高，对多个比较的误差率不做调整
Bonferroni	修正 LSD 方法，同样是使用 T 检验在组平均值之间执行成对比较，但通过将每次检验的错误率设置为实验性质的错误率除以检验总数来控制总体误差率
Sidak	基于 t 统计量的成对多重比较检验，可以调整多重比较的显著性水平，相对于修正 LSD 方法可以提供更严格的数值边界
Scheffe	使用 F 取样分布，为平均值的所有可能的成对组合进行并发的联合成对比较，可用来检查组平均值的所有可能的线性组合，而非仅限于成对组合，但该方法敏感度不高
R-E-G-W F	基于 F 检验的 Ryan-Einot-Gabriel-Welsch 多步进过程
R-E-G-W Q	基于 T 极差的 Ryan-Einot-Gabriel-Welsch 多步进过程
S-N-K	使用 T 范围分布在平均值之间进行所有成对比较，同时使用步进式过程比较具有相同样本大小的同类子集内的平均值对。平均值按从高到低排序，首先检验极端的差分值
Tukey	使用 T 范围统计量进行组间所有成对比较，并将实验误差率设置为所有成对比较的集合的误差率
Tukey's b	使用 T 范围分布在组之间进行成对比较
Duncan	用与 Student-Newman-Keuls 检验所使用的完全一样的逐步顺序成对比较，但为单个检验的错误率设置保护水平
Gabriel	使用学生化最大模数的成对比较检验，并且当单元格大小不相等时，它通常比 Hochberg's GT2 更为强大，但当单元大小变化过大时，Gabriel 检验可能会变得随意
Hochberg's GT2	使用学生化最大模数的多重比较和范围检验，与 Tukey's 真实显著性差异检验相似
Waller-Duncan	基于 t 统计的多比较检验，使用 Bayesian 方法，需要在输入框中指定类型 1 与类型 2 的误差比
Dunnett	将一组处理与单个控制平均值进行比较的成对多重比较 T 检验，在"检验"中选择检验方法："双侧"检验任何水平（除了控制类别外）的因子的平均值是否不等于控制类别的平均值，"<控制"检验任何水平的因子的平均值是否小于控制类别的平均值；">控制"检验任何水平的因子的平均值是否大于控制类别的平均值

这 14 种假定方差齐性下的两两范围检验和成对多重比较检验方法中，比较常用的是"Bonferroni"、"Tukey"和"Scheffe"方法。

- "未假定方差齐性"选项组。

该选项组用于在没有假定方差齐性下两两范围检验和成对多重比较，主要含有 4 个复选框："Tamhane's T2"，选择该复选框表示输出基于 T 检验的保守成对比较结果；"Dunnett's T3"，选择该复选框表示执行学生化最大值模数的成对比较检验；"Games-Howell"，选择该复选框表示执行方差不齐的成对比较检验，且该方法比较常用；"Dunnett's C"，选择该复选框表示执行基于学生化范围的成对比较检验。

- "显著水平"输入框。

该输入框用于指定两两范围检验和成对多重比较检验的显著水平，输入范围是 0.01 到 0.99，系统默认为 0.05。

- "选项"按钮。

单击"选项"按钮，弹出如图 8-5 所示的"单因素 ANOVA：选项"对话框。

① "Statistics"选项组。

该选项组用于指定输出的统计量，包括"描述性"，表示要输出每个因变量的个案数、平均值、标准差、平均值的标准误差、最小值、最大值和 95%置信区间；"固定和随机效果"，表示把数据看做面板数据进行回归，计算固定效应模型的标准偏差、标准误和 95%置信区间，以及随机效应模型的标准误、95%置信区间和成分间方差估计；"方差同质性检验"，即 Levene 方差齐性检验；

图 8-5 "单因素 ANOVA：选项"对话框

"Brown-Forsythe"，表示计算 Brown-Forsythe 统计量以检验组平均值是否相等，特别当 Levene 方差齐性检验显示方差不等时，该统计量优于 F 统计量；"Welch"，计算 Welch 统计量以检验组平均值是否相等，和 Brown-Forsythe 类似，当 Levene 方差齐性检验显示方差不等时，该统计量优于 F 统计量。

② "缺失值"选项组。

该选项组用于当检验多个变量，有一个或多个变量的数据缺失时，可以指定检验剔除哪些个案，主要含有两个单选按钮："按分析顺序排除个案"，表示给定分析中的因变量或因子变量有缺失值的个案不用于该分析，也不使用超出因子变量指定的范围的个案；"按列表排除个案"，表示因子变量有缺失值的个案，或包括在主对话框中的因变量列表上的任何因变量的值缺失的个案都排除在所有分析之外，如果尚未指定多个因变量，那么这个选项不起作用。

③ "平均值图"复选框。

该复选框用于绘图每组的因变量平均值分布图，组别根据因子变量控制。

设置完成后，单击"继续"按钮，就可以返回到"单因素方差分析"对话框；如果只进行系统默认设置，单击"取消"按钮，也可以返回到"单因素方差分析"对话框，进行其他设置。

（4）分析结果输出。

设置完成后，单击"确定"按钮，就可以在 SPSS Statistics 查看器窗口得到单因素方差分析的结果。

除可单击"确定"按钮,输出分析结果外,还可以单击"重置"按钮重新设置,也可以单击"取消"按钮,取消进行单因素方差分析的操作,返回到 SPSS Statistics 数据编辑器窗口。

8.1.3 案例分析

下面以"8-1"数据文件为例,说明单因素方差分析的具体操作过程和对结果的说明解释。

1. 实验数据的描述

"8-1"数据文件给出了 4 种新型药物对白鼠胰岛素分泌水平的影响的测量结果,数据为白鼠的胰岛质量。试用单因素方差分析检验 4 种药物对胰岛素水平的影响是否相同。本实验的原始数据,如图 8-6 所示。

首先把数据录入到 SPSS 中。本例数据包含"测量编号"、"胰岛质量"和"药物组"三个变量。我们把其都定义为数值型变量(如图 8-7 所示),然后录入相关数据。

测量编号	胰岛质量(克)	药物组
1	88.4	1
2	90.2	1
3	73.2	1
4	87.7	1
5	85.6	1
6	84.4	2
7	116	2
8	84	2
9	68	2
10	88.5	2
11	65.6	3
12	79.4	3
13	65.6	3
14	70.2	3
15	82	3
16	89.8	4
17	93.8	4
18	88.4	4
19	110.2	4
20	95.6	4

图 8-6 数据文件"8-1"的原始数据

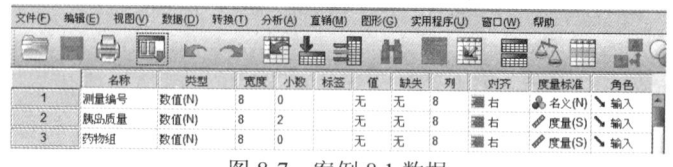

图 8-7 案例 8.1 数据

2. 实验的操作步骤

(1)在菜单栏中依次选择"分析"|"比较平均值"|"单因素 ANOVA"命令,打开"单因素方差分析"对话框。

(2)将"胰岛质量"选入"因变量列表",将"药物组"选入"因子"列表。

(3)单击"选项"按钮,选中"方差同质性检验"、"平均值图"复选框,然后单击"继续"按钮,保存设置结果。

(4)单击"事后多重比较"按钮,选中"Bonferroni"复选框,然后单击"继续"按钮,保存设置结果。

(5)单击"对比"按钮,选中"多项式"复选框,将"度"设为"线性",然后单击"继续"按钮,保存设置结果。

(6)单击"确定"按钮,输出分析结果。

第8章 方差分析

3. 实验结果及分析

单击"确定"按钮，SPSS Statistics查看器窗口的输出结果如图8-8、图8-9、图8-10和图8-11所示。

图8-8列出了方差齐性检验的结果。从该表可以得到Levene方差齐性检验的P值为0.504，大于显著水平0.05，因此可以认为样本数据之间的方差是齐次的。

方差同质性检验

胰岛质量

Levene 统计	df1	df2	显著性
.816	3	16	.504

图8-8 方差齐性检验表

图8-9为单因素方差分析的结果。观察可知组间平方和是1379.722、组内平方和是1938.760，其中组间平方和的F值为3.795，相应的概率值是0.031，小于显著水平0.05，因此认为不同的药物组对胰岛质量有显著的影响。

ANOVA

胰岛质量

		平方和	df	均方	F	显著性
组之间	（组合）	1379.722	3	459.907	3.795	.031
	线性项 对比	64.000	1	64.000	.528	.478
	偏差	1315.722	2	657.861	5.429	.016
组内		1938.760	16	121.173		
总计		3318.482	19			

图8-9 单因素方差分析表

图8-10列出了多重比较的结果，*表示该组平均值差是显著的。因此，从上图可以看出，第三组和第四组的胰岛质量平均值差是非常明显的，但是其他组之间平均值差却不是很明显。另外，还可以得到每组之间平均值差的标准误、置信区间等信息。

多重比较

因变量：胰岛质量
Bonferroni(B)

(I) 药物组	(J) 药物组	平均差 (I-J)	标准错误	显著性	95% 置信区间 下限值	上限
1	2	-3.16000	6.96197	1.000	-24.1039	17.7839
	3	12.46000	6.96197	.555	-8.4839	33.4039
	4	-10.54000	6.96197	.897	-31.4839	10.4039
2	1	3.16000	6.96197	1.000	-17.7839	24.1039
	3	15.62000	6.96197	.236	-5.3239	36.5639
	4	-7.38000	6.96197	1.000	-28.3239	13.5639
3	1	-12.46000	6.96197	.555	-33.4039	8.4839
	2	-15.62000	6.96197	.236	-36.5639	5.3239
	4	-23.00000*	6.96197	.027	-43.9439	-2.0561
4	1	10.54000	6.96197	.897	-10.4039	31.4839
	2	7.38000	6.96197	1.000	-13.5639	28.3239
	3	23.00000*	6.96197	.027	2.0561	43.9439

*. 均值差的显著性水平为0.05。

图8-10 多重比较结果表

图 8-11 给出了各组的平均值图，可以清楚地看到不同的药物组对应的不同的胰岛质量平均值。可见，第三组的胰岛质量最低，且与第四组相差最大，这个结果和多重比较的结果非常一致。

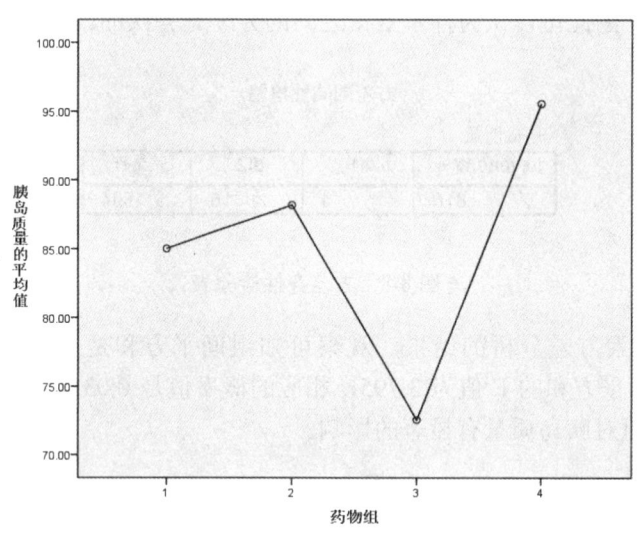

图 8-11 平均值图

8.2 多因素方差分析

多因素方差分析用于分析两个或两个以上因素，样本的平均值是否有显著的影响。

8.2.1 多因素方差分析的简介

多因素方差分析用于分析两个或两个以上控制变量影响下的多组样本的平均值是否存在显著性差异。多因素方差分析不但可以分析单个因素对因变量的影响作用，也可以对因素之间的交互作用进行分析，还可以进行协方差分析。

8.2.2 多因素方差分析的参数设置

打开相应的数据文件或者建立一个数据文件后，在 SPSS Statistics 数据编辑器窗口就可以进行单因变量多因素方差分析。

（1）在菜单栏中依次选择"分析"|"一般线性模型"|"单变量"命令，打开如图 8-12 所示的"单变量"对话框。

（2）选择变量。

从源变量列表中选择需要进行方差分析的因变量，然后单击 按钮将选中的变量选入"因变量"中；从源变量列表中选择固定因子变量，然后单击 按钮将选中的变量选入"固定因子"列表中；从源变量列表中选择随机因子变量，然后单击 按钮将选中的变量选入"随机因子"列表中；从源变量列表中选择协变量，单击箭头按钮将选中的变量选入"协变量"列表中，协变量的分析此处不做深入介绍，将在 8.4 节中详细介绍。

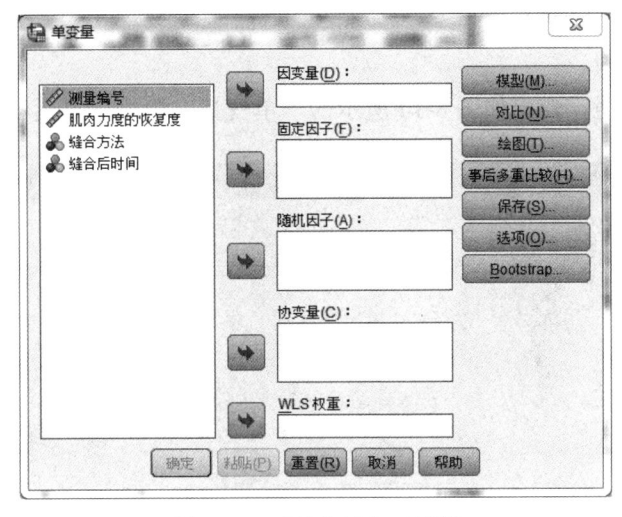

图 8-12 "单变量"对话框

- "因变量"列表。

该列表中的变量为要进行方差分析的目标变量,又称为因变量,且因变量一般为度量变量,类型为数值型。如要比较两种教学方法下学生的数学成绩是否一致,则数学成绩变量就是因变量。并且,"因变量"列表只能选择唯一一个变量。

- "固定因子"列表。

该列表中的变量为固定控制变量,主要用来分组。固定控制变量的各个水平一般是可以人为控制的,如实验的温度、水分等。因子自变量为分类变量,其取值可以为数字,也可以为字符串。因子变量值应为整数,并且为有限个类别。

- "随机因子"列表。

该列表中的变量为随机控制变量,主要用来分组。与固定控制变量不同的是,随机控制变量的各个水平一般是不可以人为控制的,如体重、身高等。

- "协变量"列表。

该列表中的变量是与因变量相关的定量变量,是用来控制其他与因子变量有关且影响方差分析的目标变量的其他干扰因素,类似于回归分析中的控制变量。

- "WLS 权重"列表。

该列表框为加权最小二乘分析指定权重变量。如果加权变量的值为 0、负数或缺失,则将该个案从分析中排除。已用在模型中的变量不能用作加权变量。

选择"因变量"、"固定因子"、"随机因子"的变量后的对话框,如图 8-13 所示。

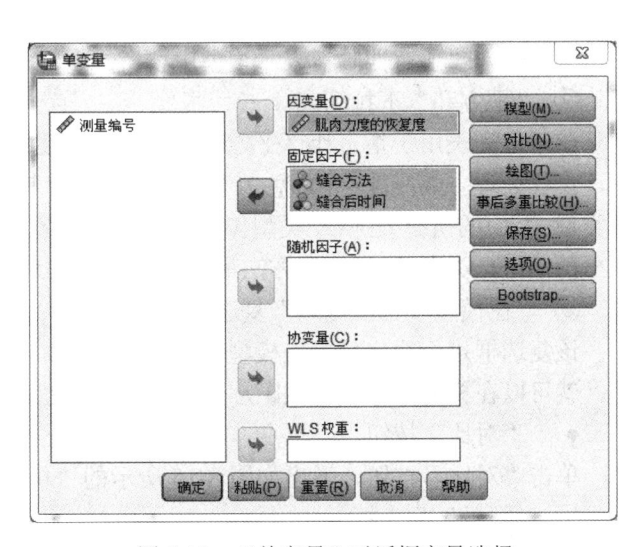

图 8-13 "单变量"对话框变量选择

（3）相应的设置。
- "模型"按钮。

单击"模型"按钮，弹出如图 8-14 所示的"单变量：模型"对话框。

图 8-14　"单变量：模型"对话框

① "指定模型"选项组。

该选项组用于为单因变量多因素分析指定方差分析的模型，包括两种单选按钮："全因子"，即全因子模型，包含所有因子主效应、所有协变量主效应，以及所有因子间交互，但它不包含协变量交互；"定制"，表示仅指定其中一部分的交互或指定因子协变量交互，必须指定要包含在模型中的所有项。一旦选择"定制"单选按钮，则下方"因子与协变量"、"构建项"、"模型"均被激活。"因子与协变量"列表中列出了所有参与分析的因子与协变量。"构建项"下拉菜单中有 5 种模型形式可供选择："交互"表示模型中含有所选变量的交互项；"主效应"表示模型中仅仅考虑各个控制变量的主效应而不考虑变量之间的交互项；"所有二阶"、"所有三阶"、"所有四阶"表示模型中要考虑所有的二维、三维、四维的交互效应。

② "平方和"下拉列表。

该下拉列表用于指定计算平方和的方法，主要有 4 种类型："类型 I"表示分层处理平方和，仅仅处理主效应项；"类型 II"表示处理所有其他效应；"类型 II"表示可以处理类型 I 和类型 II 中的所有效应；"类型 IV"表示对任何效应都处理。但对于没有缺失单元的平衡或非平衡模型，类型 III 平方和方法最常用，也好似系统默认的。

③ "在模型中包含截距"复选框。

该复选框用于决定是否在模型中包含截距，如果认为数据回归线可以经过坐标轴原点的话，就可以在模型中不含有截距，但是一般系统默认含有截距项。

- "对比"按钮。

单击"对比"按钮，弹出如图 8-15 所示的"单变量：对比"对话框。

① "因子"列表框。

该列表框用于存放多因素方差分析中的因子变量，单击需要对比的因子就可以激活"更改对比"选项组，对要进行对比的因子进行设置对比的方式。

② "更改对比"选项组。

该选项组用于检验因子的水平之间的差值，可以为模型中的每个因子指定对比，包括 8 种对比的方法："无"，表示不进行各个因子水平间对比；"偏差"，表示因子变量每个水平与总平均值进行对比；"简单"，表示对因子变量各个水平与第一个水平和最后一个水平的平均值进行对比；"差值"，表示对因子变量的各个水平都与前一个水平进行做差比较，当然第一个水平除外；"Helmert"，表示对因子变量的各个水平都与后面的水平进行做差比较，当然最后一个水平除外；"多项式"，表示对每个水平按因子顺序进行趋势分析。对于"偏差"对比和"简单"对比，可以选择参照水平是"最后一个"或"第一个"。

- "绘图"按钮。

单击"绘图"按钮，弹出如图 8-16 所示的"单变量：概要图"对话框。

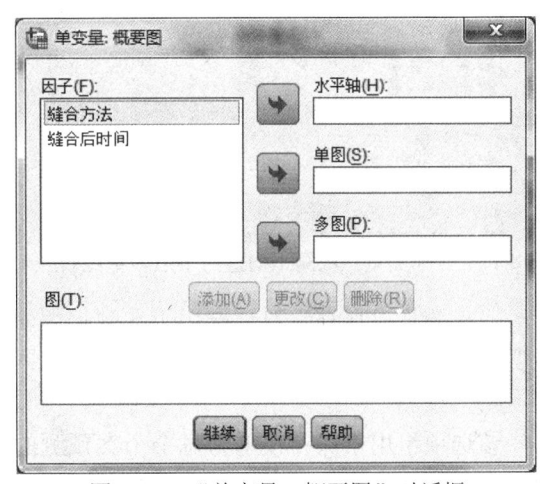

图 8-15 "单变量：对比"对话框　　图 8-16 "单变量：概要图"对话框

① "因子"列表。

该列表中主要存放各个因子变量。

② "水平轴"输入框。

从"因子"列表中选择进入"水平轴"输入框的变量是均数概要图中的横坐标。

③ "单图"输入框。

从"因子"列表中选择进入"单图"输入框的变量水平是用来绘图分离线的。

④ "多图"输入框。

从"因子"列表中选择进入"多图"输入框的变量的每个水平可用来创建分离图。

当"水平轴"、"单图"或"多图"中有变量后，下方的"添加"、"更改"、"删除"按钮就会被激活，单击"添加"按钮可以将选择的变量进入"图"输入框，单击"更改"按钮可以更改所选择的因子变量，单击"删除"按钮可以将"图"输入框中的因子变量删除。

- "事后多重比较"按钮。

单击"事后多重比较"按钮，弹出如图 8-17 所示的"单变量：观测平均值的事后多重比较"对话框。

"单变量：观测平均值的事后多重比较"对话框的作用在于一旦确定平均值间存在差值，两两范围检验和成对多重比较就可以确定哪些平均值存在差值，含有两个选项组："假定方差齐性"选项组和"未假定方差齐性"选项组。这两个选项组的作用和内容与单因素方差分析中的"假定方差齐性"选项组和"未假定方差齐性"选项组一样，此处不再重复。

- "保存"按钮。

单击"保存"按钮，弹出如图 8-18 所示的"单变量：保存"对话框。

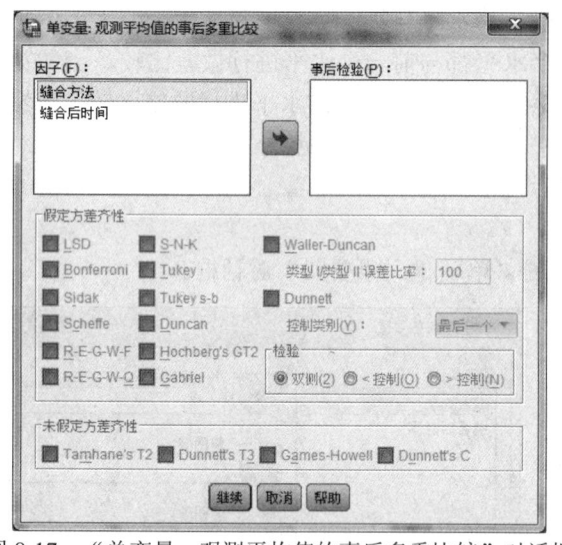

图 8-17 "单变量：观测平均值的事后多重比较"对话框

图 8-18 "单变量：保存"对话框

"单变量：保存"对话框用于在数据编辑器中将模型预测的值、残差和相关测量另存为新变量，主要有以下内容。

① "预测值"选项组。

该选项组用于保存模型为每个个案预测的值，含有 3 个复选框："未标准化"，表示模型为因变量预测的值；"加权"，表示加权未标准化预测值，仅在选择了 WLS 变量的情况下可用；"标准误"，表示对于自变量具有相同值的个案所对应的因变量平均值标准偏差的估计。

② "残差"选项组。

该选项组用于保存模型的残差，含有 5 个复选框："未标准化"，表示因变量的实际值减去由模型预测的值；"加权"，表示在选择了 WLS 变量时提供加权的未标准化残差；"标准化"，表示对残差进行标准化的值；"学生化"，表示 Student 化的残差；"删除"，表示剔除残差。

③ "诊断"选项组。

该选项组用于标识自变量的值具有不寻常组合的个案和可能对模型产生很大影响的个案的测量，包括两个复选框："Cook 距离"，表示在特定个案从回归系数的计算中排除的情况下，所有个案的残差变化幅度的测量，较大的 Cook 距离表明从回归统计量的计算中排除个案之后，系数会发生根本变化；"杠杆值"，表示未居中的杠杆值，每个观察值对模型拟合的相对影响。

④ "系数统计"选项组。

该选项组用于保存模型中的参数估计值的协方差矩阵，一旦选中"创建系数统计"，则下面的两个单选按钮就会被激活："创建新数据集"，表示将参数估计值的协方差矩阵写入当前会话中的新数据集；"写入新数据文件"，表示将参数估计值的协方差矩阵写入外部 SPSS Statistics 数据文件。其中，对于每个因变量，都有一行参数估计值、一行与参数估计值对应的 t 统计量的显著性值以及一行残差自由度。

- "选项"按钮。

单击"选项"按钮,弹出如图8-19所示的"单变量:选项"对话框。

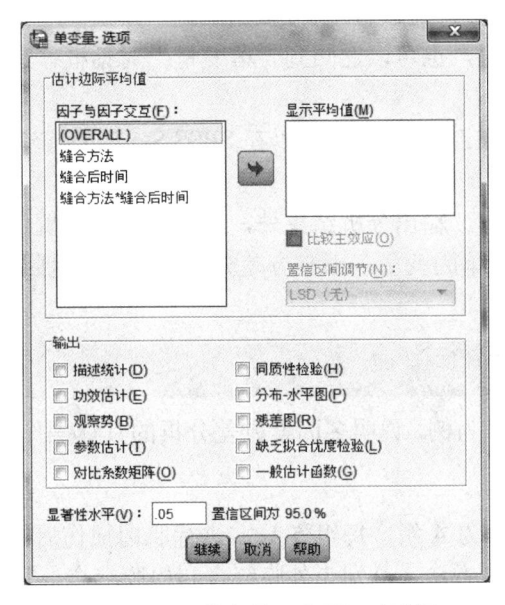

图8-19 "单变量:选项"对话框

"单变量:选项"对话框提供一些基于固定效应模型计算的统计量,包括以下内容。

① "因子与因子交互"列表框。

在"因子与因子交互"列表框中有所有因子变量和"OVERALL"变量,从"因子与因子交互"列表框选择变量单击箭头按钮就可以进入"显示平均值"列表框。

② "显示平均值"列表框。

该列表框中的变量是用来输出该变量的估算边际平均值、标准误等统计量的。当"显示平均值"列表框中含有变量时,下方"比较主效应"复选框就会被激活,该复选框表示为模型中的任何主效应提供估计边际平均值未修正的成对比较,但必须在"显示平均值"列表框中含有主效应变量。

③ "输出"选项组。

该选项组主要用于指定输出的统计量,包括10个复选框,各复选框的功能如表8-2所示。

表8-2 "输出"选项组中复选框的功能

复选框名称	功　能
描述统计	因变量观察到的平均值、标准偏差和计数
同质性检验	输出进行方差齐性的 Levene 的检验
功效估计	输出每个功效和每个参数估计值的偏 eta 方值
分布-水平图	输出不同水平因变量平均值对标准偏差和方差的图
观察势	输出功效显著的 Alpha 值,系统默认的显著水平为 0.05
残差图	输出模型残差图
参数估计	输出参数估计值、标准误、T 检验、置信区间和检验效能
缺乏拟合优度检验	检查因变量和自变量之间的关系是否能由模型充分地描述
对比系数矩阵	输出对比系数 L 矩阵
一般估计函数	进行基于常规可估计函数构造定制的假设检验

④ "显著水平"输入框。

该输入框主要用于指定上述统计量的显著水平。

设置完成后,单击"继续"按钮,就可以返回到"单变量"对话框;如果只进行系统默认设置,单击"取消"按钮,也可以返回到"单变量"对话框,进行其他设置。

(4) 分析结果输出。

设置完成后,单击"确定"按钮,就可以在 SPSS Statistics 查看器窗口得到单因变量多因素方差分析的结果。

除可单击"确定"按钮,输出分析结果外,还可单击"重置"按钮重新设置,也可以单击"取消"按钮,取消进行单因变量多因素方差分析的操作,返回到 SPSS Statistics 数据编辑器窗口。

8.2.3 案例分析

下面以数据文件"8-2"为例,说明多因素方差分析的具体操作过程和对结果的说明解释。

1. 实验数据的描述

将 20 只兔子随机等分为 4 组,每组 5 只,进行肌肉损伤后的缝合试验。处理由两个因素组合而成,A 因素为缝合方法,分别为外膜缝合和内膜缝合,记做 a1、a2;B 因素为缝合后的时间,分别为缝合后 1 月和 2 月,记做 b1、b2。试验结果为兔子肌肉缝合后肌肉力度的恢复度(%)。考察缝合方法和缝合后时间对肌肉力度的恢复度是否有显著影响。本实验的原始数据如图 8-20 所示。

测量编号	肌肉力度的恢复度	缝合方法	缝合后时间
1	10	a1	b1
2	10	a1	b1
3	40	a1	b1
4	50	a1	b1
5	10	a1	b1
6	30	a1	b2
7	30	a1	b2
8	70	a1	b2
9	60	a1	b2
10	30	a1	b2
11	10	a2	b1
12	20	a2	b1
13	30	a2	b1
14	50	a2	b1
15	30	a2	b1
16	50	a2	b2
17	50	a2	b2
18	70	a2	b2
19	60	a2	b2
20	30	a2	b2

图 8-20 数据文件"8-2"的原始数据

首先将数据录入到 SPSS 中。本例中有 4 个变量,分别是测量编号、肌肉力度的恢复度、缝合方法和缝合后时间。我们将所有测量变化、肌肉力度的恢复度定义为数值型变量,而缝合方法和缝合后时间定义为名义变量,而缝合方法变量的取值 1、2 分别代表 a1、a2;缝合后时间变量的取值 1、2,分别代表 b1、b2。具体设置如图 8-21 所示,然后录入相关数据。

第8章 方差分析

图 8-21 案例 8.2 数据

2. 实验的操作步骤

（1）在菜单栏中依次选择"分析"|"一般线性模型"|"单变量"命令，打开"单变量"对话框。

（2）将"肌肉力度的恢复度"选入"因变量"，将"缝合方法"和"缝合后时间"变量选入"固定因子"列表。

（3）单击"模型"按钮，选择"全因子"单选按钮，其他默认，然后单击"继续"按钮，保存设置结果。

（4）单击"选项"按钮，选中"同质性检验"、"描述统计"、"分布-水平图"复选框，然后单击"继续"按钮，保存设置结果。

（5）单击"确定"按钮，输出分析结果。

3. 实验结果及分析

单击"确定"按钮，SPSS Statistics 查看器窗口的输出结果如图 8-22 至图 8-27 所示。

图 8-22 给出了主要的因子列表。从该表可以得到两个因子变量的各个水平及每个水平上的观测值数目。

图 8-23 给出了因变量在各个因素下的一些描述性统计量。从该表可以得到不同缝合方法和缝合后时间的肌肉力度恢复度的平均值、标准偏差、样本观察值数目。

主体间因子

		数字
缝合方法	1	10
	2	10
缝合后时间	1	10
	2	10

图 8-22 主体间因子表

描述统计

因变量：肌肉力度的恢复度

缝合方法	缝合后时间	平均值	标准偏差	数字
1	1	24.00	19.494	5
	2	44.00	19.494	5
	总计	34.00	21.187	10
2	1	28.00	14.832	5
	2	52.00	14.832	5
	总计	40.00	18.856	10
总计	1	26.00	16.465	10
	2	48.00	16.865	10
	总计	37.00	19.762	20

图 8-23 描述性统计量表

图 8-24 给出了因变量在各个因素水平下的误差方差的 Levene 检验结果。从该表可以看出，检验的零假设是：在所有组中因变量的误差方差均相等。检验的概率值是 0.335，大于显著性水平 0.05 或 0.10，因此可以认为因变量在各个因素水平下的误差方差相等。

误差方差的齐性 Levene's 检验[a]

因变量：肌肉力度的恢复度

F	df1	df2	显著性
1.219	3	16	.335

检验各组中因变量的误差方差相等的零假设。

a. 设计：截距 + 缝合方法 + 缝合后时间 + 缝合方法 * 缝合后时间

图 8-24　误差方差的 Levene 检验

图 8-25 给出了多因素方差分析结果表。从该表可以看出，整个模型的 F 统计量为 2.911，概率水平是 0.067，可见此方差分析模型是有些显著的，但是判决系数只有 0.353，说明肌肉力度恢复度的变异能被"缝合方法"、"缝合后时间"及两者的交互效应解释的部分仅有 35.3%。其中，"缝合后时间"对肌肉力度恢复度有显著的影响（相应的 P 值小于 0.05）。

主体间效应的检验

因变量：肌肉力度的恢复度

源	III 类平方和	自由度	均方	F	显著性
校正的模型	2620.000[a]	3	873.333	2.911	.067
截距	27380.000	1	27380.000	91.267	.000
缝合方法	180.000	1	180.000	.600	.450
缝合后时间	2420.000	1	2420.000	8.067	.012
缝合方法 * 缝合后时间	20.000	1	20.000	.067	.800
错误	4800.000	16	300.000		
总计	34800.000	20			
校正后的总变异	7420.000	19			

a. R 平方 = .353（调整后的 R 平方 = .232）

图 8-25　多因素方差分析结果表

图 8-26 给出了肌肉力度恢复度关于标准偏差额分布和水平图。该图绘图了标准偏差对各个水平上平均值的分布图，来源于图 8-23 中的描述性统计量的平均值和标准偏差。从该图可以看出，各个水平均值下的标准偏差并没有递增或递减的趋势，进一步验证了图 8-24 所示误差方差的 Levene 检验结果。

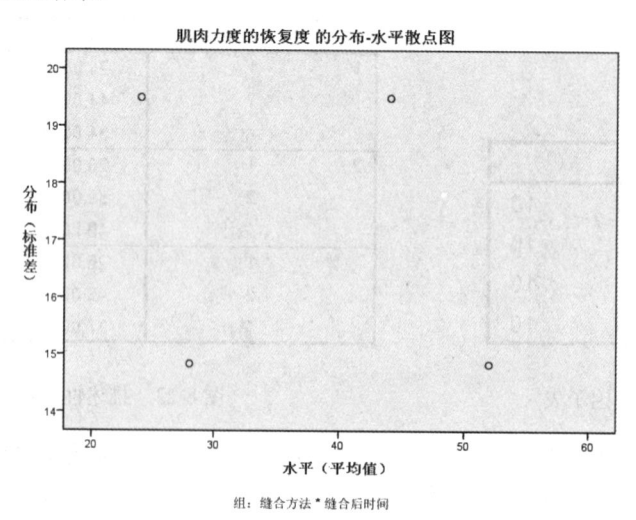

图 8-26　肌肉力度的恢复度的分布和水平图

图 8-27 给出了肌肉力度恢复度在各个因素水平下的估算边际平均值,该图是以缝合方法为分线的对缝合后时间的边际均图,根据图 8-23 的平均值所绘图。从该表可以看出,缝合后时间的两个水平并没有交叉,说明缝合后时间对肌肉力度恢复度的影响十分显著,这与前面的多因素方差分析中对"缝合后时间"的分析结果具有一致性。

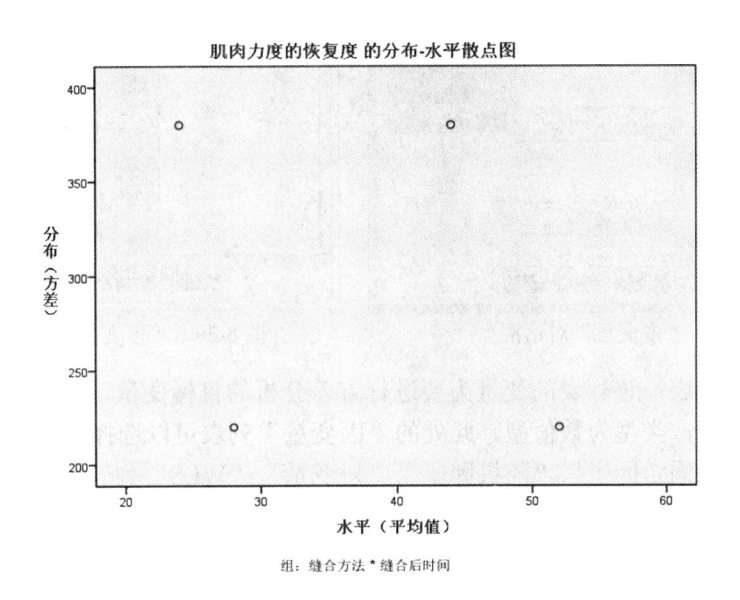

图 8-27 肌肉力度的恢复度的分布和水平图

8.3 多因变量方差分析

多因变量方差分析用于研究控制变量对多个因变量的影响。

8.3.1 多因变量方差分析的简介

多因变量方差分析的基本原理与单因变量方差分析的原理相似,用于分析控制因素取不同水平时因变量的平均值是否存在显著差异。但是,多因变量方差分析在分析过程中还利用了各因变量协方差的相关信息。

8.3.2 多因变量方差分析的参数设置

打开相应的数据文件或者建立一个数据文件后,在 SPSS Statistics 数据编辑器窗口就可以进行多因变量方差分析。

(1) 在菜单栏中依次选择"分析"|"一般线性模型"|"多变量"命令,打开"多变量"对话框,如图 8-28 所示。

(2) 选择变量。

从源变量列表中选择需要进行方差分析的因变量,然后单击 按钮将选中的变量选入"因变量"中;从变量列表中选择固定因子变量,然后单击 按钮将选中的变量选入"固定因子"列表中;从源变量列表中选择随机因子变量,然后单击 按钮将选中的变量选入"随机因子"列表中;从源变量列表中选择协变量,然后单击 按钮将选中的变量选入"协变量"

列表中，如图 8-29 所示。

图 8-28 "多变量"对话框

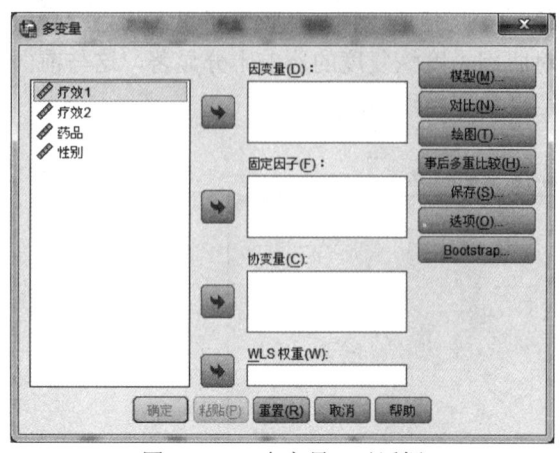

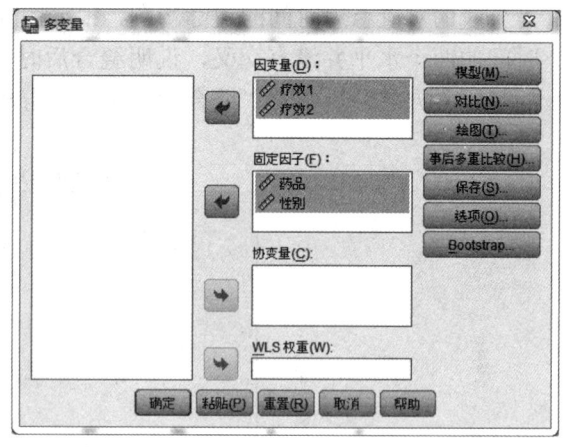

图 8-29 "多变量"对话框的变量选择

"因变量"列表：该列表的变量为要进行方差分析的目标变量，又称为因变量，且因变量一般为度量变量，类型为数值型。此处的"因变量"列表可以选择多个因变量。

"因变量"、"固定因子"、"随机因子"、"协变量"、"WLS"列表的功能和用法与多因素方差分析相同，此处不再赘述，读者可以参考相关章节。

（3）进行相应的设置。

"单变量"对话框中的"模型"、"对比"、"绘图"、"事后多重比较"、"保存"、"选项"按钮的具体设置方法与多因素方差分析相同，此处不再赘述，读者可以参考相关章节。

（4）分析结果输出。

设置完成后，单击"确定"按钮，就可以在 SPSS Statistics 查看器窗口得到多因变量方差分析的结果。

8.3.3 案例分析

下面以数据文件"8-3"为例，说明多因变量方差分析的具体操作过程和对结果的说明解释。

1. 实验的数据描述

为研究某种疾病的治疗效果，随机抽取一批病人使用 3 种不同药品（1、2、3）情况进行研究。试比较药品对男女病人的作用，并分析药品与性别是否存在交互作用。本实验的原始数据，如图 8-30 所示。

在用 SPSS 进行分析之前，要把数据录入到 SPSS 中。本例中有 4 个变量，分别为疗效 1、疗效 2、药物和性别。我们把所有变量定义为数值型，因此变量性别也定义为数值型，取值为 2 或 1，分别表示"女"或"男"，具体设置如图 8-31 所示。然后录入相关数据。

疗效1	疗效2	药物	性别
17	12	3	男
12	10	3	男
14	13	3	女
12	12	3	女
12	10	3	女
8	7	3	女
6	5	1	女
6	7	1	女
7	6	2	男
7	7	2	男
9	12	2	男
6	8	2	男
6	6	2	女
5	5	2	女
5	8	2	女
4	5	2	女
17	15	3	男
14	12	3	男
5	6	1	男
5	4	1	男
9	9	1	男
7	6	1	女
4	4	1	女
3	4	1	女

图 8-30 数据文件"8-3"的原始数据

第 8 章 方差分析

图 8-31 案例 8.3 数据

2. 实验的操作步骤

（1）在菜单栏中依次选择"分析"|"一般线性模型"|"多变量"命令，打开"多变量"对话框。

（2）将"疗效 1"和"疗效 2"选入"因变量"，将"药品"和"性别"选入"固定因子"列表。

（3）单击"模型"按钮，选择"全因子"单选按钮，其他默认，然后单击"继续"按钮，保存设置结果。

（4）单击"事后多重比较"按钮，将"药品"选入"事后多重比较检验"列表框，再选中"LSD"检验方法，然后单击"继续"按钮，保存设置结果。

（5）单击"选项"按钮，选中"描述统计"，然后单击"继续"按钮，保存设置结果。

（6）单击"确定"按钮，输出分析结果。

3. 实验结果及分析

单击"确定"按钮，SPSS Statistics 查看器窗口的输出结果如图 8-32 至图 8-35 所示。

图 8-32 给出了本实验数据文件的一些描述性统计量。从该表可以得到，两个因变量"疗效 1"和"疗效 2"中各个小组的平均值、标准偏差和个案数目。

描述统计

	药品	性别	平均值	标准偏差	数字
疗效1	1	1	6.50	1.915	4
		2	4.75	1.500	4
		总计	5.63	1.847	8
	2	1	7.25	1.258	4
		2	5.00	.816	4
		总计	6.13	1.553	8
	3	1	15.00	2.449	4
		2	11.50	2.517	4
		总计	13.25	2.964	8
	总计	1	9.58	4.379	12
		2	7.08	3.630	12
		总计	8.33	4.135	24
疗效2	1	1	6.25	2.062	4
		2	5.00	1.414	4
		总计	5.63	1.768	8
	2	1	8.25	2.630	4
		2	6.00	1.414	4
		总计	7.12	2.295	8
	3	1	12.25	2.062	4
		2	10.50	2.646	4
		总计	11.38	2.387	8
	总计	1	8.92	3.315	12
		2	7.17	3.040	12
		总计	8.04	3.237	24

图 8-32 描述性统计量表

图 8-33 给出了多变量检验的一些结果。从该表可以看出，除了药品与性别的交互作用以外，各个检验的概率值都小于 0.05，因此药品与性别的影响是非常显著的。

多变量检验[a]

效应		值	F	假设自由度	误差自由度	显著性
截距	Pillai's 轨迹	.965	232.476[b]	2.000	17.000	.000
	Wilks' Lambda	.035	232.476[b]	2.000	17.000	.000
	Hotelling's 轨迹	27.350	232.476[b]	2.000	17.000	.000
	Roy 最大根	27.350	232.476[b]	2.000	17.000	.000
药品	Pillai's 轨迹	.980	8.655	4.000	36.000	.000
	Wilks' Lambda	.139	14.335[b]	4.000	34.000	.000
	Hotelling's 轨迹	5.358	21.432	4.000	32.000	.000
	Roy 最大根	5.193	46.734[c]	2.000	18.000	.000
性别	Pillai's 轨迹	.397	5.606[b]	2.000	17.000	.013
	Wilks' Lambda	.603	5.606[b]	2.000	17.000	.013
	Hotelling's 轨迹	.660	5.606[b]	2.000	17.000	.013
	Roy 最大根	.660	5.606[b]	2.000	17.000	.013
药品 * 性别	Pillai's 轨迹	.129	.622	4.000	36.000	.650
	Wilks' Lambda	.872	.601[b]	4.000	34.000	.664
	Hotelling's 轨迹	.145	.579	4.000	32.000	.680
	Roy 最大根	.132	1.192[c]	2.000	18.000	.327

a. 设计：截距 + 药品 + 性别 + 药品 * 性别
b. 确切的统计
c. 统计量是 F 的上限，F 会生成显著性水平的下限。

图 8-33 多变量检验结果表

图 8-34 给出了多因变量方差分析的结果。从该表可以看到，在 0.05 的显著水平下，药品对疗效 1 和疗效 2 的影响非常显著，性别对疗效 1 的影响显著，对疗效 2 的影响不显著。

主体间效应的检验

源	因变量	III 类平方和	自由度	均方	F	显著性
校正的模型	疗效1	331.833[a]	5	66.367	19.424	.000
	疗效2	161.708[b]	5	32.342	7.346	.001
截距	疗效1	1666.667	1	1666.667	487.805	.000
	疗效2	1552.042	1	1552.042	352.514	.000
药品	疗效1	291.083	2	145.542	42.598	.000
	疗效2	142.333	2	71.167	16.164	.000
性别	疗效1	37.500	1	37.500	10.976	.004
	疗效2	18.375	1	18.375	4.174	.056
药品 * 性别	疗效1	3.250	2	1.625	.476	.629
	疗效2	1.000	2	.500	.114	.893
错误	疗效1	61.500	18	3.417		
	疗效2	79.250	18	4.403		
总计	疗效1	2060.000	24			
	疗效2	1793.000	24			
校正后的总变异	疗效1	393.333	23			
	疗效2	240.958	23			

a. R 平方 = .844（调整后的 R 平方 = .800）
b. R 平方 = .671（调整后的 R 平方 = .580）

图 8-34 多因变量方差分析的结果

图 8-35 给出了多重比较结果，*表示该组平均值差是显著的。从该表可以看出，无论是对疗效 1 还是疗效 2，药品 3 和其他药品之间都有显著的差别和影响能力。

多重比较

LSD(L)

因变量	(I) 药品	(J) 药品	平均值差值 (I-J)	标准错误	显著性	95% 的置信区间 下限值	上限
疗效1	1	2	-.50	.924	.595	-2.44	1.44
		3	-7.62*	.924	.000	-9.57	-5.68
	2	1	.50	.924	.595	-1.44	2.44
		3	-7.13*	.924	.000	-9.07	-5.18
	3	1	7.62*	.924	.000	5.68	9.57
		2	7.13*	.924	.000	5.18	9.07
疗效2	1	2	-1.50	1.049	.170	-3.70	.70
		3	-5.75*	1.049	.000	-7.95	-3.55
	2	1	1.50	1.049	.170	-.70	3.70
		3	-4.25*	1.049	.001	-6.45	-2.05
	3	1	5.75*	1.049	.000	3.55	7.95
		2	4.25*	1.049	.001	2.05	6.45

基于观察到的平均值。
误差项是均方（误差）= 4.403。
*. 均值差的显著性水平为 .05。

图 8-35 多重比较结果表

8.4 协方差分析

某些情况下，在进行方差分析的过程中部分变量的水平难以进行控制。针对这种情况，统计学家发展了协方差分析方法，即先利用线性回归剔除干扰因素后再进行方差分析。

8.4.1 协方差分析的简介

协方差分析的基本思想是将难以认为控制的因素作为协变量，首先通过线性回归方法消除干扰因素影响后所进行的方差分析。协方差分析中认为因变量的变化受 4 个因素的影响，即控制变量的独立与交互作用、协变量的作用和随机因素的作用，协方差分析在消除了协变量的影响后再分析控制变量对观测变量的作用，从而适用于更一般的研究和分析场合。

8.4.2 协方差分析的参数设置

打开相应的数据文件或者建立一个数据文件后，在 SPSS Statistics 数据编辑器窗口就可以进行协方差分析。

（1）在菜单栏中依次选择"分析"|"一般线性模型"|"单变量"命令，打开如图 8-36 所示的"单变量"对话框。

（2）选择变量。

从源变量列表中选择需要进行方差分析的因变量，然后单击箭头按钮将选中的变量选入"因变量"中；从源变量列表中选择固定因子变量，然后单击箭头按钮将选中的变量选入"固定因子"列表中；从源变量列表中选择随机因子变量，然后单击箭头按钮将选中的变量选入"随机因子"列表中；从源变量列表中选择协变量，然后单击箭头按钮将选中的变量选入"协变量"列表中。

"因变量"、"固定因子"、"随机因子"、"协变量"、"WLS"列表的功能和用法与多因素方差分析相同，此处不再赘述，读者可以参考相关章节。

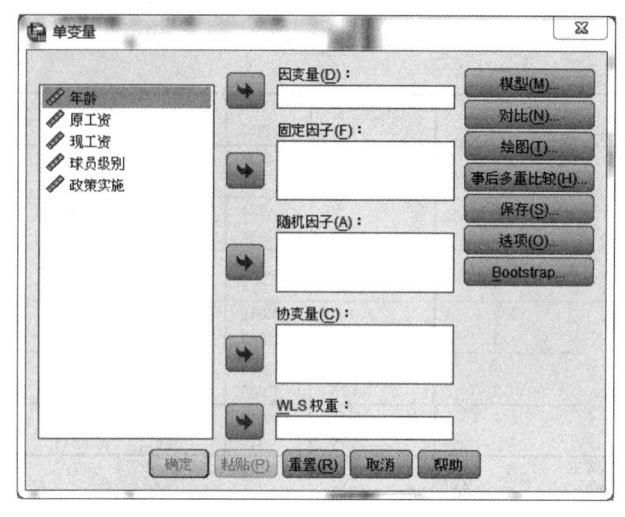

图 8-36　"单变量"对话框

（3）进行相应的设置。

"单变量"对话框中的"模型"、"对比"、"绘图"、"事后多重比较"、"保存"、"选项"按钮的具体设置方法与多因素方差分析相同，此处不再赘述，读者可以参考相关章节。

（4）分析结果输出。

设置完成后，单击"确定"按钮，就可以在 SPSS Statistics 查看器窗口得到协方差分析的结果。

8.4.3　案例分析

下面以数据文件"8-4"为例，介绍协方差分析的具体操作过程，并对结果进行解析。

1. 实验数据的描述

某足球俱乐部实施新政策以改善部分球员的生活水平。政策实施后开始对全体球员待遇的改善情况进行调查，调查结果如图 8-37 所示。用实施新政策后的工资来反映生活水平的提高，要求剔除实施新政策前的工资差异，试分析球员的级别和该新政策对球员工资的提高是否有显著的影响。

首先将数据录入 SPSS。本例中有 5 个变量，分别为年龄、原工资、现工资、球员级别和政策实施。我们把所有变量定义为数值型，政策实施的取值为 0 或 1，分别表示没有实施新政策和实施新政策。具体设置如图 8-38 所示。然后录入相关数据。

年龄	原工资（万元）	现工资（万元）	球员级别	政策实施
26	4	5	2	否
27	3	4	3	否
27	3	5	1	是
29	2	4	2	否
28	5	6	2	否
27	3	5	3	否
27	4	7	2	是
31	6	8	2	否
28	2	6	1	是
28	3	4	1	否
29	5	6	3	否
29	2	5	2	是
30	6	9	1	是
27	4	7	3	是
30	3	6	2	否
29	5	8	2	否
29	3	4	2	否
29	6	9	3	是
26	8	10	2	是
27	9	12	3	否
28	2	6	2	是
27	5	7	1	否
29	6	9	1	是
30	7	8	2	否
29	8	11	2	否
29	6	8	3	是
27	5	7	2	否
28	7	8	3	是
29	6	9	2	否
27	8	10	2	否

图 8-37　数据文件"8-4"的原始数据

第8章 方差分析

图 8-38 案例 8.4 数据

2. 实验的操作步骤

（1）在菜单栏中依次选择"分析"|"一般线性模型"|"单变量"命令，打开"单变量"对话框。

（2）将"现工资"选入"因变量"，将"球员级别"和"政策实施"选入"固定因子"列表，将"原工资"选入"协变量"列表。

（3）单击"模型"按钮，选择"全因子"单选按钮，其他默认，然后单击"继续"按钮，保存设置结果。

（4）单击"选项"按钮，选中"描述统计"，然后单击"继续"按钮，保存设置结果。

（5）单击"确定"按钮，输出分析结果。

3. 实验结果及分析

单击"确定"按钮，SPSS Statistics 查看器窗口的输出结果如图 8-39 和图 8-40 所示。

图 8-39 给出了本实验的一些基本的描述性统计量。可以看到 3 个级别的球员在政策实施后的平均分、标准偏差和每组的个案数等。

描述统计

因变量：现工资

球员级别	政策实施	平均值	标准偏差	数字
1	0	5.50	2.121	2
	1	7.25	2.062	4
	总计	6.67	2.066	6
2	0	7.00	2.500	9
	1	6.80	1.924	5
	总计	6.93	2.235	14
3	0	7.00	3.162	5
	1	8.20	.837	5
	总计	7.60	2.271	10
总计	0	6.81	2.562	16
	1	7.43	1.651	14
	总计	7.10	2.171	30

图 8-39 描述性统计量表

图 8-40 给出了本实验的协方差分析结果。可以看出，整个模型的 F 值是 22.701，概率水平是 0.000，可见此方差分析模型是非常显著的，并且判决系数是 0.859，说明政策实施后的变异能被"政策实施"、"球员级别"解释的部分有 85.9%。此外，球员级别对球员现工资没有显著影响，而政策实施和原工资对现工资有着极为显著的影响。

主体间效应的检验

因变量：现工资

源	III 类平方和	自由度	均方	F	显著性
校正的模型	116.951ª	6	19.492	22.701	.000
截距	21.994	1	21.994	25.614	.000
原工资	105.101	1	105.101	122.403	.000
球员级别	.005	2	.003	.003	.997
政策实施	4.675	1	4.675	5.445	.029
球员级别 * 政策实施	1.049	2	.525	.611	.551
错误	19.749	23	.859		
总计	1649.000	30			
校正后的总变异	136.700	29			

a. R 平方 = .856（调整后的 R 平方 = .818）

图 8-40　协方差分析结果表

上机题

1. 表 8-2 给出了 4 种促销方式对某牛奶销售水平的影响的测量结果，数据为各大销售点 20 天的每日总销售量。试用单因素方差分析检验 4 种促销方式对牛奶销售水平的影响是否相同（数据路径：sample\chap08\上机题\习题 8.1.sav）。

表 8-2　4 种促销方式下的牛奶销售水平

测量编号	总销售量	包装类别
1	90	1
2	94	1
3	88	1
4	110	1
5	96	1
6	84	2
……	……	……
16	88	4
17	90	4
18	73	4
19	88	4
20	86	4

2. 表 8-3 给出了两种颜色和两种温度对某饮料销售水平的影响测量结果，数据为 4 种饮料在 20 家超市一天的总销售量。试用多因素方差分析检验颜色和温度对该饮料销售水平的影响是否相同（数据路径：sample\chap08\上机题\习题 8.2.sav）。

表 8-3　4 种饮料在 20 家超市一天的总销售量

超市编号	销售数量	颜　色	温　度
1	10	a1	b1
2	10	a1	b1
3	40	a1	b1
4	50	a1	b1
5	10	a1	b1
6	30	a1	b2

(续表)

超市编号	销售数量	颜 色	温 度
……	……	……	……
18	70	a2	b2
19	60	a2	b2
20	30	a2	b2

3. 某高校实施新政策以改善部分年轻教师的生活水平。政策实施后开始对年轻教师待遇的改善情况进行调查，调查结果如表 8-4 所示。用实施新政策后的工资来反映生活水平的提高，要求剔除实施新政策前的工资差异，试分析教师的级别和该新政策对教师工资的提高是否有显著的影响（数据路径：sample\chap08\上机题\习题 8.3.sav）。

表 8-4 年轻教师工资表（千元）

年 龄	原工资（千元）	现工资（千元）	教师级别	政策实施
27	4	4	2	否
26	2	5	3	否
26	3	4	1	是
28	3	5	2	否
29	4	5	2	是
……	……	……	……	……
29	6	9	3	是
27	8	10	2	否

4. 为研究某系列药剂的治疗效果，随机抽取两组志愿者服用 3 种不同药剂（1、2、3）情况，结果如表 8-5 所示。试比较药剂对两组志愿者的作用，并分析药剂与组别之间是否存在交互作用（数据路径：sample\chap08\上机题\习题 8.4.sav）。

表 8-5 3 种药剂的效果数据表

效果 1	效果 2	药 剂	组 别
6	6	1	1
4	4	1	1
8	9	1	1
5	5	1	1
4	4	1	2
……	……	……	……
14	13	3	2
12	12	3	2
12	10	3	2
8	7	3	2

第 9 章 回 归 分 析

回归分析是研究分析某一变量受到别的变量影响的分析方法，它以被影响变量为因变量，以影响变量为自变量，研究因变量与自变量之间的因果关系，可以确定变量之间的定量关系并进行相应的预测，反映统计变量之间的数量变化规律，为研究者准确地把握自变量对因变量的影响程度和方向的有效方法。回归分析在经济、金融和社会科学方面都具有非常广泛的应用。SPSS 22.0 提供强大的回归分析功能，可以进行线性回归、曲线回归、非线性回归、Logistic 回归、加权回归、有序回归等多种分析，本章将详细介绍回归分析。

9.1 线性回归分析

线性回归分析是最常用的回归分析，许多非线性的模型形式亦可以转化为线性回归模型进行分析。

9.1.1 线性回归分析的原理

线性回归分析法是最基本的回归分析方法，其假设自变量和因变量之间存在线性关系，线性回归的数学模型如公式（9-1）所示。

$$y_i = \alpha_i + \beta_{i1}x_1 + \beta_{i2}x_2 + \cdots + \beta_{ik}x_k + \varepsilon_i \tag{9-1}$$

用矩阵形式表示为公式（9-2）：

$$y = \alpha + X\beta + \varepsilon \tag{9-2}$$

其中：$y = \begin{pmatrix} y_1 \\ y_2 \\ \vdots \\ y_n \end{pmatrix}$ 为被解释变量，$\alpha = \begin{pmatrix} \alpha_1 \\ \alpha_2 \\ \vdots \\ \alpha_n \end{pmatrix}$ 为模型的截距项，$\beta = \begin{pmatrix} \beta_1 \\ \beta_2 \\ \vdots \\ \beta_n \end{pmatrix}$ 为待估计参数，

$X = \begin{pmatrix} x_{11} & x_{12} & \cdots & x_{1k} \\ x_{21} & x_{22} & \cdots & x_{2k} \\ \vdots & \vdots & \ddots & \vdots \\ x_{n1} & x_{n2} & \cdots & x_{nk} \end{pmatrix}$ 为解释变量，$\varepsilon = \begin{pmatrix} \varepsilon_1 \\ \varepsilon_2 \\ \vdots \\ \varepsilon_n \end{pmatrix}$ 为误差项。

被解释变量的变化可以由 $\alpha + X\beta$ 组成的线性部分和随机误差项 ε_i 两部分解释。对于线性模型，一般采用最小二乘估计法来估计相关的参数。以一元线性回归为例，满足公式 9-3 的未知参数 α 和 β 的估计称为未知参数 α 和 β 的最小二乘估计。估计相关的参数是回归分析的

第 9 章 回归分析

核心也是预测的基础。

$$\min \sum_{i=1}^{n} e_i^2 = \sum_{i=1}^{n}(y - \hat{\alpha} - \hat{\beta}) \qquad 9\text{-}3$$

9.1.2 线性回归分析的 SPSS 操作

打开相应的数据文件或者建立一个数据文件后,可以在 SPSS Statistics 数据编辑器窗口进行线性回归分析。

(1) 在菜单栏中选择"分析"|"回归"|"线性"命令,打开如图 9-1 所示的"线性回归"对话框。

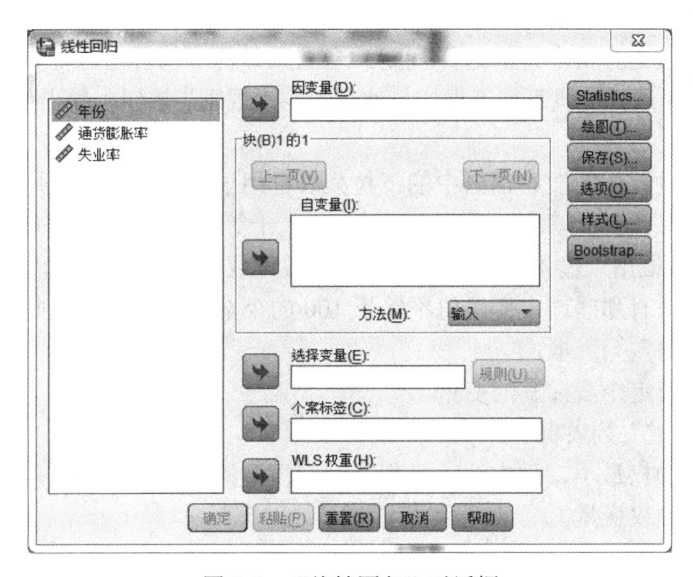

图 9-1 "线性回归"对话框

(2) 选择变量。

从源变量列表中选择需要进行线性回归分析的被解释变量,然后单击 按钮将选中的变量选入"因变量"列表中;从源变量列表中选择需要进行线性回归分析的解释变量,然后单击 按钮将选中的变量选入"自变量"列表中。

- "因变量"列表。

该文本框中的变量为线性回归模型中的被解释变量,数值类型为数值型。如果被解释变量为分类变量,则可以用二元或者多元 logistic 模型等建模分析。

- "自变量"列表。

该文本框的变量为线性回归模型的解释变量或者控制变量,数值类型一般为数值型。如果解释变量为分类变量或定性变量,则可以用虚拟变量(哑变量)表示。如果选择多个自变量,则可以将自变量分组成块,通过"上一张"和"下一张"按钮对不同的变量子集指定不同的进入方法。如使用"逐步"式选择将一个变量块输入到回归模型中,而使用"向前"式选择输入第二个变量块。要将第二个变量块添加到回归模型,请单击"下一张"按钮。

- "方法"下拉列表框。

该下拉列表框用于选择线性回归中变量的进入和剔除方法,来建立多个回归模型,包括"进入",选中方法表示所有的自变量列表中的变量都进入回归模型;"逐步",选中该方法表示不在方程中的具有 F 统计量的概率最小的自变量被选入，对于已在回归方程中的变量，如果它们的 F 统计量的概率变得足够大，则移去这些变量；如果不再有变量符合包含或移去的条件，则该方法终止；"删除"，选中该方法表示建立回归模型前设定一定条件，然后根据条件删除自变量；"向后"，选中该方法表示首先将所有变量选入到模型中，然后按顺序移去，最先删除与因变量的部分相关性最小的变量，删除第一个变量后，会考虑下一个将方程的剩余变量中具有最小的部分相关性的变量移去，直到方程中没有满足消除条件的变量，过程才结束；"向前"，该方法与"向后"恰好相反，是将自变量按顺序选入到回归模型中，首先选入到方程中的变量是与因变量之间具有最大相关性的变量，同时必须满足选入条件时才将它选入到方程中，然后再考虑下一个变量，直到没有满足条件的变量为止。

- "选择变量"列表框。

该列表框用于指定分析个案的选择规则，当回归分析中包含由选择规则定义的个案，可以将选择变量选入"选择变量"列表框中，然后单击"规则"按钮，弹出如图 9-2 所示的"线性回归：设置规则"对话框。

"线性回归：设置规则"对话框中的下拉列表框用于选择关系，可用的关系有"等于"、"不等于"、"小于"、"小于等于"、"大于"以及"大于等于"；对于字符串变量，可用关系为"等于"。"值"文本框用于输入选择按个案的具体数值或字符串。如选择"不等于"，并在"值"中输入"100"，则只有那些选定变量值不等于 100 的个案才会包含在回归分析中。

- "个案标签"列表框。

该列表框用于指定个案标签的变量。

- "WLS 权重"列表框。

该列表框表示加权最小二乘方法，当判断回归模型的残差存在异方差时，才选用加权最小二乘方法，指定加权变量。

3. 进行相应设置

- "Statistics"按钮。

单击"Statistics"按钮，弹出如图 9-3 所示的"线性回归：统计"对话框。

"回归分析：统计"对话框用于指定线性回归模型输出的一些统计量，包括以下内容。

图 9-2 "线性回归：设置规则"对话框　　图 9-3 "线性回归：统计"对话框

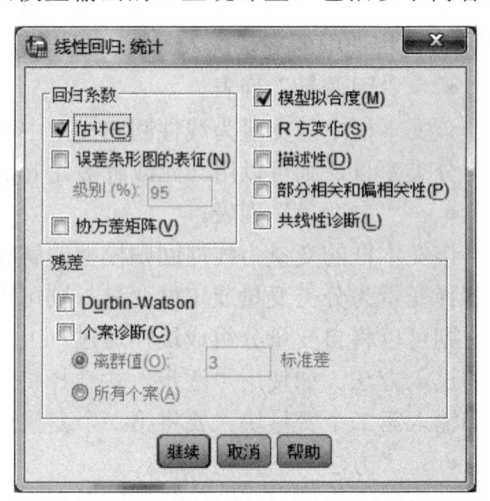

① "回归系数"选项组。

该选项组用于对回归系数进行设定。"估计",选择该复选框表示输出回归系数、标准误、标准化系数 beta、t 值以及 t 的双尾显著性水平。"误差条形图的表征",选中该复选框表示输出每个回归系数或协方差矩阵指定置信度的置信区间,在"级别"中输入范围。"协方差矩阵",选中表示输出回归系数的方差-协方差矩阵,其对角线以外为协方差,对角线以上为方差,同时还显示相关系数矩阵。

② "残差"选项组。

该选项组用于指定对回归残差进行检验的方法。"Durbin-Watson",该复选框表示输出用于检验残差序列自相关的 D-W 检验统计量。"个案诊断",该复选框表示对个案进行诊断,输出个案,其中"离群值"表示输出满足条件的个案离群值,"标准偏差"用于指定离群值满足几倍标准偏差的条件;"所有个案"指可以输出所有个案的残差。

③ "模型拟合度"复选框。

该复选框表示显示输入模型的变量和从模型删去的变量,并显示以下拟合优度统计量:复相关系数、R^2 和调整 R^2、估计的标准误,以及方差分析表等。

④ "R 方变化"复选框。

该复选框表示输出由于添加或删除自变量而产生的 R^2 统计量的更改。如果与某个变量相关联的 R^2 变化很大,则意味着该变量是因变量的一个良好的预测变量。

⑤ "描述性"复选框。

该复选框表示输出回归分析中的有效个案数、平均值及每个变量的标准偏差,同时输出具有单尾显著性水平的相关矩阵及每个相关系数的个案数。

⑥ "部分相关和偏相关性"复选框。

该复选框表示输出部分相关和偏相关统计量。其中"部分相关"指对于因变量与某个自变量,当已移去模型中的其他自变量对该自变量的线性效应之后,因变量与该自变量之间的相关性。当变量添加到方程时,它与 R^2 的更改有关。"偏相关"指的是对于两个变量,在移去由于它们与其他变量之间的相互关联引起的相关性之后,这两个变量之间剩余的相关性。对于因变量与某个自变量,当已移去模型中的其他自变量对上述两者的线性效应之后,这两者之间的相关性。

- "绘图"按钮。

单击"绘图"按钮,弹出如图 9-4 所示的"线性回归:图"对话框。

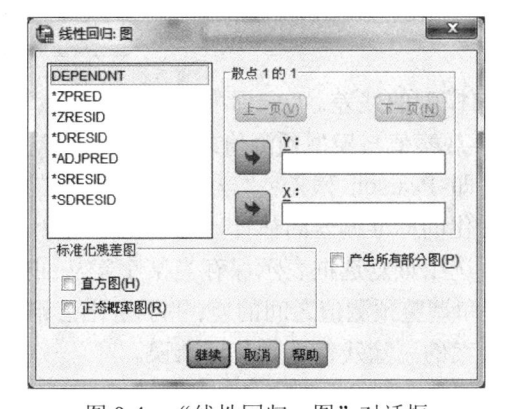

图 9-4 "线性回归:图"对话框

"线性回归：图"对话框用于帮助验证正态性、线性和方差相等的假设，还可以检测离群值、异常观察值和有影响的个案。在源变量列表中列出了因变量（DEPENDNT）及以下预测变量和残差变量：标准化预测值（*ZPRED）、标准化残差（*ZRESID）、剔除残差（*DRESID）、调整的预测值（*ADJPRED）、学生化的残差（*SRESID），以及学生化的已删除残差（*SDRESID）。该对话框各选项组的设置要点如下。

① "散点 1 的 1" 选项组。

该选项组可以利用源变量列表中的任意两个来绘图散点图，在"Y"中选入 Y 轴的变量，"X"中选入 X 轴的变量。单击"下一张"按钮可以再绘图下一张图，单击"上一张"按钮可以回到刚刚设定的上一张图进行修改。另外，针对标准化预测值绘图标准化残差，可以检查线性关系和等方差性。

② "标准化残差图" 选项组。

该选项组用于绘图标准化残差图，主要指定"直方图"和"正态概率图"两种图，将标准化残差的分布与正态分布进行比较。

③ "产生所有部分图" 复选框。

该复选框表示当根据其余自变量分别对两个变量进行回归时，显示每个自变量残差和因变量残差的散点图，但是要求方程中必须至少有两个自变量。

● "保存"按钮。

单击"保存"按钮，弹出如图 9-5 所示的"线性回归：保存"对话框。

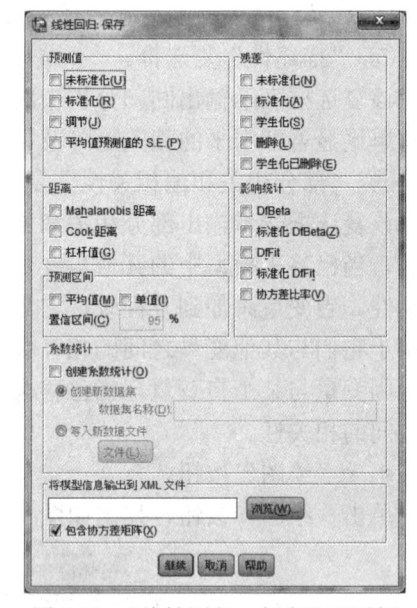

"线性回归：保存"对话框用于在活动数据文件中保存预测值、残差和其他对于诊断有用的统计量，包括以下内容。

① "预测值" 选项组。

该选项组用于保存回归模型对每个个案预测的值。"未标准化"，选中该复选框表示保存回归模型对因变量的预测值；"标准化"，选中该复选框表示保存标准化后的预测值；"调节"，选中该复选框表示保存当某个个案从回归系数的计算中排除时个案的预测值；"平均值预测的 S.E."，选中该复选框表示保存预测值的标准误。

② "残差" 选项组。

该选项组用于保存回归模型的残差。"未标准化"，选中该复选框表示保存观察值与模型预测值之间的原始残差；"标准化"，选中该复选框表示保存标准化后的残差，即 Pearson 残差；"学生化"，选中该复选框表示保存学生化的残差，即残差除以其随个案变化的标准偏差的估计，这取决于每个个案的自变量值与自变量平均值之间的距离；"删除"，选中该复选框表示保存当某个案从回归系数的计算中排除时该个案的残差，它是因变量的值和调整预测值之间的差；"学生化已删除"，选中该复选框表示保存学生化的删除残差，即个案的剔除残差除以其标准误。

图 9-5 "线性回归：保存"对话框

③ "距离" 选项组。

该选项组用于标识自变量的值具有异常组合的个案以及可能对回归模型产生很大影响的

个案的测量。"马氏距离",该复选框表示自变量上个案的值与所有个案的平均值相异程度的测量,大的 Mahalanobis 距离表示个案在一个或多个自变量上具有极值。"Cook 距离",选中该复选框表示保存 Cook 距离值,较大的 Cook 距离表明从回归统计量的计算中排除个案之后,系数会发生很大变化。"杠杆值",该复选框保存杠杆值,杠杆值是度量某个点对回归拟合的影响杠杆值范围为从 0 到 (N-1)/N,其中 0 表示对回归拟合无影响。

④ "影响统计"选项组。

该选项组用于测度由于排除了特定个案而导致的回归系数(DfBeta)和预测值(DfFit)的变化。"DfBeta",该复选框表示计算 beta 值的差分,表示由于排除了某个特定个案而导致的回归系数的改变。"标准化 DfBeta",该复选框表示计算 beta 值的标准化差分。"DfFit",该复选框表示计算拟合值的差分,即由于排除了某个特定个案而产生的预测变量的更改。"标准化 DfFit",该复选框表示计算拟合值的标准化差分。"协方差比率",该复选框表示从回归系数计算中排除特定个案的协方差矩阵的行列式与包含所有个案的协方差矩阵的行列式的比率,如果比率接近 1,则说明被排除的个案不能显著改变协方差矩阵。

⑤ "预测区间"选项组。

该选项组用于设置平均值与个别预测区间的上界和下界。"平均值",该复选框表示保存平均预测响应的预测区间的下限和上限。"单值",该复选框表示保存单个个案的因变量预测区间的下限和上限。"置信区间",该文本框用于指定预测区间的范围,取值为 1 到 99.99。

● "选项"按钮。

单击"选项"按钮,弹出如图 9-6 所示的"线性回归:选项"对话框。

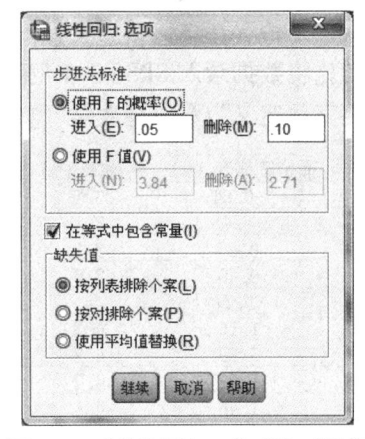

"线性回归:选项"对话框用于对步进回归方法和缺失值进行设置,包括以下内容。

① "步进法标准"选项组。

该选项组在已指定向前、向后或逐步式变量选择方法的情况下适用。变量可以进入到模型中,或者从模型中移去,这取决于 F 值的显著性(概率)或者 F 值本身。"使用 F 的概率",表示如果变量的

图 9-6 "线性回归:选项"对话框

F 值的显著性水平小于"进入"值,则将该变量选入到模型中;如果该显著性水平大于"删除"值,则将该变量从模型中移去。其中,"进入"值必须小于"删除"值,且两者均必须为正数。"使用 F 值",表示如果变量的 F 值大于"进入"值,则该变量输入模型;如果 F 值小于"删除"值,则该变量从模型中移去。"进入"值必须大于"删除"值,且两者均必须为正数。要将更多的变量选入到模型中,则降低"进入"值。要将更多的变量从模型中移去,则增大"删除"值。

② "在等式中包含常量"复选框。

该复选框表示回归模型中包含常数项。取消选择此选项可强制使回归模型通过原点,但是某些通过原点的回归结果无法与包含常数的回归结果相比较,如不能以通常的方式解释 R^2。

● "缺失值"选项组。

该选项组用于对回归中缺失值的设定。"按列表排除个案",选中该单选按钮表示只有所

有变量均取有效值的个案才包含在分析中;"按对排除个案",选中该单选按钮表示使用正被相关的变量对具有完整数据的个案来计算回归分析所基于的相关系数;"使用平均值替换",选中该单选按钮表示用变量的平均值来替换默认值。

设置完成后,单击"继续"按钮,就可以返回到"线性回归"对话框;如果只进行系统默认设置,单击"取消"按钮,也可以返回到"线性回归"对话框,进行其他设置。

(4) 分析结果输出。

设置完成后,单击"确定"按钮,就可以在 SPSS Statistics 查看器窗口得到线性回归分析的结果。

除可单击"确定"按钮,输出分析结果外,还可以单击"重置"按钮重新设置,也可以单击"取消"按钮,取消线性回归分析的操作,返回到 SPSS Statistics 数据编辑器窗口。

9.1.3 实验操作

下面以"9-1"数据文件为例,说明线性回归分析的具体操作过程和对结果的说明解释。

1. 实验数据的描述

菲利普斯曲线表明,失业率和通货膨胀率之间存在着替换关系。数据文件"9-1"给出了我国 1998-2007 年的通货膨胀率和城镇登记失业率。试用简单回归分析方法研究这种替换关系在我国是否存在。该数据文件的原始数据如图 9-7 所示。

首先将数据录入 SPSS。本例数据中包含三个变量,分别是年份、通货膨胀率和失业率。我们将其都定义为数值型变量(如图 9-8 所示),然后录入相关数据。

年份	通货膨胀率(%)	失业率(%)
1998	-0.84	3.1
1999	-1.41	3.1
2000	0.26	3.1
2001	0.46	3.6
2002	-0.77	4
2003	1.16	4.3
2004	3.89	4.2
2005	1.82	4.2
2006	1.46	4.1
2007	4.75	4

图 9-7 数据文件"9-1"的原始数据

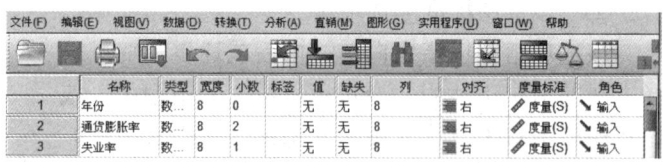

图 9-8 案例 9.1 数据

2. 实验的操作步骤

(1) 打开"9-1"数据文件,进入 SPSS Statistics 数据编辑器窗口,在菜单栏中选择"分析"|"回归"|"线性"命令,打开"线性回归"对话框,然后将"失业率"选入"因变量",将"通货膨胀率"选入"自变量"。

(2) 单击"Statistics"按钮,打开"线性回归:统计"对话框。选中"估计"、"模型拟合度"和"Durbin-Watson",然后单击"继续"按钮,保存设置。

(3) 其他设置使用系统默认设置即可。

(4) 单击"确定"按钮,等待输出结果。

3. 实验结果及分析

在 SPSS Statistics 查看器窗口的输出结果如图 9-9 到图 9-13 所示。

第9章 回归分析

图 9-9 给出了输入/移去的变量情况。可以看出在本实验中采用"输入"方法选择变量，没有变量被剔除，输入的变量是"通货膨胀率"。

已输入/除去变量[a]

模型	已输入变量	已除去变量	方法
1	通货膨胀率[b]	.	输入

a. 因变量：失业率
b. 已输入所有请求的变量。

图 9-9　输入/移去的变量

图 9-10 给出了评价模型的检验统计量。从该图可以得到 R、R^2、调整的 R^2、标准估计的误差及 D-W 统计量。

模型摘要[b]

模型	R	R 平方	调整后的 R 平方	标准估算的错误	Durbin-Watson(U)
1	.633[a]	.401	.326	.4096	1.055

a. 预测变量：(常量)，通货膨胀率
b. 因变量：失业率

图 9-10　模型摘要

图 9-11 给出了方差分析的结果。由该图可以得到模型的显著性 P 值是 0.049，小于显著水平 0.05，因此可以判断模型整体非常显著。

ANOVA[a]

模型		平方和	自由度	均方	F	显著性
1	回归	.899	1	.899	5.358	.049[b]
	残差	1.342	8	.168		
	总计	2.241	9			

a. 因变量：失业率
b. 预测变量：(常量)，通货膨胀率

图 9-11　Anova

图 9-12 给出了线性回归模型的回归系数及相应的一些统计量。从该图可以得到线性回归模型中的常数和通货膨胀率的系数分别为 3.601 和 0.157，说明通货膨胀率的系数为正，其与失业率之间的替换关系在我国并不成立。另外，线性回归模型中的常数和通货膨胀率的 t 值分别为 24.205 和 2.315，相应的概率值为 0.000 与 0.049，说明系数非常显著，这与图 9-11 方差分析的结果十分一致。

系数ª

模型		非标准化系数		标准系数	t	显著性
		B	标准错误	贝塔		
1	（常量）	3.601	.149		24.205	.000
	通货膨胀率	.157	.068	.633	2.315	.049

a. 因变量：失业率

图 9-12　系数

图 9-13 给出了一些残差的统计量。从该图可以得到预测值、残差、标准预测值和标准残差的极小值、极大值等统计量。

残差统计数据ª

	最小值	最大值(X)	平均值	标准偏差	数字
预测值	3.379	4.347	3.770	.3160	10
残差	-.5415	.5203	.0000	.3862	10
标准预测值	-1.237	1.825	.000	1.000	10
标准残差	-1.322	1.270	.000	.943	10

a. 因变量：失业率

图 9-13　残差统计数据

9.2　曲线回归分析

曲线估计可以拟合许多常用的曲线关系，如对数曲线、S 曲线等。当变量之间的关系可使用这些曲线描述时，便使用曲线回归分析进行拟合。

9.2.1　曲线回归分析的基本原理

许多情况下，变量之间的关系并非是线性关系，此时无法建立线性回归模型。但是许多模型可以通过变量转化为线性关系。统计学家发展出了曲线回归分析来拟合变量之间的关系。曲线估计的思想就是通过变量替换的方法将不满足线性关系的数据转化为符合线性回归模型的数据，再利用线性回归进行估计。SPSS 22.0 曲线估计过程提供线性曲线、二次项曲线、复合曲线、增长曲线、对数曲线、立方曲线、S 曲线、指数曲线、逆模型、幂函数模型和 Logistic 模型 11 种曲线回归模型。同时，SPSS 允许用户同时引入多个非线性模型，最后结合分析的结果选择相关的模型。本节将对曲线回归估计进行介绍。

9.2.2　曲线回归分析的 SPSS 操作

打开相应的数据文件或者建立一个数据文件后，可以在 SPSS Statistics 数据编辑器窗口进行曲线回归分析。

（1）在菜单栏中选择"分析"|"回归"|"曲线估计"命令，打开如图 9-14 所示的"曲

第9章 回归分析

线估计"对话框。

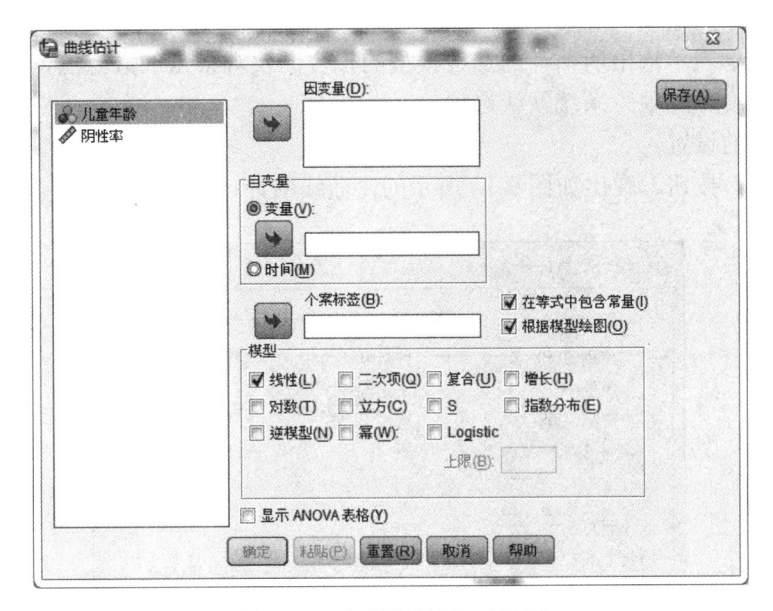

图9-14 "曲线估计"对话框

（2）选择变量。

从源变量列表中选择需要进行曲线回归分析的被解释变量，然后单击▶按钮将选中的变量选入"因变量"列表中；从源变量列表中选择需要进行曲线回归分析的解释变量，然后单击▶按钮将选中的变量选入"变量"列表中。

- "因变量"列表。

该列表中的变量为曲线回归模型中的被解释变量，数值类型为数值型。

- "变量"单选按钮。

选中该单选按钮后，选择进入文本框的变量为线性回归模型的解释变量或者控制变量，数值类型一般为数值型。如果解释变量为分类变量或定性变量，则可以用虚拟变量（哑变量）表示。此项为系统默认选项。

- "时间"单选按钮。

选中该单选按钮，则时间作为解释变量进入曲线回归模型。

- "个案标签"列表框。

该列表框用于指定个案标签的变量，作为散点图中点的标记。

- "模型"选项组。

该选项组用于指定用于回归的曲线模型，SPSS 22.0提供了11种曲线回归模型，分别是线性曲线、二次项曲线、复合曲线、增长曲线、对数曲线、立方曲线、S曲线、指数分布曲线、逆模型、幂函数模型、Logistic模型。如果选择"Logistic"复选框，则在"上限"输入框中指定模型上限。

- "显示 ANOVA 表格"复选框。

选中该复选框表示输出方差分析的结果。

- "在等式中包含常量"复选框。

选中该复选框表示在回归模型中含有常数项。取消此选项可强制使回归模型通过原点，但是某些通过原点的回归结果无法与包含常数的回归结果相比较。此项为系统默认选项。
- "根据模型绘图"复选框。

选中该复选框表示输出所估计的曲线模型的拟合图及观察点的散点图，用于直观评价曲线模型的拟合程度。此项为系统默认选项。

（3）相应的设置。

单击"保存"按钮，弹出如图9-15所示的"曲线估计：保存"对话框。

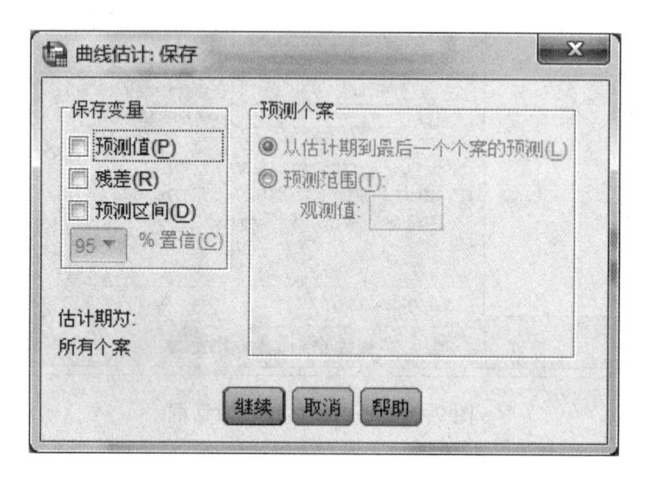

图 9-15 "曲线估计：保存"对话框

"曲线估计：保存"对话框用于设置保存残差及预测个案，包括以下内容。

①"保存变量"选项组。

该选项组用于对保存残差和预测值的设置。"预测值"，选中该复选框表示保存曲线模型对因变量的预测值。"残差"，选中该复选框表示保存曲线模型回归的原始残差。"预测区间"，选中该复选框表示保存预测区间的上下界，在"置信"下拉列表框中选择置信区间的范围。

②"预测个案"选项组。

该选项组只有在"曲线估计"对话框中选择"时间"单选按钮时才会被激活，主要用于对个案进行预测。"从估计期到最后一个个案的预测"，选中该复选框表示保存所有因变量个案的预测值。"预测范围"，选中该复选框表示保存用户指定的预测范围的预测值，在"观测值"文本框中输入要预测的观测值。

设置完成后，单击"继续"按钮，就可以返回到"线性回归"对话框；如果只进行系统默认设置，单击"取消"按钮，也可以返回到"线性回归"对话框，进行其他设置。

（4）分析结果输出。

设置完成后，单击"确定"按钮，就可以在 SPSS Statistics 查看器窗口得到曲线回归分析的结果。

除可单击"确定"按钮，输出分析结果外，还可以单击"重置"按钮重新设置，也可以单击"取消"按钮，取消进行曲线回归分析的操作，返回到 SPSS Statistics 数据编辑器窗口。

9.2.3 实验操作

下面以数据文件"9-2"为例，说明曲线回归分析的具体操作过程和对结果的说明解释。

1. 实验数据的描述

研究发现，锡克氏试验阴性率随儿童年龄增长而升高。数据文件"9-2"搜集了河南省某地 1~7 岁儿童的资料，试用曲线回归分析方法拟合曲线。本实验的原始数据如图 9-16 所示。

首先将数据录入 SPSS。将本例中变量"年龄"和"阴性率"都定义为数值型变量（如图 9-17 所示），然后录入相关数据。

年龄	阴性率(%)
1	58.4
2	74.6
3	91.1
4	93.3
5	95.9
6	95.2
7	96.1

图 9-16 数据文件"9-2"的原始数据

图 9-17 案例 9.2 数据

2. 实验的操作步骤

（1）打开"9-2"数据文件，进入 SPSS Statistics 数据编辑器窗口，在菜单栏中选择"分析"|"回归"|"曲线估计"命令，打开"曲线估计"对话框，选中"阴性率"并单击 ► 按钮使之进入因变量列表框，选中"儿童年龄"并单击 ► 按钮使之进入自变量列表框。

（2）在"曲线估计"对话框选中"线性"、"对数"、"立方"复选框，然后单击"继续"按钮，保存设置。

（3）单击"确定"按钮，便可以得到曲线回归结果。

3. 实验结果及分析

单击"确定"按钮后，在 SPSS Statistics 查看器窗口的输出结果如图 9-18 到图 9-22 所示。

图 9-18 给出了模型基本情况的描述。可以看到，有模型的因变量和自变量的名称、是否含有常数项、方程的容差以及 3 个方程的类型。

模型描述

模型名称		MOD_1
因变量	1	阴性率
方程式	1	线性(L)
	2	对数
	3	立方(U)
自变量		儿童年龄
常量		已包括
值在绘图中标记观测值的变量		未指定
对在方程式中输入项的容许		.0001

图 9-18 模型描述

图 9-19 为个案处理的摘要。由此可知参与曲线回归的个案数为 7。

图 9-20 给出了变量处理摘要。从该图中可以得到因变量和自变量的正负值情况，如本实验中因变量和自变量都含有正值 7 个，没有零和负值。

个案处理摘要

	数字
个案总计	7
排除的个案[a]	0
预测的个案	0
新创建的个案	0

a. 任何变量中带有缺失值的个案无需分析。

图 9-19 个案处理摘要

变量处理摘要

		变量	
		从属	自变量
		阴性率	儿童年龄
正值的数目		7	7
零的数目		0	0
负值的数目		0	0
缺失值的数目	用户缺失	0	0
	系统缺失	0	0

图 9-20 变量处理摘要

图 9-21 给出了模型汇总情况和参数估计值及相应的检验统计量。可以看出，3 个回归曲线中，拟合度最好的是三次模型（R^2 为 0.989），其次是对数曲线模型。从 F 值来看，3 次模型的拟合情况最好，因为三次模型的 F 值最大。3 个模型的概率值都小于 0.05，因此三个模型都比较显著。另外，还可以得到每个模型中常数和系数的估计结果。

模型摘要和参数估算

因变量：阴性率

	模型摘要					参数估计值			
方程式	R 平方	F	df1	df2	显著性	常量	b1	b2	b3
线性(L)	.721	12.889	1	5	.016	63.643	5.682		
对数	.911	51.443	1	5	.001	61.820	20.160		
立方(U)	.989	87.373	3	3	.002	28.243	35.090	-6.025	.342

自变量为儿童年龄。

图 9-21 模型汇总和参数估计值

图 9-22 给出了 3 个曲线模型拟合曲线及观测值的散点图。从图中可以很直观地看出，在 3 个曲线模型拟合的曲线中，三次模型拟合的曲线与原始观测值拟合得最好，而对数模型与线性模型拟合曲线都有许多观察点没有拟合好。因此，由拟合图的直观观察来看，三次模型最适合本实验的数据建模。

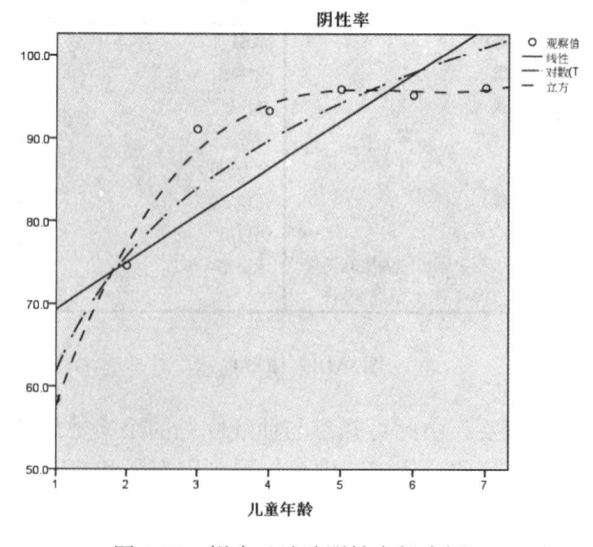

图 9-22 锡克氏试验阴性率拟合图

可以得出锡克氏试验阴性率与儿童年龄之间的关系为

Y（阴性率）$=28.243+35.090*X$（儿童年龄）$-6.025X^2+0.342X^3$

最终结论：锡克氏试验阴性率跟儿童年龄之间的关系是如模型所示的三次曲线关系。

9.3 非线性回归分析

非线性回归分析适用于了解参数的初始值或取值范围，而模型又无法转化为线性模型估计的情况。

9.3.1 非线性回归分析的基本原理

许多情况下，非线性模型无法通过变量转化为线性关系，这一类模型成为本质非线性模型。非线性模型的估计思路是，首先估算模型中参数的起始值和取值范围，再利用迭代算法得出参数的估计值。一般来说，非线性模型在估计完成参数起始值和取值范围后，常采用 NLR 或 CNLR 算法估计参数。NLR 算法寻找能使残差平方和最小的参数估计值，CNLR 算法首先建立一个非线性的损失函数，然后寻找能最小化这个损失函数的参数估计值。

相对于线性模型，非线性模型假设条件较少，模型形式多样。因此，非线性回归分析方法被广泛应用于数据分析实践中。

9.3.2 非线性回归分析的 SPSS 操作

建立或打开相应数据文件后，可以在 SPSS Statistics 数据编辑器窗口进行非线性回归分析。

（1）在菜单栏中依次选择"分析"|"回归"|"非线性"命令，打开如图 9-23 所示的"非线性回归"对话框。

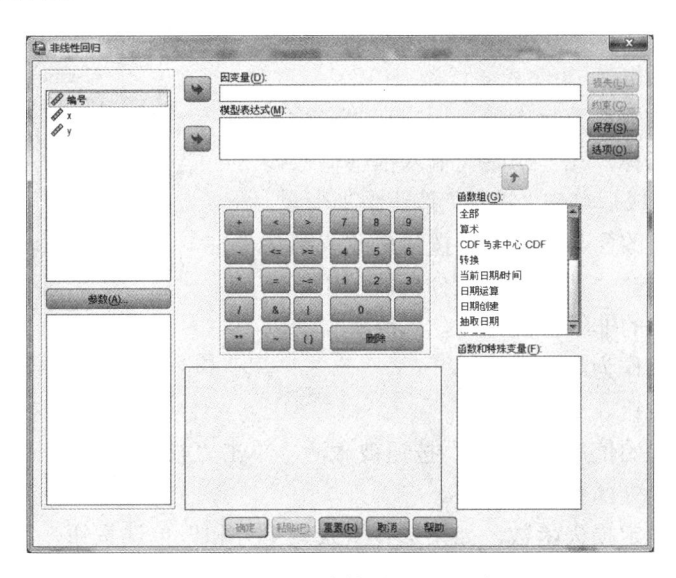

图 9-23 "非线性回归"对话框

（2）选择变量与设置模型表达式。

从源变量列表中选择参与非线性回归的因变量，然后单击 按钮将选中的变量选入"因变量"列表中。

从源变量列表中选择自变量,然后单击 按钮将选中的变量选入"模型表达式"列表中参与模型表达式的构建;从"函数组"列表中选择相应的函数类型后,"函数与特殊变量"列表中会显示出具体的函数类型与特殊变量,用户可以选择相应的函数并单击 按钮将其选入"模型表达式"列表中参与模型表达式的构建;也可以利用"模型表达式"下方的键盘进行数字与符号的输入,如图 9-24 所示。

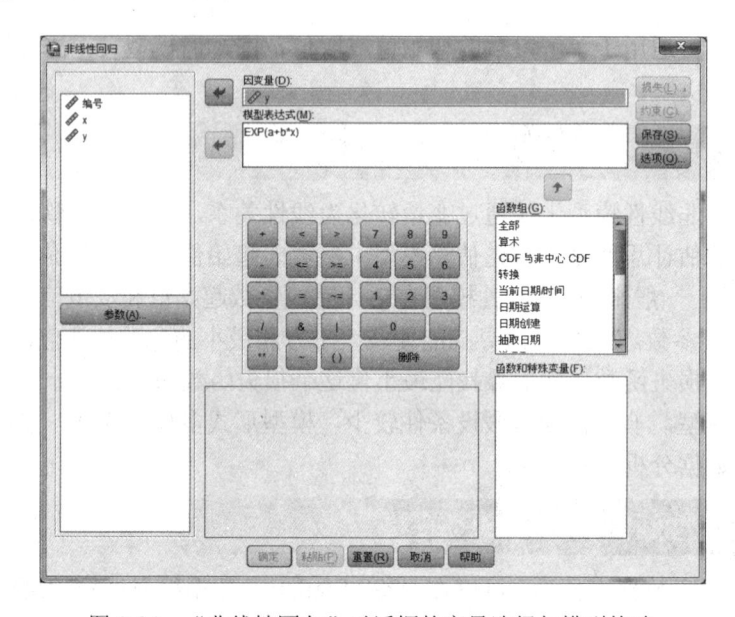

图 9-24 "非线性回归"对话框的变量选择与模型构建

(3) 相应的设置。

- "参数"按钮。

单击"参数"按钮,弹出如图 9-25 所示的"非线性回归:参数"对话框。

该对话框用于设置参数起始值。用户在"名称"输入框中输入参数名称,在"初始"输入框中输入参数的初始值,输入完成后单击"添加"按钮添加变量。用户还可以单击"更改"与"删除"按钮更改或删除设置好的变量。如选择"使用上一次分析的起始值"复选框,在进行连续的非线性回归时,系统将自动以上一次的参数拟合值作为起始值。

图 9-25 "非线性回归:参数"对话框

- "损失"按钮。

当设置参数的起始值后,"损失"按钮被激活,单击"损失"按钮,弹出如图 9-26 所示的"非线性回归:损失函数"对话框。

该对话框用于设定损失函数。如果选择"残差平方和"单选按钮,系统使用最小二乘法估计模型并最小化残差平方和;如果选择"用户定义的损失函数"单选按钮,系统将最小化用户自定义的损失函数,用户自定义损失函数的构建与模型表达式的构建操作方法相同,在此不再赘述。

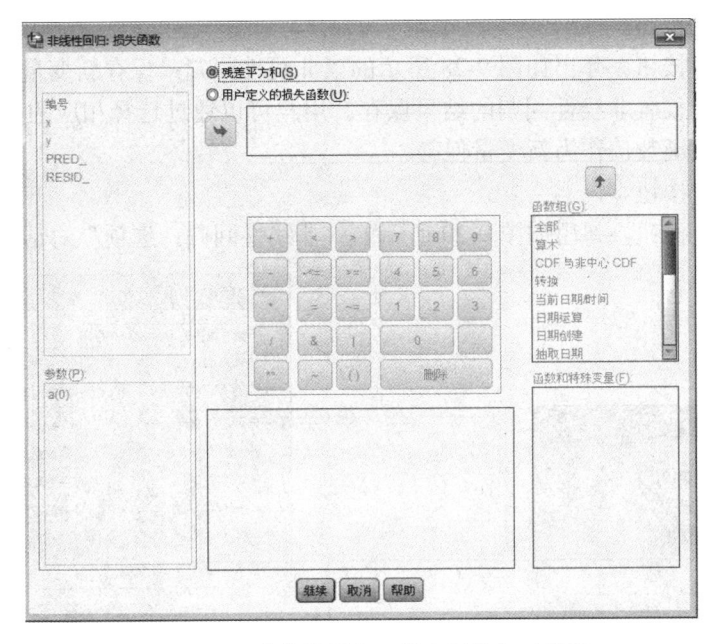

图 9-26 "非线性回归：损失函数"对话框

- "约束"按钮。

当设置参数的起始值后，"约束"按钮被激活，单击"约束"按钮，弹出如图 9-27 所示的"非线性回归：参数约束"对话框。

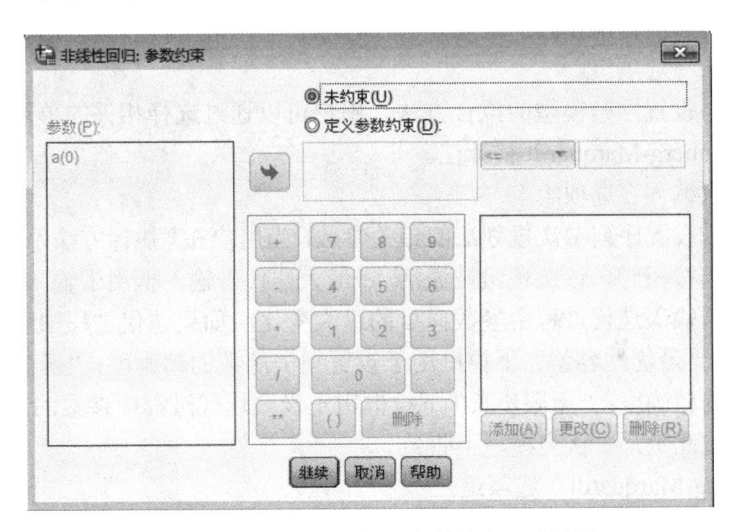

图 9-27 "非线性回归：参数约束"对话框

该对话框用于设置非线性回归的参数约束条件。如果选择"未约束"单选按钮，表示不对参数进行任何约束；如果选择"定义参数约束"单选按钮，下方的表达式编辑区将被激活，允许用户设置自定义参数。用户在"参数"列表中选择要进行约束的参数，然后单击 ➡ 按钮将其选入"自定义参数"列表，在"逻辑选项"下拉框中选择逻辑运算条件，在"约束值"输入框中输入自定义约束，设置完成后单击"添加"按钮添加参数约束。用户还可以单击"更改"与"删除"按钮更改或删除设置好的参数约束。

- "保存"按钮。

单击"保存"按钮，弹出如图 9-28 所示的"非线性回归：保存新变量"对话框。

该对话框用于设置非线性回归的结果保存。用户可以通过选择相应的复选框将预测值、残差、导数和损失函数值作为新变量保存。

- "选项"按钮。

单击"选项"按钮，弹出如图 9-29 所示的"非线性回归：选项"对话框。

图 9-28　"非线性回归：保存新变量"对话框

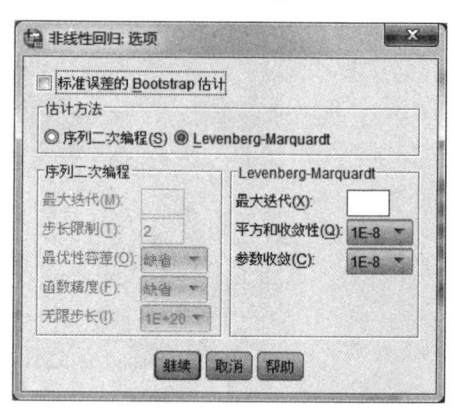

图 9-29　"非线性回归：选项"对话框

该对话框用于设置回归方法的相关参数。

① "标准误差的 Bootstrap 估计"复选框。

如果选择该复选框，系统将使用原始数据集重复抽样的方法来估计统计量的标准误。如果选择该复选框，只能使用序列二次规划估计方法。

② "估计方法"选项组。

该选项组用于设置回归模型的拟合方法。用户可以通过选择相关的单选按钮使用序列二次规划法或 Levenberg-Marquardt 估计法。

③ "序列二次编程"选项组。

该选项组用于设置序列二次规划法的相关参数，当用户在"估计方法"选项组中选择"序列二次编程"单选按钮时，该选项组被激活。"最大迭代"输入框用于输入迭代的最大次数；"步长限制"用于输入迭代过程中参数向量的最大变化，如果迭代过程中变化超过此量，则认为模型不收敛；"最优性容差"下拉框用于设置损失函数的精确度；"函数精度"下拉框用于设置拟合方程的精确度；"无限步长"下拉框用于设置迭代过程中参数的最大变化，如果迭代过程中变化超过此量，则认为模型不收敛。

④ "Levenberg-Marquardt"选项组。

该选项组用于设置 Levenberg-Marquardt 估计法的相关参数，当用户在"估计方法"选项组中选择"Levenberg-Marquardt"单选按钮时，该选项组被激活。"最大迭代"输入框用于输入迭代的最大次数；"平方和收敛性"下拉框用于设置方差的收敛标准，当方差的改变量小于设定值时，认为模型已经收敛；"参数收敛性"下拉框用于设置参数的收敛标准，当所有的参数的改变量小于设定值时，认为模型已经收敛。

（4）分析结果输出。

设置完成后，单击"确定"按钮，就可以在 SPSS Statistics 结果窗口得到非线性回归分析的结果。

除可单击“确定”按钮输出分析结果外，还可以单击“重置”按钮重新选择变量，重新设置“选项”；也可以单击“取消”按钮，取消非线性回归的操作，返回到 SPSS Statistics 数据编辑器窗口。

9.3.3 实验操作

下面以数据文件“9-3”为例，说明一般多元回归分析的操作。

1. 实验数据的描述

某著名足球青训营的教练想建立一个回归模型，对参与培训的球员毕业后的长期表现情况进行预测。自变量是球员的参训天数，因变量是球员毕业后的长期表现指数，指数越大，表现越好。本数据文件的原始 Excel 数据文件，如图 9-30 所示。

编号	参训天数（x）	长期表现指数(y)
1	31	16
2	38	13
3	45	8
4	34	19
5	7	45
6	5	51
7	10	36
8	26	19
9	19	26
10	2	53
11	65	6
12	52	11
13	60	4
14	14	34
15	53	8

图 9-30 数据文件“9-3”的原始数据

首先将数据录入到 SPSS 中。将本例中“编号”、“参训天数”和“球员长期表现指数”三个变量定义为数值型变量（如图 9-31 所示），然后录入相关数据。

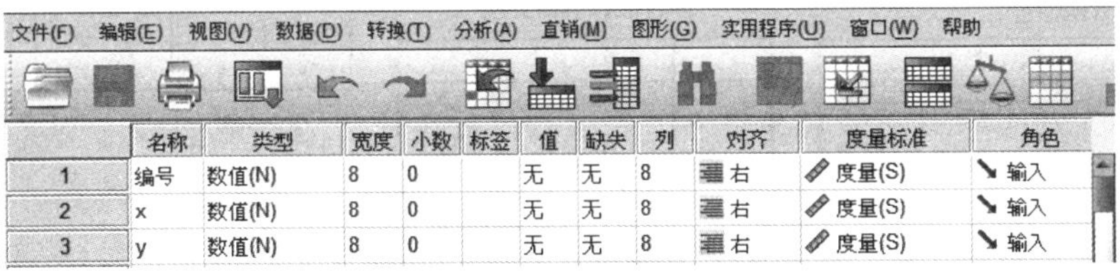

	名称	类型	宽度	小数	标签	值	缺失	列	对齐	度量标准	角色
1	编号	数值(N)	8	0		无	无	8	右	度量(S)	输入
2	x	数值(N)	8	0		无	无	8	右	度量(S)	输入
3	y	数值(N)	8	0		无	无	8	右	度量(S)	输入

图 9-31 案例 9.3 数据

2. 实验的操作步骤

（1） 在菜单栏中依次选择“分析”|“回归”|“非线性”命令，打开“非线性回归”对话框。

（2） 从源变量列表中选择“y”并单击➡按钮使之进入“因变量”列表框，设置模型表达式如下：EXP(a+b*x)。

（3） 单击“参数”按钮，弹出“非线性回归：参数”对话框，设置参数的初始值 a=4、b=−0.04（通过作两变量的散点图看出）。

（4） 单击“确定”按钮，便可得到结果。

3. 实验结果及分析

单击"确定"按钮后,在 SPSS Statistics 查看器窗口的输出结果如图 9-32 和图 9-33 所示。图 9-32 给出了每一步迭代的记录,由图可以看出经过 8 次迭代后,模型达到收敛标准。

迭代历史记录[b]

迭代编号[a]	残差平方和	参数 a	参数 b
1.0	120.292	4.000	-.040
1.1	64.647	4.065	-.039
2.0	64.647	4.065	-.039
2.1	64.567	4.063	-.039
3.0	64.567	4.063	-.039
3.1	64.567	4.063	-.039
4.0	64.567	4.063	-.039
4.1	64.567	4.063	-.039

导数将进行数值计算。

a. 主迭代数在小数左侧显示,次迭代数在小数右侧显示。

b. 8 次模型评估和 4 次导数评估后运行停止,因为连续残差平方和之间的相对减少量最多为 SSCON = 1.000E-8。

图 9-32 迭代程序记录表

图 9-33 给出了参数的估计值、估计值的标准误,以及参数估计的相关系数矩阵和方差分析表。从图中我们可以看出,参训天数与长期表现指数之间的关系为:

$$y = \text{EXP}(4.063 - 0.039 * x)$$

参数估计值

参数	估算	标准错误	95% 置信区间 下限值	95% 置信区间 上限
a	4.063	.029	4.001	4.125
b	-.039	.002	-.044	-.035

参数估计值相关性

	a	b
a	1.000	-.707
b	-.707	1.000

ANOVA[a]

源	平方和	自由度	均方
回归	11946.433	2	5973.216
残差	64.567	13	4.967
未修正总体	12011.000	15	
校正后的总变异	3890.933	14	

因变量:y

a. R 方 = 1 - (残差平方和) / (已更正的平方和) = .983。

图 9-33 参数估计结果

通过非线性回归分析,可知参训天数与长期表现指数之间存在如最终模型所示的非线性关系,教练可以对参训球员毕业后的长期表现情况进行预测。

9.4 Logistic 回归分析

Logistic 回归分析常用于因变量为二分变量时的回归拟合。

9.4.1 Logistic 回归分析的基本原理及模型

在许多领域的分析中,我们都会遇到因变量只能取二值的情形,如是与否、有效与无效等。对于这种问题建立回归模型,通常先将取值在实数范围内的值通过 Logit 变换转化为目标概率值,然后进行回归分析,这就是 Logistic 回归。Logistic 回归参数的估计通常采用最大似然法。最大似然法的基本思想是先建立似然函数与对数似然函数,再通过使对数似然函数最大求解相应的参数值,所得到的估计值称为参数的最大似然估计值。Logistic 模型的数学表达如公式(9-4)所示。

$$\ln\frac{p}{1-p} = \alpha + X\beta + \varepsilon \tag{9-4}$$

其中,p 为事件发生的概率,$\alpha = \begin{pmatrix} \alpha_1 \\ \alpha_2 \\ \vdots \\ \alpha_n \end{pmatrix}$ 为模型的截距项,$\beta = \begin{pmatrix} \beta_1 \\ \beta_2 \\ \vdots \\ \beta_n \end{pmatrix}$ 为待估计参数,

$X = \begin{pmatrix} x_{11} & x_{12} & \cdots & x_{1k} \\ x_{21} & x_{22} & \cdots & x_{2k} \\ \vdots & \vdots & \ddots & \vdots \\ x_{n1} & x_{n2} & \cdots & x_{nk} \end{pmatrix}$ 为解释变量,$\varepsilon = \begin{pmatrix} \varepsilon_1 \\ \varepsilon_2 \\ \vdots \\ \varepsilon_n \end{pmatrix}$ 为误差项,通过公式 9-2 可以看出,Logistic 模型建立了事件发生的概率和解释变量之间的关系。

9.4.2 Logistic 回归分析的 SPSS 操作

打开相应的数据文件或者建立一个数据文件后,可以在 SPSS Statistics 数据编辑器窗口进行 Logistic 回归分析。

(1) 在菜单栏中选择"分析"|"回归"|"二元 Logistic"命令,打开如图 9-34 所示的"Logistic 回归"对话框。

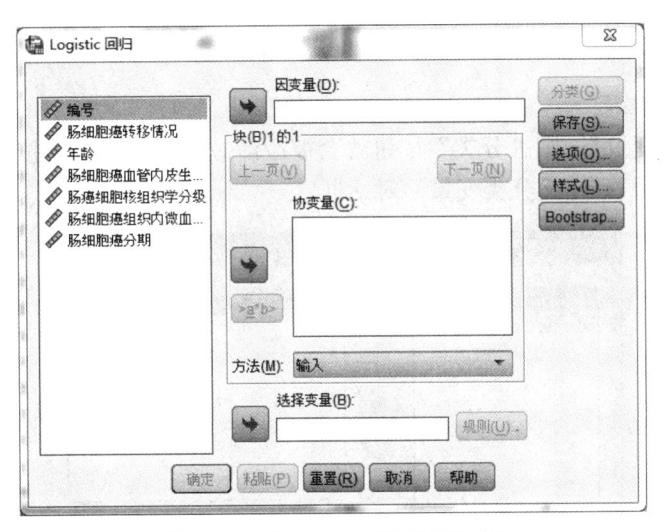

图 9-34 "Logistic 回归"对话框

(2) 选择变量。
从源变量列表中选择需要进行 Logistic 回归分析的被解释变量,单击 ▶ 按钮将选中的变量选入"因变量"列表中;从源变量列表中选择需要进行 Logistic 回归分析的解释变量,单击 ▶ 按钮将选中的变量选入"协变量"列表中。

- "因变量"列表。

该列表中的变量为 Logistic 回归模型中的被解释变量,数值类型为数值型,且必须是二值变量。

- "协变量"列表。

该列表的变量为线性回归模型的解释变量或者控制变量,数值类型一般为数值型。如果解释变量为分类变量或定性变量,则可以用虚拟变量(哑变量)表示;如果选择多个自变量,则可以将自变量分组成"模块",通过"上一张"和"下一张"按钮对不同的变量子集指定不同的回归模型。

- "方法"下拉列表。

该下拉列表框用于选择线性回归中变量的进入和剔除方法,建立多个回归模型,包括"进入",选中该方法表示所有的协变量列表中的变量都进入回归模型;"向前:条件",该方法采用步进方式选择协变量,协变量进入回归模型的标准是条件参数估计的似然比统计量概率值是否小于给定的显著水平;"向前:LR",该方法也是采用步进方式选择协变量,协变量进入回归模型的标准是极大偏似然估计的似然比统计量概率值是否小于给定的显著水平;"向前:Wald",该方法也是采用步进方式选择协变量,协变量进入回归模型的标准是 Wald 统计量概率值是否小于给定的显著水平;"向后:条件",该方法首先将所有协变量加入模型,然后根据条件参数估计的似然比统计量概率值是否大于给定的显著水平来删除变量;"向后:LR",该方法首先将所有协变量加入模型,根据极大偏似然估计的似然比统计量概率值是否大于给定的显著水平来删除变量;"向后:Wald",该方法首先将所有协变量加入模型,然后根据 Wald 统计量概率值是否大于给定的显著水平来删除变量。

- "选择变量"列表。

该列表框用于指定分析个案的选择规则,所有功能及用法与线性回归分析中的"选择变量"相同,因此在此不再赘述。

(3)相应的设置。

- "分类"按钮。

一旦选定"协变量",则"分类"按钮就会被激活。单击"分类"按钮,弹出如图 9-35 所示的"Logistic 回归:定义分类变量"对话框。

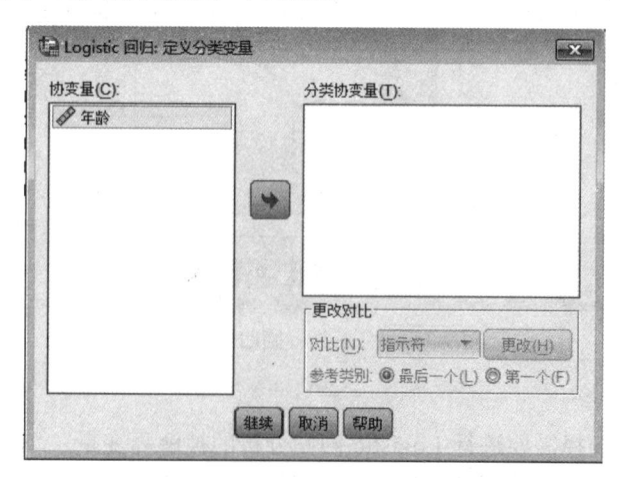

图 9-35 "Logistic 回归:定义分类变量"对话框

"Logistic 回归：定义分类变量"对话框主要是对分类变量进行设定。首先在"协变量"列表中选择所需要的分类变量，然后单击按钮将选中的变量选入"分类协变量"变量列表中。一旦选定"分类协变量"，则"更改对比"选项组就会被激活，该选项组用于选择对比的方法。单击下拉列表框中的下拉按钮，可以选择对比的方法。

①"指示符"。

该选项为系统默认选项，表示与分类变量的指示符对照。在"参考类别"中选择"最后一个"或"第一个"作为对比的基准。

②"简单"。

该选项表示对分类变量各个水平与第一个水平或最后一个水平的平均值进行对比。在"参考类别"中选择对比的基准。

③"差值"。

该选项表示对分类变量的各个水平都与前一个水平进行做差比较，当然第一个水平除外。

④"Helmert"。

该选项表示对分类变量的各个水平都与后面的水平进行做差比较，当然最后一个水平除外。

⑤"重复"。

该选项表示对分类变量的各个水平进行重复对比。

⑥"多项式"。

该选项表示对对每个水平按分类变量顺序进行趋势分析。常用的趋势分析方法有线性、二次式等。

⑦"偏差"。

该选项表示分类变量每个水平与总平均值进行对比。在"参考类别"中选择"最后一个"或"第一个"作为对比的基准。

- "保存"按钮。

单击"保存"按钮，弹出如图 9-36 所示的"Logistic 回归：保存"对话框。

"Logistic 回归：保存"对话框用于在活动数据文件中保存预测值、残差和其他对于诊断有用的统计量，包括以下内容。

①"预测值"选项组。

该选项组用于保存回归模型对每个个案预测的值。"概率"，选中该复选框表示保存每个观察值的预测概率；"组成员"，选中该复选框表示保存根据每个观察值的预测概率所确定的组群体。

②"残差"选项组。

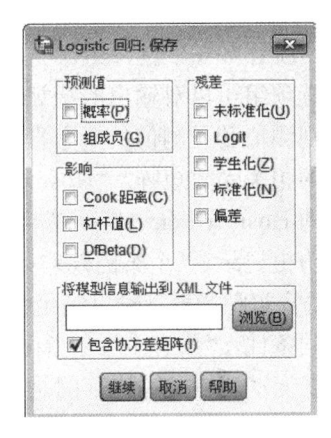

图 9-36　"Logistic 回归：保存"对话框

该选项组用于保存回归模型的残差。"未标准化"，选中该复选框表示保存观察值与模型预测值之间的原始残差。"Logit"，选中该复选框表示保存 Logit 度量的残差。"学生化"，选中该复选框表示保存学生化的残差，即残差除以其随个案变化的标准偏差的估计，这取决于每个个案的自变量值与自变量平均值之间的距离。"标准化"，选中该复选框表示保存标准化后的残差，即 Pearson 残差。"偏差"，选中该复选框表示保存偏差值。

③ "影响"选项组。

该选项组用于保存可能对回归模型产生很大影响的个案度量。"Cook 距离",选中该复选框表示保存 Cook 距离值,较大的 Cook 距离表明从回归统计量的计算中排除个案之后,系数会发生很大变化。"杠杆值",该复选框保存杠杆值,杠杆值是度量某个点对回归拟合的影响杠杆值范围为从 0 到 (N–1)/N,其中 0 表示对回归拟合无影响。"DfBeta",该复选框表示计算 beta 值的差分,表示由于排除了某个特定个案而导致的回归系数的改变。

- "选项"按钮。

单击"选项"按钮,弹出如图 9-37 所示的"Logistic 回归:选项"对话框。

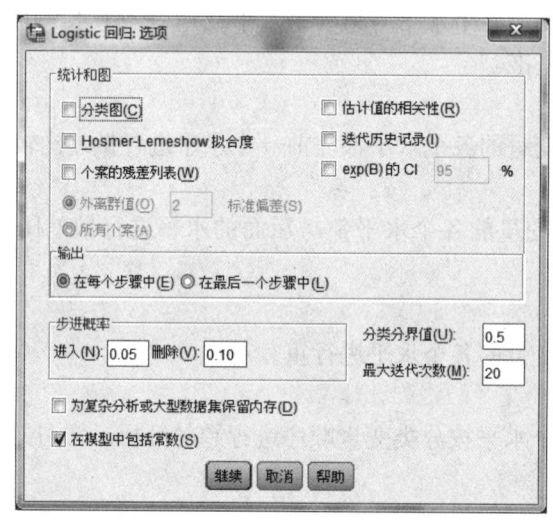

图 9-37 "Logistic 回归:选项"对话框

"Logistic 回归:选项"对话框主要对统计量和图、输出及步进方法进行设置,包括以下内容。

① "统计和图"选项组。

该选项组可以对输出的统计量和图进行相应设定。"分类图",选中该复选框表示输出因变量的观测值和预测值的概率直方图。"估计值的相关性",选中该复选框表示输出回归参数估计值的相关系数矩阵。"Hosmer-Lemeshow 拟合度",选中该复选框表示输出衡量回归模型拟合度的 Hosmer-Lemeshow 拟合度指标。"迭代历史记录",选中该复选框表示输出参数估计的迭代历史记录。"个案的残差列表",选中该复选框表示输出回归后每个个案的原始残差,其中"外离群值"表示输出满足条件的个案离群值,"标准偏差"用于指定离群值满足几倍标准偏差的条件,"所有个案"指可以输出所有个案的残差。"exp 的 CI",选中该复选框表示输出指数的变动范围,输出范围是从 1 到 99,系统默认为 95。

② "输出"选项组。

该选项组用于设定上述统计量和图输出的时间。"在每个步骤中",选中该单选按钮表示每一步都要输出选定的统计量和图。"在最后一个步骤中",选中该单选按钮表示最后一步都要输出选定的统计量和图。

③ "步进概率"选项组。

该选项组用于设定选择变量进入或移出回归模型的进入或删除标准。"进入",该文本框中的数值表示变量进入回归模型的最低显著水平。"删除",该文本框中的数值表示变量移出回归模型的最高显著水平。

④ "分类标准值"文本框。

该输出框表示对预测概率设定分界点来产生分类表，系统默认为 0.5。

⑤ "最大迭代次数"文本框。

该输出框表示对回归模型系数进行的最大似然估计的迭代次数，系统默认为 50 次。

⑥ "在模型中包括常数"复选框。

该复选框表示回归模型中包含常数项。取消此选项可强制使回归模型通过原点，但是某些通过原点的回归结果无法与包含常数的回归结果相比较。

设置完成后，单击"继续"按钮，就可以返回到"线性回归"对话框；如果只进行系统默认设置，单击"取消"按钮，也可以返回到"线性回归"对话框，进行其他设置。

（4）分析结果输出。

设置完成后，单击"确定"按钮，可在 SPSS Statistics 查看器窗口得到 Logistic 回归分析的结果。

还可以单击"重置"按钮重新设置，也可以单击"取消"按钮，取消进行 Logistic 回归分析的操作，返回到数据编辑器窗口。

9.4.3 实验操作

下面以数据文件"9-4"为例，说明 Logistic 回归分析的具体操作过程和对结果的说明解释。

1. 实验数据的描述

数据文件"9-4"给出了 20 名肠癌患者的相关数据。试用二项分类 Logistic 回归方法分析患者肠细胞癌转移情况（有转移 $y=1$、无转移 $y=0$）与患者年龄、肠细胞癌血管内皮生长因子（其阳性表述由低到高共 3 个等级）、肠癌细胞核组织学分级（由低到高共 4 级）、肠细胞癌组织内微血管数、肠细胞癌分期（由低到高共 4 期）之间的关系。原始数据如图 9-38 所示。

编号	肠细胞癌转移情况	年龄	肠细胞癌血管内皮生长因子	肠癌细胞核组织学分级	肠细胞癌组织内微血管数	肠细胞癌分期
1	0	60	3	3	46	1
2	1	35	2	2	60	2
3	1	64	1	1	146	3
4	0	67	2	3	100	2
5	0	54	3	4	92	3
6	0	57	3	3	98	2
7	1	40	1	2	70	1
8	0	41	2	4	202	4
9	0	51	1	1	76	1
10	1	57	3	1	70	2
11	0	66	2	3	123	1
12	0	30	1	4	89	3
13	0	53	1	1	59	1
14	0	34	3	2	49	2
15	1	38	1	4	35	1
16	1	41	1	2	67	1
17	0	16	1	3	134	1
18	0	34	3	4	116	3
19	0	46	1	2	51	3
20	0	72	3	4	180	2

图 9-38 数据文件"9-4"的变量视图

首先将数据录入到 SPSS 中。将本例中的 7 个变量，即编号、肠细胞癌转移情况、年龄、肠细胞癌血管内皮生长因子、肠癌细胞核组织学分级、肠细胞癌组织内微血管数和肠细胞癌分期都定义为数值型变量（见图 9-39），然后录入相关数据。

[图 9-39 案例 9.4 数据]

2. 实验的操作步骤

（1）打开"9-4"数据文件，进入 SPSS Statistics 数据编辑器窗口，在菜单栏中选择"分析"|"回归"|"二元 Logistic"命令，打开"Logistic 回归"对话框，选中"肠细胞癌转移情况"并单击 按钮使之进入"因变量"列表框，同时选中"年龄"、"肠细胞癌血管内皮生长因子"、"肠癌细胞核组织学分级"、"肠细胞癌组织内微血管数"和"肠细胞癌分期"并单击 按钮使之进入"协变量"列表框。

（2）单击"确定"按钮，便可以得到 Logistic 回归结果。

3. 实验结果及分析

单击"确定"按钮后，在 SPSS Statistics 查看器窗口的输出结果如图 9-40 到图 9-48 所示。

图 9-40 给出了案例处理汇总摘要。从该图可以得到参与回归分析的样本数据共有 20 个，没有缺失案例，参与率为 100%。

图 9-41 给出了因变量在迭代运算中的编码表，从该图可以看出因变量的内部编码是 0 和 1。

个案处理摘要

未加权的个案[a]		数字	百分比
选定的个案	已包括在分析中的个案	20	100.0
	缺少个案	0	.0
	总计	20	100.0
未选定的个案		0	.0
总计		20	100.0

a. 如果权重有效，那么请参见分类表了解个案总数。

图 9-40 案例处理汇总

因变量编码

原始值	内部值
0	0
1	1

图 9-41 因变量编码

从图 9-42 到图 9-44 给出了"模块 0"的预测和运算结果，包括分类表、方程中的变量和不在方程中的变量。"模块 0"是指在对因变量回归中的协变量仅含有截距项，而不含其他解释变量，因此方程中的变量只有常量没有其他解释变量。其中，常数相应的概率值是 0.789，可见非常不显著。另外，从图 9-42 分类表的预测情况可以看出，基于"模块 0"建立的 Logistic 回归模型对不发生肠细胞癌转移的预测准确率是 100%，而对发生肠细胞癌转移的预测准确率是 0%。因此基于"模块 0"的回归模型是不可靠的。

分类表^{a,b}

	观测值		预测值		
			肠细胞癌转移情况		百分比正确
			0	1	
步骤 0	肠细胞癌转移情况	0	12	0	100.0
		1	8	0	.0
	总体百分比				60.0

a. 模型中包括常量。
b. 分界值为 .500

图 9-42 分类表

方程式中的变量

		B	S.E.	Wald	自由度	显著性	Exp(B)
步骤 0	常量	-.405	.456	.789	1	.374	.667

图 9-43 方程中的变量

方程式中没有的变量

			得分	自由度	显著性
步骤 0	变量	年龄	1.511	1	.219
		肠细胞癌血管内皮生长因子	.260	1	.610
		肠癌细胞核组织学分级	1.046	1	.306
		肠细胞癌组织内微血管数	1.251	1	.263
		肠细胞癌分期	3.186	1	.074
	整体统计信息		9.115	5	.105

图 9-44 不在方程中的变量

从图 9-45 到图 9-48 给出了"模块 1"的预测和运算结果，包括模型系数的综合检验、分类表、模型汇总与方程中的变量。"模块 1"是指在对因变量回归中的协变量含有常数项及所有解释变量。从图 9-45 模型系数的综合检验可以看出，"模块 1"和基于该模块建立的模型的卡方值为 14.116，概率值为 0.015，显著小于 0.05 的显著水平，可见模块 1 和基于该模块建立的模型非常显著。从图 9-46 模型汇总可以得到 Logistic 回归模型的 Cox-Snell R^2 和 Nagelkerke R^2 的值分别为 0.506 和 0.684，可见模型的拟合度非常好。

模型系数的 Omnibus 检验

		卡方	自由度	显著性
步骤 1	步长(T)	14.116	5	.015
	块	14.116	5	.015
	模型	14.116	5	.015

图 9-45 型系数的综合检验

模型摘要

步长(T)	-2 对数似然	Cox & Snell R 平方	Nagelkerke R 平方
1	12.805[a]	.506	.684

a. 估算在迭代号 7 终止，因为参数估算更改小于 .001 。

图 9-46　模型汇总

分类表[a]

观测值		预测值		
		肠细胞癌转移情况		百分比正确
		0	1	
步骤 1　肠细胞癌转移情况　0		11	1	91.7
1		2	6	75.0
总体百分比				85.0

a. 分界值为 .500

图 9-47　分类表

方程式中的变量

		B	S.E.	Wald	自由度	显著性	Exp(B)
步骤 1[a]	年龄	-.085	.085	.999	1	.317	.918
	肠细胞癌血管内皮生长因子	-1.291	1.553	.691	1	.406	.275
	肠癌细胞核组织学分级	-1.626	1.031	2.488	1	.115	.197
	肠细胞癌组织内微血管数	-.050	.042	1.365	1	.243	.952
	肠细胞癌分期	3.897	2.433	2.565	1	.109	49.257
	常量	6.032	5.292	1.299	1	.254	416.681

a. 步骤 1：[%1:, 1:

图 9-48　方程中的变量

Logistic 模型建立了肠细胞发生癌转移概率与影响因素之间的关系，即：

$$y=-0.085x-1.291z-1.626m-0.05n+3.897p+6.032$$

其中 y、x、z、m、n、p 分别表示肠细胞发生癌转移概率的对数值、年龄、肠细胞癌血管内皮生长因子、肠癌细胞核组织学分级、肠细胞癌组织内微血管数和肠细胞癌分期。

9.5　加权回归分析

9.5.1　加权回归分析的基本原理

随机误差项的同方差性是 OLS 回归的重要假定之一。如果对于回归模型

$$y_i = \alpha + X\beta + \varepsilon_i$$

若出现 $\text{Var}(\varepsilon_i) = \delta_i^2$ 的情况，即对于不同的样本点，随机误差项的方差不再是常数，而互不相同，则认为出现了异方差性。

异方差性会导致参数估计量非有效、变量的显著性检验失去意义，模型的预测失效等后果。模型存在异方差性，可用加权最小二乘法（WLS）进行估计。加权最小二乘法是对原模型加权，使之变成一个新的不存在异方差性的模型，然后采用 OLS 估计其参数。

9.5.2 加权回归分析的 SPSS 操作

打开相应的数据文件或者建立一个数据文件后，可以在 SPSS Statistics 数据编辑器窗口进行加权回归分析。

（1）在菜单栏中选择"分析"|"回归"|"权重估计"命令，打开如图 9-49 所示的"权重估计"对话框。

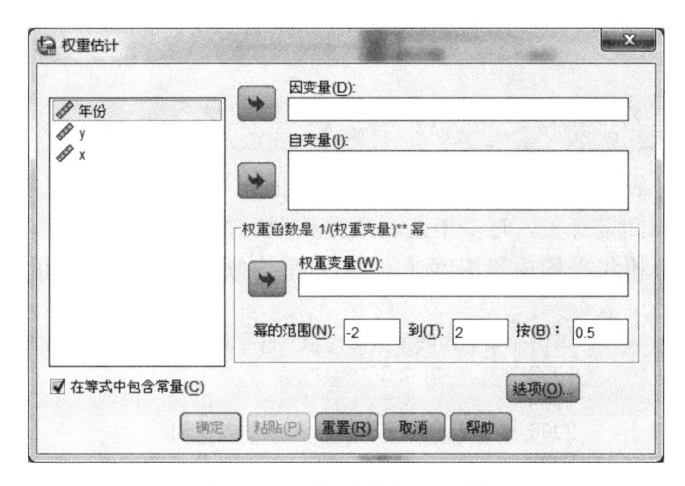

图 9-49 "权重估计"对话框

（2）选择变量。

从源变量列表中选择需要进行加权回归分析的因变量，单击 按钮将选中的变量选入"因变量"列表中；从源变量列表中选择需要进行加权回归分析的自变量，然后单击 按钮将选中的变量选入"自变量"列表中。

（3）加权权重的设置

从源变量列表中选择需要进行加权回归分析的因变量，然后单击 按钮将选中的变量选入"权重变量"列表中，然后在"幂的范围"输入框中输入加权指数的初始值与结束值，在"按"输入框中输入加权指数的步长。系统要求加权指数范围在-6.5 至 7.5 之间，且满足"（结束值-初始值）/步长<=150"的条件。权重为 1/（加权变量）^{加权指数}。

（4）进行相应的设置。

- "选项"按钮。

单击"选项"按钮，弹出如图 9-50 所示的"权重估计：选项"对话框。

图 9-50 "权重估计：选项"对话框

● “将最佳权重保存为新变量”复选框。

如果选择该复选框，系统将得到的最佳权重作为一个新变量保存在数据文件中。

● “显示 ANOVA 和估计”选项组。

该选项组用于设置方差与估计值的输出方式。如果选择“对于最佳幂”单选按钮，系统将只输出最终的估计值与方差分析表；如果选择“对于每个幂值”单选按钮，系统将输出设定的加权指数范围内的所有权重的估计值与方差分析表。

● “在等式中包含常量”复选框。

如果选择该复选框，表示在模型中包含常数项。

（5） 分析结果输出。

设置完成后，单击“确定”按钮，可以在 SPSS Statistics 结果窗口得到加权回归分析的结果。

除可单击“确定”按钮，输出分析结果外，还可以单击“重置”按钮，重新选择变量，重新设置“选项”，也可以单击“取消”按钮，取消加权回归分析的操作，返回到 SPSS Statistics 数据编辑器窗口。

9.5.3 实验操作

经过多年监测，发现一条河的河水中某种粒子的年平均质量浓度可能与上游一个造纸厂向河水中的日平均倾倒量有关，对多年监测数据整理后得到如图 9-51 所示的结果。试用加权最小二乘回归方法分析年平均质量浓度（y）和日平均倾倒量（x）之间的关系。

年份	年平均质量浓度(μg/L)	日平均倾倒量(L/d)
1998	4.2	0.11
1999	5.2	0.12
2000	9.6	0.21
2001	9.1	0.3
2002	17.4	0.35
2003	13.8	0.45
2004	19.1	0.57
2005	29.5	0.61
2006	22.2	0.7
2007	41.6	0.82
2008	46.9	0.85
2009	53.2	0.91

图 9-51 数据文件“9-5”的原始数据

首先将数据录入 SPSS。将本例中的 3 个变量“年份”、“年平均质量浓度（y）”和“日平均倾倒量（x）”定义为数值型变量（如图 9-52 所示），然后录入相关数据。

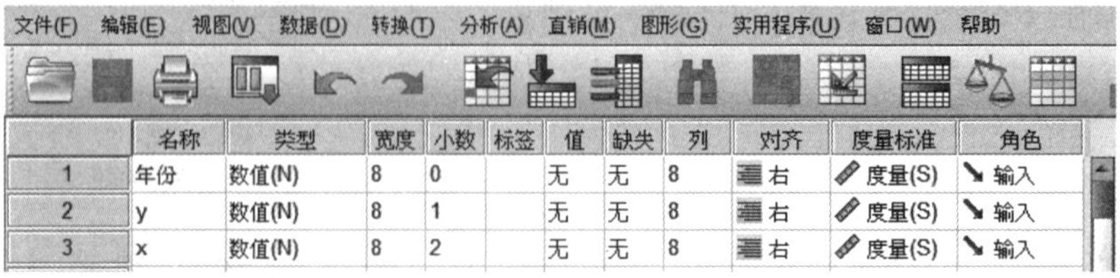

	名称	类型	宽度	小数	标签	值	缺失	列	对齐	度量标准	角色
1	年份	数值(N)	8	0		无	无	8	右	度量(S)	输入
2	y	数值(N)	8	1		无	无	8	右	度量(S)	输入
3	x	数值(N)	8	2		无	无	8	右	度量(S)	输入

图 9-52 案例 9.5 数据

第9章　回归分析

2. 实验的操作步骤

（1）在菜单栏中依次选择"分析"|"回归"|"权重估计"命令，打开"权重估计"对话框。

（2）从源变量列表中选择"y"并单击➡按钮使之进入"因变量"列表框，选中"x"并单击➡按钮使之进入"自变量"列表框。

（3）选中"x"并单击➡按钮使之进入"权重变量"列表框，然后选择幂的范围，把范围设置为"−2"到"4"并以"0.5"步进。

（4）单击"确定"按钮，便可以得到加权回归分析的结果。

3. 实验结果及分析

单击"确定"按钮后，在 SPSS Statistics 查看器窗口的输出结果如图 9-53 到图 9-55 所示。

图 9-53 给出了权重的相关信息，由图 9-53 可以看出加权指数为 3.5 时，对数似然函数值最大，即 3.5 是最优权重。

对数似然值[b]

幂	
−2.000	−41.634
−1.500	−40.635
−1.000	−39.634
−.500	−38.602
.000	−37.517
.500	−36.382
1.000	−35.228
1.500	−34.102
2.000	−33.068
2.500	−32.210
3.000	−31.641
3.500	−31.492[a]
4.000	−31.876

a. 将选择相应的幂进行进一步分析，这是因为，它将对数似然函数最大化。
b. 因变量：y，源变量：x

模型描述

因变量		y
自变量	1	x
宽度	源	x
	幂值	3.500

模型：MOD_2。

图 9-53　权重的输出

图 9-54 给出了标准化后和未标准化的系数，t 统计量和模型的拟合优度等信息，可以看出模型拟合优度较高且各系数均显著，这也证明了前面对加权指数的选择是正确的。

模型摘要

复 R	.947
R 平方	.896
调整后的 R 平方	.885
标准估算的错误	17.549
对数似然函数值	−31.492

系数

	非标准化系数		标准系数			
	B	标准错误	贝塔	标准错误	t	显著性
（常量）	−.231	.647			−.357	.729
x	42.540	4.586	.947	.102	9.276	.000

图 9-54　模型的估计结果

图 9-55 给出了模型的方差分析表，可以得到残差平方和回归平方和的 F 统计量等信息。

ANOVA

	平方和	自由度	均方	F	显著性
回归	26497.125	1	26497.125	86.038	.000
残差	3079.683	10	307.968		
总计	29576.807	11			

图 9-55　模型的方差分析表

通过实验，可以得出年平均质量浓度（y）和日平均倾倒量（x）之间的关系，具体为：

$$y=0.125+39.748*x$$

方程的估计信息均是经过加权后得到的信息，消除了模型中存在的异方差性，保证了参数检验的有效性。

9.6　有序回归分析（Ordinal）

如果因变量是有序的分类变量，我们应该使用有序回归的分析方法。

9.6.1　Ordinal 回归分析的基本原理

很多情况下我们会遇到有序因变量的情况，如成绩的等级优、良、中、差，贷款的违约情况正常、关注、风险、已违约等。有序因变量和离散因变量不同，在这些离散值之间存在着内在的等级关系。如果直接使用 OLS 估计法的话，将会失去因变量序数方面的信息而导致估计的错误。因此，统计学家发展出来有序回归分析这种分析方法，可以通过 SPSS 方便地实现有序回归分析的操作。

9.6.2　Ordinal 回归分析的 SPSS 操作

打开相应的数据文件或者建立一个数据文件后，可以在 SPSS Statistics 数据编辑器窗口进行 Ordinal 回归分析。

（1）在菜单栏中选择"分析"|"回归"|"有序"命令，打开如图 9-56 所示的"Ordinal 回归"对话框。

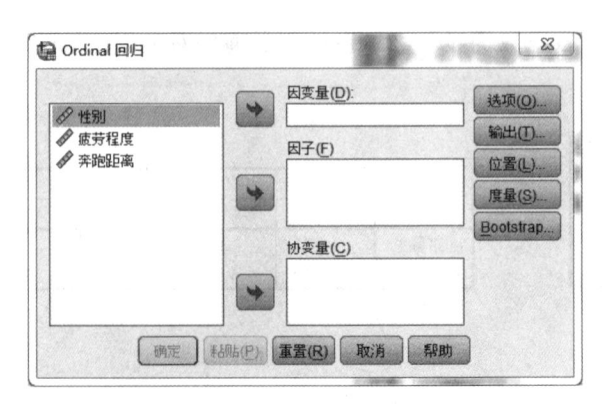

图 9-56　"Ordinal 回归"对话框

(2) 选择变量。

从源变量列表中选择需要进行 Ordinal 回归分析的被解释变量,然后单击按钮将选中的变量选入"因变量"列表中;从源变量列表中选择分类变量,然后单击按钮将选中的变量选入"因子"列表中;从源变量列表中选择需要进行 Ordinal 回归分析的解释变量,然后单击按钮将选中的变量选入"协变量"列表中。

- "因变量"列表。

该列表中的变量为 Ordinal 回归模型中的被解释变量,一般选定一个有序变量作为因变量,可以是字符串型或数值型,但必须对其取值进行升序排列,并指定最小值为第一个类别。

- "因子"列表。

该列表中的变量为分类变量,因子变量可以是字符型,但必须用连续整数进行赋值。

- "协变量"列表。

该列表的变量为 Ordinal 回归模型的解释变量或者控制变量,数值类型一般为数值型。如果解释变量为分类变量或定性变量,则可以用虚拟变量(哑变量)表示。

(3) 相应的设置。

- "选项"按钮。

单击"选项"按钮,弹出如图 9-57 所示的"Ordinal 回归:选项"对话框。

"Ordinal 回归:选项"对话框用于对 Ordinal 回归的迭代步骤、置信区间、奇异性容许误差进行设置。

① "迭代"选项组。

该选项组用于设置 Ordinal 回归的迭代估计的参数。"最大迭代",该输入框用于指定最大迭代步骤数目,必须为整数;若输入 0 值,则仅输出初始值。"最大步骤对分",该输入框用于指定最大步骤等分值,且必须为整数。"对数似然性收敛性",该下拉列表框用于指定对数似然性收敛值,共有 6 个不同的指定值;如果对数似然估计中的绝对或相对变化小于该值,则迭代会停止。"参数收敛",该下拉列表框用于指定参数估计值的收敛依据,共有 6 个不同的指定值;如果参数估计的绝对或相对变化小于该值,则迭代会停止。

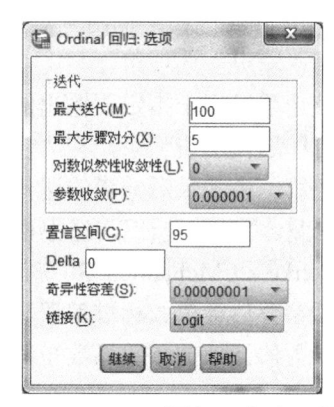

图 9-57 "Ordinal 回归:选项"对话框

② "置信区间"输入框。

该输入框用于指定参数估计的置信区间,输入范围是 0 到 99。

③ "Delta"输入框。

该输入框用于指定添加到零单元格频率的值,防止出现加大的估计偏误,输入范围小于 1 的非负值。

④ "奇异性容差"下拉列表。

该下拉列表框用于指定奇异性容许误差值,共有 6 个值。

⑤ "链接"下拉列表。

该下拉列表框用于指定对模型累积概率转换的链接函数,共有 5 种函数选择。"Cauchit",该函数适用于潜变量含有较多极端值的情况。"补充对数-对数",该函数适用于被解释变量值与概率值同增加的情况。"Logit",该函数适用于因变量为均匀分布的情况。"负对数-对数",该函数适用于因变量取值与概率值相反方向运动的情况。"概率",该函数适用于因变量为正态分布的情况。
- "输出"按钮。

单击"输出"按钮,弹出如图9-58所示的"Ordinal回归:输出"对话框。

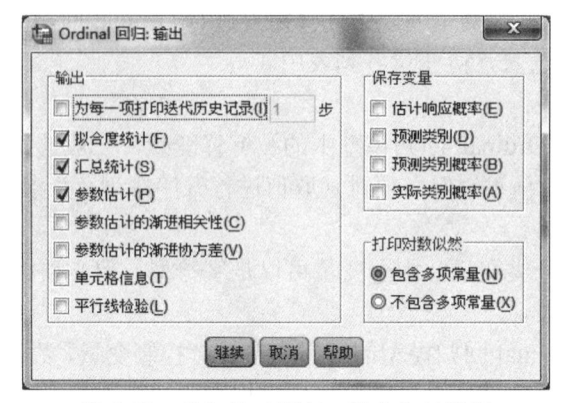

图9-58 "Ordinal回归:输出"对话框

"Ordinal回归:输出"对话框用于设置输出的统计量和表及保存变量。

① "输出"选项组。

该选项组用于指定要输出的统计摘要表。"为每一项打印迭代历史记录",选中该复选框表示打印迭代历史记录,在"步"中输入正整数值,表示输出每隔该值的迭代历史记录,同时输出第一步和最后一步的迭代记录。"拟合度统计",选中该复选框表示输出Pearson和卡方统计量。"汇总统计",选中该复选框表示输出摘要统计表,该统计表中含有Cox和Snell、Nagelkerke和McFadden R^2统计量。"参数估计",选中该复选框表示输出参数估计表,该表中包括参数估计值、标准偏误和置信区间等。"参数估计的渐进相关性",选中该复选框表示输出参数估计值的相关系数矩阵。"参数估计的渐进协方差",选中该复选框表示输出参数估计值的方差-协方差矩阵。"单元格信息",选中该复选框表示输出观察值和期望值的频率和累积频率、频率和累积频率的Pearson残差、观察到的和期望的概率以及以协变量模式表示的观察到的和期望的每个响应类别的累积概率。"平行线检验",选中该复选框表示输出平行线检验统计量,该检验的原假设是位置参数在多个因变量水平上都相等,但该项仅仅适用于位置模型。

② "保存变量"选项组。

该选项组用于设置保存变量。"估计响应概率",选中该复选框表示保存将观察值按因子变量分类成响应类别的模型估计概率,概率与响应类别的数量相等。"预测类别"表示保存模型的预测响应分类。"预测类别概率",选中该复选框表示保存模型最大的预测响应分类概率。"实际类别概率",选中该复选框表示保存实际类别的响应概率。

③ "打印对数似然"选项组。

该选项组用于设置输出似然对数统计量。"包含多项常量",选中该单选按钮表示输出包含常数的似然对数统计量。"不包含多项常量",选中该单选按钮表示输出不包含常数的似然对数统计量。

- "位置"按钮。

单击"位置"按钮,弹出如图9-59所示的"有序回归:位置"对话框。

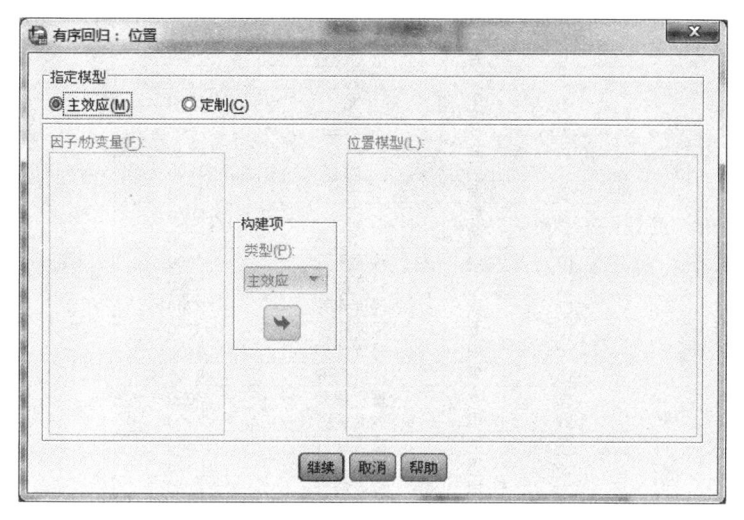

图 9-59 "有序回归：位置"对话框

"有序回归：位置"对话框用于指定回归模型中的效应。

① "指定模型"选项组。

该选项组用于指定回归模型的具体类型。"主效应"，选中该单选按钮表示采用包含协变量和因子的主效应，但不包含交互效应。"定制"，选中该单选按钮表示采用用户自定义的模型。如果选中"定制"，则"因子/协变量"、"构建项"和"位置模型"就会被激活。

② "因子/协变量"列表。

该列表框用于存放已经选定的因子变量和协变量。

③ "构建项"下拉列表。

该下拉列表框用于选择模型效应，SPSS 22.0 共提供了"主效应"、"交互"、"所有二阶"、"所有三阶"、"所有四阶"和"所有五阶"。选中所要指定的模型效应，单击 按钮就可以进入"位置模型"列表框。

④ "位置模型"列表。

该列表框用于存放用户选定的模型效应。

（4）分析结果输出。

设置完成后，单击"确定"按钮，可在 SPSS Statistics 查看器窗口得到 Ordinal 回归分析的结果。

除可单击"确定"按钮，输出分析结果外，还可以单击"重置"按钮重新设置，也可以单击"取消"按钮，取消进行 Ordinal 分析的操作，返回到 SPSS Statistics 数据编辑器窗口。

9.6.3 实验操作

下面以数据文件"9-6"为例，说明 Ordinal 回归分析的具体操作过程和对结果的说明解释。

1. 实验数据的描述

"9-6"数据文件记录了某学校的 20 名学生的奔跑距离与感受到的疲劳程度之间关系的数据信息，本实验将利用 Ordinal 回归来分析该奔跑距离与疲劳程度之间的关系。本数据文件的原始 Excel 数据文件如图 9-60 所示。

编号	性别	疲劳程度	奔跑距离（米）
1	男	无	1000
2	女	无	1500
3	男	无	1200
4	女	无	800
5	女	无	800
6	男	无	1800
7	男	无	1500
8	男	无	2000
9	男	无	2000
10	男	轻度疲劳	3000
11	女	轻度疲劳	3000
12	男	轻度疲劳	3200
13	女	轻度疲劳	3300
14	男	轻度疲劳	3400
15	男	轻度疲劳	4000
16	女	重度疲劳	3030
17	男	重度疲劳	7000
18	男	重度疲劳	7500
19	男	重度疲劳	6300
20	男	重度疲劳	5100

图 9-60　数据文件"9-6"的原始数据

在 SPSS 变量视图中建立变量"疲劳程度"、"奔跑距离"和"性别"，如图 9-61 所示。

图 9-61　"9-6"数据文件的变量视图

在 SPSS 活动数据文件的数据视图中，把相关数据输入到各个变量中。其中，"疲劳程度"变量为有序变量，分别将"无"、"轻度疲劳"和"重度疲劳"赋值为"1"、"2"和"3"。"性别"变量为名义变量，分别将"男"、"女"赋值为"1"和"2"。

2．实验的操作步骤

（1）打开数据文件"9-6"，进入 SPSS Statistics 数据编辑器窗口，在菜单栏中选择"分析"|"回归"|"有序"命令，打开"Ordinal 回归"对话框。

（2）将"疲劳程度"选入"因变量"列表、将"性别"选入"因子"列表、将"奔跑距离"选入"协变量"列表。

（3）单击"确定"按钮，便可得到 Ordinal 回归分析结果。

3．实验结果及分析

单击"确定"按钮后，在 SPSS Statistics 查看器窗口的输出结果如图 9-63 到图 9-67 所示。

图 9-63 给出了个案处理摘要结果。从该图中可以看出参与回归分析的个案数目、按"性别"分类的个案比例及按"疲劳强度"分类的个案比例。

图 9-64 给出了模型拟合信息。从该表可以得到仅含截距项的对数似然值为 42.684，最终的模型的卡方值是 6.631，显著性为 0.000，可见最终模型更为显著。

个案处理摘要(O)

		N	边缘百分比
疲劳程度	1	9	45.0%
	2	6	30.0%
	3	5	25.0%
性别	1	14	70.0%
	2	6	30.0%
有效		20	100.0%
缺失		0	
总计		20	

图 9-63 个案处理摘要

模型拟合信息

模型	-2 对数似然	卡方(i)	df	显著性
仅有截距	42.684			
与前面连写	6.631	36.052	2	.000

联接函数：Logit。

图 9-64 模型拟合信息

图 9-65 给出了两个拟合度统计量值。Pearson 卡方统计量和偏差卡方统计量的显著性均为 1，因此接受模型拟合情况良好的原假设。

图 9-66 给出了伪 R 方的 3 个统计量结果。Cox 和 Snell、Nagelkerke 和 McFadden R^2 统计量值分别为 0.835、0.947 和 0.845，3 个 R 方统计量的值都比较接近 1，可见模型的拟合程度比较好。

拟合优度

	卡方(i)	df	显著性
Pearson	7.047	32	1.000
偏差	6.631	32	1.000

联接函数：Logit。

图 9-65 拟合度

伪 R 方

考克斯-斯奈尔	.835
Nagelkerke	.947
McFadden	.845

联接函数：Logit。

图 9-66 伪 R 方

图 9-67 给出了参数估计值的统计列表。从该图可以得到相关信息。容易发现，奔跑距离的估计值为正，说明奔跑距离越长，学生会感觉越疲劳。

参数估计

		估算(E)	标准 错误	Wald	df	显著性	95% 的置信区间	
							下限值	上限
Threshold	[疲劳程度 = 1]	11.313	6.896	2.691	1	.101	-2.204	24.830
	[疲劳程度 = 2]	21.216	12.069	3.090	1	.079	-2.439	44.870
位置	奔跑距离	.006	.004	2.786	1	.095	-.001	.014
	[性别=1]	-6.241	4.833	1.667	1	.197	-15.713	3.232
	[性别=2]	0ª	.	.	0	.	.	.

联接函数：Logit。
a. 此参数设置为零，因为它是冗余的。

图 9-67 参数估计值

上机题

1. 某著名总裁培训班的教授想建立一个回归模型，对参与培训的高管毕业后的长期表现情况进行预测。自变量是高管的参训天数，因变量是高管毕业后的长期表现指数，指数越大，表现越好。数据如表 9-1 所示,试以长期表现指数为因变量,以参训天数为自变量,做曲线回归分析(数据路径:sample\chap09\上机题\习题 9.1.sav)。

表 9-1　高官培训相关数据

编　号	参训天数	长期表现指数
1	31	16
2	38	13
3	45	8
4	34	19
5	7	45
6	5	51
7	10	36
8	26	19
9	19	26
10	2	53
11	65	6
12	52	11
13	60	4
14	14	34
15	53	8

2. 为了检验美国电力行业是否存在规模经济,Nerlove(1963)收集了 1955 年 145 家美国电力企业的总成本(TC)、产量(Q)、工资率(PL)、燃料价格(PF)及资本租赁价格(PK)的数据如表 9-2 所示。试以总成本为因变量,以产量、工资率、燃料价格和资本租赁价格为自变量,用线性回归分析方法研究其间的关系(数据路径:sample\chap09\上机题\习题 9.2.sav)。

表 9-2　美国电力企业相关数据

编　号	TC	Q	PL	PF	PK
1	0.082	2	2.1	17.9	183
2	0.661	3	2.1	35.1	174
3	0.990	4	2.1	35.1	171
4	0.315	4	1.8	32.2	166
5	0.197	5	2.1	28.6	233
6	0.098	9	2.1	28.6	195
……	……	……	……	……	……
143	73.050	11796	2.1	28.6	148
144	139.422	14359	2.3	33.5	212
145	119.939	16719	2.3	23.6	162

3. 表 9-3 的数据搜集了某足球青训营年轻球员的球龄与对应表现指数的相关资料。试以表现指数为因变量,以球龄为自变量,做非线性回归分析(数据路径:sample\chap09\上机题

\习题 9.3.sav）。

表 9-3 年轻球员的球龄与对应表现指数的相关数据

球 龄	表现指数
1	58.4
2	74.6
3	91.1
4	93.3
5	95.9
6	95.2
7	96.1

4. 表 9-4 给出了 20 名前列腺癌患者的相关数据。试用二项分类 Logistic 回归方法分析患者前列腺细胞癌转移情况（有转移 $y=1$、无转移 $y=0$）与患者年龄、前列腺细胞癌血管内皮生长因子（其阳性表述由低到高共 3 个等级）、术前探针活检病理分级（从低到高共 4 级）、酸性磷酸酯酶、前列腺细胞癌分期（由低到高共 4 期）之间的关系（数据路径：sample\chap09\上机题\习题 9.4.sav）。

表 9-4 20 名前列腺癌患者的相关数据

编 号	前列腺细胞癌转移情况	年 龄	前列腺细胞癌血管内皮生长因子	术前探针活检病理分级	酸性磷酸酯酶	前列前细胞癌分期
1	0	66	3	3	46	1
2	1	45	2	2	60	2
3	1	79	1	1	50	3
4	0	65	2	3	50	2
5	0	55	3	4	60	3
6	0	58	2	3	43	2
7	1	43	1	2	70	1
8	0	45	2	4	56	4
9	0	51	1	1	76	1
10	1	57	3	1	70	2
11	0	66	2	3	50	1
12	1	30	3	4	55	3
13	0	53	1	1	59	1
14	0	34	3	2	49	2
15	1	38	1	4	35	3
16	0	41	1	2	67	1
17	0	16	1	3	68	1
18	1	34	3	2	67	3
19	1	46	1	2	51	3
20	0	72	3	4	72	2

5. 某篮球训练营就一项新的健身设备进行了一系列测试，发现使用者的健身效果共有 3 种：无、轻度和重度，这 3 种反应分别用 "0"、"1"、"2" 表示。收集的样本资料中还包括使用时间及使用者的性别，相关数据如表 9-5 所示（数据路径：sample\chap10\上机题\习题 9.5.sav，sample\chap09\上机题\习题 9.5.sav）。

表 9-5　健身效果相关数据

健身效果	使用时间	性　别
0.00	23.00	1.00
0.00	31.00	1.00
0.00	45.00	0.00
0.00	26.00	1.00
0.00	28.00	1.00
1.00	34.00	0.00
1.00	43.00	0.00
1.00	42.00	1.00
1.00	38.00	1.00
1.00	46.00	0.00
1.00	42.00	0.00
2.00	49.00	1.00
2.00	62.00	1.00
2.00	54.00	0.00
2.00	57.00	0.00

（1）试采用有序回归，计算参数估计值及相应的检验统计量。

（2）试根据有序回归分析结果，分析使用者健身效果与其使用时间之间的关系。

6. 表 9-6 的数据给出了某企业历年（1998-2007）的利润增长率和销售增长率的相关情况。试以销售增长率为因变量，以利润增长率为自变量，做加权最小二乘回归分析（数据路径：sample\chap09\上机题\习题 9.6.sav）。

表 9-6　某企业利润增长率和销售增长率相关数据

年份	利润增长率	销售增长率
1998	−0.84	3.1
1999	−1.41	3.1
2000	0.26	3.1
2001	0.46	3.6
2002	−0.77	4.0
2003	1.16	4.3
2004	3.89	4.2
2005	1.82	4.2
2006	1.46	4.1
2007	4.75	4.0

第 10 章　SPSS 降维分析

在现实研究过程中,研究者往往希望获得更多的信息。因此研究者选择多个观测角度,采用多个变量来衡量事物多方面的特征。较多的变量在给研究者提供丰富信息的同时也导致信息的重叠现象,从而增加了问题分析的复杂性和探求事物本质关系的难度。

降维是解决信息重叠问题的通行思路,降维分析就是将大量的可能存在相关关系的变量转换成较少的并且彼此不相关的综合指标的多元统计方法。这样可以有效地减少数据收集的工作量和分析的复杂度。

主成分分析和因子分析是降维所采用的两种主要方法。主成分分析利用原始变量的线性生成主成分。在信息损失较小的前提下,提取出观测变量的主要信息。因子分析是主成分分析的扩展和推广,其基于对原始变量的相关系数矩阵内部结构的研究,通过导出非观测综合变量去描述原始的多个变量之间的相关关系。

10.1　因子分析

10.1.1　因子分析的原理

因子分析(factor analysis)是一种数据简化的技术。它通过研究众多变量之间的内部依赖关系,通过分析变量间相关系数矩阵,利用少数几个独立的非观测变量翻译数据的基本结构,这些不可观测的潜在变量,可以反映数据的绝大部分重要信息,称为因子。

因子分析的基本模型如下:

$$\begin{cases} Z_1 = a_{11}F_1 + a_{12}F_2 + \cdots + a_{1p}F_p + c_1U_1 \\ Z_2 = a_{12}F_1 + a_{22}F_2 + \cdots + a_{2p}F_p + c_2U_2 \\ \cdots \\ Z_m = a_{m1}F_1 + a_{m2}F_2 + \cdots + a_{mp}F_p + c_mU_m \end{cases}$$

其中,Z_1、$Z_2\cdots Z_m$ 为原始变量,F_1、$F_2\cdots F_p$ 为公共因子,表示为矩阵形式为:

$$\underset{(m\times 1)}{Z} = \underset{(m\times p)}{A} \cdot \underset{(p\times 1)}{F} + \underset{\underset{(\text{对角阵})}{(m\times m)}}{C} \underset{(m\times 1)}{U}$$

其中,A 为因子载荷矩阵。

因子分析的基本步骤如下:

(1) 对数据进行标准化处理。

变量之间的不同单位将会对因子分析的准确性造成影响,需要对数据进行标准化处理,从而得到无量纲数据以消除不同单位对数据造成的影响。

(2) 估计因子载荷矩阵。

估计因子载荷矩阵是因子分析的核心，估计因子载荷矩阵的方法有主成分法、映像因子法、加权最小二乘法和最大似然法等。

(3) 因子旋转。

因子分析的一项基本要求就是使导出的因子具有明确的含义。当因子载荷矩阵 A 的结构不便对主因子进行解释时，可用一个正交阵右乘 A（即对 A 实施一个正交变换），其实质上相对于对应坐标系的一次旋转，从而使因子具有明确的意义。

(4) 估计因子得分。

使用因子的线性组合表达的原变量，成为因子得分函数。我们可以通过因子得分函数计算观测记录在各个公共因子上的得分，从而解决公共因子不可观测的问题。

10.1.2　因子分析的参数设置

因子分析的参数设置，主要通过"因子分析"对话框实现。

在菜单栏中依次选择"分析"|"降维"|"因子分析"命令，可以打开如图 10-1 所示的"因子分析"对话框。

该对话框中包括各列表和常用按钮的作用与参数设置要点如下。

1. "变量"列表和"选择变量"列表

该列表框中的变量为要进行因子分析的目标变量，因子分析要求采用定量变量，分类变量一般不适合因子分析。"选择变量"列表是用来限定参与因子分析的变量条件。该列表的作用和设置要点与前述章节的选择变量列表相同，读者可以参考相关章节，在此不再赘述。

2. "描述"按钮

描述按钮用于设置因子分析原始变量的相关描述统计量和一些检验统计量的输出，单击"描述"按钮，弹出如图 10-2 所示的"因子分析：描述统计"对话框。

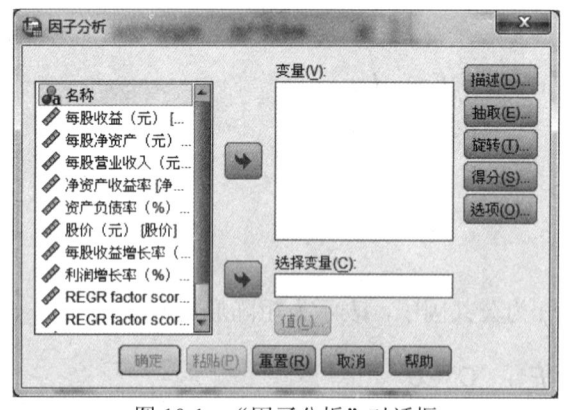

图 10-1　"因子分析"对话框　　　　图 10-2　"因子分析：描述统计"对话框

"因子分析：描述统计"对话框用于设定对原始变量的基本描述和对原始变量进行相关性分析。

(1) "Statistics"选项组。

该选项组主要用于对原始变量进行描述统计分析，其包括两个复选框，选择"单变量描述性"复选框表示输出每个变量的平均值、标准偏差和有效个案数；而选择"原始分析结果"

复选框表示输出初始公因子方差、特征值（即协方差矩阵对角线上的元素）和已解释方差的百分比。

（2）"相关矩阵"选项组。

该选项组主要用于设置相关矩阵输出的相关参数，各复选框功能如表 10-1 所示。

表 10-1　相关矩阵选项组各个复选框名称及其功能

复选框名称	复选框功能
"系数"复选框	选中表示输出原始变量之间的相关系数矩阵，原则上来说只有当大部分相关系数均超过 0.3，数据才适合因子分析
"显著性水平"复选框	选中表示输出相关系数矩阵中相关系数的单尾假设检验的概率值
"行列式"复选框	选中表示输出相关系数矩阵的行列式
"逆模型"复选框	选中表示输出相关系数矩阵的逆矩阵
"再生"复选框	选中表示输出从因子解估计的相关矩阵，还显示残差（估计相关性和观察相关性之间的差分）
"反映像"复选框	选中表示输出反映像相关矩阵，反映像相关矩阵包含偏相关系数的相反数，而反映像协方差矩阵包含偏协方差的相反数，在一个好的因子模型中，对角线上的元素值比较接近 1，而大部分非对角线的元素将会很小，其中反映像相关矩阵的对角线上的元素又称为变量的取样充分性度量（MSA）
"KMO 和 Bartlett 的球形度检验"复选框	其中 KMO 统计量用于比较变量间简单相关系数矩阵和偏相关系数的指标，KMO 值越接近 1 表示越适合做因子分析，而 Bartlett 球形度检验的原假设为相关系数矩阵为单位阵，如果 Sig 值拒绝原假设表示变量之间存在相关关系，因此适合做因子分析

3．"抽取"按钮

抽取按钮用于设定因子的提前方式，单击"抽取"按钮，弹出如图 10-3 所示的"因子分析：抽取"对话框。

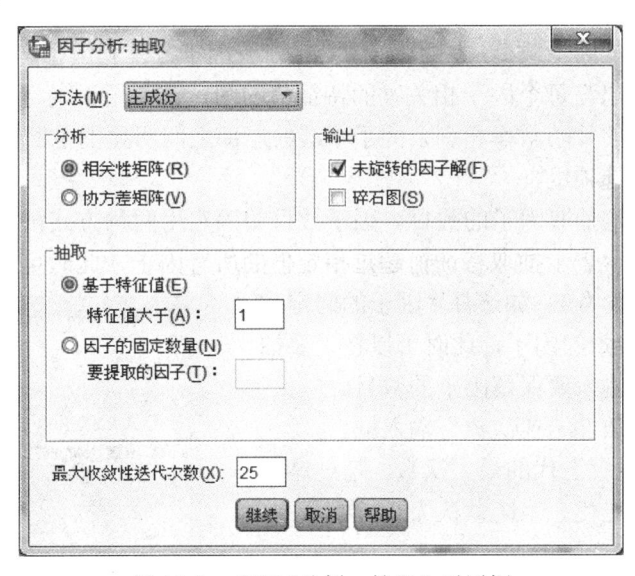

图 10-3　"因子分析：抽取"对话框

"因子分析：抽取"对话框用于设定提取公共因子的方法和公共因子的个数。

（1）"方法"下拉列表框。

该列表框用于设定提取公共因子的方法，各方法及其功能如表 10-2 所示。

表 10-2 "方法"下拉列表框中的方法及其功能

方法名称	方法内容与功能
主成分法	该方法用于形成原始变量的不相关的线性组合,其中第一个成分具有最大的方差,后面的成分对方差的解释的比例逐渐变小,它们相互之间均不相关,主成分分析用来获取最初因子解并且它可以在相关矩阵是奇异矩阵时使用
未加权最小平方法	该方法可以使观察的相关系数矩阵和再生的相关系数矩阵之间的差的平方值之和最小
综合最小平方法	该方法同未加权最小平方法,但是相关系数要进行加权,权重为他们单值的倒数,这样单值高的变量,其权重比单值低的变量的权重小
极大似然法	在样本来自多变量正态分布的情况下,它生成的参数估计最有可能生成了观察到的相关矩阵,将变量单值的倒数作为权重对相关性进行加权,并使用迭代算法
主轴因子分解法	在初始相关系数矩阵中,多元相关系数的平方放置于对角线上作为公因子方差的初始估计值,然后这些因子载荷用来估计替换对角线中的旧公因子方差估计值的新的公因子方差,继续迭代,直到某次迭代和下次迭代之间公因子方差的改变幅度能满足抽取的收敛条件
Alpha 法	该方法将分析中的变量视为来自潜在变量全体的一个样本,使因子的 alpha 可靠性最大
映像因子分解法	该方法将变量的公共部分(称为偏映像)定义为其对剩余变量的线性回归,而非假设因子的函数,实际上是使用多元回归的方法提取因子

(2) "分析"选项组。

该选项组用于指定相关矩阵或协方差矩阵,包括"相关性矩阵"单选按钮,选中表示以相关性矩阵作为提取公共因子的依据,当分析中使用不同的刻度测量变量时比较适合;"协方差矩阵"单选按钮,选中表示以协方差矩阵作为提取公共因子的依据,当因子分析应用于每个变量具有不同方差的多个组时比较适用。

(3) "输出"选项组。

该选项组用于指定输出的因子解和特征值的碎石图,如选择"未旋转的因子解"复选框,选中表示输出未旋转的因子载荷(因子模式矩阵)、公因子方差和因子解的特征值;选中"碎石图"复选框表示输出与每个因子相关联的特征值的图,该图用于确定应保持的因子个数,通常该图显示大因子的陡峭斜率和剩余因子平缓的尾部之间明显的中断(碎石)。

(4) "抽取"选项组。

该选项组用于指定抽取因子的数目。因子数目的确定用两种方式可以选择,如选择"基于特征值"单选按钮,表示抽取特征值超过指定值的所有因子,此时可以在"特征值大于"输入框中指定值,一般为 1;如选择"因子的固定数量",表示保留特定数量的因子,此时可以在"要抽取的因子"输入框中输入要保留因子的数目。

(5) "最大收敛性迭代次数"输入框。

该输入框用于设置迭代的最大次数,超过这个次数,系统自动停止迭代。系统默认为 25 次。

4. "旋转"按钮

单击右侧"旋转"按钮,弹出如图 10-4 所示的"因子分析:旋转"对话框。

"因子分析:旋转"对话框用于设定因子旋转的方法,进而可以命名因子。

图 10-4 "因子分析:旋转"对话框

(1)"方法"选项组。

该选项组用于设定因子旋转的方法,具体的选项和代表的意义,如表 10-3 所示。

表 10-3 因子旋转的方法

选 项	功 能
无	不进行任何因子旋转
最大方差法	是一种正交旋转方法,它使得对每个因子有高负载的变量的数目达到最小,并简化了因子的解释
直接 Oblimin 方法	是一种斜交旋转方法,当 delta 等于 0 时,解是最斜交的,当 delta 负得越厉害,因子的斜交度越低,其中要覆盖默认的 delta 值 0,可以在下方"Delta"输入框中输入小于等于 0.8 的数
最大四次方值法	又称为最大正交转法,该方法使得每个变量中需要解释的因子数目最少,可以简化对变量的解释
最大平衡值法	该方法是最大方差法与最大四次方值法的结合,可以使高度依赖因子的变量的个数以及解释变量所需的因子的个数最少
Promax	又称为最优斜交法,该方法可使因子相关联,可比直接最小斜交旋转更快地计算出来,因此适用于大型数据集

(2)"输出"选项组。

该选项组主要用于指定输出旋转解和载荷图,其可以输出旋转解和载荷图。具体设置如下:"旋转解",该复选框只有在选择了旋转方法后才能选择,对于正交旋转会显示已旋转的模式矩阵和因子变换矩阵,对于斜交旋转会显示模式、结构和因子相关矩阵;"载荷图",表示输出前三个因子的三维因子载荷图,而对于双因子解,则显示二维图,如果只抽取了一个因子,则不显示图。

(3)"最大收敛性迭代次数"输入框。

该输入框用于指定算法执行旋转所采取的最大步骤数。其中系统默认为 25 次。

5."得分"按钮

单击"得分"按钮,弹出如图 10-5 所示的"因子分析:因子得分"对话框。

"因子分析:因子得分"对话框主要用于计算因子得分。

图 10-5 "因子分析:因子得分"对话框

(1)"方法"选项组。

该选项组用于计算因子得分的方法,其包括 3 种方法,"回归",该方法得到的因子得分的平均值为 0,方差等于估计的因子分数和真正的因子值之间的平方多相关性,其中即使因子是正交的,分数也可能相关;"Bartlett",该方法尽管所产生因子得分的平均值为 0,但使整个变量范围中所有唯一因子的平方和达到最小;"Anderson-Rubin",即修正的 Bartlett 方法,该方法确保被估计的因子的正交性所产生因子得分的平均值为 0,标准偏差为 1,且不相关。

(2)"保存为变量"复选框。

该复选框用于对每个因子得分创建一个新变量,且只有选中该复选框才能进行"方法"的设定。

(3)"显示因子得分系数矩阵"复选框。

该复选框用于输出因子得分的系数矩阵及因子得分之间的相关性矩阵。

设置完成后,单击"确定"按钮,就可以在 SPSS Statistics 查看器窗口得到因子分析的结果。

除可单击“确定”按钮，输出分析结果外，还可以单击“重置”按钮重新设置，也可以单击“取消”按钮，取消因子分析的操作，返回到 SPSS Statistics 数据编辑器窗口。

10.1.3　案例分析

下面以数据文件“10-1”为例，说明因子分析的具体操作过程和对结果的说明解释。

1.　实验数据的描述

案例收集了 2009 年在中国 A 股上市的 14 家商业银行的财务及股价数据，这些指标包括每股收益、每股净资产、每股营业收入、净资产收益率、资产负债率、均价、基每股收益增长率、利润增长率。14 家商业银行分别是浦发、华夏、民生、招商、南京、兴业、北京、交通、工商、建设、中国、中信、深发、宁波。数据来源于 Wind 数据库，数据如图 10-6 所示。我们希望通过因子分析，寻找影响商业银行业绩的主要因素。

证券简称	每股收益(元)	每股净资产（元）	每股收入（元）	净资产收益率	资产负债率	均价（元）	收益增长率（%）	利润增长率（%）
浦发银行	1.621	7.696	4.1703	24.1107	95.8041	20.6014	-26.6848	13.0204
华夏银行	0.7535	6.06	3.4324	13.0438	96.4239	11.5204	7.0921	20.4926
民生银行	0.63	3.95	1.8893	17.0582	93.7679	7.292	50	49.2754
招商银行	0.95	4.85	2.6908	21.1668	95.5133	15.2787	-33.5664	-16.3496
南京银行	0.84	6.55	1.975	13.2313	91.8643	16.117	6.3291	7.5059
兴业银行	2.66	11.92	6.3358	24.4559	95.5263	32.2606	16.6667	22.7408
北京银行	0.9	6.03	1.9099	15.7914	92.956	15.4371	3.4483	3.1254
交通银行	0.61	3.34	1.652	19.4624	95.0312	7.9856	5.1724	6.762
工商银行	0.39	2.02	0.9265	20.1396	94.239	4.8281	18.1818	15.1045
建设银行	0.46	2.38	1.1433	20.903	94.191	5.5705	15	15.8542
中国银行	0.32	2.03	0.9147	16.4389	93.7683	4.1028	28	28.8066
中信银行	0.37	2.63	1.0453	14.4544	93.9715	6.9216	8.8235	8.9711
深发展A	1.62	6.59	4.8671	27.2887	96.5177	21.2016	710	681.0329
宁波银行	0.58	3.9	1.6702	15.7163	94.0362	14.6158	9.434	14.8949

图 10-6　数据文件“10-1”的原始数据

在 SPSS 的变量视图中，建立变量“名称”、“每股收益”、“每股净资产”、“每股营业收入”、“净资产收益率”、“资产负债率”、“均价”、“每股收益增长率”、“利润增长率”，表示各个衡量指标，如图 10-7 所示。

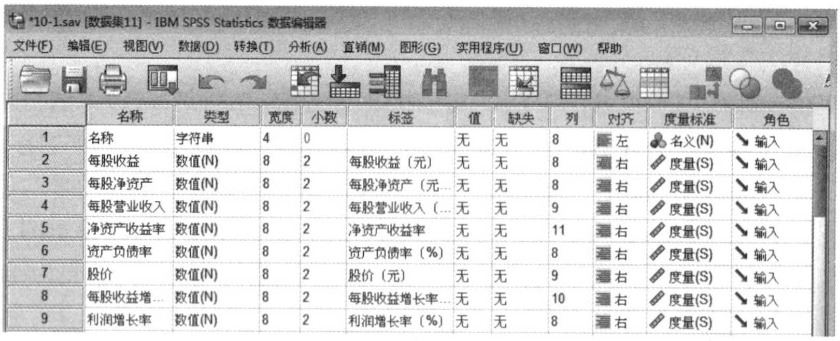

	名称	类型	宽度	小数	标签	值	缺失	列	对齐	度量标准	角色
1	名称	字符串	4	0		无	无	8	左	名义(N)	输入
2	每股收益	数值(N)	8	2	每股收益（元）	无	无	8	右	度量(S)	输入
3	每股净资产	数值(N)	8	2	每股净资产（元...	无	无	8	右	度量(S)	输入
4	每股营业收入	数值(N)	8	2	每股营业收入（...	无	无	9	右	度量(S)	输入
5	净资产收益率	数值(N)	8	2	净资产收益率	无	无	11	右	度量(S)	输入
6	资产负债率	数值(N)	8	2	资产负债率（%）	无	无	8	右	度量(S)	输入
7	股价	数值(N)	8	2	股价（元）	无	无	9	右	度量(S)	输入
8	每股收益增...	数值(N)	8	2	每股收益增长率...	无	无	10	右	度量(S)	输入
9	利润增长率	数值(N)	8	2	利润增长率（%）	无	无	8	右	度量(S)	输入

图 10-7　数据文件“10-1”的变量视图

在 SPSS 活动数据文件中的数据视图中，把相关数据输入到各个变量中。

2.　实验的操作步骤

（1）　打开数据文件“10-1”，进入 SPSS Statistics 数据编辑器窗口，在菜单栏中依次选择“分析”|“降维”|“因子分析”命令，“每股收益”、“每股净资产”、“每股营业收入”、“净

第 10 章 SPSS 降维分析

资产收益率"、"资产负债率"、"均价"、"每股收益增长率"、"利润增长率"变量选入"变量"列表。

（2）单击"描述"按钮，选择"原始分析结果"复选框和"KMO 与 Bartlett 球形度检验"复选框，单击"继续"按钮，保存设置结果。

（3）单击"抽取"按钮，选择"碎石图"复选框，其他为系统默认选择，单击"继续"按钮，保存设置结果。

（4）单击"旋转"按钮，选择"最大方差法"复选框，其他为系统默认选择，单击"继续"按钮，保存设置结果。

（5）单击"得分"按钮，选择"保存为变量"和"因子得分系数"复选框，单击"继续"按钮，保存设置结果。

3. 实验结果及分析

单击"确定"按钮，SPSS Statistics 查看器窗口将输出以下结果。

图 10-8 给出了 KMO 和 Bartlett 的检验结果，其中 KMO 值越接近 1 表示越适合做因子分析，从该表可以得到 KMO 的值为 0.602，表示比较适合做因子分析。Bartlett 球形度检验的原假设为相关系数矩阵为单位阵，Sig 值为 0.000 小于显著水平 0.05，因此拒绝原假设表示变量之间存在相关关系，适合做因子分析。

KMO 和巴特利特检验

KMO 取样适切性量数。		.602
Bartlett 的球形度检验	上次读取的卡方	192.126
	自由度	28
	显著性	.000

图 10-8 KMO 和 Bartlett 的检验

图 10-9 给出了每个变量共同度的结果。该表左侧表示每个变量可以被所有因素解释的方差，右侧表示变量的共同度。从该表可以得到，因子分析的变量共同度都非常高，表明变量中的大部分信息均能够被因子所提前，说明因子分析的结果是有效的。

公因子方差

	初始值	提取
每股收益（元）	1.000	.980
每股净资产（元）	1.000	.948
每股营业收入（元）	1.000	.973
净资产收益率	1.000	.652
资产负债率（%）	1.000	.487
股价（元）	1.000	.928
每股收益增长率（%）	1.000	.912
利润增长率（%）	1.000	.925

提取方法：主成份分析。

图 10-9 变量共同度表

图 10-10 给出了因子贡献率的结果。该表中左侧部分为初试特征值，中间为提前主因子

结果，右侧为旋转后的主因子结果。"合计"指因子的特征值，"方差的%"表示该因子的特征值占总特征值的百分比，"累积%"表示累积的百分比。通过对该表格的分析，只有前两个因子的特征值大于1，并且前两个因子的特征值之和占总特征值的85.06%，因此，提取前两个因子作为主因子。

总方差解释

组件	初始特征值			提取载荷平方和			旋转载荷平方和		
	总计	方差百分比	累积%	总计	方差百分比	累积%	总计	方差百分比	累积%
1	4.948	61.844	61.844	4.948	61.844	61.844	4.027	50.340	50.340
2	1.858	23.224	85.068	1.858	23.224	85.068	2.778	34.728	85.068
3	.745	9.313	94.381						
4	.393	4.907	99.288						
5	.046	.569	99.857						
6	.008	.100	99.957						
7	.003	.036	99.993						
8	.001	.007	100.000						

提取方法：主成份分析。

图 10-10　因子贡献率表

图 10-11 给出了旋转后的因子载荷值，其中旋转方法是 Kaiser 标准化的正交旋转法。通过因子旋转，各个因子有比较明确的经济含义。

图 10-12 给出了特征值的碎石图，该图中，具有较强的解释能力的因子一般在图中表现为较大的斜率，主因子一般在具有陡峭的斜率的线段上，而在平缓斜率上是因子对变异的解释非常小。从该图可以看出前两个因子都处在非常陡峭的斜率上，而从第三个因子开始斜率变平缓，因此选择前两个因子作为主因子。

旋转后的成分矩阵^a

	组件	
	1	2
每股收益（元）	.960	.243
每股净资产（元）	.973	.032
每股营业收入（元）	.918	.360
净资产收益率	.481	.648
资产负债率（%）	.414	.562
股价（元）	.950	.158
每股收益增长率（%）	.050	.954
利润增长率（%）	.080	.959

提取方法：主成份分析。
旋转方法：Kaiser 标准化最大方差法。
a. 旋转在 3 次迭代后已收敛。

图 10-11　旋转的因子载荷表

图 10-12　碎石图

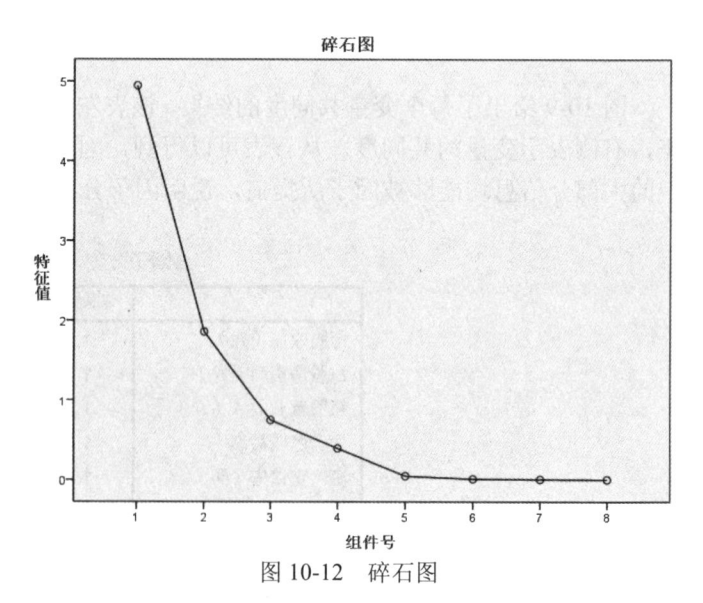

图 10-13 给出了成分得分系数矩阵，图 10-14 给出了由成分得分系数矩阵计算的因子得分。其中成分得分系数矩阵给出了因子得分的计算公式中各个变量的权重，图 10-14 的结果是由图 10-13 提供的计算公式得到的。

第10章 SPSS 降维分析

成分得分系数矩阵

	组件	
	1	2
每股收益（元）	.253	-.041
每股净资产（元）	.289	-.136
每股营业收入（元）	.222	.017
净资产收益率	.046	.210
资产负债率（%）	.039	.182
股价（元）	.263	-.077
每股收益增长率（%）	-.132	.410
利润增长率（%）	-.123	.408

提取方法：主成份分析。
旋转方法：Kaiser 标准化最大方差法。
组件评分。

图 10-13 成分得分系数矩阵

FAC1_1	FAC2_1
1.22456	-0.10676
0.18858	-0.23943
-0.51652	-0.11721
0.27318	-0.14805
0.10785	-0.97775
2.71175	-0.37871
0.10850	-0.69451
-0.47516	-0.00152
-0.93365	0.07173
-0.80637	0.06885
-1.05390	-0.10512
-0.84753	-0.31726
0.30055	3.32403
-0.28184	-0.37830

图 10-14 因子得分数据

通过因子分析可以看出，每个因子只有少数几个指标的因子载荷较大，因此可根据上表分类，第一个因子与"每股收益"、"每股净资产"和"每股营业收入"指标相关性最强，因此将对第一个因子解释为衡量银行上市公司收益能力的因子，即"收益因子"。第二个因子与"每股收益增长率"、"利润增长率"、"净资产收益率"等指标最为相关，因此对第二个因子可以解释为衡量银行上市公司成长性的因子，即"成长因子"。

10.2 主成分分析

主成分分析是通过将单独变量转化变量的线性组合，从而实现降维的目的，其也称主分量分析。

10.2.1 主成分分析的原理

主成分分析是将多个变量通过线性变换转化为原变量的线性组合的一种分析方法。主成分分析的基本原理是通过正交变换，将原来众多的相关变量转化为一组无关的新变量，这些新变量是原先变量的线性组合。主成分分析的思想是将原随机变量的协方差阵变换成对角形阵，然后对多维变量系统进行降维处理。通过将原先变量进行线性组合形成的新变量可以包含原先变量大部分的信息。主成分分析的数学模型为：

$$z_1 = u_{11}X_1 + u_{12}X_2 + \cdots + u_{1p}X_p$$
$$z_2 = u_{21}X_1 + u_{22}X_2 + \cdots + u_{2p}X_p$$
$$\cdots$$
$$z_p = u_{p1}X_1 + u_{p2}X_2 + \cdots + u_{pp}X_p$$

其中，$z_1, z_2, \cdots, z_p$ 为 p 个主成分。

主成分分析的基本步骤如下。

（1）对原有变量作坐标变换，可得：

$$z_1 = u_{11}x_1 + u_{21}x_2 + \ldots + u_{p1}x_p$$
$$z_2 = u_{12}x_1 + u_{22}x_2 + \ldots + u_{p2}x_p$$
$$\ldots\ldots$$
$$z_p = u_{1p}x_1 + u_{2p}x_2 + \ldots + u_{pp}x_p$$

其中：

$$u_{1k}^2 + u_{2k}^2 + \ldots + u_{pk}^2 = 1$$
$$\operatorname{var}(z_i) = U_i^2 D(x) = U_i'D(x)U_i$$
$$\operatorname{cov}(z_i, z_j) = U_i'D(x)U_j$$

（2）提取主成分

z_1 称为第一主成分，其满足条件：

$$u_1'u_1 = 1$$

$$\operatorname{var}(z_1) = \max \operatorname{var}(u'x)$$

z_2 称为第二主成分，其满足条件：

$$\operatorname{cov}(z_1, z_2) = 0$$

$$u_2'u_2 = 1$$

$$\operatorname{var}(z_2) = \max \operatorname{var}(U'X)$$

其余主成分所满足的条件依次类推。

10.2.2 主成分分析的参数设置

在 SPSS 22.0 中，主成分分析作为因子分析模块的附属功能，因此实现主成分分析需要建立在因子分析的基础上。本节对主成分分析的 SPSS 操作结合上节中因子分析进行讲解，主成分分析的设置要点如下。

1. 进行因子分析

在菜单栏中依次选择"分析"|"降维"|"因子分析"命令，打开"因子分析"对话框，将需要进行主成分分析的变量选入"变量"列表中，所有选项卡中都执行系统默认选项，单击"确定"按钮，在 SPSS Statistics 查看器窗口得到因子分析结果。

第 10 章　SPSS 降维分析

2. 计算特征向量矩阵

因子分析结果中的主因子数目决定了主成分分析中的主成分的数目。

（1）在 SPSS 中新建一个数据文件，确定第一步因子分析在"成分矩阵"中得到的主因子的数目，在新数据文件中定义相同数量的新变量（如"V1"、"V2"），然后将第一步因子分析中"成分矩阵"中的因子载荷分别输入新数据文件定义的新变量中，如图 10-15 所示。

V1	V2
0.96	0.24
0.97	0.03
0.92	0.36
0.48	0.65
0.41	0.56
0.95	0.16
0.05	0.95
0.08	0.96

图 10-15　按因子结果定义的新变量

（2）在新数据文件的数据编辑器窗口选择"转换"|"计算变量"命令，打开如图 10-16 所示的"计算变量"对话框。

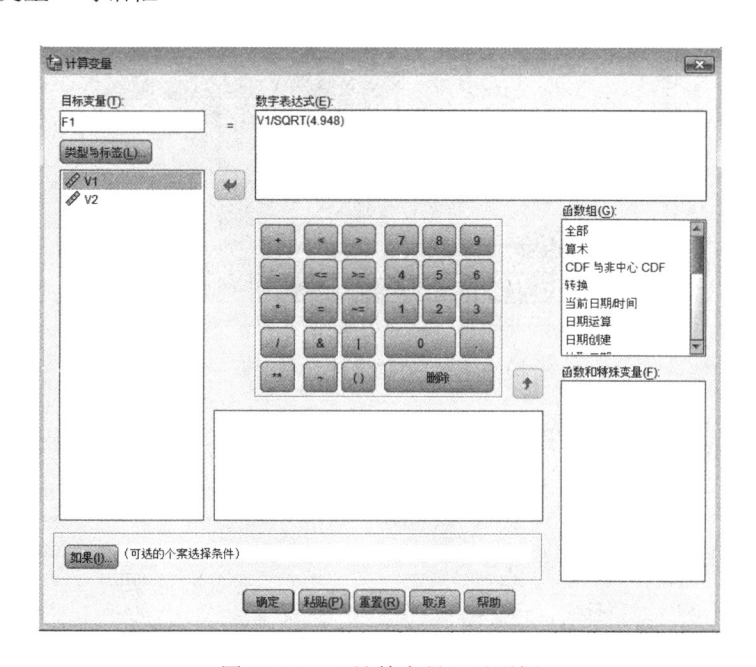

图 10-16　"计算变量"对话框

在"目标变量"中输入要定义的特征向量的名称（如"F1"），然后在"数字表达式"中输入"新数据文件中定义的新变量名称/SQRT（第一步因子分析中相应主因子的初始特征值）"，如输入"V1/SQRT（4.948）"。单击"确定"按钮，就可以在新数据文件的数据编辑器窗口得到一个特征向量。一般有几个主因子就要定义几个特征变量，最终得到如图 10-17 所示的特征向量矩阵。

F1	F2
0.43	0.18
0.44	0.02
0.41	0.26
0.22	0.48
0.19	0.41
0.43	0.12
0.02	0.70
0.04	0.70

图 10-17　特征向量矩阵

3. 计算主成分矩阵

（1）对第一步中参与因子分析的原始变量进行标准化，在源数据文件数据编辑器窗口，依次选择"分析"|"描述统计"|"描述"命令，打开如图 10-18 所示的"描述性"对话框，然后将参与因子分析的原始变量选入"变量"列表，并选中"将标准化得分另存为变量"复选框，单击"确定"按钮就可以得到如图 10-19 所示的标准化变量。

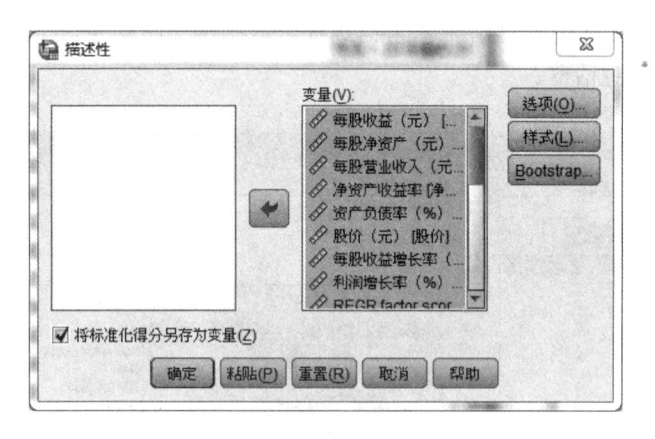

图 10-18　"描述性"对话框

Z每股收益	Z每股净…	Z每股营业收入	Z净资产收益率	Z资产负…	Z股价	Z每股收益增长率	Z利润增…
1.09769	.98563	1.02922	1.19879	.95035	.94309	−.45117	−.27539
−.23686	.38838	.58176	−1.30142	1.41765	−.20222	−.27211	−.23358
−.42685	−.38191	−.35398	−.39450	−.58486	−.73552	−.04464	−.07250
.06544	−.05335	.13205	.53371	.73110	.27178	−.48765	−.43975
−.10379	.56726	−.30202	−1.25906	−2.02010	.37751	−.27616	−.30625
2.69608	2.52768	2.34239	1.27678	.74090	2.41357	−.22135	−.22099
−.01148	.37743	−.34149	−.68069	−1.19700	.29176	−.29143	−.33076
−.45762	−.60460	−.49788	.14866	.36761	−.64804	−.28229	−.31041
−.79606	−1.08649	−.93783	.30165	−.22967	−1.04627	−.21332	−.26373
−.68837	−.95507	−.80636	.47412	−.26586	−.95264	−.23019	−.25953
−.90375	−1.08284	−.94499	−.53441	−.58456	−1.13775	−.16127	−.18705
−.82683	−.86380	−.86579	−.98274	−.43136	−.78223	−.26293	−.29805
1.09616	.58187	1.45177	1.91676	1.48838	1.01879	3.45422	3.46290
−.50377	−.40017	−.48685	−.69766	−.38258	.18817	−.25970	−.26490

图 10-19　标准化后的变量

（2）从特征向量矩阵可以得到主成分的计算公式：

$$z_1 = 0.43x_1 + 0.44x_2 + 0.41x_3 + 0.22x_4 + 0.19x_5 + 0.43x_6 + 0.02x_7 + 0.04x_8$$
$$z_2 = 0.18x_1 + 0.02x_2 + 0.26x_3 + 0.48x_4 + 0.41x_5 + 0.12x_6 + 0.7x_7 + 0.7x_8$$

其中，x 为因子分析中的原始变量标准化后的变量，z_i 为主成分。打开数据编辑器窗口选择"转换"|"计算变量"命令，打开如图 10-16 所示的"计算变量"对话框，在"目标变量"和"数字表达式"文本框中依次输入上述公式，分别单击"确定"按钮，就可以得到主成分分析的结果。

10.2.3 实验操作

下面以数据文件"10-1"为例，说明主成分分析的具体操作过程和对结果的说明解释。

1. 实验数据的描述

由于本实验操作继续利用数据文件"10-1"，因此数据文件"10-1"的具体介绍参见上节，在此不再赘述。

2. 实验的操作步骤

（1）打开数据文件"10-1"，进入 SPSS Statistics 数据编辑器窗口，在菜单栏中依次选择"分析"|"降维"|"因子分析"命令，将"每股收益"、"每股净资产"、"每股营业收入"、"净资产收益率"、"资产负债率"、"均价"、"每股收益增长率"、"利润增长率"变量选入"变量"列表。

（2）单击"确定"按钮，在 SPSS Statistics 查看器窗口会输出图 10-11。

（3）重新建立一个数据文件"10-2"，在"10-2"中定义两个新变量"V1"和"V2"，在数据编辑窗口将图 10-11 中成分矩阵中的因子载荷分别输入"10-2"数据文件的"V1"和"V2"变量中。

（4）在"10-2"数据文件的数据编辑器窗口选择"转换"|"计算变量"命令，打开"计算变量"对话框，在"目标变量"文本框中输入"F1"，然后在数字表达式中输入"V1/SQRT（4.948）"，单击"确定"按钮。按此步骤，依次完成变量"F2"的计算，就会得到特征向量矩阵。

（5）在"10-1"数据编辑器窗口，将对"每股收益"、"每股净资产"、"每股营业收入"、"净资产收益率"、"资产负债率"、"均价"、"每股收益增长率"、"利润增长率"变量进行标准化，分别重新命名为 X1～X8。

（6）在"10-1"数据文件的数据编辑器窗口选择"转换"|"计算变量"命令，打开"计算变量"对话框，在对话框中依次输入等式

$$z_1 = 0.43x_1 + 0.44x_2 + 0.41x_3 + 0.22x_4 + 0.19x_5 + 0.43x_6 + 0.02x_7 + 0.04x_8$$
$$z_2 = 0.18x_1 + 0.02x_2 + 0.26x_3 + 0.48x_4 + 0.41x_5 + 0.12x_6 + 0.7x_7 + 0.7x_8$$

分别单击"确定"按钮。

3. 实验结果的分析

单击"确定"按钮，在 SPSS 数据编辑器窗口就可以得到如图 10-20 所示的两个主成分

变量。每个主成分都是原始变量的一个线性组合，由于主成分没有经过旋转，所以很难定义每个主成分的具体含义，只能达到降维的效果，这是相对于因子分析的劣势。

z1	z2
2.16	1.05
0.19	−0.31
−1.01	−0.78
0.40	−0.02
−0.44	−1.88
4.68	2.04
−0.25	−1.30
−0.86	−0.49
−1.65	−0.82
−1.42	−0.69
−1.98	−1.31
−1.74	−1.53
2.67	7.08
−0.75	−1.06

图 10-20　主成分变量

上机题

1. 题目给出了衡量我国各省市综合发展情况的一些指标，数据来源于《中国统计年鉴》。数据表中选取的 6 个指标分别是：人均 GDP、固定资产投资、社会消费品零售总额、农村居民人均纯收入、科研机构数量和卫生机构数量。部分指标数据如表 10-4 所示（数据路径：sample\chap10\上机题\习题 10-1.sav）。

表 10-4　我国各省市综合发展情况部分指标

地　区	人均 GDP（元）	固定资产投资（亿元）	社会消费品零售总额（亿元）	农村人均纯收入（元）	科研机构数量（个）	卫生机构数量（个）
北　京	10,265	30.81	6,235	3,223	65	4,955
天　津	8,164	49.13	4,929	2,406	21	3,182
河　北	3,376	77.76	3,921	1,668	47	10,266
山　西	2,819	33.97	3,305	1,206	26	5,922
内蒙古	3,013	54.51	2,863	1,208	19	4,915
辽　宁	6,103	124.02	3,706	1,756	61	6,719
吉　林	3,703	28.65	3,174	1,609	43	3,891
黑龙江	4,427	48.51	3,375	1,766	38	7,637
上　海	15,204	128.93	7,191	4,245	45	5,286
江　苏	5,785	101.09	4,634	2,456	67	12,039
浙　江	6,149	41.88	6,221	2,966	37	8,721
安　徽	2,521	55.74	3,795	1,302	35	6,593
福　建	5,386	18.35	4,506	2,048	30	4,537
江　西	2,376	26.28	3,376	1,537	31	5,423
山　东	4,473	102.54	4,264	1,715	48	10,463

（续表）

地 区	人均 GDP（元）	固定资产投资（亿元）	社会消费品零售总额（亿元）	农村人均纯收入（元）	科研机构数量（个）	卫生机构数量（个）
河 南	2,475	71.36	3,299	1,231	50	7,661
湖 北	3,341	37.75	4,208	1,511	56	9,744
湖 南	2,701	43.01	4,699	1,425	47	9,137
广 东	6,380	51.82	7,438	2,699	42	8,848
广 西	2,772	32.52	4,791	1,446	27	5,571
海 南	4,802	5.35	4,770	1,519	5	1,653
四 川	2,516	80.97	4,002	1,158	64	18,885

（1）进行 KMO 和 Bartlett 的检验，判断是否适合因子分析。

（2）计算每个变量共同度和因子贡献率指标。

（3）采用主成分分析方法计算公共因子，同时绘图各个因子的碎石图。

2. 为了确定灵芝的药用价值，选取了 8 个样本观测 6 种有效成分的含量，希望用较少的指标来对人参进行分级。试采用因子分析方法降维。部分指标数据如表 10-5 所示（数据路径：sample\chap10\上机题\习题 10-2.sav）。

表 10-5　灵芝成分数据

有机酸	维生素	糖 类	无机盐	固醇寡肽	灵芝孢子	黄 酮
0.056	0.084	0.031	0.038	0.008	0.022	0.056
0.049	0.055	0.100	0.110	0.022	0.007	0.049
0.038	0.130	0.079	0.170	0.058	0.043	0.038
0.034	0.095	0.058	0.160	0.200	0.029	0.034
0.084	0.066	0.029	0.320	0.012	0.041	0.084
0.064	0.072	0.100	0.210	0.028	0.038	0.064
0.048	0.089	0.062	0.260	0.038	0.036	0.048
0.069	0.087	0.027	0.250	0.045	0.021	0.069

采用因子分析达到降维的目的。

第11章 对应分析

对应分析也称关联分析、R-Q 型因子分析，可以由定性变量构成的交互汇总表来揭示变量间的联系，从而揭示同一变量的各个类别之间的差异，以及不同变量各个类别之间的对应关系。把样品和变量同时作到同一张图解上，将样品的大类及其属性在图上直观明了地表示出来是对应分析的最大优势。对应分析在市场细分、产品定位、企业管理等领域中具有广泛的应用，原因在于，它是一种视觉化的数据分析方法，它能够将几组看不出任何联系的数据，通过视觉上可以接受的定位图展现出来。

11.1 对应分析的简介

对应分析的基本思想是将一个联列表的行和列中各元素的比例结构以点的形式在较低维的空间中表示出来。它的最大特点是能把众多的样品和众多的变量同时作到同一张图解上，将样品的大类及其属性在图上直观而又明了地表示出来，具有直观性。另外，它还省去了因子选择和因子轴旋转等复杂的数学运算及中间过程，可以从因子载荷图上对样品进行直观的分类，而且能够指示分类的主要参数（主因子）以及分类的依据，是一种直观、简单、方便的多元统计方法。

对应分析法整个处理过程由两部分组成：表格和关联图。对应分析法中的表格是一个二维的表格，由行和列组成。每一行代表事物的一个属性，依次排开。列则代表不同的事物本身，它由样本集合构成，排列顺序并没有特别的要求。在关联图上，各个样本都浓缩为一个点集合，而样本的属性变量在图上同样也是以点集合的形式显示出来的。

11.2 简单对应分析

对应分析法是在 R 型和 Q 型因子分析的基础上发展起来的一种多元统计分析方法，因此对应分析又称为 R-Q 型因子分析。

11.2.1 简单对应分析的简介

由于指标型的因子分析和样品型的因子分析是反映一个整体的不同侧面，因此它们之间一定存在内在的联系。如果能够利用这种内在联系所提供的信息，对更全面合理地分析数据具有很大的帮助。在因子分析中，如果研究的对象是样品，则需采用 Q 型因子分析；如果研究的对象是变量，则需采用 R 型因子分析。但是，这两种因子分析方法必须分别对样品和变量进行处理，所以这两种分析方法往往存在着相互对立的关系，为我们发现和寻找它们的内在联系制造了困难。而对应分析就是通过一个过渡矩阵 Z 将两者有机地结合起来。

对应分析的基本思想是将一个联列表的行和列中各元素的比例结构，以点的形式在较低维的空间中表示出来。首先，给出指标变量点的协差阵和样品点的协差阵，由于两者有相同的非零特征根，所以可以很方便地借助指标型因子分析而得到样品型因子分析的结论。如果对每组变量选择前两列因子载荷，那么两组变量就可以画出两个因子载荷的散点图。由于这两幅图所表示的载荷可以配对，于是就可以把这两个因子载荷的两个散点图画到同一幅图中，并以此来直观地显示各行变量和各列变量之间的关系。

11.2.2 简单对应分析的参数设置

打开相应的数据文件或者建立一个数据文件后，可以在 SPSS Statistics 数据编辑器窗口进行对应分析。

在菜单栏中选择"分析"|"降维"|"对应分析"命令，打开如图 11-1 所示的"对应分析"对话框。

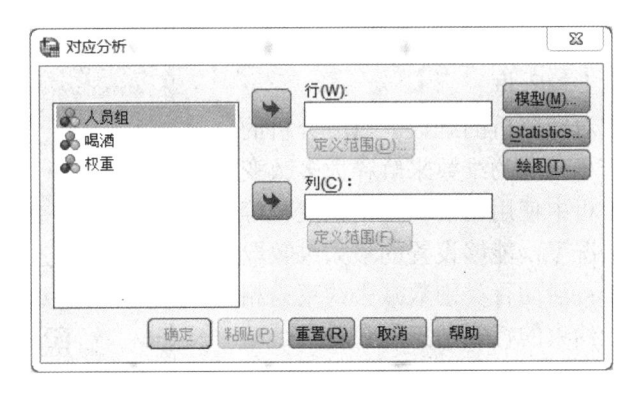

图 11-1 "对应分析"对话框

该对话框中包括各列表和常用按钮的作用与参数设置要点如下。

1. 选择变量

（1）"行"列表框。

该变量列表中的变量是进行对应分析的行变量，并且都必须是数值型的名义变量。因此必须将分类字符串变量重新编码为数值型变量的名义变量。另外，对于汇总数据要使用具有正相似性值的加权变量。

（2）"列"列表框。

该变量列表中的变量是进行对应分析的列变量，与行变量一样都必须是数值型的名义变量。

（3）"定义范围"列表框。

一旦选定行变量或者列变量，"定义范围"按钮就会被激活。以行变量为例，单击"行"列表框下方的"定义范围"按钮，弹出如图 11-2 所示的"对应分析：定义行范围"对话框。

"对应分析：定义行范围"对话框主要用于对行变量进行定义范围，该对话框含有两个选项组。

- "行变量的分类全距：人员组"选项组。
在该选项组中的"最小值"中输入行变量的最

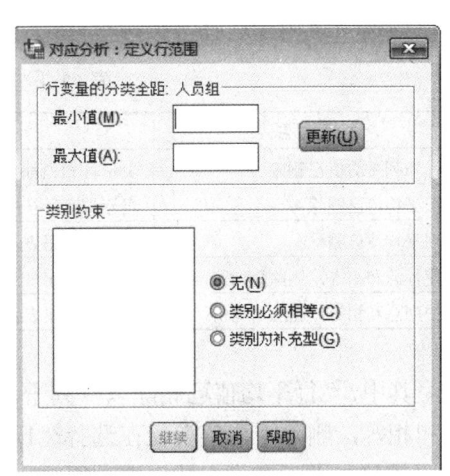

图 11-2 "对应分析：定义行范围"对话框

小整数值,在"最大值"中输入行变量中的最大整数值。其中,指定的最小值和最大值必须为整数,小数数据值会在分析中被截断,指定范围之外的类别值将不参与对应分析。设置完成后,单击"更新"按钮,就可以完成行变量的范围设置。

- "类别约束"选项组。

该选项组主要用于当分类所代表的分类不符合对应分析的需要,或者分类模糊时对取值进行设置约束条件,如将某个行类别约束为等于其他行类别,或者将行类别定义为补充类别。

2. "模型"按钮

"模型"按钮用于指定维数、距离测量、标准化方法及正态化方法。单击"模型"按钮,弹出如图 11-3 所示的"对应分析:模型"对话框。此对话框中包含以下内容。

(1)"解的维数"输入框。

该输入框用于指定对应分析的维数。对应分析的目的要求根据需要选择尽量少的维数来解释大多数变异。最大维数取决于分析中使用的活动类别数及相等性约束的数目。一般情况下,能够设置的最大维数取决于这两项中的较小者:活动行类别数减去约束为相等的行类别数,加上受约束的行类别集的数目;活动列类别数减去约束为相等的列类别数,加上受约束的列类别集的数目。

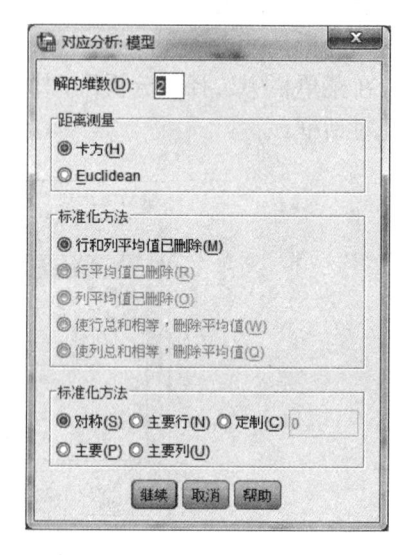

图 11-3 "对应分析:模型"对话框

(2)"距离度量"选项组。

该选项组用于对应表的行和列之间距离的测量。"卡方",该单选按钮表示卡方距离测度,即使用加权轮廓表距离,是标准对应分析中所必需的,其中权重是行或列的质量。"Euclidean",该单选按钮表示欧几里德距离测度,即使用行对和列对之间平方差之和的平方根进行测度。

(3)"标准化方法"选项组。

该选项组用于选择数据标准化的方法,如表 11-1 所示。

表 11-1 "标准化方法"选项组选项介绍

选项	含义及其他
行和列平均值已删除	表示行和列都被中心化,适用于标准对应分析,仅在选择"卡方"距离度量时可用
行平均值已删除	表示只有行被中心化处理
列平均值已删除	该单选按钮表示只有列被中心化处理
使行总和相等,删除平均值	该单选按钮表示在行数据中心化之前先使行边际相等
使列总和相等,删除平均值	该单选按钮表示在列数据中心化之前先使行边际相等

其中,"行平均值已删除"、"列平均值已删除"、"使行总和相等,删除平均值"和"使列总和相等,删除平均值"仅在选择"Euclidean"距离度量时可用。

(4)"正态化方法"选项组。

该选项组用于设置数据正态化方法,如表 11-2 所示。

第 11 章 对应分析

表 11-2 "正态化"选项组选项介绍

选 项	含义及其他
对称	该单选按钮表示对于每个维,行得分为列得分的加权平均值除以对应的奇异值,列得分为行得分的加权平均值除以对应的奇异值。如果想要检查两个变量的类别之间的差异或相似性,则使用此方法
主要	该单选按钮表示行点和列点之间的距离是对应于所选距离测量的近似值,当需要检查一个或两个变量的类别之间的差别而非两个变量之间的差别时选择该按钮
主要行	该单选按钮表示行点之间的距离是对应表中对应于所选距离测量的距离近似值,行得分是列得分的加权平均值,特别是当要检验行变量的类别之间的差别或相似性时选择该按钮
主要列	该单选按钮表示列点之间的距离是对应表中对应于所选距离测量的距离近似值,列得分是行得分的加权平均值,特别是检验列变量的类别之间的差异或相似性选择该按钮
定制	该单选按钮表示用户自己指定介于–1 和 1 之间的值,"–1"相当于"主要列","1"相当于"主要行","0"相当于"对称",而其他值不同程度地将"惯量"分布于行得分和列得分上

3. "Statistics"按钮

"Statistics"按钮用于设定输出对应分析的统计量值。单击"Statistics"按钮,弹出如图 11-4 所示的"对应分析:统计"对话框。此对话框包含以下内容。

(1) "对应表"复选框。

该复选框用于指定输出行、列各个类别组合的交叉表格信息。

(2) "行点概览"复选框。

该复选框用于指定输出每个行类别的得分、质量、惯量、对维惯量的贡献和维对点惯量的贡献。

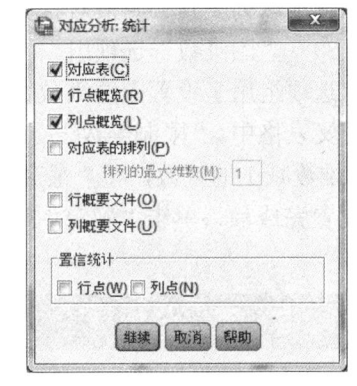

图 11-4 "对应分析:统计"对话框

(3) "列点概览"复选框。

该复选框用于指定输出每个列类别的得分、质量、惯量、对维惯量的贡献和维对点惯量的贡献。

(4) "对应表的排列"复选框。

该复选框用于指定输出排列后的对应表即输出根据第一维上的得分按递增顺序排列行和列的对应表。在"排列的最大维数"文本框中输入置换表的最大维数从而为从 1 到指定数字的每一维分别生成一个置换表。

(5) "行概要文件"复选框。

该复选框用于指定输出每个行变量类别对所有列变量类别的分布。

(6) "列概要文件"复选框。

该复选框用于指定输出每个列变量类别对所有行变量类别的分布。

(7) "置信统计"选项组。

该选项组用于设定输出非补充行或列点的标准偏差和相关性。"行点",该单选按钮表示输出行点的标准偏差和相关性。"列点",该单选按钮表示输出列点的标准偏差和相关性。

4. "绘图"按钮

"绘图"按钮用于设置输出图形。单击"绘图"按钮,弹出如图 11-5 所示的"对应分析:

图"对话框。此对话框包含以下内容。

（1）"散点图"选项组。

该选项组用于输出维的所有成对图矩阵。"双标图"，该复选框表示输出行点和列点的联合图矩阵，但是如果选择了"主要"标准化，则双标图不可用。"行点"，该复选框表示输出行点图矩阵。"列点"，该复选框表示输出列点图矩阵。在"散点图的标识标签宽度"输入散点图标签字符个数，该值必须为小于或等于20的非负整数。

（2）"折线图"选项组。

该选项组用于为指定变量的每一维生成一个线图。"已转换的行类别"，该复选框表示输出以行类别初始值对行类别生成的得分图。"已转换的列类别"，该复选框表示输出以列类别初始值对行类别生成的得分图。

（3）"图维数"选项组。

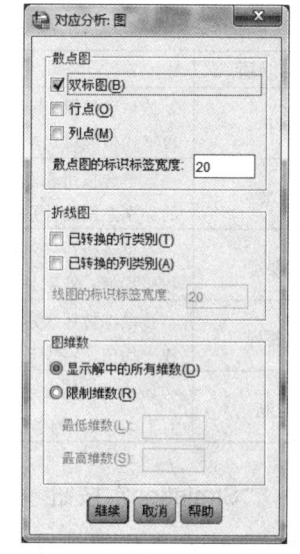

图11-5 "对应分析：图"对话框

该选项组用于设置图的维数。"显示解中的所有维数"，该单选按钮表示行和列的维数显示在交叉表格中。"限制维数"，该单选按钮表示限制输出的维数，在"最低维数"中输入从1到总维数减1的整数，在"最高维数"中输入从2到总维数的整数。

设置完成后，单击"确定"按钮，就可以在 SPSS Statistics 查看器窗口得到对应分析的结果。

11.2.3 案例分析

下面以"11-1"数据文件为例，说明对应分析的具体操作过程和对结果的说明解释。

1. 实验数据的描述

"11-1"数据文件由按工作类别区分喝酒行为的交叉制表构成。变量"人员组"包含工作类别高级经理、初级经理、高级雇员、低级雇员和秘书，以及类别国家平均水平（可用作分析的补充）；变量"喝酒"包含行为不喝酒、少量、中等数量和大量，以及类别不吸烟和吸烟（这些类别可用作分析的补充）；变量"权重"是对该类别的数目的描述。本实验将利用对应分析来对"人员组"和喝酒两个分类变量对应关系进行分析。本数据文件的原始 Excel 数据文件如图11-6所示。

在 SPSS 变量视图中建立变量"人员组"、"喝酒"和"计数"，分别表示工作类别、喝酒状况和数据的权重。"人员组"为名义变量，分别将"高级经理"、"初级经理"、"高级雇员"、"低级雇员"和"秘书"以及类别国家平均水平赋值为"1"、"2"、"3"、"4"、"5"、"6"。"喝酒"为名义变量，分别将"不喝酒"、"少量"、

图11-6 "11-1"数据文件的原始数据

第 11 章 对应分析

"中等数量"和"大量"以及类别"不吸烟"和"吸烟"赋值为"1"、"2"、"3"、"4"、"5"、"6",如图 11-7 所示。

图 11-7 "11-1"数据文件的变量视图

在 SPSS 活动数据文件的数据视图中,把相关数据输入到各个变量中。

2. 实验的操作步骤

(1) 打开"11-1"数据文件,进入 SPSS Statistics 数据编辑器窗口,在菜单栏中选择"数据"|"加权个案"命令,打开如图 11-8 所示的"加权个案"对话框,单击"权重"变量,然后单击 按钮将选择的变量选入"加权个案"列表中,单击"继续"按钮,保存设置结果。

(2) 在"11-1"数据文件数据编辑器窗口的菜单栏中选择"分析"|"降维"|"对应分析"命令,打开"对应分析"对话框。首先将"人员组"选入"行"列表,单击"定义范围"按钮,打开"对应分析:定义行范围"对话框,在该对话框的"最小值"和"最大值"文本框中分别输入"1"和"5",单击"更新"按钮。将"喝酒"选入"行"列表,单击"定义范围"按钮,打开"对应分析:定义行范围"对话框,在该对话框的"最小值"和"最大值"文本框中分别输入"1"和"4",单击"更新"按钮。

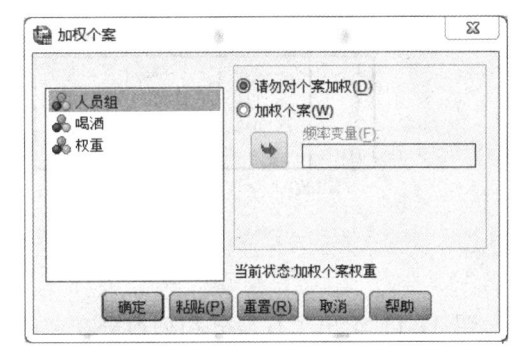

图 11-8 "加权个案"对话框

(3) 单击"Statistics"按钮,打开"对数线性分析:统计"对话框,选择"对应表的排列"、"行概要文件"、"列概要文件"、"行点"和"列点"复选框,单击"继续"按钮,保存设置结果。

(4) 单击"确定"按钮,便可以得到简单对应分析结果。

3. 实验结果及分析

单击"确定"按钮后,在 SPSS Statistics 查看器窗口的输出结果如图 11-9 到图 11-16 所示。

图 11-9 给出了对应分析的对应表。实际上,对应表相当于"人员组"和"喝酒"两个变量的交叉表格。"有效边际"表示相应行或列个案分布的总计。从该图可以发现,大量喝酒的职员最少,为 53 个,而不

对应表

人员组	喝酒				活动页边距
	1	2	3	4	
1	4	2	3	2	11
2	4	3	7	4	18
3	25	10	12	4	51
4	18	24	33	13	88
5	12	15	25	30	82
活动页边距	63	54	80	53	250

图 11-9 对应表

喝酒和中等数量喝酒的职员最多。但是从该图还不能看出喝酒和工作类别的关系。

图 11-10 给出了对应分析的统计摘要表。对应分析的目的是利用尽可能少的维度表示变量间的关系，而摘要表可以提供最大维度的信息来观察每个维度上的贡献。在本实验中最大维度是这样确定的：活动列变量类别数减去 1，即为 3 个维度。"惯量"相当于特征值，是衡量解释数据变异能力的指标。可见第一维度展示了最多的变异 0.779（0.113/ 0.145），第二个维度与第一个维度正交，展示了剩下的最大部分 20.8%（0.03/0.145），而第三个维度解释能力几乎没有。由于第三维度仅仅承载了 1.3%的变异，因此二维的对应分析就足够了。"奇异值"（singular values）表示行得分和列得分的相关系数，与 Pearson 相关系数类似。它等于惯量值的平方，因此是维度重要性的另一种度量。

摘要

维度	奇异值	惯量	卡方	显著性	惯量的比例		置信度奇异值	
					占	累积	标准偏差	相关系数 2
1	.336	.113			.779	.779	.059	.255
2	.174	.030			.208	.987	.061	
3	.043	.002			.013	1.000		
总计		.145	36.187	.000a	1.000	1.000		

a. 自由度 12

图 11-10 摘要输出表

图 11-11 给出了行得分和列得分在二维上的散点图，通过图表的形式展现类别和样本之间的潜在关系。行点和列点越近表示关系越密切。如第二个维度把经理和其他雇员分开了。对称正态化方法使得比较容易观察"工作组"和"喝酒"之间的关系，秘书比较接近大量喝酒型，而高级雇员更接近不喝酒型。

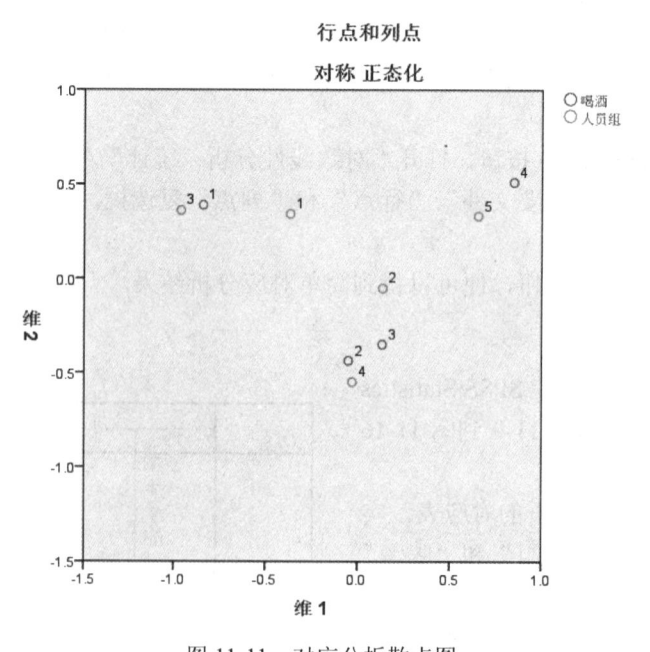

图 11-11 对应分析散点图

图 11-12 给出了行简要表。每个单元格给出了相应交叉表格中该单元格中频率占该行个案总数的百分比。"有效边际"表示该行的总计百分比。"质量"表示该列个案数目占总个案数目的百分比。如高级雇员和秘书中分别有 49%和 14.6%的不喝酒而初级经理和低级雇员中有 20%左右的中等喝酒。

图 11-13 给出了列简要表。每个单元格给出了相应交叉表格中该单元格中频率占该列个案总数的百分比。"有效边际"表示该列的总计百分比。"质量"表示该行个案数目占总个案数目的百分比。如不喝酒的雇员中高级雇员最多,占到了总数的 39.7%;而大量喝酒和中度喝酒的雇员中秘书最多。

行概要文件

人员组	喝酒				活动页边距
	1	2	3	4	
1	.364	.182	.273	.182	1.000
2	.222	.167	.389	.222	1.000
3	.490	.196	.235	.078	1.000
4	.205	.273	.375	.148	1.000
5	.146	.183	.305	.366	1.000
Mass	.252	.216	.320	.212	

图 11-12 行简要表

列概要文件

人员组	喝酒				Mass
	1	2	3	4	
1	.063	.037	.038	.038	.044
2	.063	.056	.088	.075	.072
3	.397	.185	.150	.075	.204
4	.286	.444	.413	.245	.352
5	.190	.278	.313	.566	.328
活动页边距	1.000	1.000	1.000	1.000	

图 11-13 列简要表

图 11-14 给出了概述行点的信息。"质量"表示该类别个案占总个案数目的百分比。"维中的得分"表示各个行类别在第一维度和第二维度上的得分,也是对应分析散点图的坐标值,通过该得分可以判断行类别在每个维度上的分散情况。"贡献"表示行点对维度或者维度对行点变异的解释能力(即惯量的贡献度),其中"点对维惯量"表示行点在该维度上的贡献或者重要度,"维对点惯量"表示该维度对解释该类别行点的贡献度。如"高级雇员"在第一维度上贡献了 56.3%的惯量,是该维度上的主导行点;"高级雇员"和"低级雇员"的惯量在第一维度和第二维度上得到了全部的分散,并且前两维度几乎解释了"高级经理"99%的惯量,因此第三维度几乎没有贡献。

行点总览表[a]

人员组	Mass	维数得分		惯量	贡献				
					点对维数的惯量		维数对点的惯量		
		1	2		1	2	1	2	总计
1	.044	-.368	.342	.003	.018	.030	.689	.306	.995
2	.072	.135	-.051	.002	.004	.001	.203	.015	.218
3	.204	-.962	.360	.068	.563	.152	.932	.067	1.000
4	.352	-.031	-.549	.019	.001	.611	.006	.990	.996
5	.328	.651	.331	.053	.415	.207	.881	.117	.999
活动总计	1.000			.145	1.000	1.000			

a. 对称规范化

图 11-14 概述行点

图 11-15 至图 11-16 给出了行点和列点的置信统计量信息。"维中的标准偏差"表示各个行类别或列类别在第一维度和第二维度上的得分的标准偏差,如果标准偏差过大,则对该行点或列点在总体中的位置将更加不确定;如果标准偏差很小,则该行点或列点在总体中的位置将非常接近对应分析给出的点位置。"相关"表示了第一维度得分和第二维度得分的相关性,如果相关性很大,则就没有把握在一个正确的维度确定行点或列点的位置。

置信度行点			
人员组	维数的标准偏差		相关系数
	1	2	1-2
1	.149	.120	.548
2	.397	.594	.056
3	.177	.216	.755
4	.236	.114	-.092
5	.150	.160	-.682

图 11-15　置信行点

置信度列点			
喝酒	维数的标准偏差		相关系数
	1	2	1-2
1	.185	.192	.785
2	.258	.289	-.051
3	.203	.216	.170
4	.214	.205	-.753

图 11-16　置信列点

11.3　多重对应分析

与简单对应分析用于分析两个分类变量间的关系不同，多重对应分析适用于分析一组属性变量之间的相关性。

11.3.1　多重对应分析的简介

与一般对应分析一样，多元对应分析的基本思想也是以点的形式在较低维的空间中表示联列表的行和列中各元素的比例结构。多元对应分析的计算方法和计算结果与一般对应分析结构基本相同。与一般对应分析相比，多重对应分析的优势表现在以下两个方面：

（1）可以同时处理并以图形的形式表示多个分类变量之间的关系。
（2）可以同时分析多种形式的变量，能够处理的变量种类更加丰富。

11.3.2　多重对应分析的参数设置

打开相应的数据文件或者建立一个数据文件后，可以在 SPSS Statistics 数据编辑器窗口进行多重对应分析。

在菜单栏中选择"分析"|"降维"|"最优刻度"命令，打开如图 11-17 所示的"最佳刻度"对话框。

"最佳刻度"对话框用于设定变量集数目、分析方法等，包括以下内容。

（1）"最佳度量水平"选项组。

该选项组用于指定变量的度量类型。如果所要分析的变量都是名义变量而非有序变量或度量变量，则选择"所有变量均为多重标称"单选按钮；如果所要分析的变量含有名义变量而非有序变量或度量变量，则选择"某些变量并非多重标称"单选按钮。

（2）"变量集的数目"选项组。

该选项组用于确定变量集的数目。如果仅仅分析的是一组变量间的关系，则选择"一个集合"单选按钮；如果分析的变量中含有多选题变量集合，则选择"多个集合"单选按钮。

（3）"选定分析"选项组。

该选项组用于显示最有刻度的分析方法。当分析多个名义分类变量之间的关系且一个变

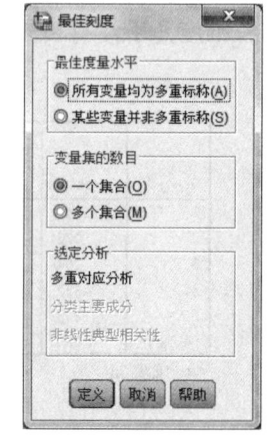

图 11-17　"最佳刻度"对话框

量集时，则显示"多重对应分析"，此时选择了"所有变量均为多重标称"和"一个集合"单选按钮；当所要分析的变量含有名义变量而非有序变量或度量变量且分析的变量中含有多选题变量集合时显示"分类主要成分"，此时选择"某些变量并非多重标称"和"一个集合"单选按钮，该方法多用于市场研究中多维偏好分析；当选择了"多个集合"单选按钮，就会显示"非线性典型相关性"。

其中，本节主要介绍"多重对应分析"方法。因此选择图 11-17 所示的"最佳刻度"对话框中的"所有变量均为多重标称"和"一个集合"单选按钮，单击"定义"按钮，打开如图 11-18 所示的"多重对应分析"对话框。

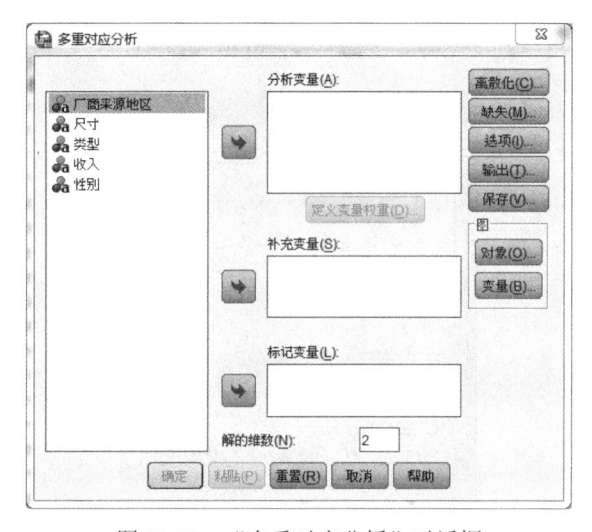

图 11-18 "多重对应分析"对话框

1. 选择变量

从源变量列表中选择需要进行多重对应分析的变量，然后单击 按钮将选中的变量选入"分析变量"列表中，并定义变量权重；从源变量列表中选择补充变量，然后单击 按钮将选中的变量选入"补充变量"列表中；从源变量列表中选择标记变量，然后单击 按钮将选中的变量选入"标记变量"列表中。

（1）"分析变量"。

该变量列表中的变量是进行多重对应分析的目标变量，并且都必须是数值型的名义变量，因此必须将分类字符串变量重新编码为数值型变量的名义变量。可以选入两个以上的变量，如果仅选入两个变量相当于进行简单对应分析。每个变量必须至少包含 3 个有效个案且该分析基于正整数数据。

一旦选定行分析变量，"定义变量权重"按钮就会被激活。单击"定义变量权重"按钮，弹出如图 11-19 所示的"MCA:定义变量权重"对话框。在"变量权重"文本框输入变量的权重。

图 11-19 "MCA:定义变量权重"对话框

（2）"补充变量"。

该变量列表中的变量是进行多重对应分析的补充变量，不用于多重对应分析，仅用于对比。

(3)"标记变量"。

该变量列表中的变量是进行多重对应分析的标签变量,用于在结果中标示记录。

(4)"解的维数"。

该文本框用于输入多重对应分析结果的最低维度数目。

2. "离散化"按钮

主要用于选择对变量重新编码的方法即分类方法,由于多重对应分析的变量都是分类名义变量,因此需要对不符合要求的变量取值进行离散化,如通过按照升序字母数值顺序分配类别指示符,字符串变量总是转换为正整数,字符串变量的离散化适用于这些整数。单击"离散化"按钮,弹出如图11-20所示的"MCA:分箱化"对话框。

图11-20 "MCA:分箱化"对话框

"MCA:分箱化"对话框具体包括以下内容。

(1)"变量"列表框。

该列表主要用于存放多重对应分析的分析变量,变量名的括号中表示该变量的离散化的方法。

(2)"方法"下拉列表。

该列表主要用于选择变量离散化的方法,如表11-1所示。

表11-1 "方法"下拉列表选项

选项	含义及其他
未指定	表示不指定任何离散化的方法
分组	该选项表示将选定的变量重新编码为指定数量的类别或者按区间重新编码类别,然后在"类别数"中输入分类的数目,并选择"类别数"进行选定变量取值的分布是"正态分布"还是"相等"(均匀分布)或者选中"同等间隔"单选按钮进行指定重新编码的间隔区间
等级	该选项表示将通过对变量个案等级排序来进行分类
乘	该选项表示取变量当前值乘以10且经过四舍五入的标准化值,并且加上了一个常数取保最低离散值为1,然后按整数值的大小进行分类

选择离散化方法后,单击"更改"按钮。

3. "缺失"按钮

主要用于设定缺失值的方法。单击"缺失"按钮，弹出如图 11-21 所示的"MCA：缺失值"对话框。

图 11-21 "MCA：缺失值"对话框

（1）"缺失值方案"选项组。

该选项组中包含两个列表框"分析变量"和"补充变量"，分别用于存放分析变量和补充变量。

（2）"方案"选项组

该选项组用于指定处理缺失值的方法。

① "排除缺失值；量化后为相关性规因"单选按钮。

该单选按钮表示选定的变量有缺失值的对象对于此变量的分析不起作用，该方法属于消极处理方法，即排除值模式。如果消极处理所有变量，则所有变量都有缺失值的对象将视为补充对象；如果选择输出相关矩阵，则缺失值的替换方式有："众数"表示将缺失值替换为最优刻度化变量的众数；"附加类别"表示将缺失值替换为附加类别的定量，这意味着此变量有缺失值的对象被视为属于同一（附加）类别。

② "为缺失值规因"单选按钮。

该单选按钮表示对选定变量有缺失值的对象进行规因，该方法为积极处理方法即推算插补模式。其中插补方法有："众数"表示将缺失值替换为最频繁的类别，当有多个众数时将使用具有最小类别指示符的众数；选择"附加类别"表示将缺失值替换为相同的附加类别定量，意味着此变量有缺失值的对象被视为属于同一（附加）类别。

4. "选项"按钮

主要用于选择初始配置、指定迭代和收敛标准、选择正态化方法、选择标记图的方法，以及指定附加对象。单击"选项"按钮，弹出如图 11-22 所示的"MCA：选项"对话框。

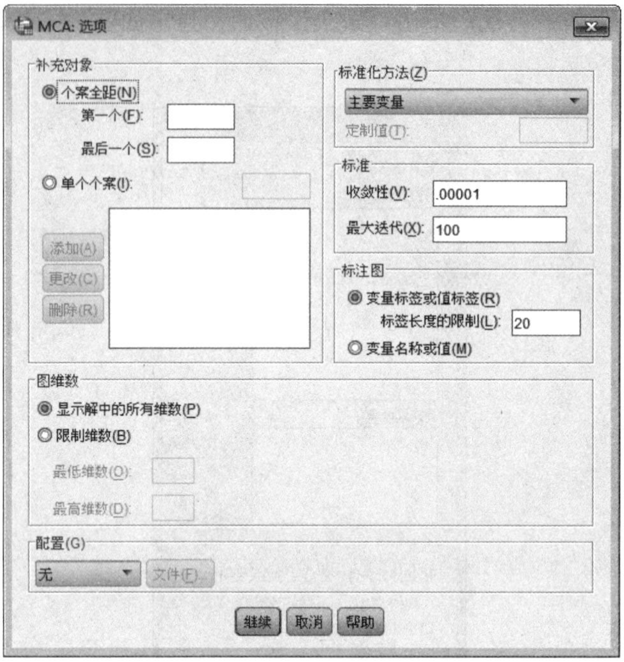

图 11-22 "MCA：选项"对话框

对话框包括以下内容。
（1）"补充对象"选项组。
该选项组用于指定要其成为附加对象的对象的个案编号。"个案全距"，表示对对象范围的第一个和最后一个个案编号，在"第一个"和"最后一个"文本框中输入编号，然后单击"添加"按钮进入附加对象列表。"单个个案"，表示如果将某个对象指定为附加对象，则对于该对象将忽略个案权重。单击"更改"按钮，可以对选定的附加对象进行更改设置；单击"删除"按钮可以删除已经设置好的附加对象。
（2）"标准化方法"选项组。
该选项组用于指定变量标准化得分的正态化方法。"主要变量"，表示优化变量之间的关联，对象空间中的变量坐标是成分载入（与主成分的相关性，如维和对象得分）。"主要对象"，表示优化对象间的距离，适用于关注对象之间的区别或相似性的情况。"对称"，相当于简单对应分析中的对称方法，适用于关注对象和变量之间关系的情况。"因变量"，适用于单独检查对象之间的距离和变量之间的相关性。"设定"，表示用户自己指定介于–1 和 1 之间的值，"–1"相当于"主要变量"，"1"相当于"主要对象"，"0"相当于"对称"，而其他值不同程度地将"惯量"特征值分布于对象和变量上。
（4）"标准"选项组。
该选项组用于设定迭代收敛标准。在"最大迭代"中输入最大迭代次数，在"收敛性"中输入收敛临界值，即循环求解的最后两个模型拟合优度之差小于该值，则停止迭代。
（5）"标注图"选项组。
该选项组用于指定在图中将使用变量和值标签，还是变量名称和值。选择"变量标签或值标签"表示使用在图中将使用变量和值标签；选择"变量名或值"表示在图中将使用变量名称和值。

（6）"图维数"选项组。

该选项组主要用于设置图的维数。"显示解中的所有维数"，该单选按钮表示行和列的维数显示在交叉表格中。"限制维数"，该单选按钮表示限制输出的维数，在"最低维数"中输入从 1 到总维数减 1 的整数，在"最高维数"中输入从 2 到总维数的整数。

5. "输出"按钮

主要用于为对象得分、区分测量、迭代历史、原始变量和转换后变量的相关性、选定的变量的类别量化和选定的变量的描述统计生成表。单击"输出"按钮，弹出如图 11-23 所示的"MCA：输出"对话框。

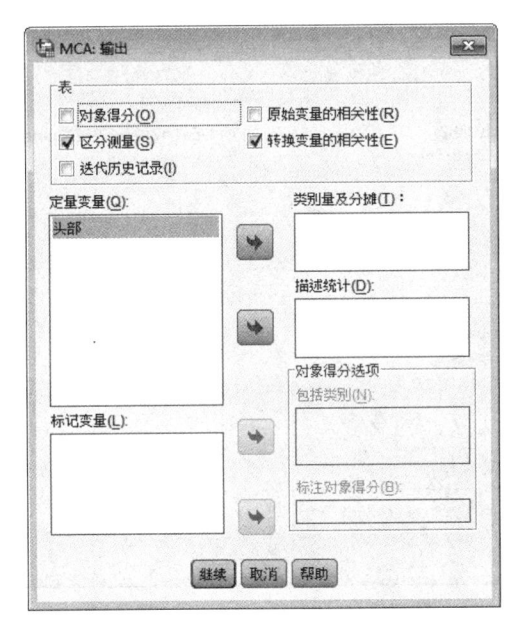

图 11-23 "MCA：输出"对话框

（1）"表"选项组。

该选项组用于设定输出相关统计量。"对象得分"，该复选框表示输出对象得分表，包括质量、惯量和贡献。一旦选中"对象得分"复选框，则"对象得分选项"就会被激活。选入"包括类别"列表框的分析变量将输出该变量的类别信息，选入"标注对象得分"的标签变量将用于标注对象。"区分测量"，该复选框表示输出每个变量和每一维的区分测量。"迭代历史记录"，该复选框表示输出迭代中偏差的变化。"原始变量的相关性"，该复选框表示输出原始变量的相关性矩阵及该矩阵的特征值。"转换变量的相关性"，该复选框表示输出转换变量的相关性矩阵及该矩阵的特征值。

（2）"类别量及
分摊"列表框。

该列表框用于输出选定变量的每一维度的类别量化（坐标），包括质量、惯量和贡献。

（3）"描述统计"列表框。

该列表框用于输出选定变量的频率、缺失值的数量及众数等描述性统计量信息。

6. "保存"按钮

主要用于进行保存设置。单击"保存"按钮,弹出如图 11-24 所示的"MCA:保存"对话框。

(1) "离散化数据"。

选中"创建离散化数据"复选框,则"创建新数据集"和"写入新数据文件"单选按钮被激活。选择"创建新数据集"表示建立一个新数据集来保存离散化数据,在"数据集名称"中输入新数据集的名称。选择"写入新数据文件"表示建立一个外部 SPSS Statistics 数据文件保存离散化数据,单击"文件"按钮选择文件。

(2) "已转换的变量"。

该选项组用于保存已转化的变量,具体用法与"离散化数据"一致。

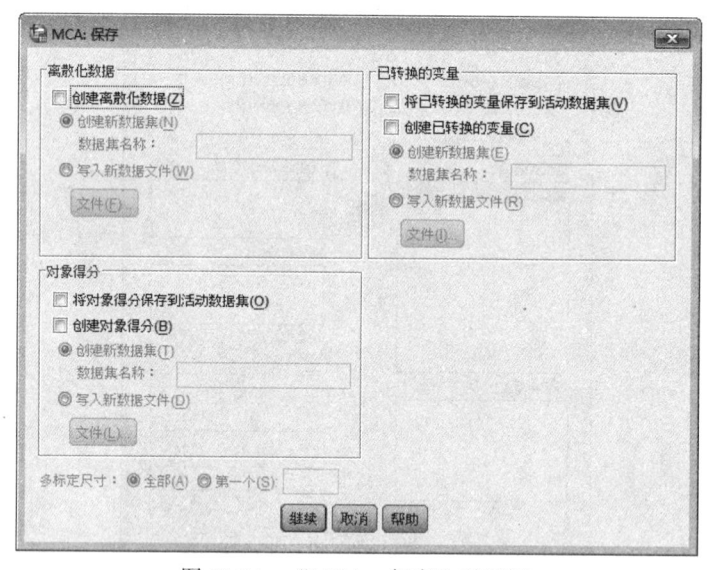

图 11-24 "MCA:保存"对话框

(3) "对象得分"。

该选项组用于保存对象得分,具体用法与"离散化数据"一致。

(4) "多标定尺寸"。

该选项组用于将指定数据保存至当期活动数据文件中。"全部",选择该单选按钮表示保存所有维度得分。"第一个",选择该单选按钮表示可以指定保存数据的最大维度。

7. "对象"按钮

用于指定所要的图类型以及要绘图的变量。单击"对象"按钮,弹出如图 11-25 所示的"MCA:对象图"对话框。

(1) "对象点"。

选择该复选框表示输出对象点的图。一旦选择该复选框,则"标签对象"就会被激活。在"标签对象"选项组中选择"个案号"单选按钮,表示"可用"列表框中的所有变量用于做标签变量,选择"变量"则为每个变量生成一个图。

(2) "对象和质心(双标图)"。

选择该复选框表示输出对象点和其中心点的双标图。一旦选择该复选框,则"双标图变量"就会被激活。在"双标图变量"选项组中选择"所有变量"单选按钮表示"可用"列表框中的所有变量都用于做双标图,选择"选定变量"表示在"可用"列表框中选择变量用于双标图。

8. "变量"按钮

用于指定所要的图类型和要绘图的变量。单击"变量"按钮,弹出如图 11-26 所示的"MCA:变量图"对话框。

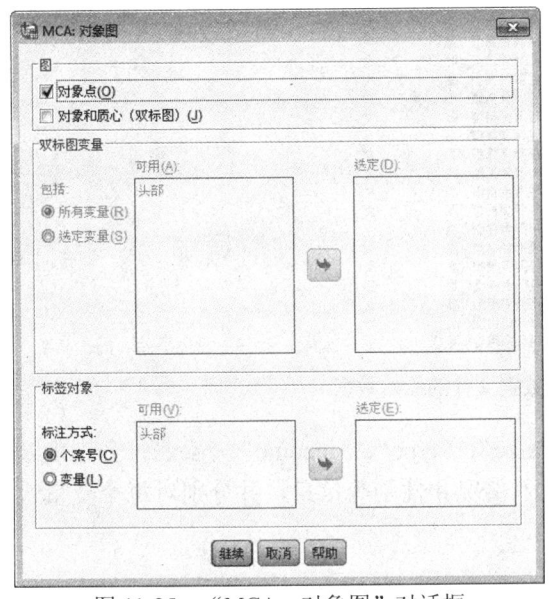

图 11-25 "MCA:对象图"对话框

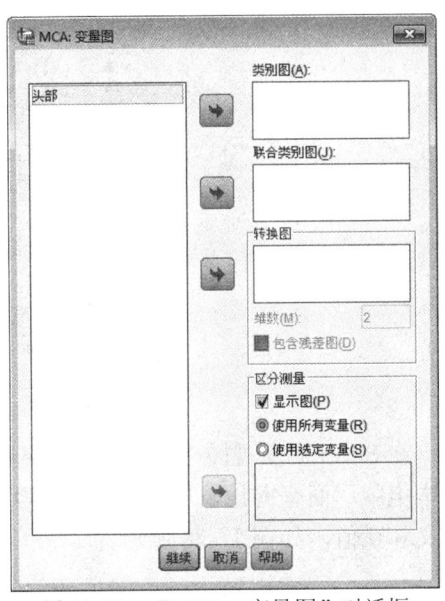

图 11-26 "MCA:变量图"对话框

(1)"类别图"。

该列表框用于对于选定的每个变量绘图质心坐标图。

(2)"联合类别图"。

该列表框用于对每个选定的变量绘图其质心坐标的单一图。

(3)"转换图"。

该列表框用于输出最优类别量化与类别指示符的比较图。在"维数"中输入指定维数,将为每一维分别生成一个图。如果选中"包含残差图"复选框,则输出每个选定的变量的残差图。

设置完成后,单击"确定"按钮,就可以在 SPSS Statistics 查看器窗口得到多重对应分析的结果。

11.3.3 案例分析

下面以数据文件"11-2"为例,说明对应分析的具体操作过程和对结果的说明解释。

1. 实验数据的描述

数据文件"11-2"来源于 SPSS 22.0 自带数据文件 computer.sav,本书对该数据文件进行了适当的修改。该数据文件包含关于笔记本电脑厂商来源地、笔记本尺寸、类型、收入和性别的特征的信息,利用多重对应分析,分析特征与所属分类的对应关系。本数据文件的原始

Excel 数据文件如图 11-27 所示。

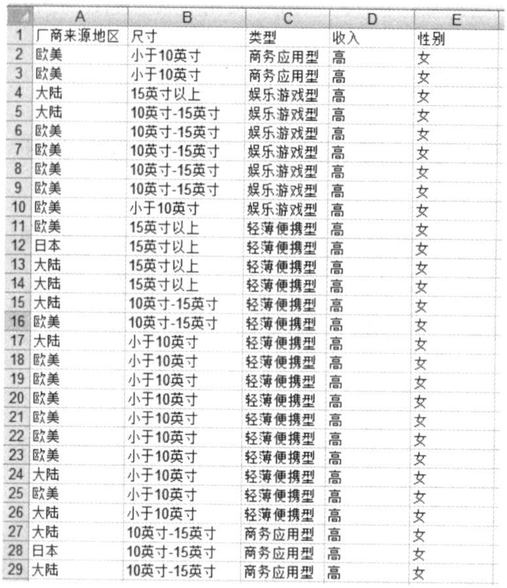

	A	B	C	D	E
1	厂商来源地区	尺寸	类型	收入	性别
2	欧美	小于10英寸	商务应用型	高	女
3	欧美	小于10英寸	商务应用型	高	女
4	大陆	15英寸以上	娱乐游戏型	高	女
5	大陆	10英寸-15英寸	娱乐游戏型	高	女
6	欧美	10英寸-15英寸	娱乐游戏型	高	女
7	欧美	10英寸-15英寸	娱乐游戏型	高	女
8	欧美	10英寸-15英寸	娱乐游戏型	高	女
9	欧美	10英寸-15英寸	娱乐游戏型	高	女
10	欧美	小于10英寸	娱乐游戏型	高	女
11	欧美	15英寸以上	轻薄便携型	高	女
12	日本	15英寸以上	轻薄便携型	高	女
13	大陆	15英寸以上	轻薄便携型	高	女
14	大陆	15英寸以上	轻薄便携型	高	女
15	大陆	10英寸-15英寸	轻薄便携型	高	女
16	欧美	10英寸-15英寸	轻薄便携型	高	女
17	大陆	小于10英寸	轻薄便携型	高	女
18	欧美	小于10英寸	轻薄便携型	高	女
19	欧美	小于10英寸	轻薄便携型	高	女
20	欧美	小于10英寸	轻薄便携型	高	女
21	欧美	小于10英寸	轻薄便携型	高	女
22	欧美	小于10英寸	轻薄便携型	高	女
23	欧美	小于10英寸	轻薄便携型	高	女
24	大陆	小于10英寸	轻薄便携型	高	女
25	欧美	小于10英寸	轻薄便携型	高	女
26	大陆	小于10英寸	轻薄便携型	高	女
27	大陆	10英寸-15英寸	商务应用型	高	女
28	日本	10英寸-15英寸	商务应用型	高	女
29	大陆	10英寸-15英寸	商务应用型	高	女

图 11-27　“11-2”数据文件的原始数据

在 SPSS 变量视图中建立变量“origin”、“size”、“type”、“income”、“sex”，分别表示笔记本电脑厂商来源地、笔记本尺寸、类型、收入情况和性别等信息，并分别对每个变量进行定义和赋值，如图 11-28 所示。

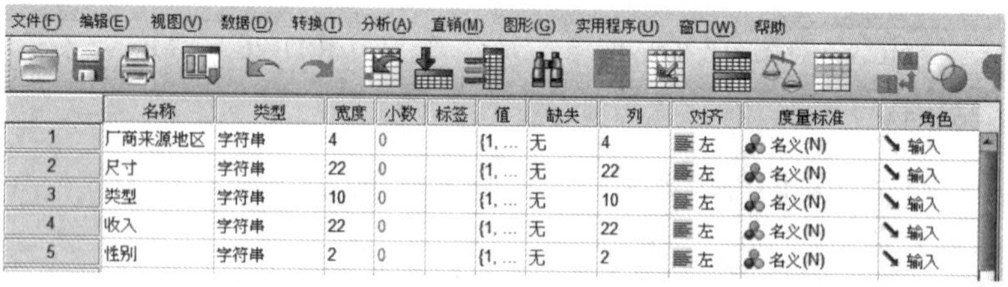

	名称	类型	宽度	小数	标签	值	缺失	列	对齐	度量标准	角色
1	厂商来源地区	字符串	4	0		{1, ...	无	4	左	名义(N)	输入
2	尺寸	字符串	22	0		{1, ...	无	22	左	名义(N)	输入
3	类型	字符串	10	0		{1, ...	无	10	左	名义(N)	输入
4	收入	字符串	22	0		{1, ...	无	22	左	名义(N)	输入
5	性别	字符串	2	0		{1, ...	无	2	左	名义(N)	输入

图 11-28　数据文件“11-2”的变量视图

在 SPSS 活动数据文件的数据视图中，把相关数据输入到各个变量中。

2. 实验的操作步骤

（1）打开“11-2”数据文件，进入 SPSS Statistics 数据编辑器窗口，在菜单栏中选择“分析”|“降维”|“最优刻度”命令，单击“最佳刻度”对话框中的“确定”按钮，打开“多重对应分析”对话框。从源变量列表中选择变量“origin”、“size”、“income”、“sex”进入“分析变量”列表，选择“type”进入“标记变量”列表。

（2）单击“对象”按钮，打开“MCA：对象图”对话框，选择“变量”单选按钮，将“origin”、“size”、“income”、“sex”选入“选定”列表框，单击“继续”按钮，保存设置结果。

（3）单击“确定”按钮，便可以得到简单对应分析结果。

3. 实验结果及分析

单击“确定”按钮后，在 SPSS Statistics 查看器窗口的输出结果如图 11-29 到图 11-31 所示。

图 11-29 给出了模型汇总结果。该图给出了各个维度上的特征值、惯量和解释的方差百分比的信息。如第一维度和第二维度上分别可以解释数据变异的 36%和 32%。

维数	Cronbach's Alpha	解释	
		总计（特征值）	惯量
1	.425	1.468	.367
2	.294	1.283	.321
总计		2.752	.688
均值	.364a	1.376	.344

a. 总 Cronbach's Alpha 基于平均特征值。

图 11-29　模型汇总

图 11-30 给出了辨别度量的信息。大的辨别度量相当于一个变量在类别上较大的分散，即指沿着该维度在变量类别上有一个高的区分度。如原产地和尺寸在第一维度上有很大的辨别度量而在第二维度上很小，说明这两个变量类别属性仅仅在第一维度上有高的区分度和分散度。性别和收入情况在第二维度上有高的区分度量，说明第二维度能够把性别和收入情况变量区分开来。图 11-31 给出了按类型加注标签的对象点在各个维度上的得分图。从该图可以看到，类型 1、2、3 均匀地分布在 45°线附近，这说明笔记本电脑在第一维度和第二维度上区分都很好。

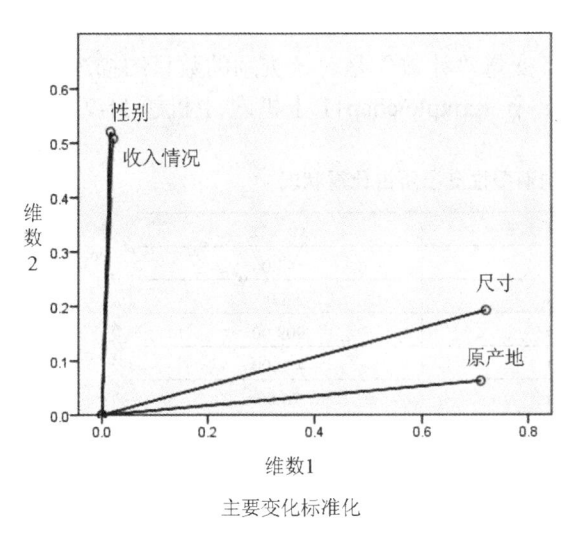

图 11-30　辨别度量

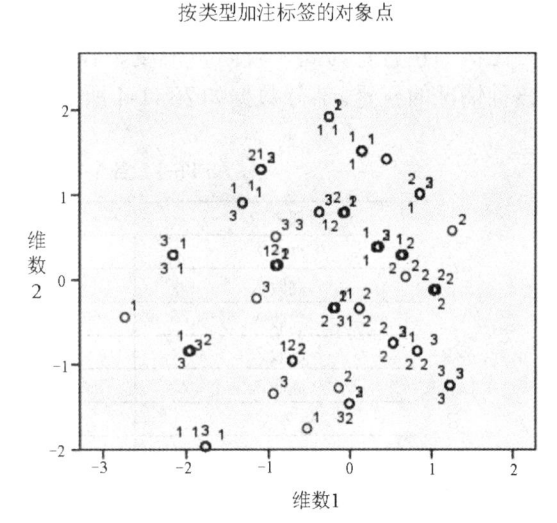

图 11-31　按头部形状加注标签的对象得分

上机题

1. 某大学农学院进行了水稻遗传性状的实验，水稻的高度和大米的性状如数据文件所示，其中数据文件中的"1"、"2"、"3"分别表示水稻的不同高度。试进行对应分析，分析水稻高度和大米的性状的对应关系。部分指标数据如表 11-3 所示（数据路径：sample\chap11\上机题\上机题 11-1.sav）。

表 11-3　水稻遗传性状的实验结果

水稻高度	大米性状	频率
1.00	1.00	98.00
1.00	2.00	48.00
1.00	3.00	403.00
1.00	4.00	681.00
1.00	5.00	85.00
2.00	1.00	343.00
2.00	2.00	84.00
2.00	3.00	909.00
2.00	4.00	412.00
2.00	5.00	26.00
3.00	1.00	326.00
3.00	2.00	38.00
3.00	3.00	241.00
3.00	4.00	110.00
3.00	5.00	3.00

（1）试计算对应分析的对应表，熟悉各个变量的频率分布情况。

（2）采用对应分析计算行得分和列得分在二维上的散点图，并通过图表的形式分析类别和样本之间的潜在关系。

2. 统计局就各个收入阶层的消费性支出所占比重状况进行了调研。按收入阶层区分吸烟行为的交叉制表构成。变量"阶层"包含高收入、中层收入和低收入；变量"消费性支出所占比例"包含行为高、较高、中度、较低和低；变量"计数"是对该类别的数目的描述，即该种情况的权重。部分数据如表 11-4 所示（数据路径：sample\chap11\上机题\上机题 11-2.sav）。

表 11-4　各个收入阶层的消费性支出所占比重状况

部　门	支出比例状况	计　数
高收入	1.00	343.00
高收入	2.00	84.00
高收入	3.00	909.00
高收入	4.00	412.00
高收入	5.00	26.00
中等收入	1.00	326.00
中等收入	2.00	38.00
中等收入	3.00	241.00
中等收入	4.00	110.00
中等收入	5.00	3.00
低收入	1.00	688.00
低收入	2.00	116.00
低收入	3.00	584.00
低收入	4.00	188.00
低收入	5.00	4.00

试采用对应分析各个变量在二维上的散点图，并结合对应表分析该收入阶层和支出比例联系。

第 12 章 分类分析

分类分析，又称聚类分析。聚类分析原理是选择相关的观测指标，通过不同的距离定义实现分组，使组内的数据对象具有最高的相似度。聚类分析在进行数据分类时不要求给出先验分类，聚类分析在经济学、管理学、自然科学和工程中具有广泛的应用，SPSS 的分类过程可以使用户方便地实现聚类分析，本章将对聚类分析的 SPSS 实现过程进行介绍。

12.1 聚类分析的基本原理

聚类分析是根据对象的特征，按照一定的标准对研究对象进行分类，由于研究对象和分析方法的不同，聚类分析也分为不同的种类。

按照研究对象的不同，聚类分析一般分为样本聚类和变量聚类。

（1）样本聚类。

样本聚类又称 Q 型聚类，它针对观测量进行分类，将特征相近的观测量分为一类，特征差异较大的观察量分在不同的类。

（2）变量聚类。

变量聚类又称 R 型聚类，它是针对变量分类，将性质相近的变量分为一类，将性质差异较大的变量分在不同的类。

按照分析方法的不同，聚类分析一般分为快速聚类、分层聚类和两阶段聚类。

（1）快速聚类。

快速聚类又称 K 平均值聚类，它将数据看做 K 维空间上的点，以距离为标准进行聚类分析，将样本分为指定的 K 类。

（2）分层聚类。

分层聚类也称系统聚类。其依照相近程度最高的两类进行合并组成一个新类并不断重复此过程，直到所有的个体都归为一类。

（3）两阶段聚类。

两阶段聚类分析首先以距离为依据形成相应的聚类特征树结点构造聚类特征树，然后通过信息准则确定最优分组个数对各个结点进行分组。

聚类分析要求不同组间具有较大的差异，聚类分析中个体的差异程度通常用距离来表示，聚类分析中一些常用的距离及其定义方式如下。

1. 定距变量的常用距离

（1）欧式距离。

欧式距离指两个体之间变量差值平方和的平方根，欧式距离的数学定义如公式（12-1）所示。

$$d_{xy} = \sqrt{\sum_{i=1}^{n}(x_i - y_i)^2} \tag{12-1}$$

（2） 欧式距离平方和。

欧式距离平方和指两个体之间变量差值的平方和，数学定义如公式（12-2）所示。

$$d_{xy} = \sum_{i=1}^{n}(x_i - y_i)^2 \tag{12-2}$$

（3） 切贝谢夫距离。

切贝谢夫距离指两个体之间的变量差值绝对值的最大值，数学定义如公式（12-3）所示。

$$d_{xy} = \max|x_i - y_i| \tag{12-3}$$

（4） 布洛克距离。

布洛克距离指两个体之间的变量差值绝对值之和，数学定义如公式（12-4）所示。

$$d_{xy} = \sum_{i=1}^{n}|x_i - y_i| \tag{12-4}$$

（5） 明考斯基距离。

明考斯基距离指两个体之间的变量差值的 k 次方之和的 k 次方根，数学定义如公式（12-5）所示。

$$d_{xy} = \sqrt[k]{\sum_{i=1}^{n}(x_i - y_i)^k} \tag{12-5}$$

（6） 夹角余弦距离。

夹角余弦距离的数学定义，如公式（12-6）所示。

$$d_{xy} = \frac{\sum_{i=1}^{n}(x_i y_i)^2}{\sqrt{\sum_{i=1}^{n}(x_i)^2}\sqrt{\sum_{i=1}^{n}(y_i)^2}} \tag{12-6}$$

（7） 自定义距离。

自定义距离指两个体之间的变量差值的 p 次方之和的 q 次方根（p、q 由用户自行定义），数学定义如公式（12-7）所示。

$$d_{xy} = \sqrt[q]{\sum_{i=1}^{n}(x_i - y_i)^p} \tag{12-7}$$

2. 定序变量的常用距离

（1） 卡方距离。

卡方距离的数学定义，如公式（12-8）所示。

$$d_{xy} = \sqrt{\sum_{i=1}^{k}\frac{[x_i - E(x_i)]^2}{E(x_i)} + \sum_{i=1}^{k}\frac{[y_i - E(y_i)]^2}{E(y_i)}} \quad (12\text{-}8)$$

（2） Phi 方距离。

Phi 方距离的数学定义，如公式（12-9）所示。

$$d_{xy} = \sqrt{\frac{\sum_{i=1}^{k}\frac{[x_i - E(x_i)]^2}{E(x_i)} + \sum_{i=1}^{k}\frac{[y_i - E(y_i)]^2}{E(y_i)}}{n}} \quad (12\text{-}9)$$

3. 二值变量的常用距离

（1） 简单相关系数。

简单相关系数的定义，如公式（12-10）所示。

$$p(x,y) = \frac{b+c}{a+b+c+d} \quad (12\text{-}10)$$

其中，两个体同时为 0 时的频率记作 d；两个体同时为 1 的频率记为 a；个体 x 为 0，个体 y 为 1 的频率记为 c；个体 y 为 0，个体 x 为 1 的频率记为 b。

（2） 雅克比相关系数。

雅克比相关系数的定义如公式（12-11）所示。

$$p(x,y) = \frac{b+c}{a+b+c+d} \quad (12\text{-}11)$$

其中，两个体同时为 0 时的频率记作 d；两个体同时为 1 的频率记为 a；个体 x 为 0，个体 y 为 1 的频率记为 c；个体 y 为 0，个体 x 为 1 的频率记为 b。

12.2 快速聚类

快速聚类是在预先给的分组数量，从而见观测样本分入不同组的过程。

12.2.1 快速聚类的基本原理

快速聚类又称 K 平均值聚类，它将数据看做 K 维空间上的点。快速聚类的应用必须以给定现有的分类个数为前提，执行效率高，适用于对大样本进行快速聚类。但是，这种高的执行效率是以牺牲多个解为代价取得的，因此快速聚类分析在应用中具有局限性。一般在对形成的类的特征（各变量值范围）有了一定认识时使用。

快速聚类的思想是，首先选择 k 个观测量作为初始的聚类中心点，根据距离最小的原则将各个观测量分配到这 k 个类中；然后，将每一个类中的观测量计算变量平均值，这 k 个平均值又形成新的 k 个聚类中心点。依次类推，不断进行迭代，直到收敛或达到分析者的要求为止。

12.2.2 快速聚类的 SPSS 操作

建立或打开相应数据文件后,可以在 SPSS Statistics 数据编辑器窗口进行快速聚类分析。

(1) 在菜单栏中依次选择"分析"|"分类"|"K 平均值聚类"命令,打开如图 12-1 所示的"K 平均值聚类分析"对话框。

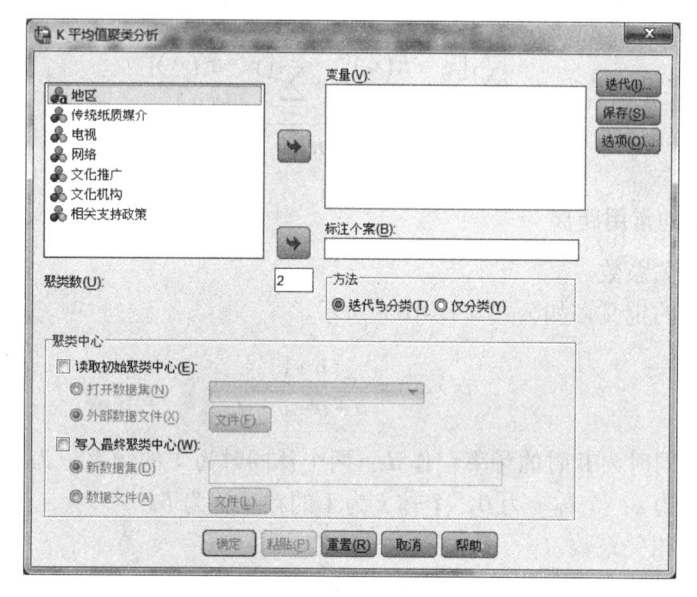

图 12-1 "K 平均值聚类分析"对话框

(2) 选择变量。

从源变量列表中选择参与聚类分析的目标变量,然后单击 按钮将选中的变量选入"变量"列表中;从源变量列表中选择属类变量,然后单击 按钮将选中的变量选入"标注个案"列表中,如图 12-2 所示。

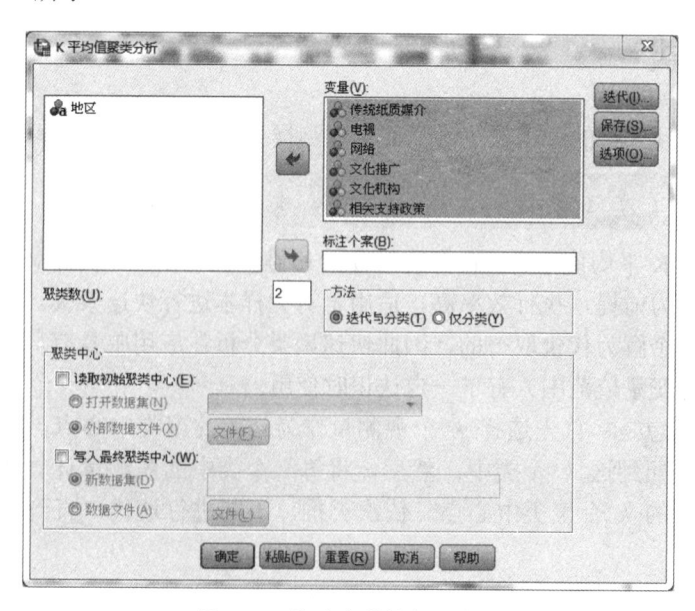

图 12-2 快速聚类的变量选择

1. "聚类数"输入框

该输入框用于设置聚类的数目,系统默认分为两类,用户可以在该输入框中输入自定义的聚类数目。

2. "方法"选项组

该选项组用于设置聚类分析的方法,有两种方法可供选择:"迭代与分类",该方法在聚类过程中不断改变凝聚点;"仅分类",该方法在聚类过程中始终使用初始凝聚点。

3. "聚类中心"选项组

该选项组用于读取和写入初始聚类中心,用户可以从数据文件或外部数据集中读取初始聚类中心,也可以将聚类过程凝聚点的最终结果保存到数据文件中。

4. "迭代"按钮

只有在"方法"选项组中选择"迭代与分类"单选按钮,该按钮才被激活。单击"迭代"按钮,弹出如图12-3所示的"K平均值聚类分析:写入文件"对话框。

该对话框用于设置聚类分析中迭代的终止条件。

"最大迭代次数"输入框中的数据表示迭代达到或超过该数值时,停止迭代过程;"收敛性标准"输入框中的数字表示凝聚点改变的最大距离小于初始聚心距离的比例,当距离小于该数值时,停止迭代。如选择"使用运行平均值"复选框,则表示每分配一个观察值后,立刻计算新的凝聚点。

5. "保存"按钮

单击"保存"按钮,弹出如图12-4所示的"K-Means聚类:保存新变量"对话框。

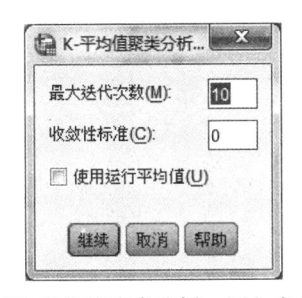

图12-3 "K平均值聚类分析:写入文件"对话框

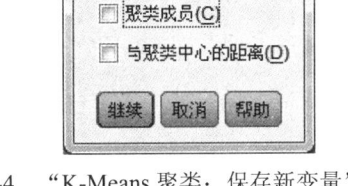

图12-4 "K-Means聚类:保存新变量"对话框

该对话框用于设置保存形式。如选择"聚类成员"复选框,系统将保存观测的分类结果;如选择"与聚类中心的距离"复选框,系统会将各观测与所属类的聚类中心的欧氏距离作为一个新变量进行保存。

6. "选项"按钮

单击"选项"按钮,弹出如图12-5所示的"K平均值聚类分析:选项"对话框。

(1)"Statistics"选项组。

该选项组用于设置输出的统计量,其包含

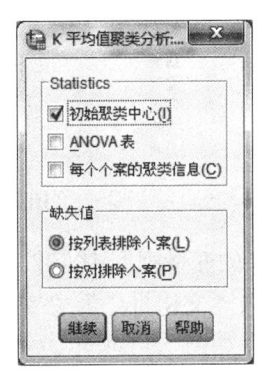

图12-5 "K平均值聚类分析:选项"对话框

"初始聚类中心"、"ANOVA 表"和"每个个案的聚类信息"3 个复选框，分别用于输出初始聚类中心、方差分析表和各观测的聚类信息。

（2）"缺失值"选项组。

该选项组用于设置缺失值的处理方式，其包含两个单选按钮："按对排除个案"，表示如果指定多个检验，将分别独立计算每个检验中的缺失值；"按列表排除个案"，表示从所有分析中排除任何变量具有缺失值的个案。

设置完成后，单击"确定"按钮，就可以在 SPSS Statistics 结果窗口得到快速聚类分析的结果。

除可以单击"确定"按钮，输出分析结果外，还可以单击"重置"按钮，重新选择变量，重新设置"选项"，也可以单击"取消"按钮，取消快速聚类分析的操作，返回到 SPSS Statistics 数据编辑器窗口。

12.2.3　实验操作

下面以数据文件"12-1"为例，说明快速聚类分析的操作。

1. 实验数据描述

数据文件"12-1"是某课题组进行社会文化事业发展相关调研取得的部分数据，数据指标已经换算成相应得分，调查包括了各种媒介的发展状况与文化政策和机构的发展情况。该数据文件的原始数据如图 12-6 所示。

A	B	C	D	E	F	G
地区	传统纸质媒介	电视	网络	文化推广	文化机构	相关支持政策
北京	66.60	2.60	24.70	0.60	0.00	2.20
天津	57.50	1.70	23.40	15.30	0.00	0.90
河北	70.60	1.20	12.80	7.10	0.00	6.10
山西	81.70	1.00	6.40	2.90	0.10	5.90
内蒙古	70.90	0.80	4.00	0.00	0.10	10.50
辽宁	83.80	0.90	9.50	0.00	0.30	4.20
吉林	86.80	1.00	4.30	0.00	0.50	5.80
黑龙江	86.20	1.20	3.20	0.00	0.30	4.10
上海	41.20	5.50	33.90	0.30	0.00	6.00
江苏	65.50	1.70	15.30	4.70	0.00	10.70
浙江	53.50	4.00	23.60	0.60	0.10	8.30
安徽	71.00	1.90	7.70	4.30	0.10	12.60
福建	57.30	1.50	26.20	0.00	2.80	5.00
江西	65.90	1.60	10.40	1.20	0.30	10.90
山东	63.40	2.50	16.20	8.70	0.30	8.10
河南	65.60	2.40	12.20	5.60	1.00	10.90
湖北	55.30	1.30	13.80	5.50	0.80	18.40
湖南	59.50	1.50	13.00	2.10	1.30	11.40
广东	57.20	1.00	24.50	0.00	0.70	6.50
广西	51.60	1.20	17.50	0.00	0.40	4.80
海南	54.10	3.10	23.00	0.00	0.00	5.20
重庆	71.60	0.50	12.00	0.00	1.40	7.40
四川	68.10	0.50	12.20	0.30	0.90	11.10
贵州	64.00	0.50	10.20	0.00	4.00	11.60
云南	69.50	0.30	8.50	0.00	6.30	3.70

图 12-6　数据文件"12-1"的原始数据

在 SPSS 的变量视图中，建立"地区"变量，表示各个省市，建立"传统纸质媒介"、"电视"、"网络"、"文化推广"、"文化机构"和"相关政策"变量，分别表示各个调查变量的得分，变量设置如图 12-7 所示。然后把相关数据输入到各个变量中。

第12章 分类分析

图12-7 数据文件"12-1"的数据视图

2. 实验的操作步骤

（1）在菜单栏中依次选择"分析"|"分类"|"K 平均值聚类"命令，弹出"K 平均值聚类分析"对话框。

（2）从源变量列表中选择"传统纸质媒介"、"电视"、"网络"、"文化推广"、"文化机构"和"相关支持政策"变量，然后单击 按钮将它们选入"变量"列表中；从源变量列表中选择"地区"变量，然后单击 按钮将其选入"标注个案"列表中。

（3）在"聚类数"输入框中输入聚类的数目，本实验将变量分为四类。

（4）单击"选项"按钮，选择"每个个案的聚类信息"复选框，单击"继续"按钮。

（5）单击"确定"按钮，输出快速聚类分析的结果，如图12-9至图12-12 所示。

图12-9 给出了每一次迭代的聚类中心内的更改情况。可以看出，经过两次迭代，聚类中心达到收敛。

迭代历史记录[a]

迭代	聚类中心内的更改			
	1	2	3	4
1	17.601	13.471	.000	15.616
2	.000	.000	.000	.000

a. 由于聚类中心内没有改动或改动较小而达到收敛。任何中心的最大绝对坐标更改为 .000。当前迭代为 2。初始中心间的最小距离为 36.961。

图12-9 迭代历史记录

图12-10 和图12-11 给出了最终聚类的中心和最终聚类中心间的距离。

最终聚类中心

	聚类			
	1	2	3	4
传统纸质媒介	54.88	55.97	39.20	72.42
电视	2.58	.97	1.90	1.28
网络	24.60	10.83	4.90	9.23
文化推广	2.10	2.53	33.20	2.04
文化机构	.50	.70	.00	.88
相关支持政策	7.68	20.80	4.00	7.82

图12-10 最终聚类中心

最终聚类中心之间的距离

聚类	1	2	3	4
1		19.126	40.190	23.364
2	19.126		39.248	21.023
3	40.190	39.248		45.919
4	23.364	21.023	45.919	

图12-11 最终聚类中心间的距离

图12-12 给出了每一个观测所属的类和聚类的距离。通过聚类分析可以看出，所有的观测按照与聚心的距离被分成了四类。

通过聚类分析的结果可以看出，所有的省市被分成了四类，通过图 12-12 给出了各个省市所处的分组，通过聚类分析可以清楚地区分各个省市的文化事业的发展情况。

聚类成员

个案号	地区	聚类	距离
1	北京	1	11.964
2	天津	1	13.841
3	河北	4	7.453
4	山西	4	9.985
5	内蒙古	4	6.963
6	辽宁	4	11.732
7	吉林	4	15.616
8	黑龙江	4	15.201
9	上海	1	17.601
10	江苏	4	10.035
11	浙江	1	4.211
12	安徽	4	3.241
13	福建	1	5.143
14	江西	4	7.380
15	山东	4	13.272
16	河南	4	8.871
17	湖北	2	4.892
18	湖南	2	10.314
19	广东	1	3.705
20	广西	1	8.701
21	海南	1	3.771
22	重庆	4	3.686
23	四川	4	6.471
24	贵州	4	10.027
25	云南	4	7.777
26	西藏	4	4.021

图 12-12　聚类成员

12.3　分层聚类

分层聚类是应用最为广泛的一种聚类方式，其聚类分析的过程体现出明显的层次性，故因此得名。

12.3.1　分层聚类的基本原理

分层聚类也称系统聚类。其主要思想可以归结为"由多到一，层层集聚"即将每一个个体都置入聚类空间，然后将相近程度最高的两类进行合并组成一个新类，再将该新类与相似度最高的类进行合并。不断重复此过程，直到所有的个体都归为一类。

聚类的关键在于类之间距离的定义，类与类之间方法定义的不同产生了不同的系统聚类方法。本节介绍常用的 8 种系统聚类方法，即最短距离法、最长距离法、中间距离法、重心法、类平均法、可变类平均法、可变法、离差平方和法。

12.3.2 分层聚类的 SPSS 操作

建立或打开相应数据文件后，可以在 SPSS Statistics 数据编辑器窗口进行分层聚类分析。

在菜单栏中依次选择"分析"|"分类"|"系统聚类"命令，打开如图 12-13 所示的"系统聚类分析"对话框。从源变量列表中选择参与聚类分析的目标变量，然后单击 按钮将选中的变量选入"变量"列表中；从源变量列表中选择属类变量，然后单击 按钮将选中的变量选入"标注个案"列表中，如图 12-14 所示。

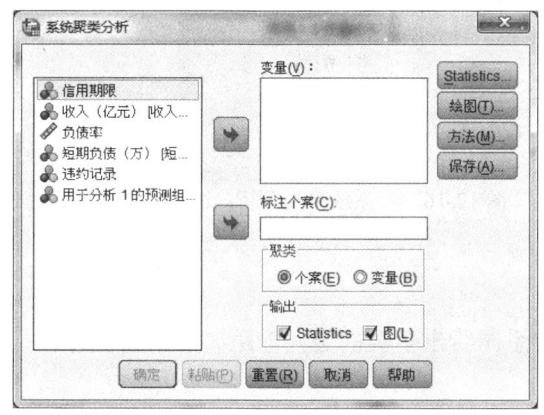

图 12-13　"系统聚类分析"对话框　　　　图 12-14　"系统聚类分析"对话框的变量选择

1. "聚类"选项组

该选项组用于设置分层聚类的方法。如选择"个案"单选按钮，则进行 Q 型聚类；如选择"变量"单选按钮，则进行 R 型聚类。

2. "输出"选项组

该选项组用于设置输出的内容。如果选择"Statistics"复选框，系统将输出相关的统计量；如果选择"图"复选框，系统将输出聚类图形。

3. "Statistics"按钮

单击"Statistics"按钮，弹出如图 12-15 所示的"系统聚类分析：统计"对话框。

（1）"合并进程表"复选框。

选择该复选框表示输出每一步聚类过程中被合并的类及类间距离。

（2）"近似值矩阵"复选框。

选择该复选框表示输出聚类中不同观测之间的距离矩阵。

（3）"聚类成员"选项组。

该选项组用于设置聚类成员所属分类的输出。如选择"无"单选按钮，则表示不输出聚类成员所属的分类；如选择"单一方案"单选按钮，则当聚类数等于用户指定的数量时系统输出聚类成员所属的分类；如选择"方案范围"单选按钮，则当聚类数位于用户指定的范围时系统输出聚类成员所属的分类。

4. "绘图"按钮

单击"绘图"按钮，弹出如图 12-16 所示的"系统聚类分析：图"对话框。

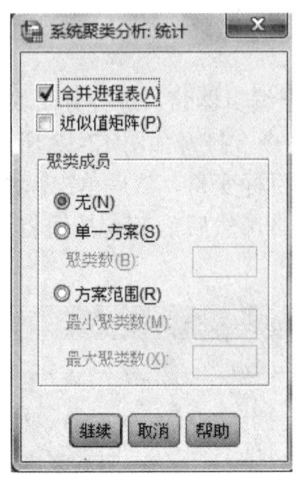

图 12-15　"系统聚类分析：统计"对话框 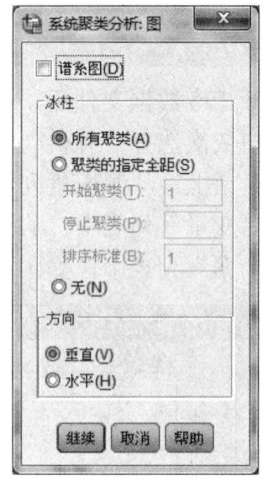　　图 12-16　"系统聚类分析：图"对话框

该按钮用于设置输出的聚类图形。

（1）"谱系图"复选框。

选择该复选框表示输出聚类谱系图，聚类谱系图给出了类的合并与距离的相关信息。

（2）"冰柱"选项组。

该选项组用于设置输出的冰柱图的相关参数。如选择"所有聚类"复选框，输出的冰柱图将包括聚类过程中每一步的信息；如选择"聚类的指定全距"复选框，系统输出的冰柱图则只包括用户指定范围的聚类数，用户可以在下方的输入框中输入聚类数的范围；如选择"无"复选框，系统不输出冰柱图。

此外，用户还可以通过"方向"选项组来设置冰柱图的输出方向。

5．"方法"按钮

单击"方法"按钮，弹出如图 12-17 所示的"系统聚类分析：方法"对话框。

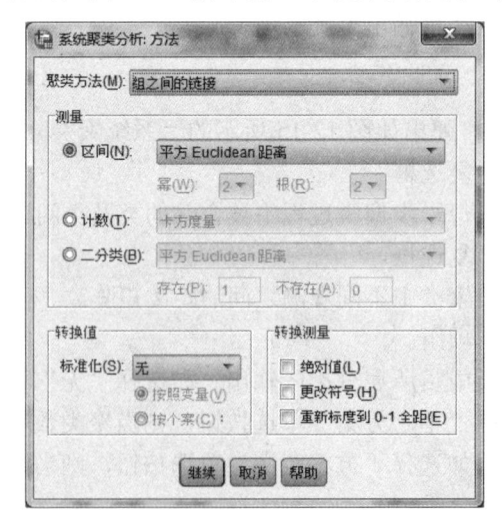

图 12-17　"系统聚类分析：方法"对话框

该对话框用于设置聚类分析的相关方法。

(1)"聚类方法"下拉列表框。

该下拉列表框中给出了聚类分析的不同方法,包括组之间的连接、组内的链接、离差平方和法(Ward 法)、最近邻元素、最远邻元素、质心聚类和中位数聚类 7 种方法,用户可以根据数据的特征选择相应的方法。

(2)"测量"选项组。

该选项组用于设置聚类分析中距离的计算方法,用户可以根据数据的类型选择相应的单选按钮。

"区间"单选按钮用于一般的等间隔测量变量,其后的下拉列表中提供了 7 种距离选项:欧式距离、欧式距离平方和、夹角余弦、切贝谢夫距离、明考斯基距离、绝对距离和皮尔逊相关性度量。除此之外,用户还可以利用"幂"和"根"输入框自定义距离。

"计数"单选按钮用于计数变量,其后的下拉列表中给出了两种度量距离方法的选项:卡方度量和 Phi 方度量。

"二分类"单选按钮用于二值变量,用户可以在"存在"和"不存在"输入框中输入二值变量的参数特征,并在下拉列表中选择相应的距离。

(3)"转换值"选项组。

该选项组用于设置对数据进行标准化的方法,用户可以在"标准化"下拉列表中选择相应的标准化方法。用户还要根据进行的聚类类型选择"按个案"和"按照变量"单选按钮,"按个案"单选按钮用于 R 型聚类,"按照变量"按钮用于 Q 型聚类。

(4)"转换测量"选项组。

该选项组用于设置将计算得到的距离进行转换的方法,如果选择"绝对值"复选框,则表示取距离的绝对值;如果选择"更改符号"复选框,则表示交换当前的距离大小排序;如果选择"重新标度的 0-1 全距"复选框,则表示将距离差按比例缩放到 0~1 的范围内。

6."保存"按钮

单击"保存"按钮,弹出如图 12-18 所示的"系统聚类分析:保存"对话框。

该对话框主要用于聚类信息的保存设置。

如果选择"无"单选按钮,则表示不保存聚类结果信息;如果选择"单一方案"单选按钮,则表示将某一步的聚类结果信息保存到新变量;如果选择"方案范围",则表示将一定聚类步数范围内的聚类结果信息保存到新变量。

设置完成后,单击"确定"按钮,就可以在 SPSS Statistics 结果窗口得到分层聚类分析的结果。

图 12-18 "系统聚类分析:保存"对话框

除可以单击"确定"按钮,输出分析结果外,还可以单击"重置"按钮,重新选择变量,重新设置"选项",也可以单击"取消"按钮,取消快速聚类分析的操作,返回到 SPSS Statistics 数据编辑器窗口。

12.3.3 实验操作

下面以数据文件"12-1"为例,说明分层聚类分析分析的操作。

1. 实验数据描述

数据文件"12-1"已经在12.1.3节中进行了详细描述,在此不再赘述。

2. 实验的操作步骤

(1) 在菜单栏中依次选择"分析"|"分类"|"系统聚类"命令,弹出"系统聚类"对话框。

(2) 从源变量列表中选择"传统纸质媒介"、"电视"、"网络"、"文化推广"、"文化机构"和"相关政策"变量,然后单击按钮将它们选入"变量"列表中;从源变量列表中选择"地区"变量,然后单击按钮将其选入"标注个案"列表中。

(3) 在"聚类"选项组内选择"个案"单选按钮。

(4) 单击"绘图"按钮,弹出"系统聚类分析:图"对话框,选择"谱系图"单选按钮。

(5) 单击"方法"按钮,弹出"系统聚类分析:方法"对话框,在"聚类方法"下拉列表中选择"质心聚类"命令。

(6) 单击"确定"按钮,输出分层聚类分析的结果,如图12-19和图12-20所示。

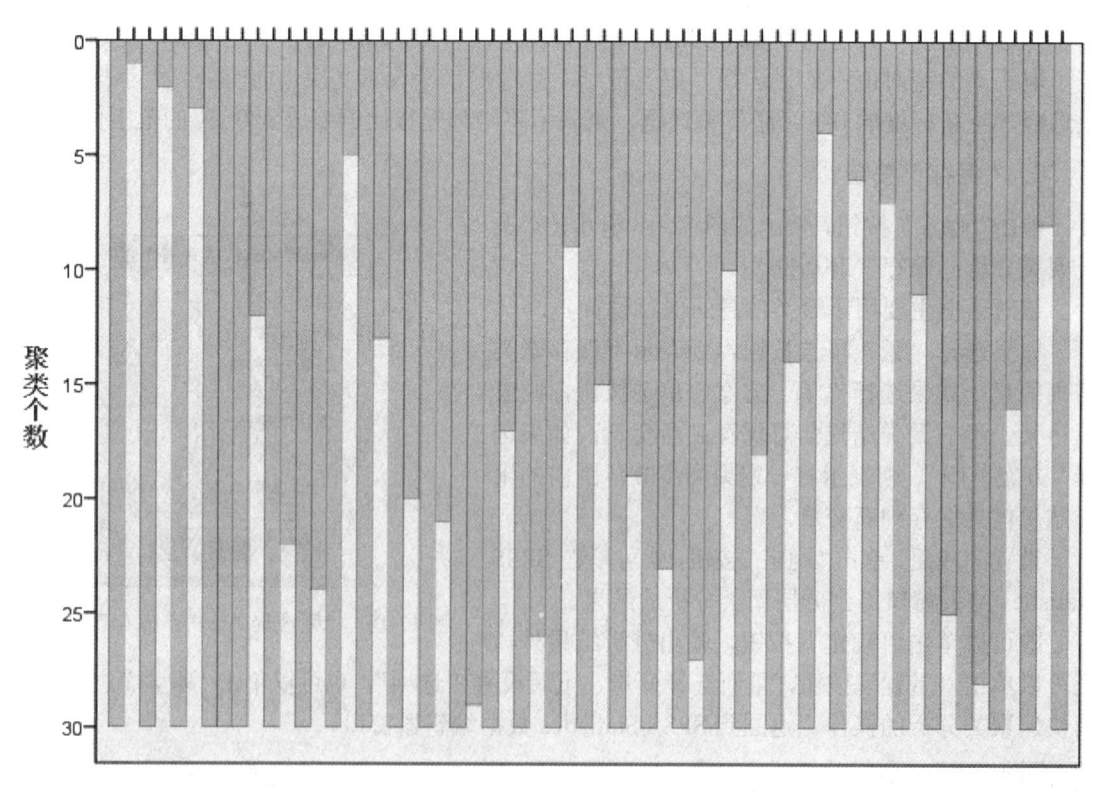

图12-19 分层聚类分析的冰柱图

分层聚类分析的冰柱图给出了各类之间的距离,从最后一行向上可以依次看出不同的聚类数量下的分类方式。

* * * * * * * * * *聚类分析* * * * * * * * * * * *

```
组间平均距离
   案例      0        5       10       15       20       25
   标签   Num  +--------+--------+--------+--------+--------+

   吉林    7   -+
   黑龙江  8   -+-----+
   山西    4   -+     |
   辽宁    6   -+     |
   陕西   27   -+     |
   内蒙古  5   -+     |
   宁夏   30   -+     +---------+
   安徽   12   -+     |         |
   甘肃   28   -+-+   |         |
   重庆   22   -+ |   |         |
   西藏   26   -+ |   |         |
   云南   25   -+ |   |         |
   江西   14   -+ +---+          |
   四川   23   -+ |              |
   贵州   24   -+ |              |
   河南   16   -+-+              |
   湖南   18   -+ |              +-------+
   江苏   10   -+ |              |       |
   山东   15   -+-+              |       |
   河北    3   -+                |       |
   福建   13   -+                |       |
   广东   19   -+                |       |
   海南   21   -+                +-------------------------+
   浙江   11   -+-+              |                         |
   广西   20   -+ +---+          |                         |
   北京    1   ---+   +-----+    |                         |
   天津    2   -------+     +---+                          |
   湖北   17   -------+     |                              |
   上海    9   -------------+                              |
   青海   29   ---------------------+                      |
   新疆   31   ----------------------------------------+
```

图 12-20 聚类分析树形图

聚类分析树形图给出了聚类每一次合并的情况,整个图如同一棵躺倒的树,树形图也因此得名。

结合聚类分析树形图，建议分为四类：福建、广东、浙江、海南、北京、广西、天津、上海、湖北 9 个省市归为一类；新疆自治区归为一类；青海省归为一类；其他省市归为一类。通过聚类分析我们可以清楚地区分各个省市文化发展的差异。

12.4 一般判别分析

与聚类分析不同，判别分析是在分组已知的前提下，根据相应的指标对不同类别的观测量进行分类。

12.4.1 一般判别分析简介

一般判别分析是在已知分类的前提下，对未知分类的观测量归入已有分类的一种多元统计分析方法。判别分析法的思路如下：首先，建立判别函数；然后通过已知所属分类的观测量确定判别函数中的待定系数；最后通过该判别函数对未知分类的观测量进行归类。常用的判别分析方法有距离判别法、费舍尔判别法和贝叶斯判别法。

费舍尔判别法利用投影的方法使多维问题简化为一维问题来处理。其通过建立线性判别函数计算出各个观测量在各典型变量维度上的坐标并得出样本距离各个类中心的距离，以此作为分类依据。

贝叶斯判别法通过计算待判定样品属于每个总体的条件概率并将样本归为条件概率最大的组。其主要思想如下：首先利用样本所属分类的先验概率通过贝叶斯法则求出样本所属分类后验概率，并依据该后验概率分布作出统计推断。

距离判别思想是根据各样品与各母体之间的距离远近作出判别的。其通过建立关于各母体的距离判别函数式，得出各样品与各母体之间的距离值，判别样品属于距离值最小的那个母体。

12.4.2 一般判别分析的参数设置

打开相应的数据文件或者建立一个数据文件后，可以在 SPSS Statistics 数据编辑器窗口进行一般判别分析。

在菜单栏中选择"分析"|"分类"|"判别"命令，打开如图 12-21 所示的"判别分析"对话框。

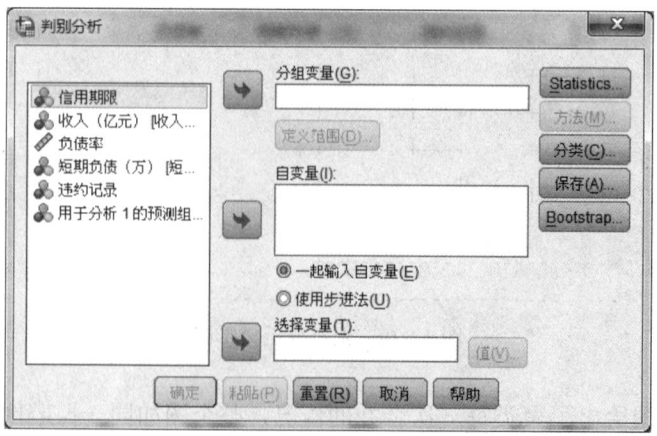

图 12-21 "判别分析"对话框

第12章 分类分析

从源变量列表中选择参与判别分析的目标变量,然后单击 按钮将选中的变量选入"自变量"列表中;从源变量列表中选择分类变量,然后单击 按钮将选中的变量选入"分组变量"列表中;对于选入"选择变量"列表的变量,用户可以单击"值"按钮输入相应的数值,系统将只对含有此观测值的变量进行分析,如图 12-22 所示。

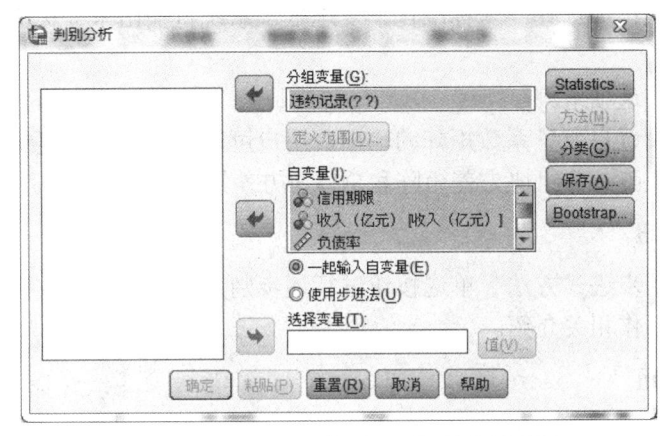

图 12-22 "判别分析"对话框的变量选择

用户自变量列表框下的"一起输入自变量"和"使用步进法"两个单选按钮用来决定判别分析的类型,如使用一般判别分析,则选择"一起输入自变量"单选按钮。

1. "定义范围"按钮

当分类变量选择完成后,该按钮被激活。单击"定义范围"按钮,弹出如图 12-23 所示的"判别分析:定义范围"对话框。

该对话框用于确定分类变量的范围,用户需要在"最小值"和"最大"输入框中输入相应的范围。

2. "Statistics"按钮

单击"Statistics"按钮,弹出如图 12-24 所示的"判别分析:统计"对话框。

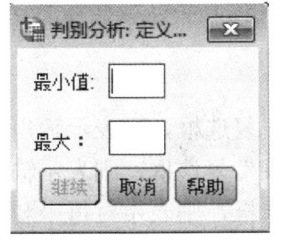

图 12-23 "判别分析:定义范围"对话框 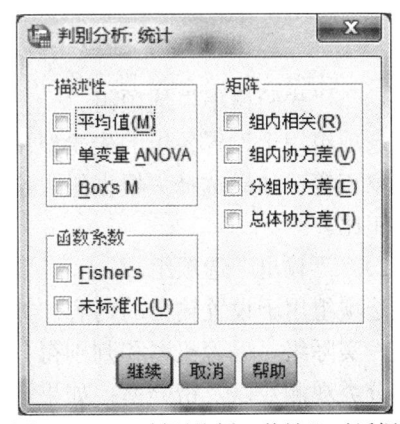　　图 12-24 "判别分析:统计"对话框

(1) "描述性"选项组。

该选项组用于进行描述性统计量的输出设置,如选择"平均值"复选框,系统将输出各

变量的平均值与方差；如果选择"单变量 ANOVA"复选框，系统将输出单变量方差分析的结果；如果选择"Box's M"复选框，系统将输出对组协方差矩阵的等同性检验的检验结果。

（2）"函数系数"选项组。

该选项组用于设置判别函数系数的输出。如选择"Fisher"复选框，系统将输出分类的 Fisher 分类函数系数；如选择"未标准化"复选框，系统将输出未经标准化处理的判别函数系数。

（3）"矩阵"选项组。

该选项组用于设置自变量系数矩阵的输出，用户可以选择相应的复选框以输出组内相关矩阵、组内协方差矩阵、分组协方差矩阵和总体协方差矩阵。

3．"方法"按钮

只有选择"使用步进式方法"单选按钮进行逐步判别分析时，该按钮才被激活，故本书此处对该按钮功能不作相关介绍。

4．"分类"按钮

单击"分类"按钮，弹出如图 12-25 所示的"判别分析：分类"对话框。

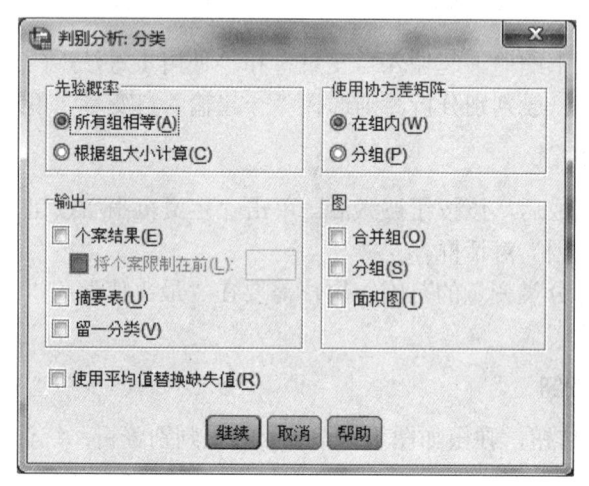

图 12-25　"判别分析：分类"对话框

（1）"先验概率"选项组。

该选项组用于设置各组的先验概率。如果选择"所有组相等"单选按钮，则表示各组的先验概率相等；如果选择"根据组大小计算"单选按钮，则表示各组先验概率与各组的样本容量成正比。

（2）"输出"选项组。

该选项组用于设置输出的内容。如果选择"个案结果"复选框，则表示输出每个观测的预测组、实际组、后验概率和判别得分；如果选择"摘要表"复选框，则表示输出正确分类与错误分类观测数以及错分率；如果选择"留一分类"复选框，则表示对每个观测使用由除去该观测的其他所有的观测生成的判别函数来进行分类。

（3）"使用协方差矩阵"选项组。

该选项用于设置分类时使用的协方差矩阵。用户可以选择使用"在组内"协方差矩阵或"分组"协方差矩阵进行分类。

（4）"图"选项组。

该选项组用于设置输出的统计图形。如果选择"合并组"复选框，表示根据前两个判别函数的函数值生成一张包含各类的散点图；如果选择"分组"复选框，则表示根据前两个判别函数的函数值对每一类分别生成一张散点图；如果选择"面积图"复选框，则表示生成一张根据判别函数值将观测量分到相应分组的边界图。

（5）"使用平均值替换缺失值"复选框。

该复选框用于设置缺失值的处理方式。如果选择该复选框，则表示使用变量的平均值替换该变量的缺失值。

5. "保存"按钮

单击"保存"按钮，弹出如图 12-26 所示的"判别分析：保存"对话框。

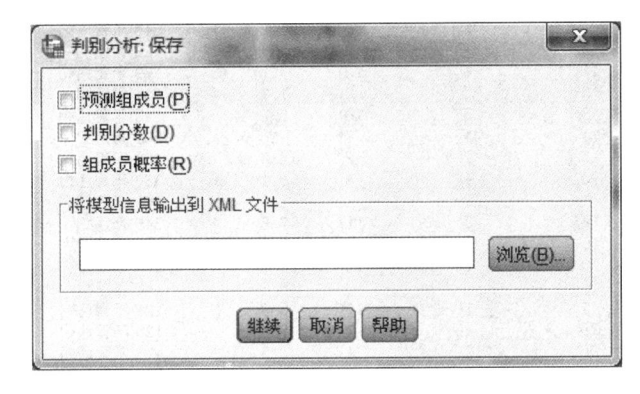

图 12-26　"判别分析：保存"对话框

（1）"预测组成员"复选框。

选择该复选框表示将依据判别函数值预测的某一观测所属的分类信息作为一个新变量保存。

（2）"判别分数"复选框。

选择该复选框表示将判别得分作为新变量保存。

（3）"组成员概率"复选框。

选择该复选框表示将观测属于某一组的概率作为新变量保存。

（4）"将模型信息输出到 XML 文件"输入框。

该输入框用于将模型信息输出到指定的 XML 文件。用户可以在该输入框中输入该 XML 文件的路径。

设置完成后，单击"确定"按钮，就可以在 SPSS Statistics 结果窗口得到一般判别分析的结果。

除可以单击"确定"按钮，输出分析结果外，还可以单击"重置"按钮，重新选择变量，重新设置"选项"，还可以单击"取消"按钮，取消一般判别分析的操作，返回到 SPSS Statistics 数据编辑器窗口。

12.4.3　案例分析

下面以数据文件"12-2"为例，说明一般判别分析的操作。

1. 实验数据的描述

数据文件 12-2 来源于 SPSS 自带的数据文件“应收账款”，该数据文件记录了企业过去和潜在客户的信息。前 25 个个案是以前曾获得信用的客户。剩下的 15 个个案是潜在客户，前 25 个客户已被分为履约和违约两类，本实验将用判别分析方法来分析潜在客户的贷款风险。本数据文件的原始 Excel 数据文件，如图 12-27 所示。

	A	B	C	D	E
1	信用期限	收入（亿元）	负债率	短期负债（万）	违约记录
2	1	12	9.3	121	曾违约
3	2	6	17.2	234	未曾违约
4	3	14	5.5	341	曾违约
5	1	12	2.9	125	未曾违约
6	4	5	17.3	521	未曾违约
7	2	2	10.3	367	未曾违约
8	5	11	30	478	未曾违约
9	1	4	3.6	345	未曾违约
10	1	13	24	128	曾违约
11	4	12	19	169	未曾违约
12	2	8	1.7	234	曾违约
13	5	10	5.2	145	未曾违约
14	4	7	10	268	曾违约
15	2	2	16.3	359	未曾违约
16	4	4	9.1	330	未曾违约
17	2	4	8.6	458	未曾违约
18	5	1	7.6	345	曾违约
19	1	1	5.7	238	未曾违约
20	1	12	1.7	478	未曾违约
21	1	8	5.6	145	曾违约
22	1	10	3.2	128	未曾违约
23	4	7	9.8	128	未曾违约
24	2	4	18	478	未曾违约
25	5	8	17.6	345	未曾违约
26	1	5	6.7	128	未曾违约

图 12-27　数据文件“12-5”的原始数据

在 SPSS 变量视图中建立变量“信用年限”、“收入”、“负债率”、“短期借款”和“违约记录”。“违约记录”变量用“1、0”分别表示“曾违约”和“未曾违约”，如图 12-28 所示。

在 SPSS 活动数据文件的数据视图中，把相关数据输入到各个变量中。

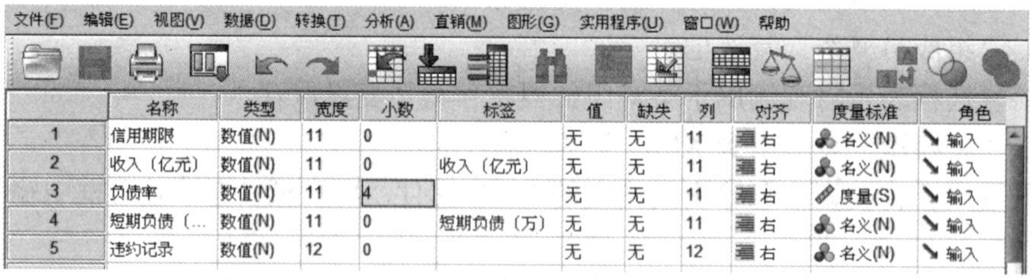

	名称	类型	宽度	小数	标签	值	缺失	列	对齐	度量标准	角色
1	信用期限	数值(N)	11	0		无	无	11	右	名义(N)	输入
2	收入（亿元）	数值(N)	11	0	收入（亿元）	无	无	11	右	名义(N)	输入
3	负债率	数值(N)	11	4		无	无	11	右	度量(S)	输入
4	短期负债（...	数值(N)	11	0	短期负债（万）	无	无	11	右	名义(N)	输入
5	违约记录	数值(N)	12	0		无	无	12	右	名义(N)	输入

图 12-28　数据文件

2. 实验的操作步骤

（1） 在菜单栏中依次选择“分析”|“分类”|“判别”命令，打开“判别分析”对话框。

（2） 从源变量列表中选择“信用年限”、“收入”、“负债率”、“短期借款”变量，然后单击➡按钮将它们选入“自变量”列表中；从源变量列表中选择“违约记录”变量，然后单击➡按钮将其选入“分组变量”列表中。

（3） 单击 “定义范围”按钮，弹出“判别分析：定义范围”对话框，在该对话框中输入违约变量的取值范围 0～1，单击"继续"按钮。

（4）单击"统计量"按钮，弹出"判别分析：统计量"对话框，选择"平均值"复选框，单击"继续"按钮。

（5）单击"分类"按钮，弹出"判别分析：分类"对话框，选择"面积图"复选框，单击"继续"按钮。

（6）单击"保存"按钮，弹出"判别分析：保存"对话框，选择"预测组成员"复选框，单击"继续"按钮。

（7）单击"确定"按钮，便可以得到一般判别分析的结果。

3. 实验结果及分析

单击"确定"按钮后，在 SPSS Statistics 查看器窗口的输出结果如图 12-30～图 12-36 所示。
图 12-30 给出了样本数量、有效值和剔除值的相关信息。

分析个案处理摘要

未加权的个案		数字	百分比
有效		25	100.0
除外	缺失或超出范围组代码	0	.0
	至少一个缺失差异变量	0	.0
	两个缺失或超出范围代码和至少一个缺失差异变量	0	.0
	总计	0	.0
总计		25	100.0

图 12-30 个案综合处理摘要表

图 12-31 给出了各组和所有观测的平均值、标准偏差和加权与未加权的有效值。

组统计

违约记录		平均值	标准偏差	有效 N（成列）	
				未加权	加权
0	信用期限	2.611111	1.5769997	18	18.000
	收入（亿元）	6.611111	3.7438403	18	18.000
	负债率	11.233333	7.6003870	18	18.000
	短期负债（万）	303.000000	143.5634723	18	18.000
1	信用期限	2.428571	1.6183472	7	7.000
	收入（亿元）	9.000000	4.4721360	7	7.000
	负债率	9.100000	7.1306849	7	7.000
	短期负债（万）	226.000000	96.9570352	7	7.000
总计	信用期限	2.560000	1.5567059	25	25.000
	收入（亿元）	7.280000	4.0158021	25	25.000
	负债率	10.636000	7.3881594	25	25.000
	短期负债（万）	281.440000	134.8863966	25	25.000

图 12-31 组统计

图 12-32 给出了 Wilks 的 Lambda 检验的结果。从检验结果可以看出，引入的变量对提高分类精度是有作用的。

特征值

函数	特征值	方差百分比	累积 %	规范相关性
1	.134ª	100.0	100.0	.343

a. 在分析中使用第一个 1 规范判别式函数。

Wilks' Lambda

函数检验	Wilks' Lambda	卡方	自由度	显著性
1	.882	2.634	4	.621

图 12-32　判别分析的运行记录

图 12-33 给出了判别函数的系数与结构矩阵，可以看出所有变量均在判别分析中使用。

标准规范判别式函数系数

	函数 1
信用期限	-.130
收入（亿元）	-.676
负债率	.362
短期负债（万）	.490

结构矩阵

	函数 1
收入（亿元）	-.775
短期负债（万）	.741
负债率	.365
信用期限	.147

差异变量和标准规范判别式函数之间的共享的组内相关性
按函数内相关性绝对大小排序的变量。

图 12-33　判别函数系数与结构矩阵

图 12-34 给出了组重心处的判别函数值。
图 12-35 给出了两个组的先验概率。

组质心中的函数

违约记录	函数 1
0	.219
1	-.562

组平均值中评估的非标准规范判别式函数

图 12-34　组质心处函数值

组的先验概率

违约记录	先验	已在分析中使用的个案 未加权	加权
0	.500	18	18.000
1	.500	7	7.000
总计	1.000	25	25.000

图 12-35　组的先验概率

预测的分组结果作为新的变量被保存，从中可以看出这 15 位潜在客户所处的信用等级分组，并可以看出 SPSS 对未分类观测进行的分类，分类被保存在"Dis-1"变量中，"1"表示违约，"0"表示履约，这与我们在建立变量时的设置是一致的，如图 12-36 所示。

11	2	8	1.7000	234		1
12	5	10	5.2000	145		1
13	4	7	10.0000	268		1
14	2	2	16.3000	359		0
15	4	9	9.1000	330		0
16	2	4	8.6000	458		0
17	5	1	7.6000	345		0
18	1	1	5.7000	238		1
19	1	12	1.7000	478		1
20	1	8	5.6000	145		1
21	1	10	3.2000	128		1
22	4	7	9.8000	128		1
23	2	4	18.0000	478		0
24	5	8	17.6000	345		0
25	1	5	6.7000	128		1

图 12-36　对未分类观测进行的分组

第 12 章 分类分析

12.5 逐步判别分析

逐步判别分析是在分析之前对自变量进行一次相应筛选的判别分析方法。

12.5.1 逐步判别分析简介

逐步判别分析分为两步，首先根据自变量和因变量的相关性对自变量进行筛选，然后使用选定的变量进行判别分析。逐步判别分析是在判别分析的基础上采用有进有出的办法，把判别能力强的变量引入判别式的同时，将判别能力最差的变量剔除。最终在判别式中只保留数量不多而判别能力强的变量。

12.5.2 逐步判别分析的参数设置

打开相应的数据文件或者建立一个数据文件后，可以在 SPSS Statistics 数据编辑器窗口进行一般判别分析。

在菜单栏中选择"分析"|"分类"|"判别"命令，打开如图 12-37 所示的"判别分析"对话框。

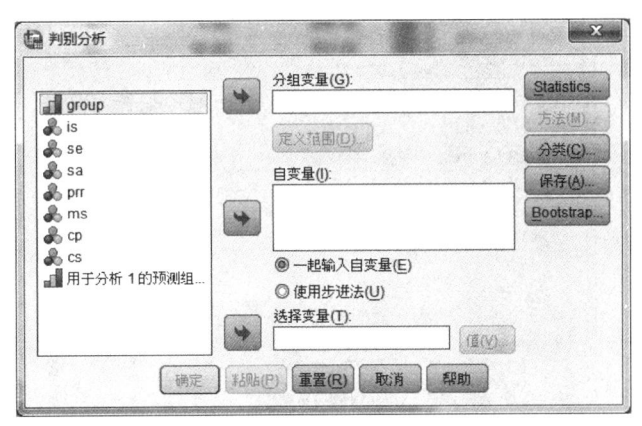

图 12-37 "判别分析"对话框

在"判别分析"对话框中选择"使用步进"单选按钮，以使用逐步判别分析，如图 12-38 所示。

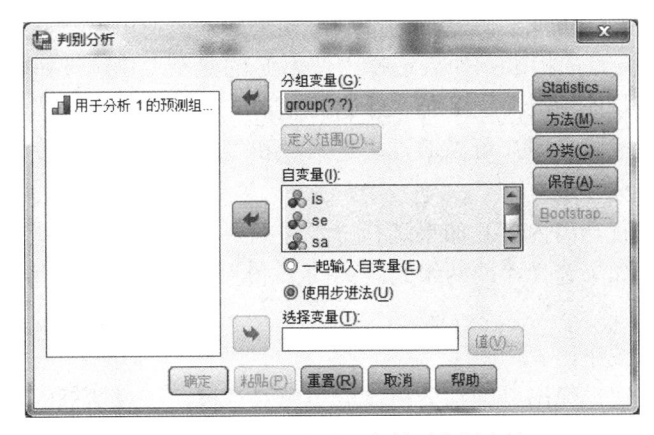

图 12-38 选择使用逐步判别分析方法

1. "定义范围"按钮

当分类变量选择完成后，该按钮被激活。单击"定义范围"按钮，弹出"判别分析：定义范围"对话框，该对话框的用途和设置方法与一般判别分析相同，在此不再赘述。

2. "Statistics"按钮

单击"Statistics"按钮，弹出"判别分析：统计"对话框，该对话框的用途和设置方法与一般判别分析相同，读者可以参考12.4.2节，在此不再赘述。

3. "方法"按钮

单击"方法"按钮，弹出如图12-39所示的"判别分析：步进法"对话框。

（1）"方法"选项组。

该选项用于设置判别分析时对变量分类所使用的方法。如果选择"Wilks' lambda"单选按钮，表示输入使总体的 Wilks' lambda 统计量最小的变量；如果选择"未解释方差"单选按钮，则表示输入使组间未解释变动的总和最小的变量；如果选择"马氏距离"单选按钮，则表示输入使最靠近的两类间的马氏距离最大的变量；如果选择"最小 F 值"，则表示输入能使任何两类间的最小 F 值最大的变量；如果选择"Rao's V"单选按钮，则表示输入使 Rao's V 增加最大的变量。

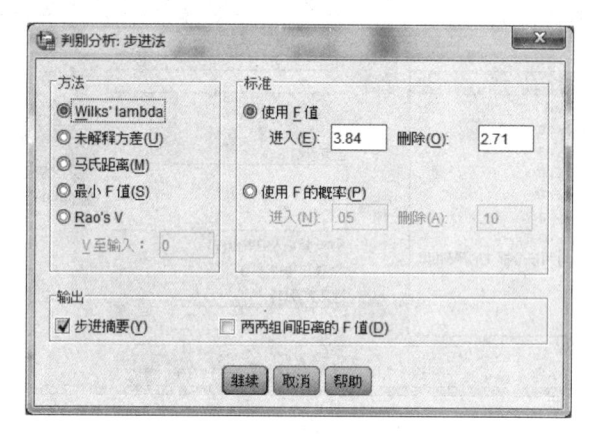

图 12-39 "判别分析：步进法"对话框

（2）"标准"选项组。

该选项组用于设置保留或剔除变量的准则。如果选择"使用 F 值"单选按钮，系统使用 F 值作为保留或剔除变量的标准；如果选择"使用 F 的概率"单选按钮，系统使用 F 值的概率作为保留或剔除变量的标准。当 F 值大于进入值时，变量就会进入模型；当 F 值小于删除值时，该变量就会被删除，用户可以通过"进入"和"删除"输入框设置相应的标准。

（3）"输出"选项组。

该选项组用于设置输出内容。如果选择"步进摘要"复选框，系统将输出逐步判别中每一步的相应统计量；如果选择"两两组间距离的 F 值"复选框，系统将输出每两类别间的 F 比率矩阵。

（4）"分类"按钮。

单击"分类"按钮，弹出"判别分析：分类"对话框，该对话框的用途和设置方法与一般判别分析相同，读者可以参考12.4.2节，在此不再赘述。

（5）“保存”按钮。

单击“保存”按钮，弹出“判别分析：保存”对话框，该对话框的用途与设置方法和一般判别分析相同，读者可以参考 12.4.2 节的有关内容，在此不再赘述。

5. 分析结果输出

设置完成后，单击“确定”按钮，就可以在 SPSS Statistics 结果窗口得到一般判别分析的结果。

12.5.3 实验操作

下面以数据文件“12-3”为例，说明一般判别分析的操作。

1. 实验数据的描述

数据文件“12-3”记录了 21 家上市公司的财务数据，这 21 家公司被分为上升企业、稳定企业和下降企业三类，本实验将利用判别分析方法对公司进行分类，试图用一套打分体系来描绘企业的状况。该体系对每个企业的一些指标（变量）进行评分。这些指标有企业规模（is）、服务（se）、雇员工资比例（sa）、利润增长（prr）、市场份额（ms）、流动资金比例（cp），和资金周转速度（cs）等。本数据文件的原始 Excel 数据文件，如图 12-40 所示。

	A	B	C	D	E	F	G	H
1	group	is	se	sa	prr	ms	cp	cs
2	1	2.47	0.22	8.5	214.1	23.2	15.4	8.6
3	1	0.72	0.2	14.4	61.8	15.4	22.6	9.1
4	1	0.29	0.11	10.7	248.2	14.5	18.9	8.7
5	1	0.14	0.07	14.2	123.8	21.3	12.9	8.2
6	1	0.05	0.14	5.8	268.1	2.8	24.9	9.4
7	1	0.23	0.05	12	153.5	3.4	27.9	8.7
8	1	0.75	0.04	14.8	140.3	1.8	12.2	8.2
9	2	0.03	0	15.4	197	8.9	25.9	9.4
10	2	0.05	0.02	14.8	95.8	24.2	21.3	7.7
11	2	0.13	0.02	15.8	256.7	10.6	26.9	9.3
12	2	0.27	0.02	7.4	271.9	17.5	10.8	7.2
13	2	0.14	0.06	15.8	162	12.2	13	9.3
14	2	0.12	0.08	15	175.5	19.3	24.1	7.2
15	2	0.03	0.03	12.1	217.7	8.8	14.4	8.2
16	3	0.32	1.29	7.3	131.9	8.2	12.2	9.3
17	3	0.09	1.07	11.4	161.5	18.2	13.8	9.4
18	3	0.1	0.09	11.6	185.9	12.8	24.8	8.9
19	3	0.11	0.37	15.1	190	11.7	29.8	7.1
20	3	0.33	1.19	15	64.8	22.9	24.1	8.9
21	3	0.12	0.05	8	115.1	9.6	15.5	9.4
22	3	0.11	0.08	15.2	78.3	13.1	14.2	8.1

图 12-40 数据文件“12-3”的原始数据

首先在 SPSS 变量视图中建立变量企业规模（is）、服务（se）、雇员工资比例（sa）、利润增长（prr）、市场份额（ms）、流动资金比例（cp）、资金周转速度（cs），希望根据这些企业上述变量的打分和它们已知的类别（三个类别之一：group-1 代表上升，group-2 代表稳定，group-3 代表下降）找出一个分类标准，以对没有被分类的企业进行分类，如图 12-41 所示。

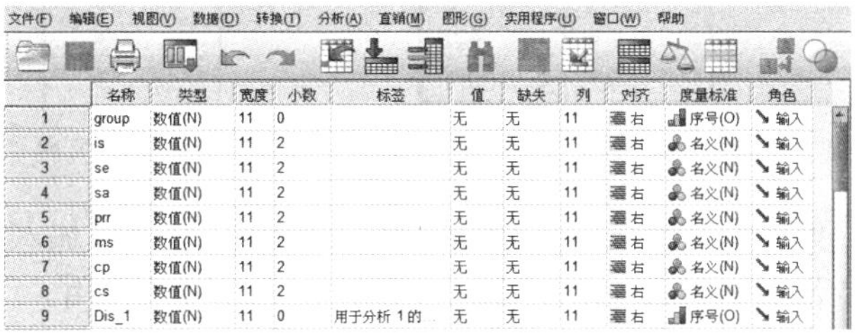

	名称	类型	宽度	小数	标签	值	缺失	列	对齐	度量标准	角色
1	group	数值(N)	11	0		无	无	11	右	序号(O)	输入
2	is	数值(N)	11	2		无	无	11	右	名义(N)	输入
3	se	数值(N)	11	2		无	无	11	右	名义(N)	输入
4	sa	数值(N)	11	2		无	无	11	右	名义(N)	输入
5	prr	数值(N)	11	2		无	无	11	右	名义(N)	输入
6	ms	数值(N)	11	2		无	无	11	右	名义(N)	输入
7	cp	数值(N)	11	2		无	无	11	右	名义(N)	输入
8	cs	数值(N)	11	2		无	无	11	右	名义(N)	输入
9	Dis_1	数值(N)	11	0	用于分析 1 的	无	无	11	右	序号(O)	输入

图 12-41 数据文件“12-3”的变量视图

在 SPSS 活动数据文件的数据视图中，把相关数据输入到各个变量中。

2. 实验的操作步骤

（1）在菜单栏中依次选择"分析"|"分类"|"判别"命令，打开"判别分析"对话框。

（2）从源变量列表中选择"is"、"se"、"sa"、"prr"、"ms"、"msr"、"cp"和"cs"变量，然后单击按钮将它们选入"自变量"列表中；从源变量列表中选择"group"变量，然后单击按钮将其选入"分组变量"列表中。

（3）选择"使用步进式方法"单选按钮。

（4）单击"定义范围"按钮，弹出"判别分析：定义范围"对话框，在该对话框中输入类别变量的取值范围1~3，单击"继续"按钮。

（5）单击"保存"按钮，弹出"判别分析：保存"对话框，选择"预测组成员"复选框，单击"继续"按钮。

（6）单击"确定"按钮，便可以得到逐步判别分析的结果。

3. 实验结果及分析

单击"确定"按钮后，在 SPSS Statistics 查看器窗口的输出结果如图 12-42 到图 12-43 所示。

图 12-42 给出了样本数量、有效值和剔除值的相关信息。

图 12-43 给出了各组和所有观测的平均值、标准偏差和加权与未加权的有效值。

分析个案处理摘要

未加权的个案		数字	百分比
有效		21	95.5
除外	缺失或超出范围组代码	0	.0
	至少一个缺失差异变量	0	.0
	两个缺失或超出范围组代码和至少一个缺失差异变量	1	4.5
	总计	1	4.5
总计		22	100.0

图 12-42 个案综合处理摘要表

组统计

group		有效 N（成列）	
		未加权	加权
1	is	7	7.000
	se	7	7.000
	sa	7	7.000
	prr	7	7.000
	ms	7	7.000
	cp	7	7.000
	cs	7	7.000
2	is	7	7.000
	se	7	7.000
	sa	7	7.000
	prr	7	7.000
	ms	7	7.000
	cp	7	7.000
	cs	7	7.000
3	is	7	7.000
	se	7	7.000
	sa	7	7.000
	prr	7	7.000
	ms	7	7.000
	cp	7	7.000
	cs	7	7.000
总计	is	21	21.000
	se	21	21.000

图 12-43 组统计量

图 12-44 给出了变量的筛选过程。由图中可以看出，第一步加入了服务，该步 Wilks' Lambda 统计量都很显著，说明增加的变量对于分类具有显著的作用。

已输入/除去变量[a,b,c,d]

步长(T)	已输入	Wilks' Lambda				精确 F			
		统计	df1	df2	df3	统计	df1	df2	显著性
1	se	.608	1	2	18.000	5.800	2	18.000	.011

在每个步骤中,输入最小化总体 Wilks' Lambda 的变量。

a. 步骤的最大数为 14。
b. 要输入的最小部分 F 为 3.84。
c. 要卸下的最大部分 F 为 2.71。
d. 进一步计算的 F 级别、容许或 VIN 不足。

分析中的变量

步长(T)		容许	要卸去的 F
1	se	1.000	5.800

变量没有位于分析中

步长(T)		容许	最小容许	要输入的 F	Wilks' Lambda
0	is	1.000	1.000	2.677	.771
	se	1.000	1.000	5.800	.608
	sa	1.000	1.000	.941	.905
	prr	1.000	1.000	1.921	.824
	ms	1.000	1.000	.293	.968
	cp	1.000	1.000	.004	1.000
	cs	1.000	1.000	.546	.943
1	is	.971	.971	2.844	.456
	sa	.987	.987	.729	.560
	prr	.994	.994	.873	.551
	ms	.945	.945	.438	.578
	cp	.983	.983	.042	.605
	cs	.946	.946	.305	.587

Wilks' Lambda

步长(T)	变量数	Lambda(L)	df1	df2	df3	精确 F			
						统计	df1	df2	显著性
1	1	.608	1	2	18	5.800	2	18.000	.011

图 12-44 变量的筛选过程

由图 12-45 可以看出,判别函数解释了所有变异的 100%且在统计上是显著的,说明函数的判别作用明显成立。

Wilks' Lambda

函数检验	Wilks' Lambda	卡方	自由度	显著性
1	.608	8.954	2	.011

特征值

函数	特征值	方差百分比	累积 %	规范相关性
1	.644[a]	100.0	100.0	.626

a. 在分析中使用第一个 1 规范判别式函数。

图 12-45　判别函数的检验

图 12-46 给出了判别函数的系数与结构矩阵，可以看出，只有服务变量在判别分析中使用。

结构矩阵

	函数 1
se	1.000
ms[a]	.234
cs[a]	.233
is[a]	.170
cp[a]	-.129
sa[a]	-.115
prr[a]	-.079

差异变量和标准规范判别式函数之间的共享的组内相关性
按函数内相关性绝对大小排序的变量。
a. 分析中未使用此变量。

标准规范判别式函数系数

	函数 1
se	1.000

图 12-46　判别函数系数与结构矩阵

图 12-47 给出了组的分类处理摘要和 3 个个组的加权与未加权的先验概率。

分类处理摘要

已处理		22
除外	缺失或超出范围组代码	0
	至少一个缺失差异变量	1
输出中使用的		21

组的先验概率

group	先验	已在分析中使用的个案	
		未加权	加权
1	.333	7	7.000
2	.333	7	7.000
3	.333	7	7.000
总计	1.000	21	21.000

图 12-47　组的分类处理摘要与先验概率

同时，预测的分组结果作为新的变量被保存，可以看出判别分析的分组归类准确程度，分类被保存在"Dis-1"变量中，"1"表示"上升"，"2"表示"稳定"，"3"表示"下降"，这与我们在建立变量时的设置是一致的，如图 12-48 所示。

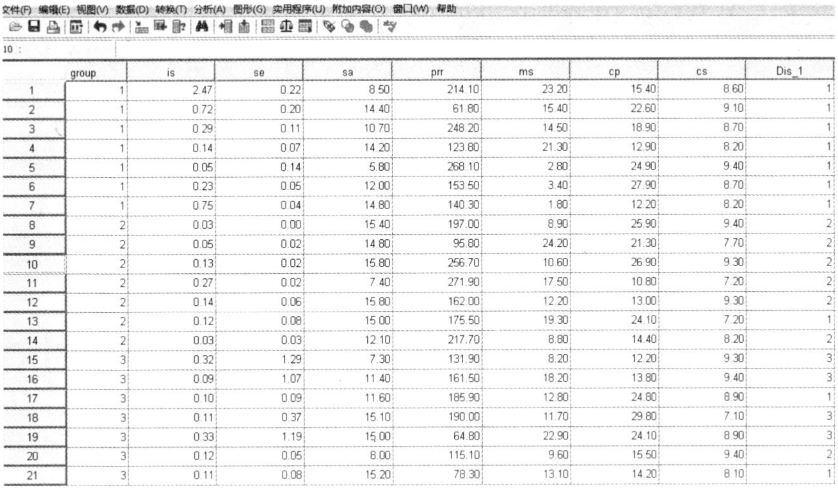

	group	is	se	sa	prr	ms	cp	cs	Dis_1
1	1	2.47	0.22	8.50	214.10	23.20	15.40	8.60	1
2	1	0.72	0.20	14.40	61.80	15.40	22.60	9.10	1
3	1	0.29	0.11	10.70	248.20	14.50	18.90	8.70	1
4	1	0.14	0.07	14.20	123.80	21.30	12.90	8.20	1
5	1	0.05	0.14	5.80	268.10	2.80	24.90	9.40	1
6	1	0.23	0.05	12.00	153.50	3.40	27.90	8.70	1
7	1	0.75	0.04	14.80	140.30	1.80	12.20	8.20	1
8	2	0.03	0.00	15.40	197.00	8.90	25.90	9.40	2
9	2	0.05	0.02	14.80	95.80	24.20	21.30	7.70	2
10	2	0.13	0.02	15.80	256.70	10.60	26.90	9.30	2
11	2	0.27	0.02	7.40	271.90	17.50	10.80	7.20	2
12	2	0.14	0.06	15.80	162.00	12.20	13.00	9.30	2
13	2	0.12	0.08	15.00	175.50	19.30	24.10	7.20	1
14	2	0.03	0.03	12.10	217.70	8.80	14.40	8.20	2
15	3	0.32	1.29	7.30	131.90	8.20	12.20	9.30	3
16	3	0.09	1.07	11.40	161.50	18.20	13.80	9.40	3
17	3	0.10	0.09	11.60	185.90	12.80	24.80	8.90	1
18	3	0.11	0.37	15.10	190.00	11.70	29.80	7.10	3
19	3	0.33	1.19	15.00	64.80	22.90	24.10	8.90	3
20	3	0.12	0.05	8.00	115.10	9.60	15.50	9.40	2
21	3	0.11	0.08	15.20	78.30	13.10	14.20	8.10	1

图 12-48 对观测进行的分组

上机题

1. 为了分析某市矿泉水矿物质含量，调查人员选取了 29 个取水点，化验了水中钙、镁、铁、锰、铜的含量，观测数据如表 12-1 所示（数据路径：sample\chap12\上机题\习题 12.1.sav）。

表 12-1 不同取水点矿泉水矿物质含量

取水点编号	钙	镁	铁	锰	铜
1	54.89	30.86	448.7	0.012	1.01
2	72.49	42.61	467.3	0.008	1.64
3	53.81	52.86	425.6	0.004	1.22
4	64.74	39.18	469.8	0.005	1.22
5	58.80	37.67	456.6	0.012	1.01
6	43.67	26.18	395.8	0.001	0.59
7	54.89	30.86	448.7	0.012	1.01
8	86.12	43.79	440.1	0.017	1.77
9	60.35	38.20	394.4	0.001	1.14
10	54.04	34.23	405.6	0.008	1.30
11	61.23	37.35	446.0	0.022	1.38
12	60.17	33.67	383.2	0.001	0.91
13	69.69	40.01	416.7	0.012	1.35
14	72.28	40.12	430.8	0.000	1.20
15	55.13	33.02	445.8	0.012	0.92
16	70.08	36.81	409.8	0.012	1.19
17	63.05	35.07	384.1	0.000	0.85

（1）为了进一步取样分析的针对性和有效性，研究小组打算对这 29 个取水点进行分类，初步聚为三类，试采用快速聚类法进行分类。

（2） 部分研究人员认为，分为 3 类的决策没有足够的依据，请进行系统聚类分析该意见的正确性。

2. 数据文件是关于某省 10 个地区发展报告的部分数据，数据设定了文化发展指标、社会发展指标（百分制）和经济发展指标（人均 GDP 等），根据上述指标将 10 个地区分为发达和较发达两类，分别用"1"和"2"表示，数据文件如表 12-2 所示（数据路径：sample\chap12\上机题\习题 12.2.sav）。

表 12-2 某省 10 个地区发展报告部分数据

地　区	文化发展指标	社会发展指标	经济发展指标	分　组
1	76	99	5374	1
2	79.5	99	5359	1
3	78	99	5372	1
4	72.1	95.9	5242	1
5	73.8	77.7	5370	1
6	71.2	93	4250	2
7	75.3	94.9	3412	2
8	70	91.2	3990	2
9	72.8	99	2300	2
10	62.8	80.6	3799	2
11	68.5	79.3	1950	
12	69.9	96.9	2840	
13	77.6	93.8	5233	
14	69.3	90.3	5158	

（1）现在又增加了另外 4 个地区的数据，但是对它们没有分类，我们希望对这几个省、地区归入上述两类，请建立标准判别函数对这 4 个地区进行分类。

3. 某咨询工作对企业进行分类，其将企业分为对行业产生"重要影响"和"影响较小"两类，在数据文件中分别用"1"和"0"表示，现观测了 700 所企业的 9 个指标的得分，部分数据如表 12-3 所示（数据路径：sample\chap12\上机题\习题 12.3sav）。

表 12-3 企业得分数据

序　号	服务得分	品牌得分	技术得分	产品得分	分　组
1	41	3	17	12	1
2	27	1	10	6	0
3	40	1	15	14	0
4	41	1	15	14	0
5	24	2	2	0	1
6	41	2	5	5	0
7	39	1	20	9	0
8	43	1	12	11	0
9	24	1	3	4	1
10	36	1	0	13	0
11	27	1	0	1	0
12	25	1	4	0	0
13	52	1	24	14	0
14	37	1	6	9	0
15	48	1	22	15	0
16	36	2	9	6	1
17	36	2	13	6	1
18	43	1	23	19	0
19	39	1	6	9	0

(续表)

序 号	管理者得分	文化得分	硬件得分	员工得分
1	176	9.3	11.36	5.01
2	31	17.3	1.36	4
3	55	5.5	0.86	2.17
4	120	2.9	2.66	0.82
5	28	17.3	1.79	3.06
6	25	10.2	0.39	2.16
7	67	30.6	3.83	16.67
8	38	3.6	0.13	1.24
9	19	24.4	1.36	3.28
10	25	19.7	2.78	2.15
11	16	1.7	0.18	0.09
12	23	5.2	0.25	0.94
13	64	10	3.93	2.47
14	29	16.3	1.72	3.01
15	100	9.1	3.7	5.4
16	49	8.6	0.82	3.4
17	41	16.4	2.92	3.81
18	72	7.6	1.18	4.29
19	61	5.7	0.56	2.91

我们希望得到几个最重要的指标,以便对企业的分类有总体的把握,试采用判别分析方法,分析影响企业的主要因素。

第 13 章 多选题分析

在数据分析实践中,经常遇到非排他性的多项选择题。对于此类调研数据的统计分析,便用到本章将要阐述的多重响应分析方法。

13.1 多重响应概述与变量定义

多选题分析,又称多重响应分析,是用于对非排他性选择题形成的数据进行分析和统计的一种统计方法,多用于市场调查和人力资源管理等领域。多选题数据本质上属于分类数据,但由于各选项并非排他性选择,参与人可以在选择项之间进行不特定数量的选择。因此,将各选项单独进行分析并不恰当。针对这种情况 SPSS 提供了"多选题"命令,可以通过定义多重响应变量,对选项进行相应的统计分析。

SPSS 提供了两种定义多选题的方式:

(1) 多重二分法。对于多项选择题的每一个选项都作为一个单独的变量,选中用 1 表示,否则用 0 表示。这样,多项选择题中有几个选项,就会变成有几个单选变量。这些单选变量的取值为 0 或 1。

(2) 多重分类法。多项选择题中有几个选项,就定义几个单选变量。这些单选变量的取值使用连续的数值表示。

13.1.1 多选题变量集的定义

在对数据文件进行多选题分析之前,首先应该将基本变量为多选题变量集,让 SPSS 可以识别多选题变量数据,从而采用正确的分析方法。本节将通过一个实际案例讲解定义多选题变量的具体操作。

某公司对购买其产品的客户进行了市场调研,调研内容是客户得知产品信息的途径,问卷包括一个包含 10 个问题的多选题,其中"是"代表从该渠道得到过产品信息,"否"则表示没有。下面将介绍如何利用"定义变量集"命令定义多选题变量集"ad"。"13-1"数据文件的原始数据表,如图 13-1 所示。

在 SPSS 变量视图中建立"传统电视广告"、"互联网"、"广播"、"周围人推荐"、"杂志"、"报刊"、"户外广告"、"楼宇视频广告"、"楼宇贴画广告"和"其他" 10 个变量,所有变量的度量标准均为"名义",如图 13-2 所示。

在 SPSS 数据视图中,把有关数据录入对应变量中,其中 1 代表是,0 代表否,输入完成后如图 13-3 所示。

1. 实验数据描述

某公司对购买其产品的客户进行了市场调研,调研内容是客户得知产品信息的途径,问卷包括一个包含 10 个问题的多选题,其中"是"代表从该渠道得到过产品信息,"否"则表示没有。下面将介绍如何利用"定义变量集"命令定义多选题变量集"ad","13-1"数据文件的原始数据表如图 13-1 所示。

传统电视广告	互联网	广播	周围人推荐	杂志	报刊	户外广告	楼宇视频广告	楼宇贴画广告	其他
否	是	是	否	否	否	否	否	否	否
否	是	否	是	是	是	是	否	否	否
否	是	否	是	否	是	是	否	否	否
否	是	否	是	否	否	否	否	否	否
否	是	否	是	否	否	否	否	否	否
否	是	否	是	否	否	否	否	否	否
否	是	否	是	否	否	否	否	否	否
否	否	否	否	否	否	否	否	否	否
是	否	否	是	否	否	否	否	否	否
否	否	否	否	否	否	否	否	否	否
是	否	否	否	否	否	否	否	否	否
否	否	否	是	否	否	否	否	否	否
是	否	否	是	否	否	否	否	否	否
否	否	否	否	否	否	否	否	否	否

图 13-1 "13-1"数据文件的原始数据

名称	类型	宽度	小数	标	值	缺失	列	对齐	度量标准	角色
传统电视广告	数值(N)	11	0		无	无	9	署右	名义(N)	输入
互联网	数值(N)	11	0		无	无	8	署右	名义(N)	输入
广播	数值(N)	11	0		无	无	7	署右	名义(N)	输入
周围人推荐	数值(N)	11	0		无	无	11	署右	名义(N)	输入
杂志	数值(N)	11	0		无	无	8	署右	名义(N)	输入
报刊	数值(N)	11	0		无	无	8	署右	名义(N)	输入
户外广告	数值(N)	11	0		无	无	11	署右	名义(N)	输入
楼宇视频广告	数值(N)	11	0		无	无	11	署右	名义(N)	输入
楼宇贴画广告	数值(N)	11	0		无	无	11	署右	名义(N)	输入
其他	数值(N)	11	0		无	无	11	署右	名义(N)	输入

图 13-2 "13-1"数据文件的变量视图

2. 实验的操作步骤

打开"13-1"数据文件，进入 SPSS Statistics 数据编辑器窗口，在菜单栏中依次选择"分析"|"多重响应"|"定义变量集"命令，打开如图 13-3 所示的"定义多响应集"对话框。该对话框设置要点如下。

（1）"将变量编码为"选项组。

该选项组用于设置多选题变量集的编码方式。若选择"二分类"单选按钮，则表示使用二分变量的计数值进行编码，即把每个多选题选项都当做一个二元变量，"计数值"中输入 1 表示该选项被选中，0 表示未被选中；若选择"类别"单选按钮，则表示使用分类变量进行编码，即为多选题设定与其最多答案个数相等的单选变量，每个单选变量的可能取值都和多选题的可选项相同，它代表被选中的多选题选项的代码，"范围"文本框用于设置可选答案代码的起点和终点。

（2）"名称"文本框和标签。

"名称"文本框用于设定当前多选题变量集的名称，系统将自动在设定的名称前加上"$"

符号，标签文本框用于设置多选题变量的标签。

定义多重相应变量时，从"设置定义"列表框中选中所有变量，单击➡按钮使之进入"集合中的变量"列表框中。选择"二分类"单选按钮，在"计数值"文本框中输入 1，然后在"名称"和"标签"文本框中分别输入"ad"和"广告"。单击"添加"按钮，将已定义好的多选题变量集选入"多响应集"列表框中。最终设置结果如图 13-4 所示。

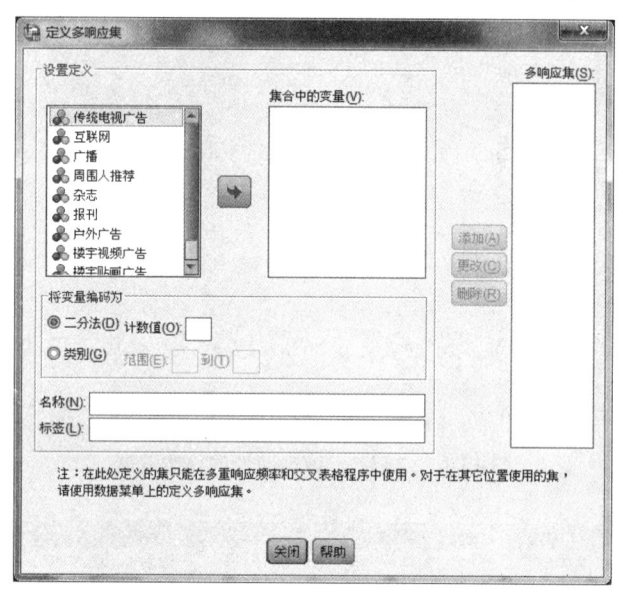

图 13-3　"定义多响应集"对话框

完成设置后，单击"关闭"按钮，返回主对话框。多选题集定义完成后，菜单栏中"分析"|"多选题"的子菜单均处于激活状态，表示可以通过 SPSS 相关操作获得多选题集的频率和交叉表格分析结果。

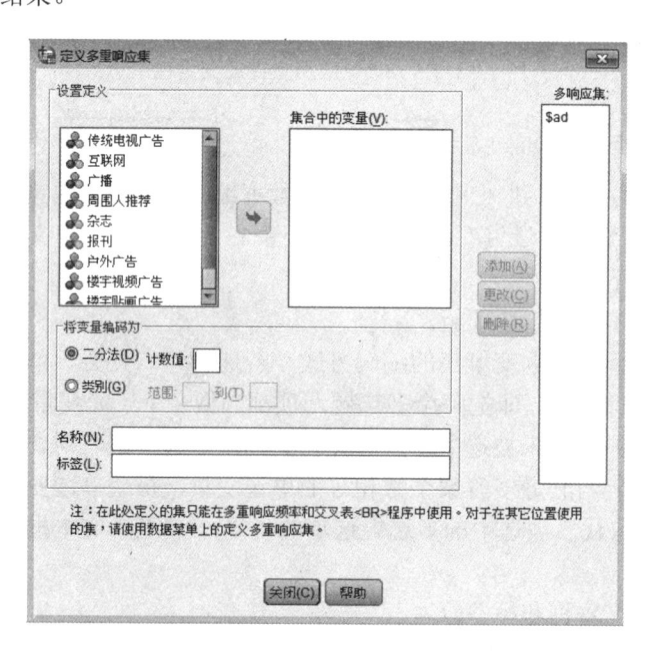

图 13-4　"定义多重响应集"对话框设置结果

13.2 多选题变量集的频率分析

多选题变量集的频率分析,是建立在多选题变量基础上的数据分析方法之一。其作用和目的类似于普通的频率分析,不同之处在于其需要首先定义多选题变量集。

13.2.1 多选题变量频率分析简介

多选题变量集的频率分析用于输出多选题变量集的频率分析等统计量。它与一般的频率分析的思想和方法基本相同,差别在于多选题变量集的频率分析的对象是定义好的多选题变量集,必须建立在多选题变量定义的基础上。

13.2.2 多选题变量频率分析参数设置

打开相应的数据文件或者建立一个数据文件后,可在 SPSS Statistics 数据编辑器窗口进行多选题变量频率分析。

在菜单栏中依次选择"分析"|"多重响应"|"频率"命令,打开如图 13-5 所示的"多响应频率"对话框。

以下为"多响应频率"主对话框及其相关设置的详细介绍。

1. "多响应集"列表框和"表格"列表框

"多响应集"列表框中显示的是当前已经定义好的多选题变量集,"表格"列表框用于从"多响应集"列表框中选入要进行频率分布的多选题变量集。

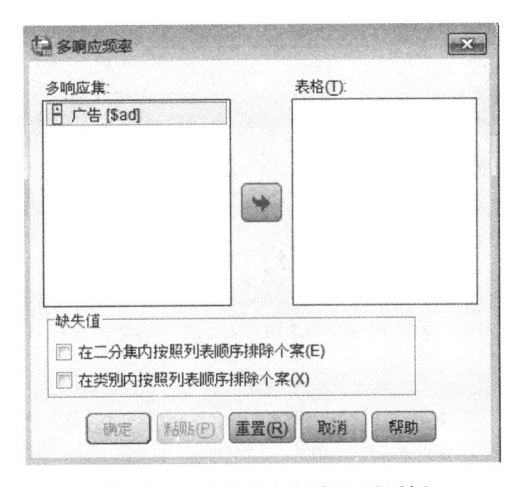

图 13-5 "多响应频率"对话框

2. "缺失值"选项组

该选项组用于选择处理缺失值的方法,包括以下两个复选框。

(1) "在二分集内按照列表顺序排除个案"复选框。

若选择此复选框,则表示从多二分集的制表中排除具有任何变量的缺失值的个案。该项仅应用于定义为二分变量的多选题集,默认情况下,如果多二分集中的某个个案的成分变量没有一个包含计数的值,就认为该个案缺失。只要至少一个变量包含计数值,那么即使个案中有一些变量的值缺失,这些个案也包括在组的制表中。

(2) "在类别内按照列表顺序排除个案"复选框。

若选择此复选框,则表示从多类别集的制表中排除具有任何变量的缺失值的个案。这仅应用于定义为类别集的多选题集,默认情况下,对于多类别集,仅当某个个案的成分没有一个包含定义范围内的有效值时,才认为该个案缺失。

所有设置结束后,单击主对话框中的"确定"按钮,即可输出多选题变量集频率分析结果。设置完成后,除可以单击"确定"按钮,输出分析结果外,还可以单击"设置"按钮,进行重新设置,也可以单击"取消"按钮,取消进行频率分析的操作,返回到 SPSS Statistics

数据编辑器窗口。

13.2.3 实验操作

对多选题变量集进行频率分析，前提是已经定义一个或多个多选题变量集。因此本节接着 13.1 节中的例子进行分析。13.1 节已经定义多选题变量集 ad，本节对 brand 进行频率分析。

1. 实验的具体操作步骤如下

（1）在菜单栏中依次选择"分析"|"多重响应"|"频率"命令，打开"多响应频率"对话框。

（2）从"多响应集"列表框中选中"广告[$ ad]"，然后单击箭头按钮 ➡ 使之进入"表格"列表框中。其他采用默认设置，设置结果如图 13-6 所示。

2. 实验结果及分析

设置完成后，单击主对话框中的"确定"按钮，SPSS Statistics 查看器窗口的输出结果如图 13-7 所示。

$ad 频率

		响应		个案数的百分比
		N	百分比	
广告[a]	传统电视广告	73	6.5%	19.9%
	互联网	348	31.2%	94.8%
	广播	50	4.5%	13.6%
	周围人推荐	277	24.8%	75.5%
	杂志	143	12.8%	39.0%
	报刊	101	9.1%	27.5%
	户外广告	60	5.4%	16.3%
	楼宇视频广告	37	3.3%	10.1%
	楼宇贴画广告	26	2.3%	7.1%
总计		1115	100.0%	303.8%

a. 二分法组值为 1 时进行制表。

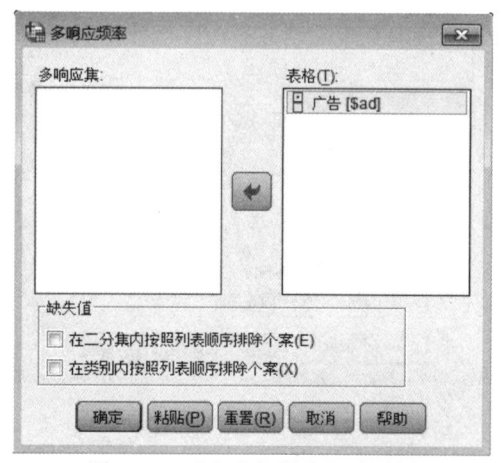

图 13-6 "多响应频率"对话框　　　图 13-7 多选题变量分析频率表

图 13-7 给出了多选题分析的频率表，其中 N 表示对应不同传播方式的受众数目。响应百分比表示使用渠道的受众数目占使用总频率的百分比，这在对单个变量的频率分布表中是没有的；个案百分比，是指通过该渠道的受众数占总受众数的百分比。通过多选题分析可以看出，有 94.8%的客户从因特网上得到过产品的信息，75.5%的用户经过别人推荐得到过该产品的信息，因此该公司应该在网络宣传方面加大力度，同时提高质量，树立口碑。

13.3 多选题变量集的交叉表格分析

交叉表格分析是对多选题变量集的频率分析的扩展和延伸，它可以实现多选题变量的交叉制表，该分析前提同样是已经定义好一个或多个多选题变量集。

13.3.1 多选题变量交叉表格分析简介

多选题变量交叉表格分析是对多选题变量集频率分析的深化，其需要引入一个分类变量构建，输出不同分类输出多选题变量集包含的各个响应的频率及百分比。

13.3.2 多选题变量交叉表格分析的参数设置

打开相应的数据文件或者建立一个数据文件后，可在 SPSS Statistics 数据编辑器窗口进行多选题变量交叉表格分析。

在菜单栏中依次选择"分析"|"多重相应"|"交叉表格"命令，打开如图 13-8 所示的"多响应交叉表"对话框。

下面对多选题变量的交叉表格分析的设置要点进行详细介绍。

1. "行"、"列"和"层"列表框

"行"列表框用于从源变量列表或多响应集中选入输出表格的行变量，"列"列表框用于从源变量列表或多响应集中选入输出表格的列变量。"层"列表框用于从源变量列表或多响应集中选入输出表格的分层变量。对分层变量的每个取值或取值组合，将输出一个相应行变量的二维交叉表格。

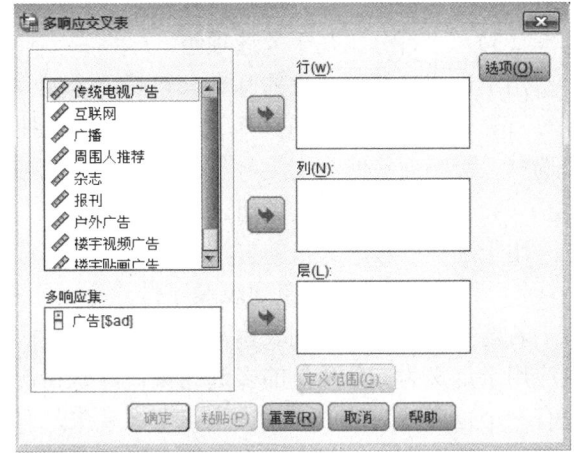

图 13-8 "多响应交叉表"对话框

2. "定义范围"按钮

选入行、列或层变量后，"定义范围"按钮将自动激活，单击该按钮，弹出如图 13-9 所示"多响应交叉表：定义变量范围"对话框。在该对话框中可以为相应的行、列或层变量设置其取值范围。其中"最小值"、"最大"文本框中分别输入变量取值的最小值和最大值。

3. "选项"按钮

在"多响应交叉表格"主对话框中单击"选项"按钮，弹出如图 13-10 所示的"多响应交叉表：选项"对话框。

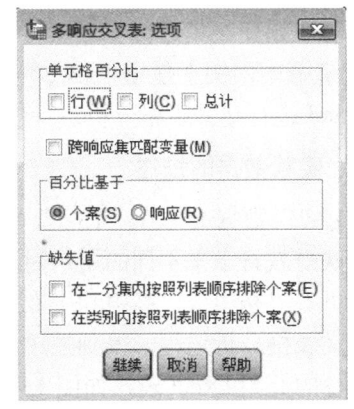

图 13-9 "多响应交叉表：定义变量范围"对话框   图 13-10 "多响应交叉表：选项"对话框

（1）"单元格百分比"选项组。

该选项组用于选择在单元格显示哪些类型的百分比，包括"行"复选框，若选择此复选框,则表示显示行百分比;"列"复选框,若选择此复选框,则表示显示列百分比;"总计"复选框,若选择此复选框,则表示显示总百分比。另外,单元格总会显示观测的统计个数。

(2) "跨响应集匹配变量"复选框。

若选择此复选框,则表示把第 i 个变量集中的第 n 个变量与第 j 个变量集中的第 n 个变量配对,且单元格中的百分比将以答案总数为基数而不是以回答者总数为基数。

(3) "百分比基于"选项组。

用于设置计算百分比的基数,包括"个案"单选按钮,选择此按钮,表示以回答人数为计算百分比的基数;"响应"单选按钮,选择此按钮,表示以总的答案数为计算百分比的基数,当选择"跨响应集匹配变量"复选框后,只能使用此选项。

(4) "缺失值"选项组。

用于选择处理缺失值的方法,包括两个复选框:

① "在二分集内按照列表顺序排除个案"复选框。

若选择此复选框,则表示从多二分集的制表中排除具有任何变量的缺失值的个案。该项仅应用于定义为二分变量的多选题集,默认情况下,如果多二分集中的某个个案的成分变量没有一个包含计数的值,就认为该个案缺失。只要至少一个变量包含计数值,那么即使个案中有一些值缺失,这些个案也包括在组的制表中。

② "在类别内按照列表顺序排除个案"复选框。

若选择此复选框,则表示从多类别集的制表中排除具有任何变量的缺失值的个案。这仅应用于定义为类别集的多选题集,默认情况下,对于多类别集,仅当某个个案的成分没有一个包含定义范围内的有效值时,才认为该个案缺失。

设置完成后,单击"继续"按钮,返回到"多响应交叉表格"主对话框;如果只进行系统默认设置,单击"取消"按钮,也可以返回到"多响应交叉表格"主对话框,进行其他设置。

设置完成后,单击"确定"按钮,就可以在 SPSS Statistics 查看器窗口得到多选题变量交叉表格分析的结果。

13.3.3 实验操作

对多选题变量集进行交叉表格分析,前提是已经定义了一个或多个多选题变量集。本节接着 13.2 节中的例子使用"13-2"数据文件进行分析,13.2 节已经定义了多选题变量集$ad,本节对$ad 进行交叉表格分析。

1. 实验数据的描述

"13-2"数据文件在"13-1"数据文件的基础上增加了"教育水平"变量的相关数据,用以反映受教育水平不同的用户对不同品牌洗发水的选择,"教育水平"共有 5 种分类:"小学及以下","初中","高中和中专","大学本科"和"硕士及以上",下面将使用本数据文件,利用交叉表格分析过程,得到按"教育水平"分类的多选题变量交叉表格分析结果。"13-2"数据文件的原始 Excel 表,如图 13-11 所示。

在"13-1"数据文件的变量视图中添加变量"教育水平",用数字 5~1 分别表示"小学及以下","初中","高中","大学本科"和"硕士及以上"5 种不同的受教育水平,"13-2"数据文件的变量视图如图 13-12 所示。

第13章 多选题分析

图 13-11 "13-2"数据文件的原始数据

图 13-12 "13-2"数据文件的变量视图

在 SPSS 数据视图中，将"教育水平"变量的值加入到"13-1"数据文件中，构建"13-2"数据文件。具体操作步骤如下：

（1）在菜单栏中依次选择"分析"|"多重响应"|"交叉表格"命令，打开"多响应交叉表格"主对话框。

（2）将 $ad 变量集从"多响应集"列表框中选入"行"列表框中。

（3）从源变量列表中把变量"教育水平"选入"列"列表框中。单击"定义范围"按钮，打开"多响应交叉表格：定义变量范围"对话框，在"最小值"文本框中输入 1，在"最大"文本框中输入 5。设置完成后，单击"继续"按钮，返回到"多响应交叉表格"主对话框进行其他设置。

（4）在"多响应交叉表格"主对话框中单击"选项"按钮，打开"多响应交叉表：选项"对话框。选中"单元格百分比"中的"列"复选框，在"百分比基于"选项组中选择"响应"单选按钮。设置结果如图 13-13 所示。

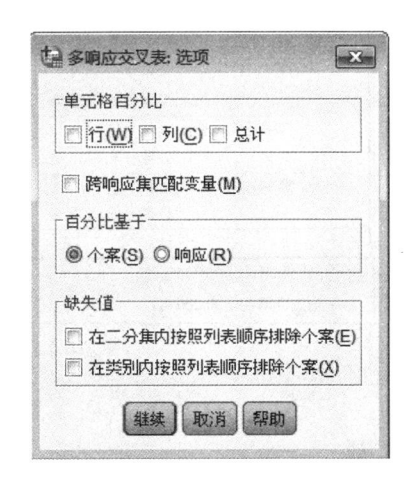

图 13-13 "多响应交叉表：选项"设置结果

设置完成后,单击"继续"按钮,返回到"多响应交叉表格"主对话框。

2. 实验结果及分析

设置完成后,单击主对话框中的"确定"按钮,SPSS Statistics 查看器窗口的输出结果如图 13-14 和图 13-15 所示。

图 13-14 所示个案摘要表给出了多选题变量集 ad 中有效数据和缺失数据的基本统计信息。在本例 367 个案例中,没有未来回答问题的消费者。

	个案					
	有效的		缺失		总计	
	N	百分比	N	百分比	N	百分比
$ad*教育水平	367	100.0%	0	.0%	367	100.0%

图 13-14　多选题变量交叉表格分析个案摘要表

图 13-15 给出了多选题变量交叉表格,表中每个单元格显示了使用各种品牌洗发水的不同受教育水平的人数,以及在以客户数为基数的列百分比。以大学和因特网的交叉单元格为例,表示有大学学历的通过因特网了解的受众有 106 人,在有大学学历的客户中选择总数的 31.1%。其他单元格的解读方法与此类似。

$ad*教育水平 交叉制表

			教育水平					总计
			研究生及以上	大学	高中和中专	初中	小学及以下	
广告[a]	传统电视广告	计数	16	18	15	21	3	73
		教育水平 内的 %	6.9%	5.3%	7.4%	7.8%	4.3%	
	互联网	计数	75	106	70	82	15	348
		教育水平 内的 %	32.5%	31.1%	34.3%	30.5%	21.4%	
	广播	计数	8	18	9	12	3	50
		教育水平 内的 %	3.5%	5.3%	4.4%	4.5%	4.3%	
	周围人推荐	计数	58	83	55	67	14	277
		教育水平 内的 %	25.1%	24.3%	27.0%	24.9%	20.0%	
	杂志	计数	26	47	24	34	12	143
		教育水平 内的 %	11.3%	13.8%	11.8%	12.6%	17.1%	
	报刊	计数	24	27	15	24	11	101
		教育水平 内的 %	10.4%	7.9%	7.4%	8.9%	15.7%	
	户外广告	计数	11	21	8	15	5	60
		教育水平 内的 %	4.8%	6.2%	3.9%	5.6%	7.1%	
	楼宇视频广告	计数	7	13	6	8	3	37
		教育水平 内的 %	3.0%	3.8%	2.9%	3.0%	4.3%	
	楼宇贴画广告	计数	6	8	2	6	4	26
		教育水平 内的 %	2.6%	2.3%	1.0%	2.2%	5.7%	
总计		计数	231	341	204	269	70	1115

百分比和总计以响应为基础。
a. 值为 1 时制表的二分组。

图 13-15　多选题变量分析交叉表格

上机题

1. 表 13-1 给出了某城市居民新闻信息来源调查的部分数据,被调查对象按年龄被分为 3

类"青年"、"中年"和"老年",分别用1、2、3表示,选择后用0、1分别代表"否"和"是"。试用多选题分析程序定义多选题变量集"＄info",并对"＄info"进行频率分析和交叉表格分析(数据路径:sample\chap13\上机题\习题 13-1.sav)。

表 13-1 某城市居民新闻信息来源调查部分数据

编号	年龄	广播	报纸	电视	互联网	其他
1	1	0	0	1	0	1
2	1	0	0	1	0	0
3	2	0	0	0	0	1
4	3	0	0	0	0	1
5	2	0	0	0	0	0
6	1	1	0	0	1	1
7	3	1	0	1	0	1
8	1	0	1	1	0	1
9	2	0	1	0	1	1
13	2	0	1	1	0	0
11	1	1	1	1	1	0
12	2	0	1	0	0	0
13	3	1	0	0	1	0
14	1	1	1	1	1	0
15	2	0	0	1	1	1

2. 某校统计学院对该高校经济、管理类和数学类专业学生的最经常使用的统计软件进行了调查,表 13-2 给出了部分数据,其中"专业"变量用 1~3 分别代表经济类、管理类和数学类,各选择变量中的 0 和 1 分别代表"否"和"是"。试用定义多选题变量集"＄sta",并对"＄sta"进行交叉表格分析(数据路径:sample\chap13\上机题\习题 13-2.sav)。

表 13-2 统计软件使用调查数据

序号	EVIEWS	STATA	R	MATLAB	SPSS	SAS	其他
1	2	0	1	0	1	1	1
2	2	0	1	1	0	0	0
3	1	1	1	1	1	0	0
4	2	0	1	0	0	1	0
5	3	1	0	0	1	0	0
6	1	1	1	1	1	0	0
7	2	0	0	1	1	1	1
8	2	1	1	1	1	0	1
9	1	0	0	1	1	1	1
13	3	0	1	0	0	1	0
11	2	0	0	0	0	1	0
12	2	0	1	0	0	1	0
13	3	0	1	0	1	1	1
14	2	0	1	1	0	0	0
15	1	1	1	1	1	0	0

第 14 章 时间序列模型

时间序列分析是一种动态数据处理的统计方法。该方法基于随机过程理论和数理统计学方法，研究随机数据序列所遵从的统计规律，以用于解决实际问题。在现实中，按照时间进行观测记录的资料占有重要的地位，因此时间序列分析在实际分析中具有广泛的应用。

时间序列模型不以经济理论为依据，依据变量自身的变化规律，利用外推机制描述时间序列的变化。本章将基于 SPSS 介绍时间序列分析方法。

14.1 时间序列模型与数据处理

SPSS 无法自动识别时间序列数据，并且时间序列数据在处理的过程中必须明确考虑时间序列的非平稳性，因此在进行时间序列分析前，必须对时间序列进行预处理。

14.1.1 缺失值替换

在数据分析的过程中，很多种情况会导致缺失值的产生，例如由于某一年的观测资料丢失，缺失值的产生会给数据分析带来许多问题，这种情况下我们将使用到缺失数据处理的功能。SPSS 提供了多种手段进行缺失值的替换操作，本书中以职工平均工资的计算为例讲解缺失值的操作，数据文件中由于某种原因，没有获得 1990 年的职工平均工资的数据，因此我们需要对缺失值进行合理的替换以便进行相应的分析。本例的原始数据文件如图 14-1 所示。

	A	B
1	年份	平均工资
2	1990	
3	1991	2340
4	1992	2711
5	1993	3371
6	1994	4538
7	1995	5500
8	1996	6210
9	1997	6470
10	1998	
11	1999	8346
12	2000	9371
13	2001	10870
14	2002	12422
15	2003	14040
16	2004	
17	2005	18364
18	2006	21001
19	2007	24932

图 14-1 原始数据

缺失值替换的操作步骤如下。

（1）在菜单栏中依次选择"转换"|"替换缺失值"命令，打开如图 14-2 所示的"替换缺失值"对话框。

第14章 时间序列模型

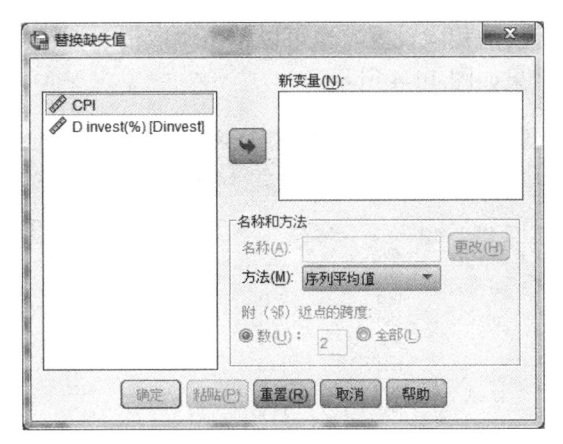

图 14-2 "替换缺失值"对话框

（2）选择要替换缺失值的变量。

选择要替换缺失值的变量，单击 按钮将其选入"新变量"列表中，系统会自动生成用于替换缺失值的新变量。如果用户希望自定义变量名称，可以在"名称"输入框中输入自定义变量名称，单击"更改"按钮完成更改，本例中将"平均工资"变量选入列表，生成后的新变量命名为"平均工资缺失值替换"，如图 14-3 所示。

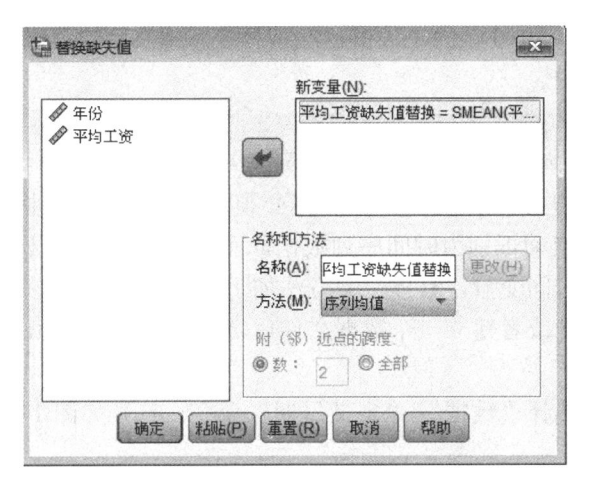

图 14-3 选择要替换缺失值的变量

（3）选择缺失值替换的方法。

用户可以在"方法"下拉列表中选择缺失值替换的相应方法。如果选择"序列平均值"方法，系统将使用所有非缺失值的平均数替换缺失值；如果选择"临近点的平均值"方法，系统将使用缺失值临近的非缺失值的平均值替换缺失值，用户可以在"附近点的跨度"输入框中定义临近非缺失值的个数；如果选择"临近点的中位数"方法，系统将使用缺失值临近的非缺失值的中位数替换缺失值，用户可以在"附近点的跨度"输入框中定义临近非缺失值的个数；如果选择"线性插值法"，系统将使用缺失值相邻两点的中点处的取值替换缺失值；如果选择"点处的线性趋势"方法，系统将采取线性拟合的方法确定替换值。本例中选择"序列平均值"选项。

（4）单击"确定"按钮，就可以进行缺失值替换操作。此外，用户还可以单击"重置"

按钮，重新进行缺失值替换的相应设置，也可以单击"取消"按钮，取消缺失值替换操作。

缺失值替换的输出结果如图 14-4 所示。

图 14-4　进行缺失值替换后的数据

由图 14-4 可以看出，1990 年的缺失值已经被替换，替换后的值保存在新生成的"平均工资的缺失值替换"变量中。

14.1.2　定义时间变量

在 SPSS 中进行时间序列分析或建模，首先必须根据数据的时间格式进行定义时间变量，否则 SPSS 对数据不会自动识别为时间序列数据，而是作为普通数据处理。因此，进行时间序列分析以前必须定义时间变量，具体定义方法如下。

打开相应的数据文件或者建立一个数据文件后，可以在 SPSS Statistics 数据编辑器窗口定义时间变量。

（1）在菜单栏中选择"数据"|"定义日期"命令，打开如图 14-5 所示的"定义日期"对话框。

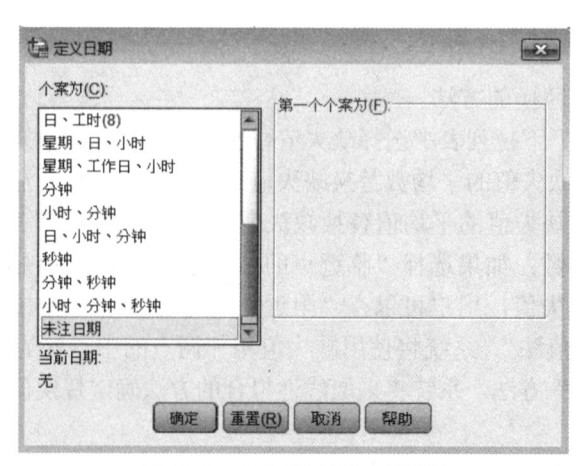

图 14-5　"定义日期"对话框

第14章 时间序列模型

（2）进行相应的设置。

在"定义日期"对话框中的"个案为"列表中选择需要定义的时间格式，然后在"第一个个案为"中定义数据开始的具体时间，如年、季度、周、小时等。其中：

- "个案为"。

该列表框提供了19种不同的日期格式，包括年份、季度、月份、日、星期、工作日、小时、分钟等。如果需要分析的时间序列为跨年度的季度时间序列，则选择"年份、季度"。

- "第一个个案为"。

该选项组用于定义时间变量的起始日期。一旦选中"个案为"中的选项，则会弹出相应的时间格式。如果在"个案为"中选中"年份、季度"，则显示如图14-6所示的对话框。

在"第一个个案为"选项组中的"年"和"季度"文本框中输入数据开始的具体年份和季度，然后单击"确定"按钮就可以完成时间变量的定义。定义完成后，SPSS Statistics 的数据视图中就会出现定义的时间变量。其中，"最高级别的周期"显示该时间格式下的周期。

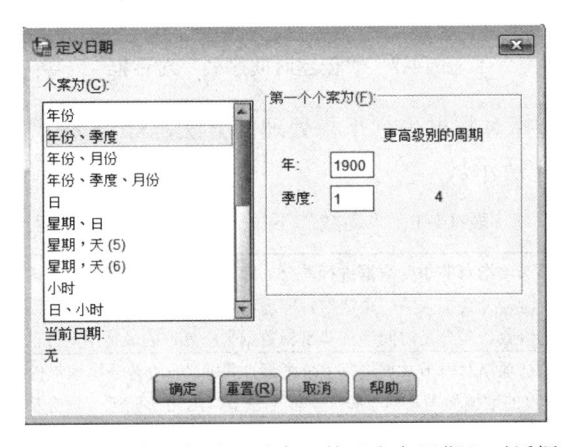

图14-6 选中"年份、季度"的"定义日期"对话框

14.1.3 时间序列的平稳化

打开相应的数据文件或者建立一个数据文件后，可以在 SPSS Statistics 数据编辑器窗口对时间序列数据进行平稳化。

（1）在菜单栏中选择"转换"|"创建时间序列"命令，打开如图14-7所示的"创建时间序列"对话框。

（2）选择变量。

从源变量列表中选择需要进行平稳化处理的变量，然后单击 按钮将选中的变量选入"变量->新名称"列表中。其中，进入"变量->新名称"列表中的变量显示为"新变量名称=平稳函数（原变量名称顺序）"。

（3）进行相应的设置。

在"名称和函数"复选框中可以对平稳处理后生成的新变量进行重新命名及选择平稳化处理的方法，设置完成后单击"更改"按钮，可以完成新变量的命名和平稳化处理方法的选择。

- "名称"输入框。

该文本框用于更改选定变量平稳化处理后生成新变量的名称。

- "函数"下拉列表框。

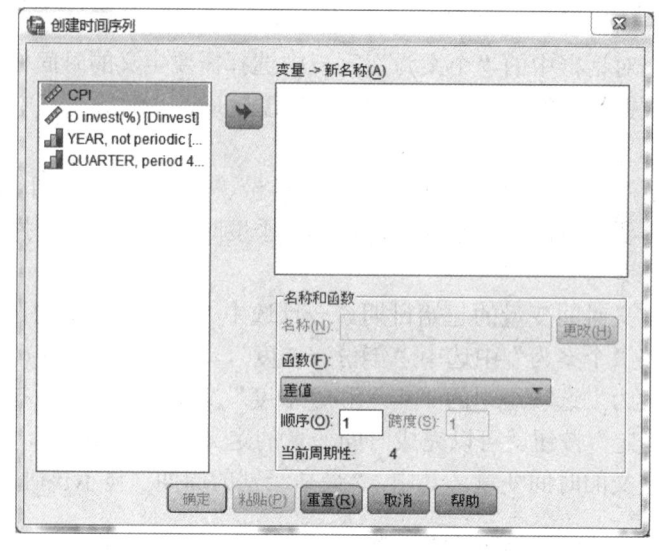

图 14-7 "创建时间序列"对话框

该下拉列表框用于选择对数据进行平稳处理的方法,SPSS 提供了 8 种平稳处理的方法,各选项及其功能如表 14-1 所示。

表 14-1 "函数"下拉列表框的选项及功能

选项	功能
"差值"选项	该选项指对非季度数据进行差分处理。其中,一阶差分即数据前一项减去后一项得到的值,因此一阶差分会损失第一个数据。同理,n 阶差分会损失前 n 个数据。在"顺序"文本框中输入差分的阶数。差分是时间序列非平稳数据平稳处理的最常用的方法,特别是在 ARIMA 模型中
"季节性差分"选项	该选项指对季节数据进行差分处理。其中,一阶差分指该年份的第 n 季度的数据与下一年分第 n 季度的数据做差。由于每年有四个季节,因此 m 阶差分就会损失 m 个数据
"中心移动平均值"选项	该选项指以当期值为中心取指定跨度内的平均值,在"跨度"文本框中指定取平均值的范围。该方法比较适用于正态分布的数据
"先前移动平均值"选项	该选项指取当期值以前指定跨度内的平均值,在"跨度"文本框中指定取平均值的范围
"运行中位数"选项	该选项指以当期值为中心取指定跨度内的中位数,在"跨度"文本框中指定取中位数的范围。其中,该方法与中心移动平均方法可互为替换
"累计求和"选项	该选项表示以原数据的累计求和值代替当期值
"延迟"选项	该选项表示以原始数据滞后值代替当期值,在"顺序"文本框中指定滞后阶数
"提前"选项	该选项表示以原始数据提前值代替当期值,在"顺序"文本框中指定提前阶数
"平滑"选项	该选项表示对原数据进行 T4253H 方法的平滑处理。该方法首先对原数据依次进行跨度为 4、2、5、3 的中心移动平均处理,然后以 Hanning 为权重再做移动平均处理,得到一个平滑时间序列

设置完成后,单击"确定"按钮,就可以在 SPSS Statistics 数据视图和查看器窗口得到平稳处理的结果。

14.1.4 案例分析

下面以数据文件"14-1"为例,说明时间序列数据平稳处理的具体操作过程和对结果的说明解释。

1. 实验数据的描述

数据文件"14-1"记录了从 1993 年到 2008 年中国的固定资产投资同比增长率、CPI,数据来源于 Wind 资讯。本数据文件的原始 Excel 数据文件，如图 14-8 所示。

	A	B	C
1	时间	CPI	D invest(%)
2	1993年01月	110.3	
3	1993年02月	110.5	
4	1993年03月	112.2	63.7
5	1993年04月	112.6	62.5
6	1993年05月	114	64.2
7	1993年06月	115.1	63.6
8	1993年07月	116.2	63.9
9	1993年08月	116	61.6
10	1993年09月	115.7	59.6
11	1993年10月	115.9	58.2
12	1993年11月	116.7	57.3
13	1993年12月	118.8	50.7
14	1994年01月	121.1	
15	1994年02月	123.2	39.3
16	1994年03月	122.4	30.9
17	1994年04月	121.7	35.4
18	1994年05月	121.3	31.5
19	1994年06月	122.6	36.6

图 14-8　数据文件"14-1"的原始数据

在 SPSS 变量视图中建立变量"CPI"和"Dinvest"，分别表示美国的消费者价格指数、固定资产投资同比增长率，并分别对每个变量进行定义，如图 14-9 所示。

图 14-9　"14-2"数据文件的变量视图

在 SPSS 活动数据文件的数据视图中，把相关数据输入到各个变量中。

2. 实验的操作步骤

（1）打开数据文件"14-1"，进入 SPSS Statistics 数据编辑器窗口，在菜单栏中选择"数据"|"定义日期"命令，打开"定义日期"对话框，在"个案为"列表框中选择"年份、月份"，在"第一个个案为"选项组中的"年"和"月份"文本框中输入数据开始的具体年份 1993 和月份 1，然后单击"确定"按钮，完成时间变量的定义。

（2）在菜单栏中选择"转换"|"创建时间序列"命令，打开"创建时间序列"对话框，将"Dinvest"变量选入"变量->新名称"列表中，在函数下拉列表框中选择"季节性差分"，单击"确定"按钮。

3. 实验结果及分析

单击"确定"按钮后，在 SPSS Statistics 数据视图和查看器窗口得到时间变量定义和平稳处理的结果，如图 14-10 和图 14-11 所示。

图 14-10 给出了对"Dinvest"序列进行平稳处理的信息。从该图可以知道平稳处理后的新序列名称为"Dinvest_1"，该序列含有 34 个缺失值，有效个案为 151 个，平稳处理的方法

是 SDIFF 即季节性差分方法。

创建的序列

	系列名称	非缺失值的个案编号 第一个	非缺失值的个案编号 最后一个	有效个案数	创建函数
1	Dinvest_1	4	185	151	DIFF(Dinvest, 1)

图 14-10　创建序列

图 14-11 给出时间变量定义和对"Dinvest"季节性差分在 SPSS Statistics 数据视图中的处理结果。从该图可以看到,"DATE_"序列即新定义的时间变量序列,"Dinvest_1"序列就是对"Dinvest"序列进行季节性差分平稳处理后生成的新序列。由于采用的是一阶季节性差分方法,因此"Dinvest_1"序列的前 3 个值是缺失的。

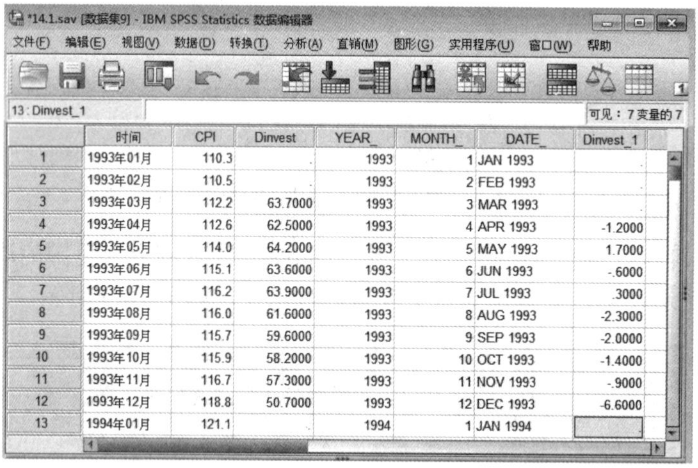

图 14-11　SPSS Statistics 数据视图中的处理结果

14.2　指数平滑模型

指数平滑模型可以对不规则的时间序列数据加以平滑,从而获得其变化规律和趋势,以此对未来的经济数据进行推断和预测。

14.2.1　指数平滑的简介

指数平滑模型是在移动平均模型基础上发展起来的一种时间序列分析预测法,其原理是任一期的指数平滑值都是本期实际观察值与前一期指数平滑值的加权平均。指数平滑模型的思想是对过去值和当前值进行加权平均,以及对当前的权数进行调整以前抵消统计数值的摇摆影响,得到平滑的时间序列。指数平滑法不舍弃过去的数据,但是对过去的数据给予逐渐减弱的影响程度(权重)。

14.2.2　指数平滑模型参数设置

打开相应的数据文件或者建立一个数据文件后,可以在 SPSS Statistics 数据编辑器窗口建立指数平滑模型。在菜单栏中选择"分析"|"预测"|"创建模型"命令,打开如图 14-12 所

第14章 时间序列模型

示的"时间序列建模器"对话框。

图 14-12 "时间序列建模器"对话框

该对话框中包括各列表和常用按钮的作用与参数设置要点如下。

1. 选择变量和方法

从源变量列表中选择建立指数平滑模型的因变量，然后单击 按钮将选中的变量选入"因变量"列表中。其中，"因变量"和"自变量"列表中的变量必须为数值型的度量变量。

在"方法"下拉列表框中选择"指数平滑法"，然后单击"条件"按钮，弹出如图 14-13 所示"时间序列建模器：指数平滑条件"对话框。

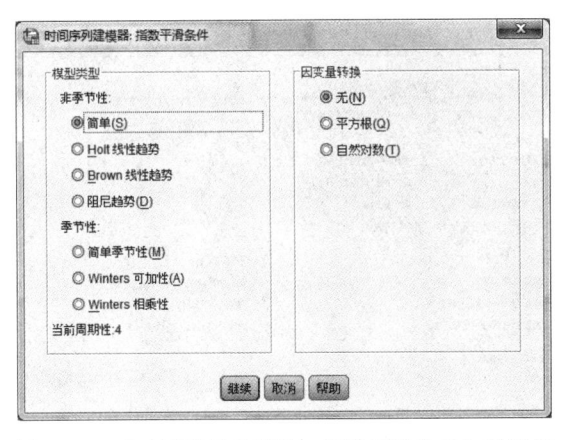

图 14-3 "时间序列建模器：指数平滑条件"对话框

"时间序列建模器：指数平滑条件"对话框用于设定指数平滑模型的类型和因变量的形式，包括以下内容。

（1）"模型类型"选项组。

该选项组用于设定指数平滑模型的类型，包括"非季节性"和"季节性"两大类模型。

非季节性的指数平滑模型有 4 种形式。"简单",该单选按钮表示使用简单指数平滑模型,该模型适用于没有趋势或季节性的序列,其唯一的平滑参数是水平,且与 ARIMA 模型极为相似。"Holt 线性趋势",该单选按钮表示使用霍特线性趋势模型,该模型适用于具有线性趋势并没有季节性的序列,其平滑参数是水平和趋势,不受相互之间值的约束。Holt 模型比 Brown 模型更通用,但在计算大序列时花的时间更长。"Brown 线性趋势",该单选按钮表示使用布朗线性趋势模型,该模型适用于具有线性趋势并没有季节性的序列,其平滑参数是水平和趋势,并假定二者等同。"阻尼趋势",该单选按钮表示使用阻尼指数平滑方法,此模型适用于具有线性趋势的序列,且该线性趋势正逐渐消失并且没有季节性,其平滑参数是水平、趋势和阻尼趋势。

季节性的指数平滑模型有 3 种形式。"简单季节性",该单选按钮表示使用简单季节性指数平滑模型,该模型适用于没有趋势并且季节性影响随时间变动保持恒定的序列,其平滑参数是水平和季节。"Winters 可加性",该单选按钮表示使用冬季加法指数平滑模型,该模型适用于具有线性趋势且不依赖于序列水平的季节性效应的序列,其平滑参数是水平、趋势和季节。"Winters 相乘性",该单选按钮表示使用冬季乘法指数平滑模型,该模型适用于具有线性趋势和依赖于序列水平的季节性效应的序列,其平滑参数是水平、趋势和季节。

(2)"因变量转换"选项组。

该选项组用于对因变量进行转换设置。"无",该单选按钮表示在指数平滑模型中使用因变量的原始数据。"平方根",该单选按钮表示在指数平滑模型中使用因变量的平方根。"自然对数",该单选按钮表示在指数平滑模型中使用因变量的自然对数。其中,"平方根"和"自然对数"要求原始数据必须为正数。

2. "Statistics"选项卡

"Statistics"选项卡用于设定输出的统计量。单击"Statistics 标签,打开如图 14-14 所示的"时间序列建模器"对话框的"Statistics"选项卡部分。

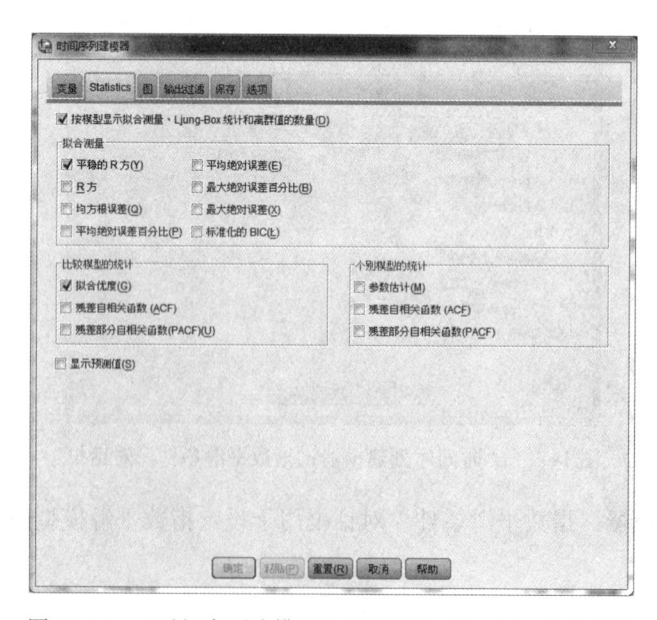

图 14-14 "时间序列建模器"对话框的"Statistics"选项卡

（1）"按模型显示拟合度量、Ljung-Box 统计量和离群值的数量"复选框。

该复选框表示输出模型的拟合度量、Ljung-Box 统计量和离群值的数量，且只有选中该复选框，"拟合度量"选项组才能激活。

（2）"拟合测量"选项组。

该选项组用于指定输出拟合度量的统计量表，具体包括 8 种统计量。

"平稳的 R 方"，表示输出平稳的 R 方统计量，该统计量用于比较模型中的固定成分和简单平均值模型的差别，取正值时表示模型要优于简单平均值模型。"R 方"，表示输出模型的 R 方统计量，该统计量表示模型所能解释的数据变异占总变异的比例。其中，当时间序列含有趋势或季节成分时，平稳的 R 方统计量要优于 R 方统计量。"均方根误差"，表示输出模型的均方误差统计量，该统计量衡量模型预测值与原始值的差异大小，即残差的标准偏差，度量单位与原数据一致。"平均绝对误差百分比"，表示输出平均绝对误差百分比统计量，该统计量类似于均方误差统计量，但该统计量无度量单位，可用于比较不同模型的拟合情况。"平均绝对误差"，表示输出模型的平均绝对误差统计量。"最大绝对误差百分比"，表示输出模型的最大绝对误差百分比统计量，即以比例形式显示最大的预测误差。"最大绝对误差"，表示输出模型的最大绝对误差统计量。"最大绝对误差百分比"和"最大绝对误差"主要用于关注模型单个记录预测误差的情况。"标准化的 BIC"，表示输出标准的 BIC 统计量，该统计量基于均方误差统计量，并考虑了模型的参数个数和序列数据个数。

（3）"比较模型的统计"选项组。

该选项组用于设定输出比较模型的统计量。"拟合优度"，该复选框表示将每个模型拟合优度的统计量显示到一张表格中进行比较。"残差自相关函数"，该复选框表示输出模型的残差序列的自相关函数及百分位点。"残差部分自相关函数"，该复选框表示输出模型的残差序列的偏相关函数及百分位点。

（4）"个别模型的统计"选项组。

该选项组用于对个别模型设定输出统计量。"参数估计"，该复选框表示模型的参数估计值表。"残差自相关函数"，该复选框表示输出模型的残差序列的自相关函数及置信区间。"残差部分自相关函数"，该复选框表示输出模型的残差序列的偏相关函数及置信区间。

（5）"显示预测值"复选框。

选择该复选框表示显示模型的预测值及其置信区间。

3．"图"选项卡

"图"选项卡用于设定输出模型拟合统计量、自相关函数，以及序列值（包括预测值）的图。单击"图"标签，打开如图 14-15 所示的"时间序列建模器"对话框的"图"选项卡。

（1）"模型比较图"选项组。

该选项组用于设定输出所有模型的拟合统计量和自相关函数的图，每个选项分别生成单独的图。可输出图表的统计量有平稳的 R 方、R 方、均方根误差、平均绝对误差百分比、平均绝对误差、最大绝对误差百分比、最大绝对误差、标准化的 BIC、残差自相关函数，以及残差部分自相关函数。

（2）"单个模型图"选项组。

该选项组用于设定输出单个模型的拟合统计量和自相关函数的图。只有选择"序列"复选框可获取每个模型的预测值的图，包括观测值、预测值、拟合值、预测值的置信区间及拟合值的置信区间。

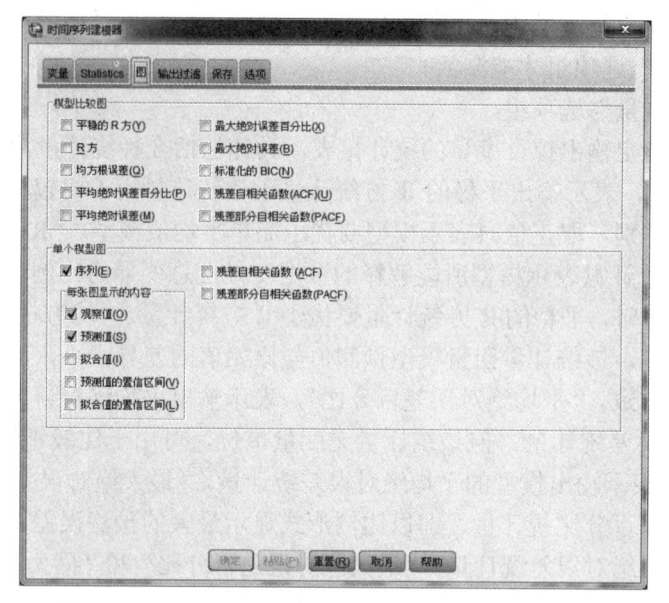

图 14-15 "时间序列建模器"对话框的"图"选项卡

4. "输出过滤"选项卡

"输出过滤"选项卡主要用于设定输出的模型。单击"输出过滤"标签，打开如图 14-16 所示的"时间序列建模器"对话框的"输出过滤"选项卡。

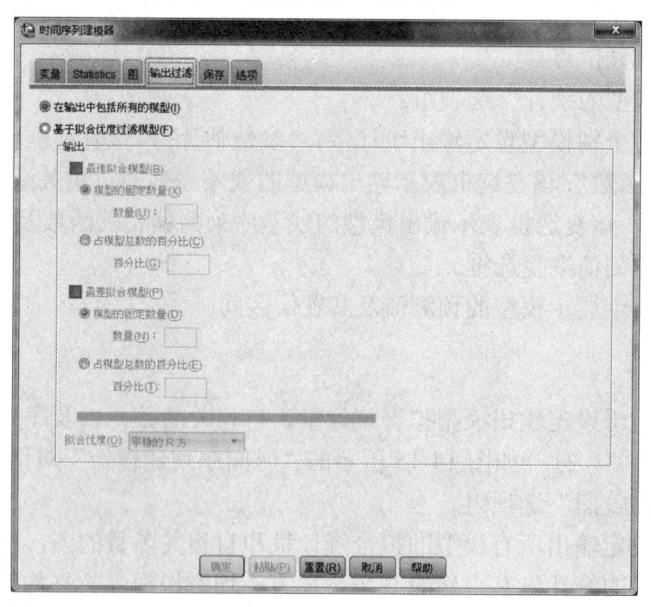

图 14-16 "时间序列建模器"对话框的"输出过滤"选项卡

（1）"在输出中包括所有的模型"单选按钮。

选择该单选按钮表示输出结果中包含所有设定的模型。

（2）"基于拟合优度过滤模型"单选按钮。

选择该单选按钮表示仅输出满足设定的拟合优度条件的模型。只有在选中该单选按钮的情况下,"输出"选项组才会被激活。

(3) "输出"选项组。

该选项组用于设定输出模型所满足的拟合优度条件。

"最佳拟合模型",选择该复选框表示输出拟合优度最好的模型,可以设定满足条件的模型的数量或百分比。选择"模型的固定数量"表示输出固定数量的拟合优度最好的模型,在"数"文本框中指定模型的数目;选择"占模型总数的百分比"表示输出一定比例与总数的拟合优度最好的模型,在"百分比"文本框中指定输出的百分比。

"最差拟合模型",选择该复选框表示输出拟合优度最差的模型,可以设定满足条件的模型的数量或百分比。选择"模型的固定数量"表示输出固定数量的拟合优度最差的模型,在"数"文本框中指定模型的数目;选择"占模型总数的百分比"表示输出一定比例与总数的拟合优度最差的模型,在"百分比"文本框中指定输出的百分比。

"拟合优度",该下拉列表框用于指定衡量模型拟合优度的具体统计量,含有平稳的 R 方、均方根误差、平均绝对误差百分比、平均绝对误差、最大绝对误差百分比、最大绝对误差,以及标准化的 BIC 统计量。

5. "保存"选项卡

"保存"选项卡用于将模型预测值另存为活动数据文件中的新变量,也可以将模型规格以 XML 格式保存到外部文件中。单击"保存"标签,打开如图 14-17 所示的"时间序列建模器"对话框的"保存"选项卡。

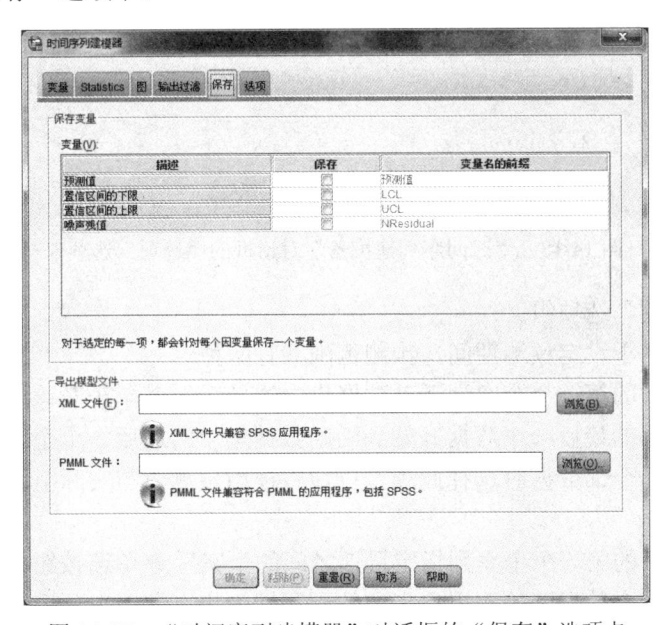

图 14-17 "时间序列建模器"对话框的"保存"选项卡

(1) "保存变量"选项组。

该选项组用于将模型预测值、置信区间上下限和残差另存为活动数据集中的新变量。在"描述"列表中有四类保存对象:预测值、置信区间的上限、置信区间的下限和噪声残值。选中每一类保存对象后面的"保存"复选框就可以保存新变量。只有选择"保存"复选框后,"变量名的前缀"方可被激活以供更改。设定"保存"后,每个因变量都会保存一组新变量,每个新变量都包含估计期和预测期的值。另外，如果预测期超出了该变量序列的长度，则增加新个案。

（2）"导出模型文件"选项组。

该设置用于将所有估计模型的模型规格都将以 XML 格式导出到指定的文件中。可以在"文件"输入框中指定文件路径，或者单击"浏览"按钮打开指定文件路径保存文件。

6. "选项"选项卡

"选项"选项卡用于设置预测期、指定缺失值的处理方法、设置置信区间宽度、指定模型标识前缀，以及设置为自相关显示的延迟最大阶数。单击"选项"标签，打开如图 14-18 所示的"时间序列建模器"对话框的"选项"选项卡。

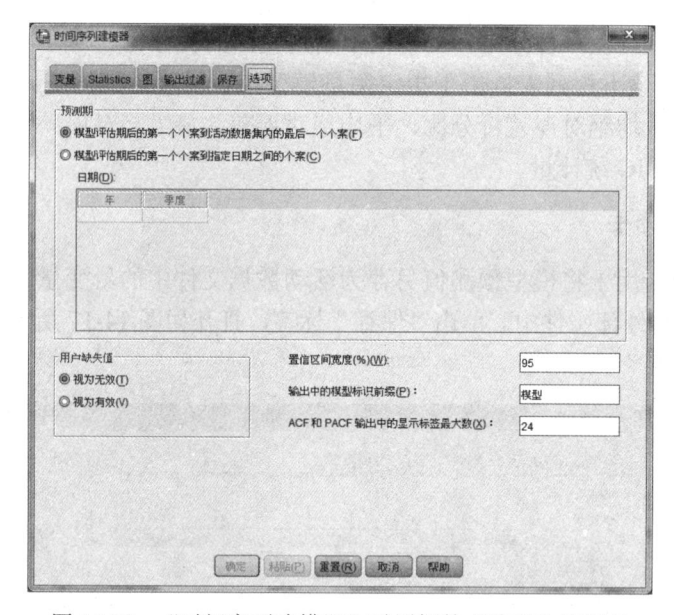

图 14-18　"时间序列建模器"对话框的"选项"选项卡

（1）"预测期"选项组。

该选项组主要用于设定预测期间，预测范围共有两种。

"模型评估期后的第一个个案到活动数据集内的最后一个个案"，该单选按钮表示预测范围从模型估计期所用的最后一个数据开始到活动数据集中的最后一个个案为止。一般当估计模型所用的数据并非全部数据时选择此项，以便将模型预测值与实际值进行比较，进而评估模型的拟合情况。

"模型评估期后的第一个个案到指定日期之间的个案"，该单选按钮表示预测范围从模型估计期所用的最后一个数据开始到用户指定的预测期为止，常用来预测超过当前数据集的时间范围的个案。在"日期"列表中指定预测范围的最终日期。如果已经定义时间变量，"日期"列表中就会显示定义的日期格式；如果没有定义时间变量，"日期"列表中仅会显示"观测"输入框，只需要在"观测"中输入相应的记录号。

（2）"用户缺失值"选项组。

该选项组用于指定缺失值的处理方法。"视为无效"，选中该单选按钮表示把缺失值当做系统缺失值处理，视为无效数据。"视为有效"，选中该单选按钮表示把缺失值视为有效数据。

（3）"置信区间宽度"输入框。

该输入框用于指定模型预测值和残差自相关的置信区间,输入范围为0到99的任何正数,系统默认95%的置信区间。

（4）"输出中的模型识别前缀"输入框。

该输入框用于指定模型标识前缀。"变量"选项卡上指定的每个因变量都可带来一个单独的估计模型,且模型都用唯一名称区别,名称由可定制的前缀和整数后缀组成。

（5）"ACF和PACF输出中的显示标签最大数"输入框。

该输入框用于指定自相关函数和偏相关函数的最大延迟阶数。

设置完成后,单击"确定"按钮,就可以在SPSS Statistics数据视图和查看器窗口得到指数平滑模型建模的结果。

14.2.3 案例分析

下面以数据文件"14-2"为例,说明指数平滑模型建模的具体操作过程和对结果的说明解释。

1. 实验数据的描述

数据文件"14-2"与所用数据文件相同,同样是记录了从1993年到2008年中国的消费者价格指数、固定投资同比增长率。因此,本节对数据文件"14-2"不再赘述。本节利用指数平滑模型对固定投资同比增长率进行拟合,以消除非正常波动得到固定投资增长率在15年中稳定长期的走势。

2. 实验的操作步骤

（1）打开数据文件"14-2",进入SPSS Statistics数据编辑器窗口,在菜单栏中选择"数据"|"定义日期"命令,打开"定义日期"对话框,在"个案为"列表框中选择"年份、月份",在"第一个个案为"选项组中的"年"和"月份"文本框中输入数据开始的具体年份1993和月份1,然后单击"确定"按钮,完成时间变量的定义。

（2）在菜单栏中选择"分析"|"预测"|"创建模型"命令,打开"时间序列建模器"对话框,将"Dinvest"变量选入"因变量"列表中,在"方法"下拉列表框中选择"指数平滑法"。

（3）单击"条件"按钮,打开"时间序列建模器:指数平滑条件"对话框,选中"简单季节性",单击"继续"按钮,保存设置。

（4）转到"Statistics"选项卡,选择"参数估计"复选框和"显示预测值",然后单击"确定"按钮,保存设置。

（5）单击"确定"按钮,便可以得到指数平滑模型建模的结果。

3. 实验结果及分析

单击"确定"按钮后,在SPSS Statistics数据视图和查看器窗口得到指数平滑模型建模的结果,如图14-19到图14-23所示。

图14-19给出了模型的基本描述。从该图可以看出,所建立的指数平滑模型的因变量标

签是"Dinvest",模型名称为"模型_1",模型的类型为简单季节性。

模型描述

		模型类型
模型标识	D invest(%) 模型_1	简单季节性

图 14-19　模型描述

图 14-20 给出了模型的 8 个拟合优度指标,包括这些指标的平均值、最小值、最大值以及百分位数。其中,平稳的 R 方值为 0.60,而 R 方值为 0.775,这是由于因变量数据为月度性数据,因此平稳的 R 方更具有代表性。从两个 R 方值来看,该指数平滑模型的拟合情况比较良好。

拟合统计量	均值	SE	最小值	最大值	百分位						
					5	10	25	50	75	90	95
平稳的 R 方	.600	.	.600	.600	.600	.600	.600	.600	.600	.600	.600
R 方	.775	.	.775	.775	.775	.775	.775	.775	.775	.775	.775
RMSE	5.686	.	5.686	5.686	5.686	5.686	5.686	5.686	5.686	5.686	5.686
MAPE	14.464	.	14.464	14.464	14.464	14.464	14.464	14.464	14.464	14.464	14.464
MaxAPE	252.288	.	252.288	252.288	252.288	252.288	252.288	252.288	252.288	252.288	252.288
MAE	3.023	.	3.023	3.023	3.023	3.023	3.023	3.023	3.023	3.023	3.023
MaxAE	36.107	.	36.107	36.107	36.107	36.107	36.107	36.107	36.107	36.107	36.107
正态化的 BIC	3.532	.	3.532	3.532	3.532	3.532	3.532	3.532	3.532	3.532	3.532

图 14-20　模型拟合

图 14-21 给出了模型的拟合统计量和 Ljung-BoxQ 统计量。平稳的 R 方值为 0.60,与模型拟合图中的平稳的 R 方一致。Ljung-BoxQ 统计量值为 109.756,显著水平为 0.009,因此拒绝残差序列为独立序列的原假设,说明模型拟合后的残差序列是存在自相关的,因此建议采用 ARIMA 模型继续拟合。

模型	预测变量数	模型拟合统计量	Ljung-Box Q(18)			离群值数
		平稳的 R 方	统计量	DF	Sig.	
SMEAN(Dinvest)-模型_1	0	.600	109.756	16	.009	0

图 14-21　模型统计量

图 14-22 给出了指数平滑法模型参数估计值列表。从该图可以看到本实验拟合的指数平滑模型的水平 Alpha 值为 0.70,P 值为 0.00,不仅作用很大而且非常显著。而季节 Delta 值为 0.004,该值不仅很小而且没有显著性,因此可以判断 Dinvest 序列几乎没有任何季节性特征。

指数平滑法模型参数

模型			估计	SE	t	Sig.
SMEAN(Dinvest)-模型_1	无转换	Alpha (水平)	.700	.067	10.441	.000
		Delta (季节)	.004	.105	.001	1.000

图 14-22　指数平滑法模型参数

图 14-23 给出了 Dinves 的指数平滑模型的拟合图和观测值。Dinves 序列整体上成波动状态，拟合值和观测值曲线在整个区间中几乎重合，因此可以说明指数平滑模型对 Dinves 的拟合情况非常良好。通过指数平滑模型的拟合图可以发现，固定投资同比增长率在 13 年中出现过两次剧烈波动上行，并且总体上前三年的波动较为剧烈，而最近十年波动相对平缓。

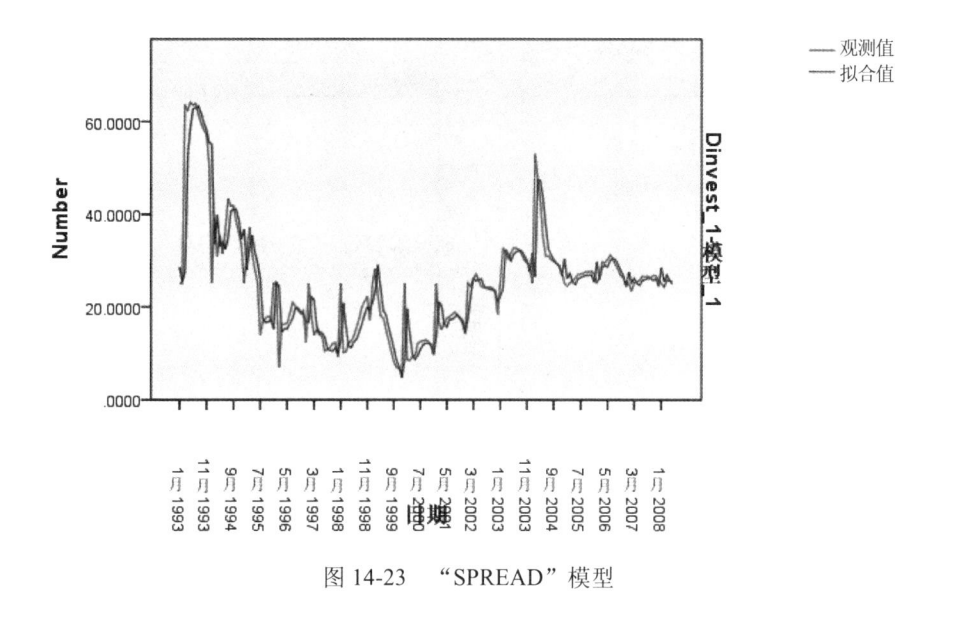

图 14-23 "SPREAD"模型

14.3 ARIMA 模型

ARIMA 模型是时间序列分析中最常用的模型之一，ARIMA 模型提供了一套有效的预测技术，在时间序列预测中具有广泛的应用。

14.3.1 ARIMA 模型的简介

ARIMA 模型又称自回归移动平均模型。它是指将非平稳时间序列转化为平稳时间序列，然后将因变量仅对它的滞后值以及随机误差项的现值和滞后值进行回归所建立的模型。ARIMA 模型将预测指标随时间推移而形成的数据序列看做一个随机序列，这组随机变量所具有的依存关系体现着原始数据在时间上的延续性，它既有外部因素的影响，又有自身变动规律。ARIMA（p,q）模型的数学表达式如公式 14-1 所示。

$$y_t = \sum_{i=1}^{p} \alpha_i y_{t-i} + \sum_{j=1}^{q} \delta_j \varepsilon_{t-j} \qquad 14\text{-}1$$

其中，参数 α_i 为自回归参数，δ_j 为移动平均参数，是模型的待估计参数。

14.3.2 ARIMA 模型的参数设置

打开相应的数据文件或者建立一个数据文件后，可以在 SPSS Statistics 数据编辑器窗口建立 ARIMA 模型。

在菜单栏中选择"分析"|"预测"|"创建模型"命令，打开如图 14-24 所示的"时间序列建模器"对话框。

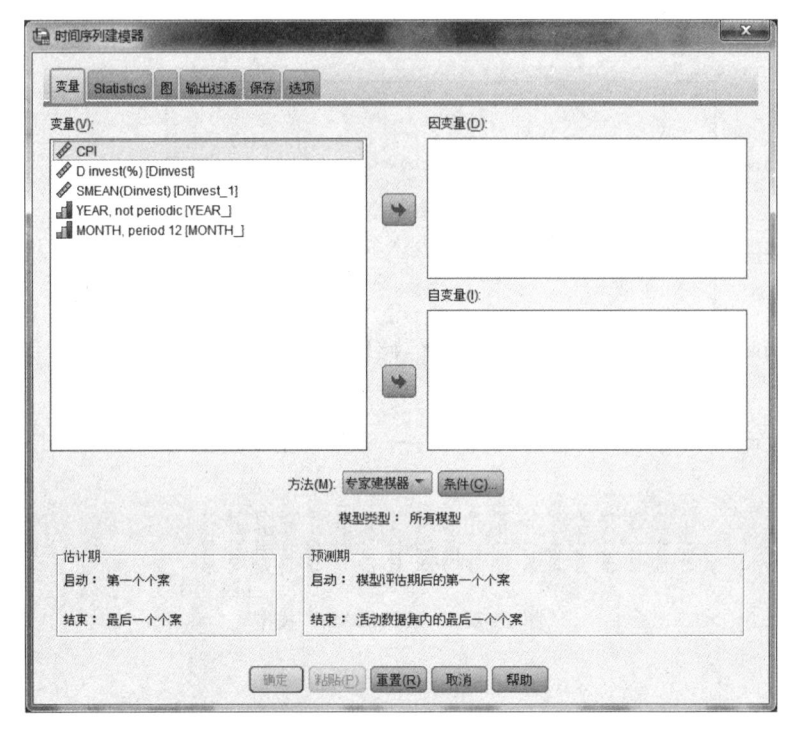

图 14-24 "时间序列建模器"对话框

从源变量列表中选择建立 ARIMA 模型的因变量，单击 按钮将选中的变量选入"因变量"列表中。在"方法"下拉列表框中选择"ARIMA"，单击"条件"按钮，打开"时间序列建模器：ARIMA 条件"对话框。

1. "模型"选项卡

用于指定 ARIMA 模型的结构和因变量的转换。单击"时间序列建模器：ARIMA 条件"对话框的"模型"标签，打开如图 14-25 所示的"时间序列建模器：ARIMA 条件"对话框的"模型"选项卡。

（1）"结构"选项组。

该网络列表用于指定 ARIMA 模型的结构，在相应的单元格中输入 ARIMA 模型的各个成分值，所有值都必须为非负整数。对于"自回归"和"移动平均数"的数值表示最大阶数，同时模型中将包含所有正的较低阶。

- "非季节性"列。

该列中的"自回归"输入框用于输入 ARIMA 中的自回归 AR 阶数，即在 ARIMA 使用序列中的哪部分值来预测当前值；"差分"输入框用于输入因变量序列差分的阶数，主要目的是为了非平稳序列平稳化，以满足 ARIMA 模型平稳的需要；"移动平均数"输入框用于输入 ARIMA 中的移动平均 MA 阶数，即在 ARIMA 中使用哪些先前值的序列平均数的偏差来预测当前值。

- "季节性"列。

只有在为活动数据集定义了周期时，才会启用"季节性"列中的各个单元格。在"季节性"列中，季节性自回归成分、移动平均数成分和差分成分与其非季节性对应成分起着相同的作用。对于季节性的阶，由于当前序列值受以前的序列值的影响，序列值之间间隔一个或多个季节性周期。如对于季度数据（季节性周期为 4），季节性 1 阶表示当前序列值受自当前周期起 4 个周期之前的序列值的影响。因此，对于季度数据，指定季节性 1 阶等同于指定非季节性 4 阶。

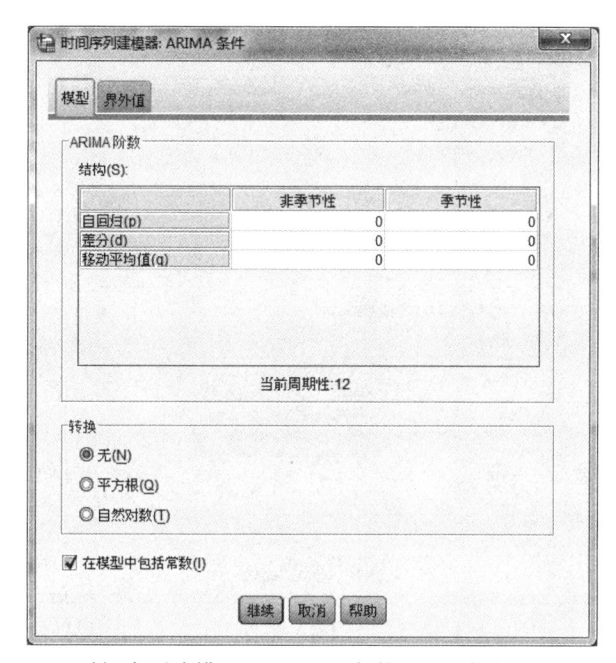

图 14-25 "时间序列建模器：ARIMA 条件"对话框的"模型"选项卡

（2） "转换"选项组。

该选项组用于对因变量进行转换。"无"，该单选按钮表示不对因变量序列进行任何转换。"平方根"，该单选按钮表示对因变量序列取平方根参与建模。"自然对数"，该单选按钮表示对因变量序列取自然对数参与建模。

（3） "在模型中包括常数"复选框。

该复选框表示在 ARIMA 中包括常数项。但是当应用差分时，建议不包括常数。

2. "界外值"选项卡

主要用于对界外值进行设定。转到"时间序列建模器：ARIMA 条件"对话框的"界外值"选项卡，打开如图 14-26 所示的"时间序列建模器：ARIMA 条件"对话框的"界外值"选项卡。

（1） "不检测离群值或为其建模"单选按钮。

选择该单选按钮表示不检测离群值或为其建模，该选项为默认选项。

（2） "自动检测离群值"单选按钮。

选择该单选按钮表示要自动检测离群值，并选择检测离群值类型。在"要检测的离群值类型"中选择检测类型。"加法"，该复选框表示自动检测单个观测记录的异常值。"移位水平"，该复选框表示自动检测数据水平移动引起的异常值。"创新的"，该复选框表示自动检测由噪声冲击引起的异常值。"瞬时的"，该复选框表示自动检测对其后观测值影响按指数衰减至 0 的异常值。"季节性可加的"，该复选框表示自动检测周期性地影响某固定时刻的异常值，如月度数据的一月效应。"局部趋势"，该复选框表示自动检测导致局部线性趋势的异常值，往往该异常值以后的数据呈线性趋势。"可加的修补"，该复选框表示自动检测两个以上连续出现的"加法"异常值。

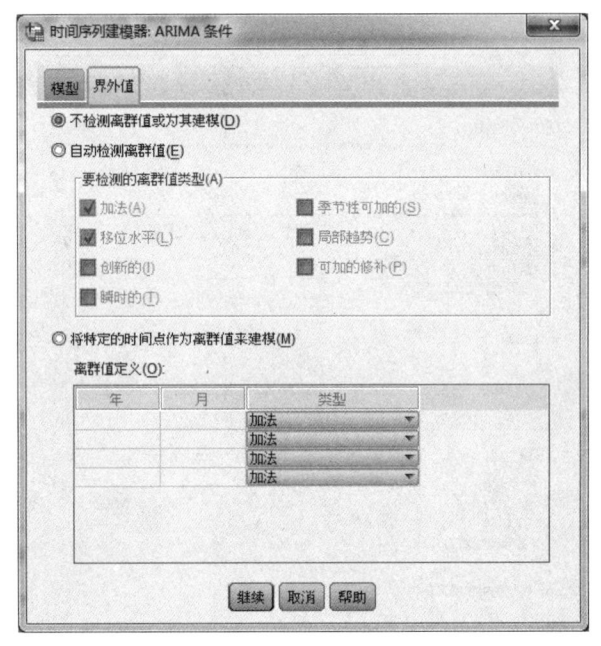

图 14-26 "时间序列建模器：ARIMA 条件"对话框的"界外值"选项卡

（3）"将特定的时间点作为离群值来建模"单选按钮。

选择该单选按钮表示指定特定的时间点作为离群值。其中，每个离群值在"离群值定义"网格中占单独的一行。在指定的日期格式中输入特定时间点，如在"年"和"月"中输入特定时间点的具体年份和月份；在"类型"下拉列表框中选择离群值的具体类型。离群值的类型与"要检测的离群值类型"中提供的类型一致。

其中，建立 ARIMA 模型所用的"时间序列建模器"对话框与建立指数平滑模型相同，在此不再赘述。

设置完成后，单击"确定"按钮，就可以在 SPSS Statistics 数据视图和查看器窗口得到 ARIMA 模型建模的结果。

14.3.3 案例分析

下面以数据文件"14-3"为例，说明指数平滑模型建模的具体操作过程和对结果的说明解释。

1. 实验数据的描述

数据文件"14-3"与所用数据文件"14-1"相同，本节对数据文件"14-3"不再赘述。利用 ARIMA 模型分析对固定投资同比增长率的走势进行分析与预测。

2. 实验的操作步骤

（1）打开"14-3"数据文件，进入 SPSS Statistics 数据编辑器窗口，首先对 Dinvest 进行缺失值的替换，替换方法在 14.1.1 节已介绍，在此不再重复介绍，生成新序列 SMEAN Dinvest，在菜单栏中选择"数据"|"定义日期"命令，打开"定义日期"对话框，在"个案为"列表框中选择"年份、月份"，在"第一个个案为"选项组中的"年"和"月份"文本框中输入数据开始的具体年份 1993 和月份 1，然后单击"确定"按钮，完成时间变量的定义。

（2）在菜单栏中选择"分析"|"预测"|"创建模型"命令，打开"时间序列建模器"对话框，将"SMEAN（Dinvest）"变量选入"因变量"列表中，在"方法"下拉列表框中选择"ARIMA"。

（3）单击"条件"按钮，打开"时间序列建模器：ARIMA 条件"对话框，转到"模型"选项卡，在"自回归"的"季节性"列中输入"3"、"差分"的"季节性"列中输入"1"、"移动平均数"的"季节性"列中输入"2"，单击"继续"按钮，保存设置。

（4）转到"Statistics"选项卡，选择"参数估计"复选框和"显示预测值"，然后单击"继续"按钮，保存设置。

（5）单击"确定"按钮，便可以得到 ARIMA 模型建模的结果。

3. 实验结果及分析

单击"确定"按钮后，在 SPSS Statistics 查看器窗口得到 ARIMA 模型建模的结果，如图 14-28 到图 14-30 所示。

图 14-27 给出了模型的基本描述。从该图可以看出，所建立的 ARIMA 模型的因变量标签是"SMEAN（Dinvest）"，模型名称为"模型_1"，模型的类型为 ARIMA（3,1,2）。

模型描述

		模型类型
模型标识	SMEAN(Dinvest) 模型_1	ARIMA(0,0,0)(3,1,2)

图 14-27 模型描述

图 14-28 给出了模型的 8 个拟合优度指标，包括这些指标的平均值、最小值、最大值以及百分位数。其中，平稳的 R 方值为 0.07，而 R 方值为 0.058，这是由于因变量数据为月度数据，因此平稳的 R 方更具有代表性。从两个 R 方值来看，ARIMA（3,1,2）的拟合情况良好。

模型拟合度

拟合统计信息	平均值	SE	最小值(M)	最大值(X)	百分位(T)						
					5	10	25	50	75	90	95
平稳的 R 方	.070	.	.070	.070	.070	.070	.070	.070	.070	.070	.070
R 方	-.280	.	-.280	-.280	-.280	-.280	-.280	-.280	-.280	-.280	-.280
RMSE	9.964	.	9.964	9.964	9.964	9.964	9.964	9.964	9.964	9.964	9.964
MAPE	37.244	.	37.244	37.244	37.244	37.244	37.244	37.244	37.244	37.244	37.244
MaxAPE	392.198	.	392.198	392.198	392.198	392.198	392.198	392.198	392.198	392.198	392.198
MAE	7.080	.	7.080	7.080	7.080	7.080	7.080	7.080	7.080	7.080	7.080
MaxAE	30.612	.	30.612	30.612	30.612	30.612	30.612	30.612	30.612	30.612	30.612
标准化的 BIC(L)	4.777	.	4.777	4.777	4.777	4.777	4.777	4.777	4.777	4.777	4.777

图 14-28 模型拟合

图 14-29 给出了 ARIMA（3,1,2）模型参数估计值。ARIMA（3,1,2）中有两部分：AR 和 MA。其中 AR 自回归部分的三项的显著性水平为 0.037、0.051 和 0.676，而 MA 移动平

均部分的两项的显著性水平为 0.012 和 0.000。除了 AR（3） 明显地不显著，其他项都显著。因此，ARIMA（3,1,2）不合适，我们需要建立 ARIMA（2,1,2），方法同上，在此就不重复介绍了。

ARIMA 模型参数

					估算	SE	t	显著性
SMEAN(Dinvest)-模型_1	SMEAN(Dinvest)	不转换	常量		-2.188	.901	-2.429	.016
			AR，季节性	延迟 1	-.351	.167	-2.100	.037
				延迟 2	-.296	.151	-1.964	.051
				延迟 3	-.048	.115	-.419	.676
			季节性差异		1			
			MA，季节性	延迟 1	-.408	.161	-2.544	.012
				延迟 2	-.800	.168	-4.748	.000

图 14-29　ARIMA 模型参数

图 14-30 给出了 Dinvest 的 ARIMA（3,1,2）模型的拟合图和观测值。Dinvest 序列整体上成波动状态，拟合值和观测值曲线在整个区间整体上拟合情况良好，但是明显可以看出拟合值的波动性要小于实际观察值，并且拟合值比观测值滞后。因此可以说明 ARIMA（3,1,2）模型对 Dinvest 的拟合情况不好，需要进一步探索其他的 ARIMA 模型，例如上文讲到的 ARIMA（2,1,2）。

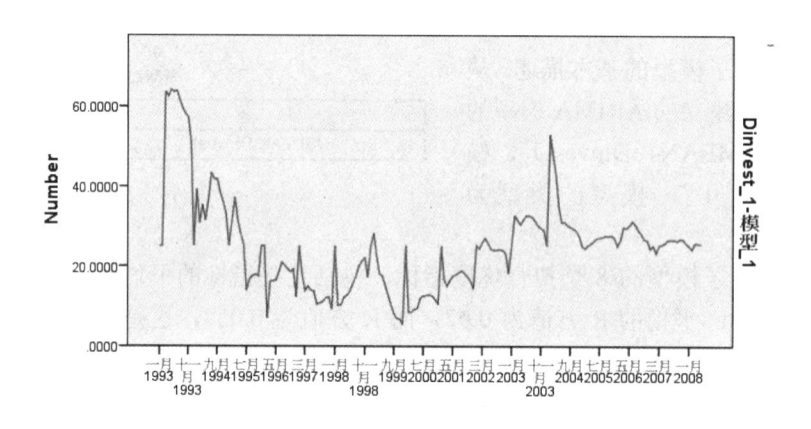

图 14-30　"SPREAD" 模型

14.4　季节分解模型

14.4.1　周期性分解的简介

季节变动趋势是时间序列的四种主要变动趋势之一，所谓季节性变动是指由于季节因素导致的时间序列的有规则变动。引起季节变动的除自然原因外，还有人为原因，如节假日、风俗习惯等。季节分解的主要方法包括按月（季）平均法和移动平均趋势剔除法。

14.4.2 周期性分解模型的参数设置

打开相应的数据文件或者建立一个数据文件后,可以在 SPSS Statistics 数据编辑器窗口进行周期性分解操作。

在菜单栏中选择"分析"|"预测"|"周期性分解"命令,打开如图 14-31 所示的"周期性分解"对话框。

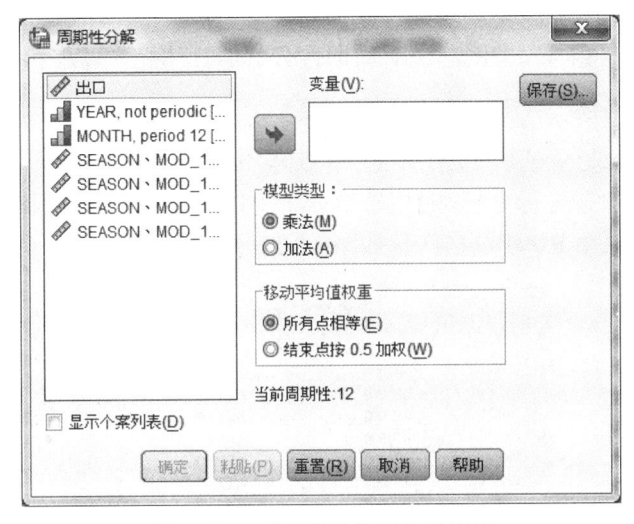

图 14-31 "周期性分解"对话框

从源变量列表中选择进行周期性分解的时间序列,然后单击 按钮将选中的变量选入"变量"列表中。其中,"变量"列表中的变量必须为数值型的度量变量,且至少必须定义一个周期性时间变量。

该对话框中包括各列表和常用按钮的作用与参数设置要点如下。

1. "模型类型"选项组

该选项组用于指定周期性分解的模型类型,SPSS 提供了两种常用的分解模型:乘法",该单选按钮表示采用乘法模型;"加法",该单选按钮表示采用加法模型。

2. "移动平均值权重"选项组

该选项组用于指定计算移动平均数时的权重。"所有点相等",该单选按钮表示使用等于周期的跨度以及所有权重相等的点来计算移动平均数,该方法适用于周期为奇数的序列。"结束点按 0.5 加权",该单选按钮表示使用等于周期加 1 的跨度以及以 0.5 加权的跨度的端点计算序列的移动平均数,该方法适用于具有偶数周期的序列。

3. "显示个案列表"复选框

该复选框表示输出每个个案的周期性分解的结果。

4. "保存"按钮

单击"保存"按钮,弹出"周期:保存"对话框。"周期:保存"对话框主要用于保存新创建的变量。

"添加至文件",选择该单选按钮表示将周期性分解产生的新变量保存至当期数据集中,新变量名由三字母前缀、下画线和数字组成。“替换现有”，选择该单选按钮表示由周期性分解创建的新变量序列在活动数据集中保存为临时变量，同时，将删除由“预测”过程创建的任何现有的临时变量。“不要创建”，选择该单选按钮表示不向活动数据集添加新序列。

设置完成后，单击“确定”按钮，就可以在 SPSS Statistics 数据视图和查看器窗口得到周期性分解的结果。

14.4.3 案例分析

下面以数据文件“14-4”为例，说明周期性分解的具体操作过程和对结果的说明解释。

1. 实验数据的描述

数据文件“14-4”记录了从 1990 年到 2005 年中国加工贸易进出口总额。本实验将利用周期性分解对该出口总额进行分析，利用季节分析出口总额除去季节因素影响外的内在规律。数据文件“14-4”的原始 Excel 数据文件如图 14-32 所示。

N24

	A	B	C
1		出口额_当月(千美元)	进口额_当月(千美元)
2	1990-01	2842000	2565000
3	1990-02	3253000	3524000
4	1990-03	4692000	3885000
5	1990-04	4801000	4305000
6	1990-05	4963000	4578000
7	1990-06	5099000	4257000
8	1990-07	5120000	4399000
9	1990-08	5513000	4592000
10	1990-09	5115000	4409000
11	1990-10	5880000	4555000
12	1990-11	5791000	4887000
13	1990-12	9012000	7410000
14	1991-01	3978000	3071000
15	1991-02	4061000	3122000
16	1991-03	5299000	4942000
17	1991-04	5282000	5203000
18	1991-05	5866000	5245000
19	1991-06	5921000	5200000
20	1991-07	6380000	5283000
21	1991-08	6477000	5601000
22	1991-09	6227000	5588000
23	1991-10	6236000	5288000
24	1991-11	6622000	5772000
25	1991-12	9560000	9478000
26	1992-01	3999000	3000000
27	1992-02	4970000	4800000
28	1992-03	6000000	5900000

图 14-32 “14-5”数据文件的原始文件

在 SPSS 变量视图中建立变量“出口”，用来表示中国出口总额。其中，“出口”为度量变量，如图 14-33 所示。

	名称	类型	宽度	小数	标签	值	缺失	列	对齐	度量标准	角色
1	出口	数值(N)	11	0		无	无	11	右	未知	输入

图 14-33 “14-5”数据文件的变量视图

在 SPSS 活动数据文件的数据视图中，把相关数据输入到各个变量中。

2. 实验的操作步骤

（1） 打开数据文件“14-4”，进入 SPSS Statistics 数据编辑器窗口，在菜单栏中选择“数

据"|"定义日期"命令,打开"定义日期"对话框,在"个案为"列表框中选择"年份、月份",在"第一个个案为"选项组中的"年"和"月度"文本框中输入数据开始的具体年份1990和月份1,然后单击"确定"按钮,完成时间变量的定义。

(2) 在菜单栏中选择"分析"|"预测"|"周期性分解"命令,打开"周期性分解"对话框,将"出口"变量选入"变量"列表中,选择"加法"和"结束点按0.5加权"单选按钮。

(3) 单击"确定"按钮,便可以得到周期性分解的结果。

3. 实验结果及分析

单击"确定"按钮后,在 SPSS Statistics 数据视图和查看器窗口得到指数平滑模型建模的结果,如图14-34到图14-36所示。

图14-34给出了模型的基本描述。从该图可以看出,模型的名称为MOD_1,模型的类型为"加法"以及移动平均数的计算方法。

模型描述

模型名称	MOD_3
模型类型	加法
系列名称 1	出口
季节周期长度	12
移动平均值的计算方法	跨度等于周期性加一且端点按0.5加权

应用MOD_3中的模型规范

图14-34 模型描述

图14-35给出了"出口"序列进行周期性分解的季节性因素。因为季节性因素的存在使得出口在不同的月份呈现出相似的性质,因此该季节性因素相当于周期内季节性影响的相对数。可见,在每年的1、2、3、5月份的季节性因素为负值,使得这4个月份的出口相对较低。

季节因子

系列名称: 出口

句点(D)	季节因子
1	-3334879.828
2	-4670082.997
3	-134242.353
4	238932.428
5	-707482.295
6	447476.325
7	535889.686
8	696916.261
9	1201874.808
10	537806.872
11	1170910.003
12	4016881.091

图14-35 季节性因素

图 14-36 给出了“出口”序列进行周期性分解后的数据文件的变量视图。从该图可以看到数据文件中增加了 4 个序列：ERR_1、SAS_1、SAF_1 和 STC_1。其中，ERR_1 表示“出口”序列进行周期性分解后的不规则或随机波动序列，SAS_1 表示“出口”序列进行周期性分解除去季节性因素后的序列，SAF_1 表示“出口”序列进行周期性分解产生的季节性因素序列，STC_1 表示“出口”序列进行周期性分解出来的序列趋势和循环成分。

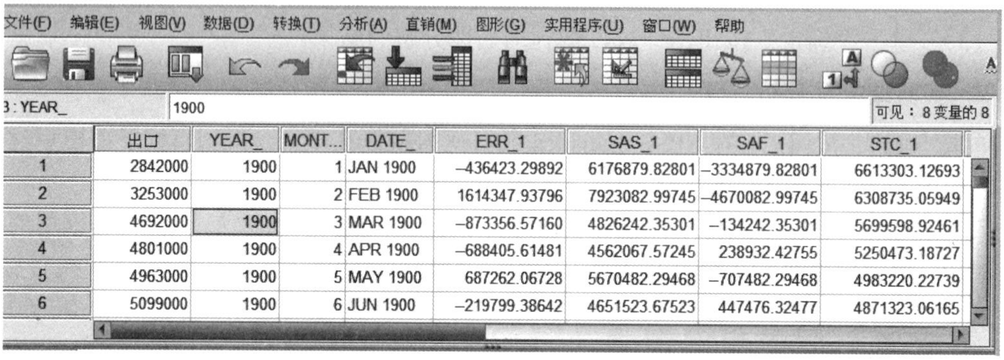

	出口	YEAR_	MONT...	DATE_	ERR_1	SAS_1	SAF_1	STC_1
1	2842000	1900	1	JAN 1900	-436423.29892	6176879.82801	-3334879.82801	6613303.12693
2	3253000	1900	2	FEB 1900	1614347.93796	7923082.99745	-4670082.99745	6308735.05949
3	4692000	1900	3	MAR 1900	-873356.57160	4826242.35301	-134242.35301	5699598.92461
4	4801000	1900	4	APR 1900	-688405.61481	4562067.57245	238932.42755	5250473.18727
5	4963000	1900	5	MAY 1900	687262.06728	5670482.29468	-707482.29468	4983220.22739
6	5099000	1900	6	JUN 1900	-219799.38642	4651523.67523	447476.32477	4871323.06165

图 14-36 “14-5”数据文件的数据视图

上机题

1. 该数据记录了国内货币供应量 M0 从 2000 年 1 月到 2001 年 12 月的数据。部分相关数据如表 14-1 所示（数据路径：sample\chap14\上机题\上机题 14-1.sav）。

表 14-1 国内货币供应量时序数据

年 份	月 份	M0（亿）
2000	1	16093.9
2000	2	13983
2000	3	13235.4
2000	4	13675.5
2000	5	13075.45
2000	6	13006.04
2000	7	13156.47
2000	8	13378.68
2000	9	13894.69

（1） 试对该数据定义时间变量，时间频率为月度数据。

（2） 对该数据进行平稳化处理。

2. 该数据记录了国内货币供应量 M0 从 2000 年 1 月到 2008 年 12 月的数据。具体数据同上题。试对该数据做进一步分析（数据路径：sample\chap14\上机题\上机题 14-2.sav）。

试建立季节分解模型，提取该数据的季节性因素。

3. 数据文件是中国煤炭生产量的数据。试建立 ARIMA 模型对煤炭生产量进行分析与预测。部分相关数据如表 14-2 所示（数据路径：sample\chap14\上机题\上机题 14-3.sav）。

表14-2 中国煤炭生产量部分数据

年份	煤炭生产量（吨）
1980	62015
1985	87228.4
1990	107988.3
1993	115067
1994	123990.1
1995	136073.1
1996	139669.9
1997	137282
1998	125000
1999	104500
2000	129921
2001	116078
2002	138000
2003	166700
2004	199232.4

（1）采用 ARIMA 模型分析拟合煤炭生产量走势。
（2）绘图 ARIMA 模型的拟合图和观测值图表。

第 15 章　问卷信度与缺失值处理

在进行社会调查研究时，经常采用调查问卷的形式进行。在对调查问卷的结果展开统计分析之前，必须对其可信度加以分析，只有可信度在相关研究可以接受的范围之内时，问卷统计结果才是有价值的，才有进一步进行分析的必要。信度分析和多维刻度分析是两种最常见的信度分析方法，它们是探索研究事物间的相似性或非相似性的专用技术。信度分析是检验结果的一贯性、一致性、再现性和稳定性的常用方法；多维刻度分析是研究和反映被访者对研究对象相似性的感知的一种统计分析方法，SPSS 提供了强大的信度和多维刻度分析功能，下面将对其做相应的介绍。

此外，在进行数据分析的时候，经常会面对个案缺失值问题。缺失值问题会带来一些不利的后果：第一，如果带有缺失值的个案与不带缺失值的个案之间有着根本的不同，则结果将被误导；第二，缺失数据一般会使所计算的统计量的精度降低，因为计算时依据的信息比原计划的预期信息要少；第三，很多统计分析过程背后依据的假设都基于完整的个案，而缺失值则可能使所需的理论复杂化。在 15.3 节将详细介绍对缺失值问题的分析过程。

15.1　信度分析

在做调查问卷时，最看重的是调查问卷的科学性和有效性。如果一个问卷设计出来无法有效地考察问卷中所涉及的各个因素，则我们为调查问卷所作的抽样、调查、分析、结论等一系列的工作也就白做了。如何来检验设计好的调查问卷是否有效呢？信度分析是评价调查问卷是否具有稳定性和可靠性的有效的分析方法。

15.1.1　信度分析简介

信度，又叫可靠性，是指问卷的可信程度。它主要表现检验结果的一贯性、一致性、再现性和稳定性。一个好的测量工具，对同一事物反复多次测量，其结果应该始终保持不变才可信。例如，我们用一把尺子测量一张桌子的高度，今天测量的高度与明天测量的高度不同，那么我们就会对这把尺子产生怀疑。因此，一张设计合理的调查问卷应该具有它的可靠性和稳定性。

调查问卷的评价体系是以量表形式来体现的，编制的合理性决定着评价结果的可用性和可信性。问卷的信度分析包括内在信度分析和外在信度分析。内在信度重在考察一组评价项目是否测量同一个概念，这些项目之间是否具有较高的内在一致性。一致性程度越高，评价项目就越有意义，其评价结果的可信度就越强。外在信度是指在不同时间对同批被调查者实施重复调查时，评价结果是否具有一致性。如果两次评价结果相关性较强，说明项目的概念和内容是清晰的，因而评价的结果是可信的。信度分析的方法有多种，有 Alpha 信度和分半信度等，都是通过不同的方法来计算信度系数，再对信度系数进行分析。

目前最常用的是 Alpha 信度系数法，一般情况下我们主要考虑量表的内在信度——项目之间是否具有较高的内在一致性。通常认为，信度系数应该在 0~1 之间，如果量表的信度系数在 0.9 以上，表示量表的信度很好；如果量表的信度系数在 0.8~0.9 之间，表示量表的信度可以接受；如果量表的信度系数在 0.7~0.8 之间，表示量表有些项目需要修订；如果量表的信度系数在 0.7 以下，表示量表有些项目需要抛弃。

15.1.2 信度分析的参数设置

打开相应的数据文件或者建立一个数据文件后，在 SPSS Statistics 数据编辑器窗口就可以进行信度分析。

（1）在菜单栏中依次选择"分析"|"度量"|"可靠性分析"命令，打开如图 15-1 所示的"可靠性分析"对话框。

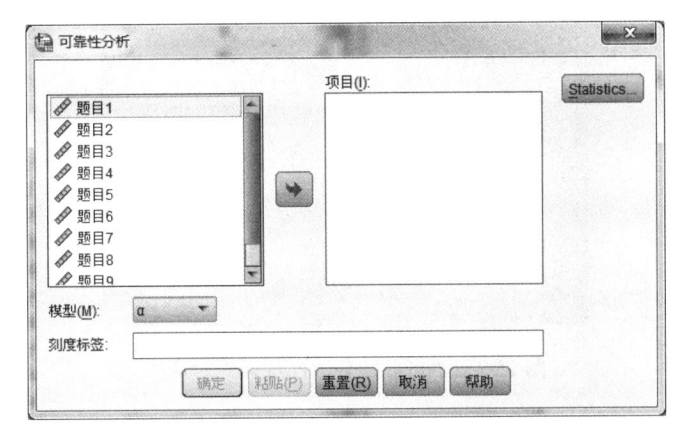

图 15-1 "可靠性分析"对话框

（2）选择变量。

从源变量列表中选择需要分析的变量，单击 按钮将选中的变量选入"项目"列表框。其中"项目"列表框中的变量数据可以是二分数据、有序数据或区间数据，但数据应是用数值编码的，且信度分析需要选择两个或两个以上的变量进入"项目"列表框。选择完需要分析的变量后，如图 15-2 所示。

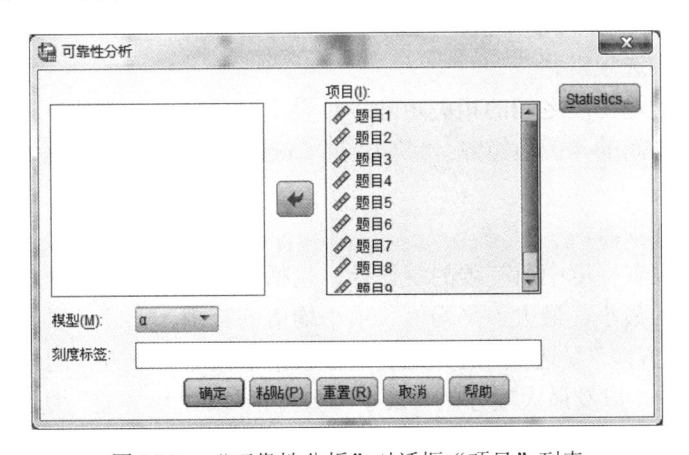

图 15-2 "可靠性分析"对话框"项目"列表

(3) 进行相应的设置。

单击"Statistics"按钮，弹出"可靠性分析：统计"对话框，如图 15-3 所示。

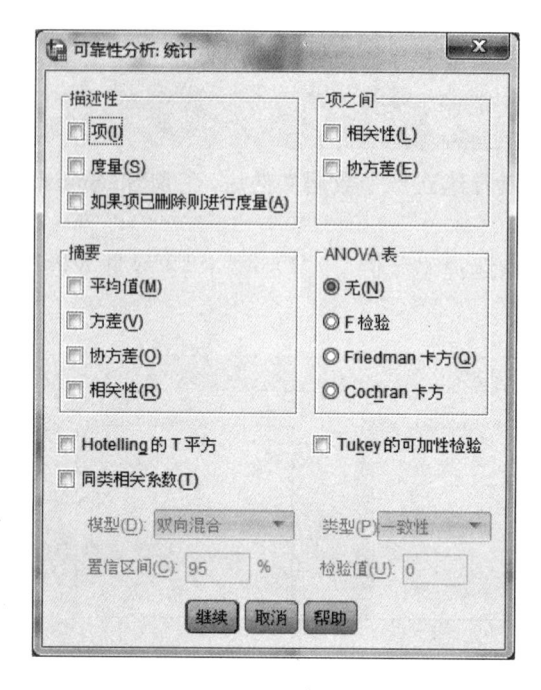

图 15-3 "可靠性分析：统计"对话框

"可靠性分析：统计"对话框主要用于对度量和项的一些统计量的设定，包括以下内容。

- "描述性"选项组。

该选项组用于为个案的标度或项生成描述统计，包括"项"复选框，选择此复选框表示为个案的每个项生成描述统计量，如平均值、标准偏差等；"度量"复选框，选择此复选框表示为标度产生描述统计量，即各个项之和的描述统计量；"如果项已删除则进行度量"复选框，选择此复选框表示输出将每一项与由其他项组成的标度进行比较时的摘要统计量，即该项从标度中删除时的标度平均值和方差、该项与由其他项组成的标度之间的相关性，以及该项从标度中删除后的 Cronbach's alpha 值。

- "项之间"选项组。

该选项组用于对输出项之间的相关矩阵进行设定，包括"相关性"复选框，选择此复选框表示输出项与项之间的相关性矩阵；"协方差"复选框，选择此复选框表示输出项与项之间的协方差矩阵。

- "摘要"选项组。

该选项组用于设置标度中所有项的统计量，包括"平均值"复选框，选择此复选框表示输出所有项平均值的最小、最大、平均值、项平均值的范围、方差，以及最大项平均值与最小项平均值的比；"方差"复选框，选择此复选框表示输出所有项方差的最小、最大、平均值、项方差的范围、方差，以及最大项方差与最小项方差的比；"协方差"复选框，选择此复选框表示输出项之间的协方差的最小、最大、平均值、项之间的协方差的范围、方差，以及最大项之间协方差与最小项之间的协方差的比；"相关性"复选框，选择此复选框表示输出所有项之间的相关性的最小、最大、平均值项、范围、方差，以及最大项之间的相关性与最小项之

- "ANOVA 表"选项组。

该选项组用于方差分析与平均值是否相等的检验，包括"无"复选框，选择此复选框表示不进行任何检验；"F 检验"复选框，选择此复选框表示进行重复度量方差分析；"Friedman 卡方"复选框，选择此复选框表示进行非参数检验中的多配对样本 Friedman 检验，并输出 Friedman 的卡方 Kendall 的协同系数，此选项适用于以等级为形式的数据且卡方检验在 ANOVA 表中替换通常的 F 检验；"Cochran 卡方"复选框，选择此复选框表示进行非参数检验中的多配对样本 Cochrans 检验，并输出 Cochrans Q，此选项适用于双分支数据且 Q 统计在 ANOVA 表中替换通常的 F 统计。

- "Hotelling 的 T 平方"复选框。

选择此复选框表示输出多变量 HotellingT 平方检验统计量，该检验的原假设是标度上的所有项具有相同的平均值。如果该统计量的概率值在 5%的显著水平上拒绝原假设，则表示标度上至少有一个项的平均值与其他项不同。

- "Tukey 的可加性检验"复选框。

选择此复选框表示进行 Tukey 的可加性检验，该检验的原假设是项中不存在可乘交互作用，如果该统计量的概率值在 5%的显著水平上拒绝原假设，则表示项中存在可乘的交互作用。

- "同类相关系数"复选框。

该复选框表示计算组内同类相关系数，对个案内值的一致性或符合度的检验。选择此复选框后，相应的选项都被激活。"模型"下拉列表框，该列表框给出了用于计算同类相关系数的模型："双向混合"模型，当人为影响是随机的而项的作用固定时，选择该模型；"双向随机"模型，当人为影响和项的作用均为随机时选择该模型；"单项随机"模型，当人为影响随机时选择该模型。"类型"下拉列表框，可以选择"一致性"或"绝对一致"；"置信区间"文本框，用于指定置信区间的范围，系统默认为 95%；"检验值"文本框，用于指定假设检验系数的假设值，该值是用来与观察值进行比较的值，系统默认为 0。

"模型"下拉列表框用于选择进行信度（可靠性）分析的模型。

- "Alpha"选项，即 Cronbach 模型，该模型是内部一致性模型，用于输出 Cronbach's alpha 值。
- "半分"选项，即半分信度模型，该模型将标度分割成两个部分，并检查两部分之间的相关性。
- "Guttman"选项，即 Guttman 模型，该模型计算 Guttman 的下界以获取真实可靠性。
- "平行"选项，即平行模型，该模型假设所有项具有相等的方差，并且重复项之间具有相等的误差方差，进行模型的拟合度检验。
- "严格平行"选项，即严格平行模型，该模型不仅有平行模型的假设，还假设所有项具有相等的平均值，输出公共平均值、公共方差、真实方差、误差方差等统计量。

（4）分析结果输出。

设置完成后，单击"确定"按钮，就可以在 SPSS Statistics 查看器窗口得到信度分析的结果。

除可以单击"确定"按钮，输出分析结果外，还可以单击"重置"按钮，进行重新设置，也可以单击"取消"按钮，取消进行信度分析的操作，返回到 SPSS Statistics 数据编辑器窗口。

15.1.3 案例分析

下面以"15-1"数据文件为例,说明信度分析的具体操作过程和对结果的说明解释。

1. 实验数据的描述

"15-1"数据文件给出了某调查问卷的测量数据。该调查问卷共有 10 道题目,均为 10 分量表,高分代表同意题目代表的观点,共测量了 102 人。试用信度分析方法来考察此问卷的信度。该数据文件的原始 Excel 表如图 15-4 所示。

被调查者编号	问题1分数	问题2分数	问题3分数	问题4分数	问题5分数	问题6分数	问题7分数	问题8分数	问题9分数	问题10分数
1	4	2	6	8	6	4	7	6	7	7
2	4	2	7	7	7	4	7	7	7	7
3	4	2	7	7	7	4	7	7	7	7
4	4	1	7	7	7	4	7	7	7	7
5	6	2	7	7	7	6	7	7	7	7
6	6	1	7	7	7	6	7	7	7	7
7	6	1	7	7	7	6	7	7	7	7
8	6	1	7	7	7	6	7	7	7	7
9	5	1	7	7	7	5	7	7	7	7
10	5	2	7	7	7	5	7	7	7	7
11	7	2	6	6	6	7	6	6	6	6
12	5	2	6	6	6	5	6	6	6	6
13	5	2	6	6	4	5	6	6	6	6
14	5	2	6	6	6	5	6	6	6	6
15	4	2	5	5	5	4	5	5	5	5
16	5	2	5	5	5	5	5	5	5	5
17	3	1	5	6	5	3	5	5	5	5

图 15-4 数据文件"15-1"的原始数据

在用 SPSS 进行分析之前,要把数据录入到 SPSS 中。容易发现本例中有 10 个变量,分别是题目 1~题目 10,我们把所有变量都定义为数值型变量。"15-1"数据文件的变量视图如图 15-5 所示。然后在 SPSS 数据视图中输入相应变量数据。

	名称	类型	宽度	小数	标签	值	缺失	列	对齐	度量标准	角色
1	题目1	数值(N)	8	0		无	无	8	右	度量(S)	输入
2	题目2	数值(N)	8	0		无	无	8	右	度量(S)	输入
3	题目3	数值(N)	8	0		无	无	8	右	度量(S)	输入
4	题目4	数值(N)	8	0		无	无	8	右	度量(S)	输入
5	题目5	数值(N)	8	0		无	无	8	右	度量(S)	输入
6	题目6	数值(N)	8	0		无	无	8	右	度量(S)	输入
7	题目7	数值(N)	8	0		无	无	8	右	度量(S)	输入
8	题目8	数值(N)	8	0		无	无	8	右	度量(S)	输入
9	题目9	数值(N)	8	0		无	无	8	右	度量(S)	输入
10	题目10	数值(N)	8	0		无	无	8	右	度量(S)	输入

图 15-5 "15-1"数据文件的变量视图

2. 实验的操作步骤

(1)打开"15-1"数据文件,进入 SPSS Statistics 数据编辑器窗口,在菜单栏中依次选择"分析"|"度量"|"可靠性分析"命令,然后在源变量列表中,依次选择题目 1~题目 10 并单击 ➡ 按钮使之进入"项目"列表框。

(2)单击"Statistics"按钮,选择"项"复选框、"相关性"复选框及"平均值"复选框,单击"继续"按钮,保存设置结果。

(3)在"模型"下拉列表框中选择"α"模型。

3. 实验结果及分析

单击"确定"按钮，SPSS Statistics 查看器窗口的输出结果如图 15-6 到图 15-12 所示。

图 15-6 给出了本案例处理汇总结果。从该图可以得到，整个数据文件共有 102 个个案参与信度分析，并无默认值。

个案处理摘要

		数字	%
个案	有效	102	100.0
	除外ª	0	.0
	总计	102	100.0

a. 基于过程中所有变量的成列删除。

图 15-6 案例处理汇总图

图 15-7 给出了信度分析的可靠性统计量结果。从该图可以得到 Cronbach's alpha 值为 0.881，基于标准化的 Cronbach's alpha 值为 0.919，两个系数值都在 90%附近，可见该量表具有很高的内在一致性，所以可靠性较强。

可靠性统计

克隆巴赫系数	基于标准化项目的克隆巴赫系数	项数
.881	.919	10

图 15-7 可靠性统计量图

图 15-8 给出了各个项的基本统计量。从该图可以得到量表中每个项的平均值、标准偏差和个案数目。

项目统计

	平均值	标准偏差	数字
题目1	5.39	1.713	102
题目2	1.20	.614	102
题目3	6.28	.969	102
题目4	6.31	.975	102
题目5	6.28	.969	102
题目6	5.61	1.642	102
题目7	6.29	.971	102
题目8	6.28	.969	102
题目9	6.29	.971	102
题目10	6.26	.994	102

图 15-8 项统计量图

图 15-9 给出了项间的相关性矩阵。从该图可以得到每个项之间的相关系数。如第一项与第六项之间相关性比较高，而与其他项之间的相关性较低。

项间相关性矩阵

	题目1	题目2	题目3	题目4	题目5	题目6	题目7	题目8	题目9	题目10
题目1	1.000	-.130	.129	.115	.129	.907	.120	.129	.120	.101
题目2	-.130	1.000	.272	.293	.272	-.286	.284	.272	.284	.287
题目3	.129	.272	1.000	.953	1.000	.002	.995	1.000	.995	.980
题目4	.115	.293	.953	1.000	.953	-.015	.969	.953	.969	.966
题目5	.129	.272	1.000	.953	1.000	.002	.995	1.000	.995	.980
题目6	.907	-.286	.002	-.015	.002	1.000	-.008	.002	-.008	-.021
题目7	.120	.284	.995	.969	.995	-.008	1.000	.995	1.000	.985
题目8	.129	.272	1.000	.953	1.000	.002	.995	1.000	.995	.980
题目9	.120	.284	.995	.969	.995	-.008	1.000	.995	1.000	.985
题目10	.101	.287	.980	.966	.980	-.021	.985	.980	.985	1.000

图 15-9　项间相关性矩阵

图 15-10 给出了摘要项统计量图。该图中显示了所有项平均值的极小值、极大值、平均值、项平均值的范围、方差，以及最大项平均值与最小项平均值的比，如所有项的平均值是 5.622。

摘要项目统计

	平均值	最小值	最大值(X)	范围	最大值/最小值	方差	项数
项平均值	5.622	1.196	6.314	5.118	5.279	2.528	10

图 15-10　摘要项统计量图

15.2　多维刻度分析

多维刻度分析（Multi-dimension Analysis）是市场研究的一种有力手段，它可以通过低维空间（通常是二维空间）展示多个研究对象（比如品牌）之间的联系，利用平面距离来反映研究对象之间的相似程度。

15.2.1　多维刻度分析简介

多维刻度分析的主要思路是利用对被访者对研究对象的分组，来反映被访者对研究对象相似性的感知，这种方法具有一定的直观合理性。由于多维刻度分析法通常是基于研究对象之间的相似性（距离）的，只要获得了两个研究对象之间的距离矩阵，就可以通过相应统计软件做出它们的相似性知觉图。

在实际应用中，距离矩阵的获得主要有两种方法（距离矩阵的获取方法在 SPSS 多维刻度分析中的"距离"选项组均有介绍）：一种是采用直接的相似性评价，先把所有评价对象进行两两组合，然后要求被访者对所有的这些组合间进行直接相似性评价，这种方法称之为直接评价法；另一种为间接评价法，由研究人员根据事先经验，找出影响人们评价研究对象相似性的主要属性，然后对每个研究对象，让被访者对这些属性进行逐一评价，最后将所有属性作为多维空间的坐标，通过距离变换计算对象之间的距离。

第 15 章 问卷信度与缺失值处理

15.2.2 多维刻度分析的参数设置

打开相应的数据文件或者建立一个数据文件后,在 SPSS Statistics 数据编辑器窗口就可以进行多维刻度分析。

(1) 在菜单栏中依次选择"分析"|"度量"|"多维刻度(ALSCAL)"命令,打开如图 15-11 所示的"多维刻度"对话框。

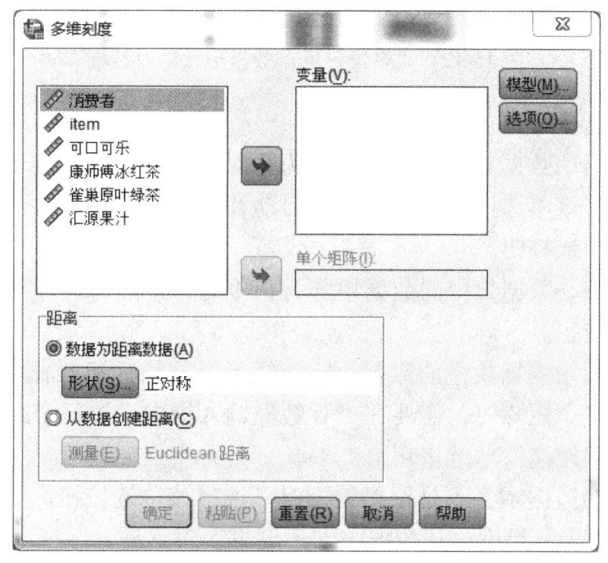

图 15-11 "多维刻度"对话框

(2) 选择变量。

从源变量列表中选择需要分析的距离变量,单击 按钮将选择的变量选入"变量"列表框。

- "变量"列表框。

该列表框中的变量数据是距离(非相似性)数据,所有的非相似性都应该是定量的,应该用相同的刻度进行度量,变量刻度之间的差异可能导致错误的解。如果变量在刻度上有很大差异(如一个变量以个数为单位度量,而另一个以时间为单位度量),那么应该考虑对它们进行标准化(可以通过多维刻度过程来自动完成)。另外,如果数据为距离,则选择至少四个数值变量进行分析。

- "单个矩阵"列表框。

该列表框中的变量为分组变量,主要用于每一类别的分组变量创建单独的矩阵。并且只有选择"距离"选项组中的"从数据创建距离"单选按钮时,该列表框才会被激活。

(3) 相应的设置。

该选项组主要用于设定距离矩阵的形式或从数据创建距离矩阵。

- "数据为距离数据"单选按钮。

当活动数据集中的数据本身就是距离数据时,选择该单选按钮。单击"形状"按钮,弹出如图 15-12 所示的"多维尺度:数据形状"对话框。

在"多维尺度:数据形状"对话框中指定距离矩阵的形状。

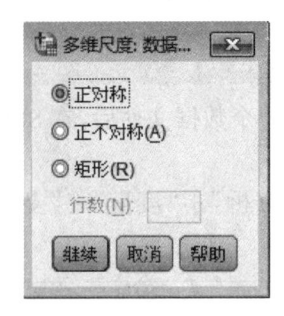

图 15-12 "多维尺度：数据形状"对话框

① "正对称"单选按钮。

该单选按钮表示活动数据集中的数据矩阵为正对称矩阵，行和列表示相同的项目，当仅录入一半的数据并选择该单选按钮时，系统会自动补全其他数据。

② "正不对称"单选按钮。

该单选按钮表示活动数据集中的数据矩阵为正不对称矩阵，但行和列表示相同的项目。

③ "矩形"单选按钮。

该单选按钮表示活动数据集中的数据矩阵为矩形，并且行和列表示不同的项目，当活动数据集中的数据含有多个矩阵时，需要在"行数"输入框中设置每个矩阵的行数。

- "从数据创建距离"单选按钮。

当活动数据集中的数据本身不是距离数据时，选择该单选按钮。单击"度量"按钮，弹出如图 15-13 所示的"多维尺度：从数据中创建度量"对话框。

"度量标准"选项组用于选择测度类型和指定不相似的测量方法，"转换值"选项组用于在"标准化"下拉列表框中选择数据标准化的方法。这两个选项组的具体使用方法和功能在前面章节进行了详细的介绍，在此不再赘述。

"创建距离矩阵"选项组用于选择需要分析的单位，包括 "变量间" 和 "个案间" 两个单选按钮。

单击"模型"按钮，弹出如图 15-14 所示的"多维尺度：模型"对话框。

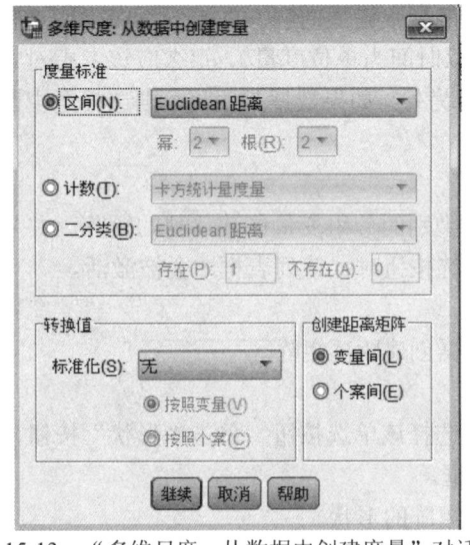

图 15-13 "多维尺度：从数据中创建度量"对话框 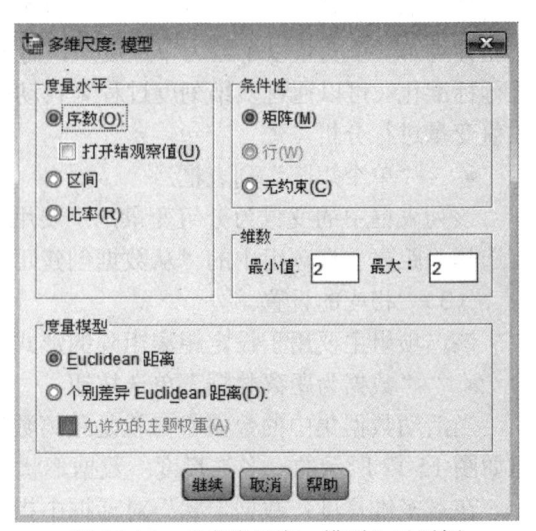   图 15-14 "多维尺度：模型"对话框

"多维尺度：模型"对话框用于设定数据的度量水平、度量的模型和维数。

- "度量水平"选项组。

该选项组用于指定数据的测量级别，主要有 3 种选择。"序数"，该单选按钮表示数据为有序刻度，大部分多维刻度分析中的数据都是此类数据。其中，"打开结观察值"复选框用于对活动数据集中相同的评分赋予不同的权重。"区间"，该单选按钮表示数据为连续度量数据。"比率"，该单选按钮表示数据为比率形式的度量数据。

- "条件性"选项组。

该选项组用于指定哪些比较是有意义的，主要有 3 种选择。"矩阵"，该单选按钮表示单个矩阵内部的数据可以进行比较，适用于数据集只有一个矩阵的情况或者每个矩阵代表一个测试者的选择的情况。"行"，该单选按钮表示只有行数据之间的比较是有意义的，该选项适用于活动数据集为非对称矩阵或矩形的情况。"无约束"，该单选按钮表示活动数据集任何数据之间的比较是有意义的，该选项比较少用。

- "维数"选项组。

该选项组用于设定刻度分析的维度性。在"最大"和"最小值"中输入 1 到 6 之间的整数，系统对该范围中的每个数字都计算出一个答案。如果在"最大"和"最小值"中输入相等的数，则可以获得单一的解。

- "度量模型"选项组。

该选项组用于设定刻度度量模型。"Euclidean 距离"，该单选按钮表示使用欧式距离模型，适用于任何形式的数据矩阵。"个别差异 Euclidean 距离"，该单选按钮表示使用个别差异的 Euclidean 距离模型，适用于活动数据集中含有两个或两个以上的距离矩阵。

单击"选项"按钮，弹出如图 15-15 所示的"多维刻度：选项"对话框。

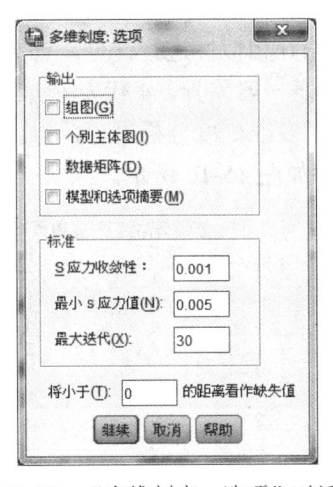

图 15-15 "多维刻度：选项"对话框

"多维刻度：选项"对话框用于设定输出的图表和迭代收敛标准等。

（1）"输出"选项组。

该选项组用于设定输出的统计图。"组图"，该复选框用于输出多维刻度分析图，该图用于观察对象之间的相似性，是多维刻度分析中的主要图表。"个别主体图"，该复选框表示输出基于每个测试者的对象距离图。"数据矩阵"，该复选框表示输出活动数据集中的数据矩阵。"模型和选项摘要"，该复选框表示模型处理的摘要等信息。

(2)"标准"选项组。

该选项组用于设定模型迭代的收敛的标准。"S 应力收敛性",该输入框用于设定迭代中 S 应力的最小改变量,当模型迭代的 S 应力的最小改变量小于该值时停止收敛。"最小 S 应力值",该输入框用于设定最小 S 应力值,当模型迭代的 S 应力值达到该最小 S 应力值时模型停止收敛。"最大迭代",该输入框用于设定模型最大迭代次数,当模型迭代到该设定次数时模型停止收敛。

(3)"将小于的距离看做缺失值"输入框。

该输入框用于对缺失值进行处理,当数据集中小于该值时,该数据就会视作缺失值处理。

设置完成后,单击"继续"按钮,就可以返回到"多维刻度"对话框;如果只进行系统默认设置,单击"取消"按钮,也可以返回到"多维刻度"对话框,进行其他设置。

(4) 分析结果输出。

设置完成后,单击"确定"按钮,就可以在 SPSS Statistics 查看器窗口得到多维刻度分析的结果。

除可以单击"确定"按钮,输出分析结果外,还可以单击"重置"按钮,进行重新设置,也可以单击"取消"按钮,取消进行多维刻度分析的操作,返回到 SPSS Statistics 数据编辑器窗口。

15.2.3 案例分析

下面以数据文件"15-2"为例,说明多维刻度分析的具体操作过程和对结果的说明解释。

1. 实验数据的描述

数据文件"15-2"记录了 5 位消费者对 4 种饮料偏好相似性的调研结果。在该调研中每个消费者对 4 种饮料两两之间的偏好相似性进行评分。评分的范围为 1 到 5,其中 1 代表完全无差异,2 代表略有差异,3 代表一般差异,4 代表差异比较大,5 代表差异巨大。本调查共抽检了 5 位消费者。我们将利用多维刻度分析过程,得出 4 种饮料的相似和不相似程度,本数据文件的原始 Excel 数据文件如图 15-16 所示。

消费者	item	可口可乐	康师傅冰红茶	雀巢原叶绿茶	汇源果汁
1	1	1	5	5	2
1	2	5	1	2	4
1	3	5	2	1	4
1	4	5	4	4	1
2	1	1	4	5	2
2	2	4	1	2	3
2	3	5	2	1	3
2	4	2	3	3	1
3	1	1	5	5	2
3	2	5	1	2	4
3	3	5	2	1	4
3	4	5	4	4	1
4	1	1	4	5	2
4	2	4	1	2	3
4	3	5	2	1	3
4	4	2	3	3	1
5	1	1	4	5	2
5	2	4	1	2	3
5	3	5	2	1	3
5	4	2	3	3	1

图 15-16 "15-2"数据文件的原始数据

第15章 问卷信度与缺失值处理

在 SPSS 变量视图中建立变量"消费者"、"item"、"可口可乐"、"康师傅冰红茶"、"雀巢原叶绿茶"和"汇源果汁",分别用来表示消费者的编号、饮料的编号、各种饮料对比评分。我们把所有变量都设置为数值型变量。变量视图如图 15-17 所示。然后在 SPSS 活动数据文件的数据视图中,把相关数据输入到各个变量中。

	名称	类型	宽度	小数	标签	值	缺失	列	对齐	度量标准	角色
1	消费者	数值(N)	8	0	无	无	无	8	靠右	度量(S)	输入
2	item	数值(N)	8	0	无	无	无	8	靠右	度量(S)	输入
3	可口可乐	数值(N)	8	0	无	无	无	8	靠右	度量(S)	输入
4	康师傅冰红茶	数值(N)	8	0	无	无	无	9	靠右	度量(S)	输入
5	雀巢原叶绿茶	数值(N)	8	0	无	无	无	10	靠右	度量(S)	输入
6	汇源果汁	数值(N)	8	0	无	无	无	8	靠右	度量(S)	输入

图 15-17 "15-2"数据文件的变量视图

2. 实验的操作步骤

(1) 打开"15-2"数据文件,进入 SPSS Statistics 数据编辑器窗口,在菜单栏中选择"分析"|"度量"|"多维刻度(ALSCAL)"命令,打开"多维刻度"对话框,然后将"可口可乐"、"康师傅冰红茶"、"雀巢原叶绿茶"和"汇源果汁"选入"变量"列表。

(2) 单击"选项"按钮,打开"多维刻度:选项"对话框,选择"组图"复选框,单击"继续"按钮,保存设置。

(3) 单击"确定"按钮,便可以得到多维刻度分析结果。

3. 实验结果及分析

单击"确定"按钮后,在 SPSS Statistics 查看器窗口的输出结果,如图 15-18 到图 15-21 所示。

```
Iteration     S-stress      Improvement

    1          .23247
    2          .22673         .00574
    3          .22506         .00167
    4          .22359         .00147
    5          .22190         .00169
    6          .21990         .00200
    7          .21755         .00235
    8          .21484         .00271
    9          .21175         .00309
   10          .20828         .00347
   11          .20443         .00385
   12          .20020         .00423
   13          .19560         .00460
   14          .19223         .00337
   15          .19158         .00064

       Iterations stopped because
  S-stress improvement is less than    .001000
```

图 15-18 迭代记录

图 15-18 给出了多维刻度分析模型的迭代记录。"S-stress"列数字表示 S 应力值,"Improvement"列数字表示上次迭代的 S 应力值与本次迭代的 S 应力值之差,由于设置的 S 应力最小改变量为 0.001,所以模型在第 15 次迭代的 S 应力的最小改变量小于该值时停止

收敛。

图 15-19 给出了 4 个多维刻度分析对象的二维得分矩阵。每个对象在各个维度的得分坐标提供了多维刻度分析图中的坐标。

```
                    Stimulus  Coordinates

                          Dimension

   Stimulus    Stimulus      1          2
   Number      Name

      1        可口可乐     -.3747     1.5589
      2        康师傅冰     1.1093    -.4380
      3        雀巢原叶      .7722    -1.0665
      4        汇源果汁    -1.5068    -.0544
```

图 15-19 对象的二维得分矩阵

图 15-20 提供了 Euclidean 距离模型线性拟合的散点图，该散点图表示 Euclidean 距离模型与原始数据拟合是否一致。如果所有散点分布在中心线附近或之上，则表示 Euclidean 距离模型与原始数据拟合程度良好。从该图可以看到所有散点都在中心线附近，因此本实验的模型拟合情况较好。

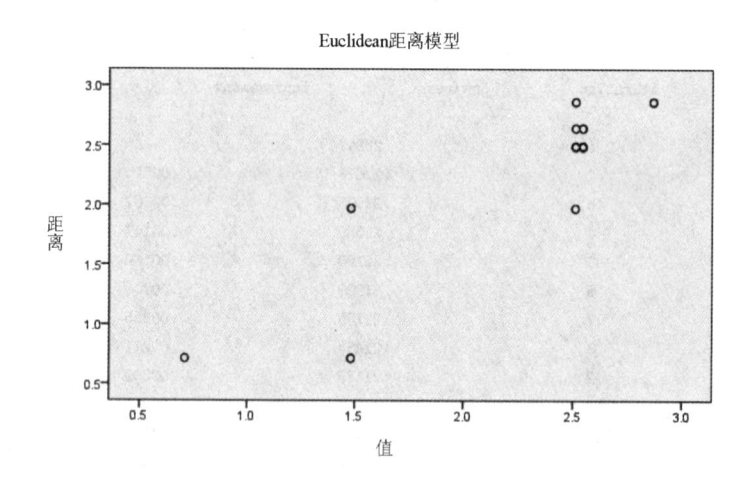

图 15-20 线性拟合的散点图

图 15-21 给出了多维刻度分析图，即 Euclidean 距离模型图。该图表在二维坐标平面上将对象或变量之间的相似性和非相似性通过距离远近的形式展现出来，是进行多维刻度分析最重要的结果图。从该图可以看到"康师傅冰红茶"和"雀巢原叶绿茶"两种饮料在二维图中的距离最近，由此可以判断在被调查者的观念中"康师傅冰红茶"和"雀巢原叶绿茶"两种饮料的偏好相似性或者关联性最强。另外，在第一维度上，Euclidean 距离将"康师傅冰红茶"、"雀巢原叶绿茶"与"汇源果汁"、"可口可乐"区分开来，其原因在于："康师傅冰红茶"、"雀巢原叶绿茶"都属于茶类，而"汇源果汁"、"可口可乐"都不属于茶类。

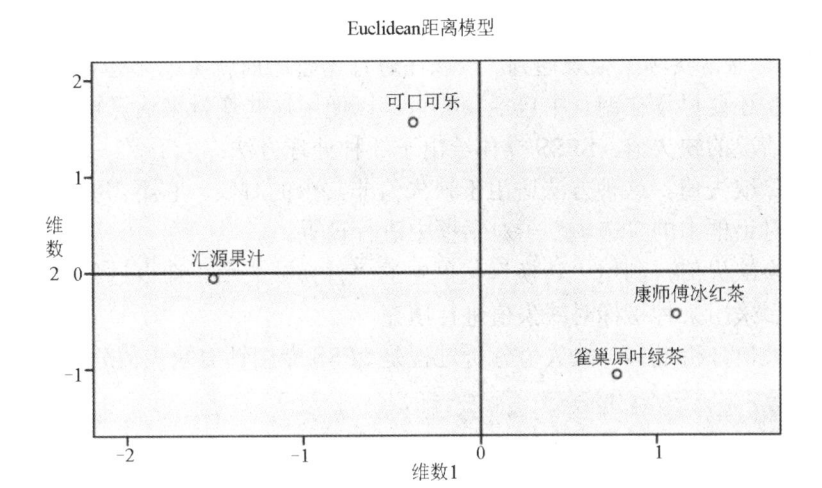

图 15-21　多维刻度分析图

15.3　缺失值分析

15.3.1　缺失值分析简介与缺失值的表现方式

众所周知，在诸如收入、交通事故等问题的研究中，因为被调查者拒绝回答或者由于调查研究中的损耗，存在未回答的问题。例如在一次人口调查中，15%的人没有回答收入情况，高收入者的回答率比中等收入者要低，或者在严重交通事故报告中，诸如是否使用安全带和酒精浓度等关键问题在很多个案中都没有记录，这些缺失的个案值便是缺失值。

缺失值可能会导致严重的问题。如果带有缺失值的个案与不带缺失值的个案有着根本的不同，则结果将被误导。此外，缺失的数据还可能降低所计算的统计量的精度，因为计算时的信息比原计划的信息要少。另一个问题是，很多统计过程背后的假设都基于完整的个案，而缺失值可能使所需的理论复杂化。

缺失值主要表现为以下 3 种。

（1）完全随机缺失（Missing Completely At Random，MCAR），表示缺失和变量的取值无关。例如，假设您在研究年龄和收入。如果缺失和年龄或收入数值无关，则缺失值方式为 MCAR。要评估 MCAR 是否为站得住脚的假设，可以用比较回答者和未回答者的分布来评估观察数据，也可以使用单变量 t 检验或 Little's MCAR 多变量检验来进行更正规的评估。如果 MCAR 假设为真，可以使用列表删除（listwise deletion）（完整个案分析），无需担心估计偏差，尽管可能会丧失一些有效性。如果 MCAR 不成立，列表删除、平均值置换等逼近方法就可能不是好的选择。

（2）随机缺失（missing at random，MAR），缺失分布中调查变量只依赖于数据组数中有记录的变量。继续上面的例子，考虑到年龄全部被观察，而且收入有时有缺失，如果收入缺失值仅依赖于年龄，缺失值就为 MAR。

（3）非随机缺失。这是研究者最不愿意看到的情形，数据的缺失不仅和其他变量的取值有关，也和自身有关。如果收入缺失值依赖于收入值，则既不是 MCAR，也不是 MAR。

SPSS主要对MCAR和MAR两种缺失值情况进行分析。区别 MCAR 和MAR 的含义在于：由于MCAR 通常实际上很难遇到，应该在进行调查之前就考虑哪些重要变量可能会有非无效的未回答，还要尽量在调查中包括共变量，以便用这些变量来估算缺失值。

针对不同情况的缺失值，SPSS 操作给出了 3 种处理方法：

（1） 删除缺失值，这种方法适用于缺失值非常少的时候，它不需要专门的步骤，通常在相应的分析对话框中的"选项"子对话框中进行设置。

（2） 替换缺失值，利用"转换"菜单中的"替换缺失值"命令过程将所有的记录看成一个序列，然后采用某种指标对缺失值进行填充。

（3） 缺失值分析过程，缺失值分析过程是 SPSS 专门针对缺失值分析而提供的模块。

15.3.2 缺失值分析的参数设置

缺失值分析过程有 3 个主要功能：

（1） 描述缺失值的模式。通过缺失值分析的诊断报告，用户可以明确地知道缺失值所在位置及其出现的比例是多少，还可以推断缺失值是否为随机缺失等。

（2） 利用列表法、成对法、回归法、或 EM（期望最大化）法等为含缺失值的数据估计平均值、标准偏差、协方差和相关性，成对法还可显示成对完整个案的计数。

（3） 使用回归法或 EM 法用估计值填充（插补）缺失值，以此提高统计结果的可信度。

缺失数据可以是分类数据或定量数据（刻度或连续），尽管如此，SPSS 只能为定量变量估计统计数据并插补缺失数据。对于每个变量，必须将未编码为系统缺失值的缺失值定义为用户缺失值。

下面将对如何利用 SPSS 系统实现缺失值分析的操作过程进行详细说明。

打开相应的数据文件或者建立一个数据文件后，可在 SPSS Statistics 数据编辑器窗口进行缺失值分析。

（1） 在菜单栏中依次选择"分析"|"缺失值分析"命令，打开如图 15-22 所示的"缺失值分析"对话框。

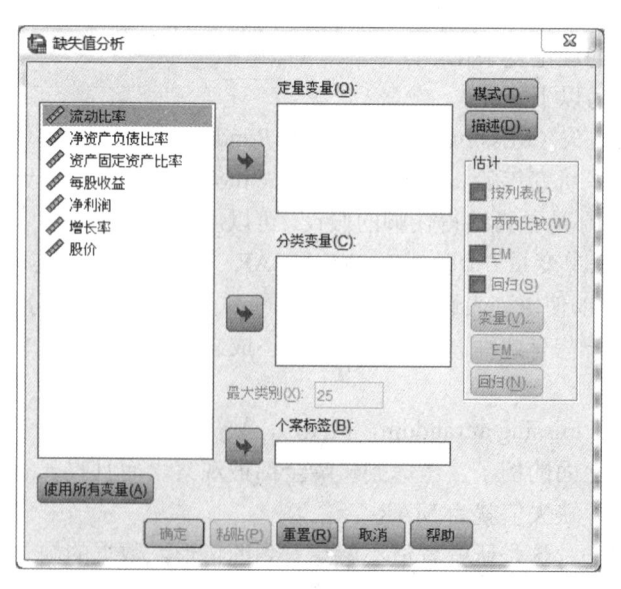

图 15-22 "缺失值分析"对话框

（2）进行相应设置。

以下为"缺失值分析"对话框主界面及其相关设置的详细介绍。

- "定量变量"列表框。

用以选入进行缺失值分析的定量变量。

- "分类变量"列表框。

用以选入进行缺失值分析的分类变量，选入分类变量后，还可以在"最大类别"文本框中设定分类变量允许的最大分类数，超过此临界值的分类变量将不进入分析，默认值为25。

- "个案标签"文本框。

用以选入标签变量，对结果进行标识。

- "使用所有变量"按钮。

单击此按钮可以自动将左侧源变量列表的所有变量选入特定的分析列表框，数值型变量全部选入"定量变量"列表框，字符型等分类变量全部选入"分类变量"列表框。

- "模式"设置。

单击"缺失值分析"对话框中的"单选"按钮，弹出如图15-23所示的"缺失值分析：模式"对话框。该对话框用于设置显示输出表格中的缺失数据模式和范围。

- "描述"按钮。

单击"缺失值分析"对话框中的"描述"按钮，弹出如图15-24所示的"缺失值分析：描述统计"对话框，用以设置要显示的缺失值描述统计变量。

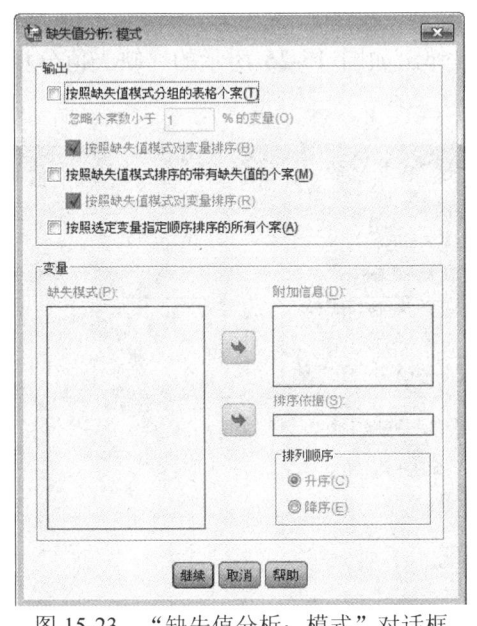

图15-23 "缺失值分析：模式"对话框　　　　图15-24 "缺失值分析：描述统计"对话框

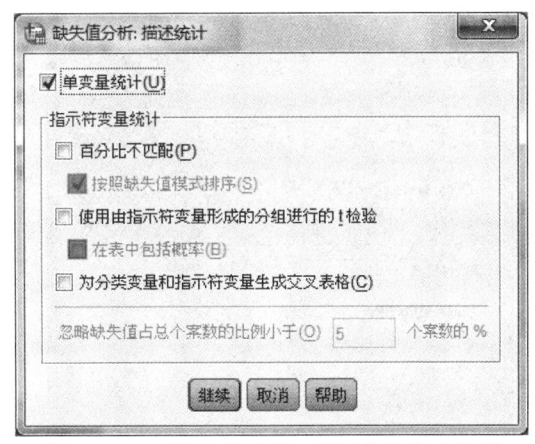

①"单变量统计"复选框。

若选择此复选框，则将输出每个变量的非缺失值的数量及缺失值的数量和百分比，对于定量（刻度）变量，还将显示平均值、标准偏差及极高值和极低值的数量。

②"指示符变量统计"选项组。

对于每个进入分析的变量，SPSS自动创建一个指示变量，用以指示单个个案的变量存在或缺失。

- "估计"选项组。

该选项组用以选择处理缺失值的方法，以估计平均值、标准偏差、协方差和相关性等统计量。

- "EM"按钮。

单击"缺失值分析"对话框中的"EM"按钮，弹出如图 15-25 所示的"缺失值分析：EM"对话框。在该对话框中可以设置 EM 算法的相关参数。

- "分布"选项组。

用于设置总体的分布形式，默认情况下，选中"常规"单选按钮，即默认总体服从正态分布。若选中"Student's t"单选按钮，并在"自由度"文本框中输入响应自由度，则表示假设总体服从自由度为 n 的 t 分布；若选中"混合正态"单选按钮，需在"混合比例"及"标准差比"框中输入相应数值，指定两个分布的混合正态分布与混合比例的标准偏差比率。

- "最大迭代"文本框。用以指定 EM 法的最大迭代次数，默认值为 25。
- "保存完成数据"复选框。

用于保存将缺失值用 EM 算法替换后的数据，有两个选项：若选择"创建新数据集"单选按钮，则可以新建一个数据集，在"数据集名称"文本框中输入数据集名称；若选择"写入新数据文件"单选按钮，则可以新建一个数据文件，单击"文件"按钮指定文件路径和文件名称。

设置完成后，单击"继续"按钮，返回到"缺失值分析"主对话框进行其他设置。

- "回归"按钮。

单击"缺失值分析"对话框中的"回归"按钮，弹出如图 15-26 所示的"缺失值分析：回归"对话框，在此设置回归算法的参数设置。

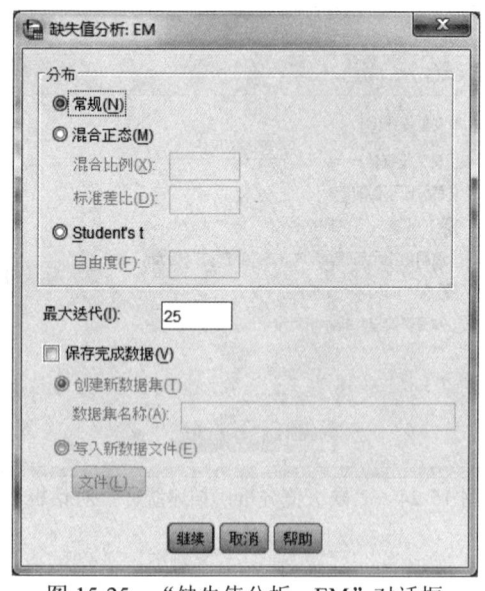

图 15-25　"缺失值分析：EM"对话框 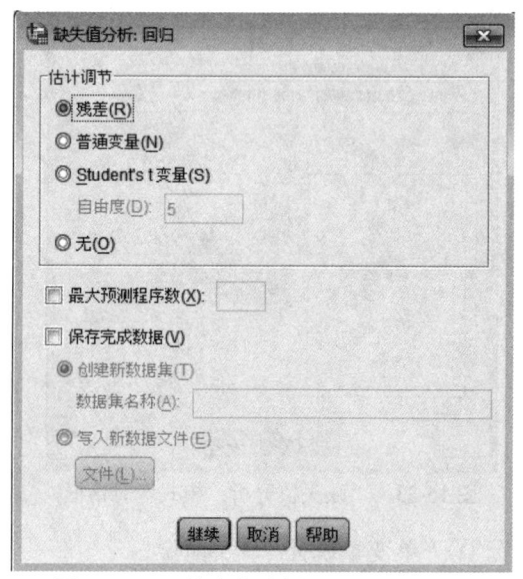　　　　图 15-26　"缺失值分析：回归"对话框

- "估计调节"选项组。

回归方法可为回归估计添加随机分量。可以选择的随机分量有残差、普通变量、Student's t 变量或无调节，如表 15-2 所示。

第 15 章 问卷信度与缺失值处理

表 15-2 "估计调节"选项组内容介绍

估计调节选项	含义及其他
残差	选择此按钮，则表示从要添加到回归估计的完整个案的观察到的残差中，随机选择误差项
普通变量	选择此按钮，则表示从期望值为 0 且标准偏差等于回归的均方误差项平方根的分布中，随机抽取误差项
Student's t 变量	选择此按钮，则表示从 t(n) 分布中随机抽取误差项，并按根均方误差标度误差项
无	选择此按钮，则表示不添加随机误差项

- "最大预测程序数"输入框。

该输入框用以指定能进入回归方程的自变量的最大个数。

- "保存完整数据"复选框。

用于保存将缺失值用 EM 算法替换后的数据，有两个选项：若选择"创建新数据集"单选按钮，则可以新建一个数据集，在"数据集名称"文本框中输入数据集名称；若选择"写入新数据文件"单选按钮，则可以新建一个数据文件，单击"文件"按钮指定文件路径和文件名称。

设置完成后，单击"继续"按钮，返回到"缺失值分析"主对话框进行其他设置。

- "变量"按钮。

在"缺失值分析"对话框中选中"EM"或"回归"按钮后，单击"变量"按钮，弹出如图 15-27 所示的"缺失值分析：EM 的变量和回归"对话框。

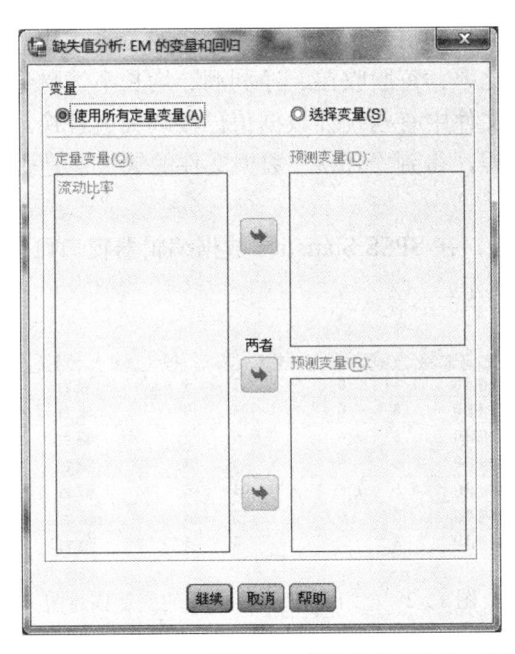

图 15-27 "缺失值分析：EM 的变量和回归"对话框

- 变量选项组。

用于选择指定变量的方式，包括两个选项组：若选中"使用所有定量变量"单选按钮，则表示使用所有定量变量；若选中"选择变量"单选按钮，则表示由用户自行设置分析变量。

- "定量变量"列表框。

该列表框用于显示所有可用于缺失值分析的定量变量。

- "预测变量"列表框。

包括有两个列表框,上半部分的"预测变量"列表框中用以选入需要估计缺失值的因变量,下半部分的"预测变量"列表框中用以选入需要估计缺失值的自变量。

- "两者都包含"按钮。

单击此按钮,可以把"定量变量"列表框中选中的变量,同时选入两个"预测变量"列表框中。

设置完成后,单击"继续"按钮,返回到"缺失值分析"主对话框进行其他设置。

(3) 输出分析结果。

设置完成后,单击"缺失值分析"对话框中的"确定"按钮,就可以在 SPSS Statistics 查看器窗口得到缺失值分析的结果。

设置完成后,除可以单击"确定"按钮,输出分析结果外,还可以单击"重置"按钮,进行重新选择变量,重新设置"模式"、"描述"等,也可以单击"取消"按钮,取消操作,返回到 SPSS Statistics 数据编辑器窗口。

15.3.3 案例分析

下面以"15-3"数据文件为例,说明缺失值分析的具体操作过程和对输出结果的说明解释。

1. 实验数据的描述

"15-3"数据文件来源于 23 家上市的金融银行类股票一定时刻的股票价格。同时为了准确反映上市公司财务报表呈现的财务信息与股票价格的关系,我们搜集了流动比率、净资产负债比率、资产固定资产比率、每股收益、净利润、增长率等财务指标。具体部分指标数据信息如下图所示。该数据文件中有些统计数据值已被缺失值替换。下面将结合本数据文件详细说明进行缺失值分析过程,得到"15-3"数据文件的缺失值是否为随机缺失及其他统计量输出结果。

打开"15-3"数据文件,在 SPSS Statistics 数据编辑器窗口可以看到"15-3"数据文件中的变量描述,如图 15-28 所示。

	名称	类型	宽度	小数	标签	值	缺失	列	对齐	度量标准	角色
1	流动比率	数值(N)	10	8		无	无	8	右	度量(S)	输入
2	净资产负债...	数值(N)	8	6		无	无	13	右	度量(S)	输入
3	资产固定资...	数值(N)	8	6		无	无	14	右	度量(S)	输入
4	每股收益	数值(N)	8	6		无	无	8	右	度量(S)	输入
5	净利润	数值(N)	8	6		无	无	8	右	度量(S)	输入
6	增长率	数值(N)	8	6		无	无	8	右	度量(S)	输入
7	股价	数值(N)	8	2		无	无	8	右	度量(S)	输入

图 15-28 "15-3"数据文件的变量描述图

2. 实验的操作步骤

(1) 打开"15-3"数据文件,进入 SPSS Statistics 数据编辑器窗口,在菜单栏中依次选择"分析"|"缺失值分析"命令,打开"缺失值分析"对话框,如图 15-29 所示。

(2) 从源变量中选择全部变量进入"定量变量"列表框。

(3) 在"缺失值分析"对话框中单击"模式"按钮,弹出"缺失值分析:模式"对话框。选中"输出"选项组中的"按照缺失值模式分组的表格个案"复选框,从缺失模式列表

第 15 章 问卷信度与缺失值处理

框中选中流动比率、净资产负债比率和净利润 3 个变量进入"附加信息"列表框。其他采用默认设置，设置结果如图 15-30 所示。

图 15-29 "缺失值分析"对话框

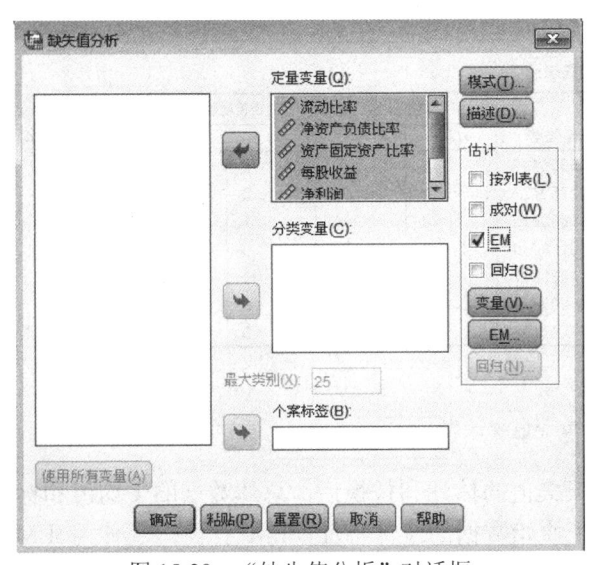

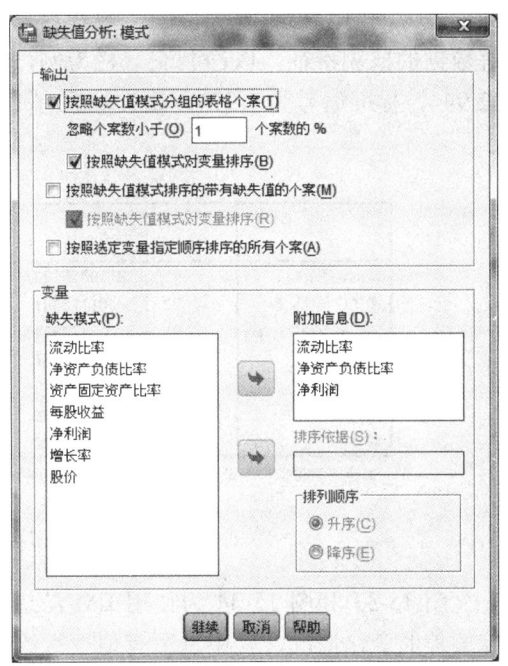

图 15-30 "缺失值分析：模式"对话框

设置完毕，单击"继续"按钮，回到"缺失值分析：模式"对话框进行其他设置。

（4）单击"缺失值分析"对话框中的"描述"按钮，弹出"缺失值分析：描述统计"对话框。选中"单变量统计量"复选框，其他采用默认设置，设置结果如图 15-31 所示。

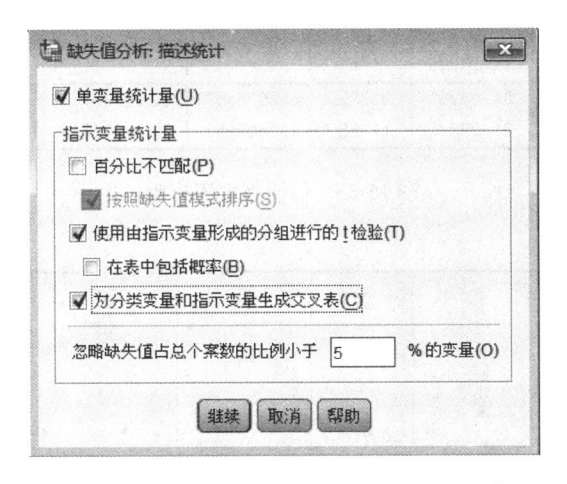

图 15-31 "缺失值分析：描述统计"对话框

设置完毕，单击"继续"按钮，回到"缺失值分析"对话框进行其他设置。

（5）单击"缺失值分析"对话框中的"EM"按钮，参数选用默认设置。

3. 实验结果及分析

设置完成后，单击"缺失值分析"对话框中的"确定"按钮，就可以在 SPSS Statistics

查看器窗口得到缺失值分析的结果，如图 15-32～图 15-38 所示。

如图 15-32 所示，"单变量统计"表给出了所有分析变量未缺失数据的频率、平均值和标准偏差，同时给出了缺失值的个数和百分比及极值的统计信息。通过这些信息，可以初步了解数据的概貌特征，以净利润一栏为例，净利润变量的有效数据有 22 个，它们的平均值为 12.944，标准偏差为 1.974，缺失数据有 1 个，占数据总数的比例为 4.3%。

单变量统计

	N	平均值	标准 偏差	缺失		极值数目[a]	
				计数	百分比	低	高
流动比率	22	.9189855123	.0768336436	1	4.3	0	0
净资产负债比率	22	.01116391	.002752727	1	4.3	0	1
资产固定资产比率	23	111.3977804	35.88880615	0	.0	1	2
每股收益	23	.22505857	.090158050	0	.0	0	0
净利润	22	12.94435773	1.974031897	1	4.3	0	0
增长率	23	27.42802000	14.85095878	0	.0	0	1
股价	23	10.3439	3.97134	0	.0	0	0

a. 超出范围 (Q1 - 1.5*IQR, Q3 + 1.5*IQR) 的个案数。

图 15-32　单变量统计表

图 15-33 和图 15-34 为使用 EM 法进行缺失值的估计和替换后，总体数据的平均值和标准偏差的变化情况，其中"所有值"行给出了原始数据的统计特征，EM 行给出了使用 EM 法进行缺失值的估计和替换后总体数据的统计特征。

	流动比率	净资产负债比率	资产固定资产比率	每股收益	净利润	增长率	股价
所有值	.9189855123	.01116391	1.1139E2	.22505857	12.94435773	27.42802000	10.3439
EM	.9143817389	.01109978	1.1139E2	.22505857	12.97586651	27.42802000	10.3439

图 15-33　估计平均值摘要

	流动比率	净资产负债比率	资产固定资产比率	每股收益	净利润	增长率	股价
所有值	…	.002752727	3.5888E1	.090158050	1.974031897	1.4850E1	3.97134
EM	…	.002721261	3.5888E1	.090158050	1.941460276	1.4850E1	3.97134

图 15-34　估计标准偏差摘要

图 15-35 给出了"制表模式"输出表格，就是缺失值样式表，它给出了缺失值分布的详细信息，表中用 X 标识了使用该模式下缺失的变量。由图可以看出，所有显示的 23 个个案中，7 个变量值都完整的个案数有 20 个，缺失净利润值的个案有 1 个，缺失净资产负债比率

第 15 章 问卷信度与缺失值处理

的个案有 1 个，缺失流动性比率的个案有 1 个。

图 15-36～图 15-38 给出了 EM 算法的相关统计量，包括 EM 平均值、协方差和相关性。另外，从 3 个表格下方的 Little 的 MCAR 检验、卡方检验的显著性值明显大于 0.05，因此，我们接受缺失值为完全随机缺失（MCAR）的假设。

案例数	缺失模式[a]							完整案例数，如果…[b]	流动比率[c]	净资产负债比率[c]	净利润[c]
	资产固定资产比率	每股收益	增长率	股价	净利润	流动比率	净资产负债比率				
20								20	.9218955110	.01134880	13.06807650
1					X			21	.9163972500	.01164100	11.62450000
1							X	21	.8633738000	.	11.78984000
1						X		21	.	.00698900	11.78984000

a. 以缺失模式排列变量。
b. 完整案例数，如果未使用该模式（用 X 标记）中缺失的变量。
c. 在各个唯一模式处的均值

图 15-35　制表模式输出结果

EM 均值[a]

流动比率	净资产负债比率	资产固定资产比率	每股收益	净利润	增长率	股价
.9143817389	.01109978	1.1139E2	.22505857	12.97586651	27.42802000	10.3439

a. Little 的 MCAR 检验:卡方 = 12.256，DF = 18，显著性 = .834

图 15-36　EM 平均值输出结果

EM 协方差[a]

	流动比率	净资产负债比率	资产固定资产比率	每股收益	净利润	增长率	股价
流动比率	...						
净资产负债比率	...	.000007405					
资产固定资产比率	-1.497E0	-.068070772	1.2880064E3				
每股收益	-2.067E-3	-.000042623	.484749860	.008128474			
净利润	1.204E-1	.003648163	-3.493356E1	-.064961643	3.769268004		
增长率	-4.396E-1	-.026228677	2.4954120E2	.116528745	-9.925955535	2.2055E2	
股价	2.683E-1	.006348741	-5.744795E1	-.134007509	6.855793550	-1.216E1	15.77158

a. Little 的 MCAR 检验:卡方 = 12.256，DF = 18，显著性 = .834

图 15-37　EM 协方差输出结果

EM 相关性 a

	流动比率	净资产负债比率	资产固定资产比率	每股收益	净利润	增长率	股价
流动比率	1						
净资产负债比率	.719	1					
资产固定资产比率	-.531	-.697	1				
每股收益	-.292	-.174	.150	1			
净利润	.790	.691	-.501	-.371	1		
增长率	-.377	-.649	.468	.087	-.344	1	
股价	.860	.587	-.403	-.374	.889	-.206	1

a. Little 的 MCAR 检验:卡方 = 12.256，DF = 18，显著性 = .834

图 15-38　EM 相关性输出结果

上机题

1. 表 15-3 给出了某调查问卷的测量数据。该调查问卷共有 8 道题目，均为 10 分量表，高分代表同意题目代表的观点，共测量了 100 人。试考察此问卷的信度。

表 15-3　调查数据

	问题 1	问题 2	问题 3	……	问题 7	问题 8
1	6	1	5	……	5	7
2	5	1	7	……	7	7
3	6	1	6	……	6	5
……	……	……	……	……	……	……
99	5	1	7	……	7	7
100	6	1	6	……	6	5

2. 表 15-4 的数据文件记录了对 5 位风险投资者关于 4 个城市投资偏好相似性的调研结果。在该调研中每位风险投资者对 4 个城市两两之间的投资偏好相似性进行评分。评分的范围为 1 到 5，其中 1 代表完全无差异，2 代表略有差异，3 代表一般差异，4 代表差异比较大，5 代表差异巨大。本调查共抽检了 5 位风险投资者。试利用多维刻度分析过程，得出 4 个城市的相似和不相似程度。

表 15-4　调查数据

投资者	item	济南	北京	上海	郑州
1	1	1	5	5	2
1	2	5	1	2	4
1	3	5	2	1	4
1	4	5	4	4	1
2	1	1	4	5	2

(续表)

投资者	item	济南	北京	上海	郑州
2	2	4	1	2	3
2	3	5	2	1	3
2	4	2	3	3	1
3	1	1	5	5	2
3	2	5	1	2	4
3	3	5	2	1	4
3	4	5	4	4	1
4	1	1	4	5	2
4	2	4	1	2	3
4	3	5	2	1	3
4	4	2	3	3	1
5	1	1	4	5	2
5	2	4	1	2	3
5	3	5	2	1	3
5	4	2	3	3	1

3. 如表 15-5 所示，该数据文件给出了中国 2007 年省会城市和计划单列市一些经济指标的统计数据，但是数据中存在缺失值。试用有关方法分析该数据文件的缺失值是否为随机缺失。

表 15-5 中国 2007 年省会城市和计划单列市一些经济指标的统计数据（单位：万元）

城市	地区生产总值	地方财政预算收入	地方财政预算支出	固定资产投资
北京	93533200	14926380	16495023	39665657
天津	50504000	5404390	6743262	23886353
石家庄	23607230	958720	1631692	13901235
太原	12549447	884170	1558029	5767355
呼和	11011331	579618	1005133	6098525
沈阳	32211508	2308085	3396754	23618726
大连	31306789	2679757	3445728	19307583
长春	20890859	932951	1815633	13506330
哈尔滨	24368044	1320495	2323833	10305543
上海	121888500	20744792	21816780	44586098
南京	32837300	3301883	3429386	18679578

第 16 章　SPSS 综合应用案例

随着管理精确化的发展和统计分析方法的进步，定量分析在科学研究和实际的生产实践中得到了广泛的应用。计算机技术和统计软件在定量分析中扮演了重要的角色。由于 SPSS 具有界面友好、操作简单、功能强大、其他软件交互性好和结果易于判读等优良特点，被广泛应用于经济管理、医疗卫生、自然科学等各个方面。

随着现代科学研究和生产实践分析的发展，利用单一的统计方法进行分析已经无法满足实际需要，多种统计方法的复合式应用成为现代定量分析技术发展的新趋势。本章选取了社会科学和经济管理中的典型问题，利用 SPSS 统计分析方法进行了实际分析，读者可以从中学习到问题分析的思路、软件的操作和输出结果的分析，提高分析和解决复杂定量分析问题的能力。

16.1　SPSS 在经济管理学科中的应用

随着我国改革开放的实践和经济理论的发展，实证方法和数据分析成为了经济研究中的重要方面。大量经验证据的分析和运用，对于经济理论的发展和决策的支持都具有重要的意义。而经济实证研究离不开现代统计分析方法的运用，SPSS 的统计分析过程为经济管理研究提供了有力的工具。回归分析、因子分析、聚类分析和时间序列分析等分析方法是经济管理研究中常用的分析方法。

16.1.1　案例说明与问题描述

经济发展，是整个人类社会追求的目标之一。在宏观经济理论中，经济的发展主要受到消费、投资、出口的影响。在经济理论中，通常用 GDP 来描述经济的发展，同时 GDP 在经济中是一个名义变量，因此也会受到价格水平的影响。衡量价格水平，我们一般用居民消费价格指数、商品零售价格指数和 GDP 缩减指数来描述；投资一般用固定资产投资和工业总产值来衡量。

16.1.2　分析目的、分析思路与数据选取

本案例的研究目的是分析地区经济发展基本情况的指标，为地区经济发展战略提供依据。本案例的分析思路如下，首先利用描述性分析对地区经济各个主要指标进行基础性描述，以便对整个经济发展形成直观的印象，然后利用因子分析提取对价格经济发展影响较为明显的因素，分析经济发展的决定因素，最后利用回归分析方法确定这些因素对经济发展的影响方向和强弱。

本案例利用地区经济主要指标数据分析经济发展影响因素，观测了 GDP、居民消费水平、固定资产投资、职工平均工资、居民消费价格指数、商品零售价格指数、工业总产值所有数据均来源于统计年鉴。该案例的原始数据，如图 16-1 所示。

	A	B	C	D	E	F	G	H
1	地区	GDP（亿）	城镇居民消费水平（元	固定资产投资（亿）	职工平均工资（元）	居民消费价格指数	商品零售价格指数	工业总产值（亿）
2	北 京	10488.03	16460.26	3814.7291	55844	105.06181	104.41686	10413.09
3	天 津	7380.45	13422.47	3389.7939	39990	105.40358	105.09981	12503.25
4	河 北	16188.61	9086.73	8866.5605	24276	106.1999	106.73942	23030.73
5	山 西	6993.09	8806.55	3531.1563	25489	107.19387	107.23331	10023.87
6	内蒙古	8500.64	10828.62	5475.4076	25949	105.74208	104.72619	8740.18
7	辽 宁	16032.03	11231.48	10019.0695	27179	104.63714	105.34659	24769.09
8	吉 林	6783.35	9729.05	5038.9232	23294	105.1134	106.17471	8406.85
9	黑龙江	8303	8622.97	3655.965	21764	105.55505	105.84845	7624.54
10	上 海	13858.22	19397.89	4823.1478	52122	105.78257	105.31363	25120.92
11	江 苏	31750.16	11977.55	15300.5502	31297	105.36368	104.9276	67798.68
12	浙 江	22367.54	15158.3	9323.002	33622	105.0287	106.26104	40832.1
13	安 徽	9175.18	9524.04	6746.9586	25703	106.16777	106.31302	11162.16
14	福 建	11431.86	12501.12	5207.6821	25555	104.55067	105.73744	15212.81
15	江 西	6498.85	8717.37	4745.4333	20597	106.04634	106.11264	8499.58
16	山 东	31072.06	11006.61	15435.9284	26234	105.29175	104.88254	62958.53
17	河 南	18473.14	8837.46	10490.6446	24438	107.03093	107.46718	26028.41
18	湖 北	11728.64	9477.51	5647.0131	22384	106.2677	106.33279	13454.94
19	湖 南	11528.84	9945.52	5534.0361	24146	106.02449	105.60346	11553.31
20	广 东	35696.46	15527.97	10868.6726	33282	105.59726	106.02988	65424.61
21	广 西	7406.48	9627.4	3756.6425	24798	107.78253	107.62849	6071.98
22	海 南	1550.26	9408.48	705.4233	21767	106.92515	106.67207	1103.07
23	重 庆	6652.75	11146.8	3979.5921	26640	105.5714	105.04376	5755.9
24	四 川	12815.12	9679.14	7127.813	24725	105.5886	105.26665	14761.86
25	贵 州	3333.4	8349.21	1864.4524	23979	107.5886	107.15073	3111.13
26	云 南	4741.31	9076.61	3435.9252	23305	105.69938	106.07138	5144.58
27	西 藏	395.98	8323.54	309.9149	44055	105.7208	103.90729	48.19

图 16-1　案例的原始数据

16.1.3　案例中使用的 SPSS 方法

1．描述性分析

描述性分析是对数据进行基础性描述，主要用于描述变量的基本特征。SPSS 中的描述性分析过程可以生成相关的描述性统计量，如平均值、方差、标准偏差、全距、峰度和偏度等，同时描述性分析过程还将原始数据转换为 Z 分值并作为变量储存，通过这些描述性统计量，可以对变量变化的综合特征进行全面的了解。

2．因子分析

因子分析是一种数据简化的技术。它通过研究众多变量之间的内部依赖关系，探求观测数据中的基本结构，并用少数几个独立的不可观测变量来表示其基本的数据结构。这几个假想变量能够反映原来众多变量的主要信息。

3．回归分析

回归分析是研究一个因变量与一个或多个自变量之间的线性或非线性关系的一种统计分析方法。回归分析是通过规定因变量和自变量来确定变量之间的因果关系，建立回归模型，并根据实测数据来估计模型的各个参数，然后评价回归模型是否能够很好地拟合实测数据，并可以根据自变量作进一步预测。

16.1.4　数据文件的建立

在 SPSS 变量视图中建立变量"地区"、"GDP"、"城镇居民消费水平"、"固定资产投资"、"职工平均工资"、"居民消费价格指数"、"商品零售价格指数"和"工业总产值"，分别用来表示地区、国内生产总值、消费、投资、收入、价格等观测信息，如图 16-2 所示。然后在 SPSS 活动数据文件的数据视图中，把相关数据输入到各个变量中。

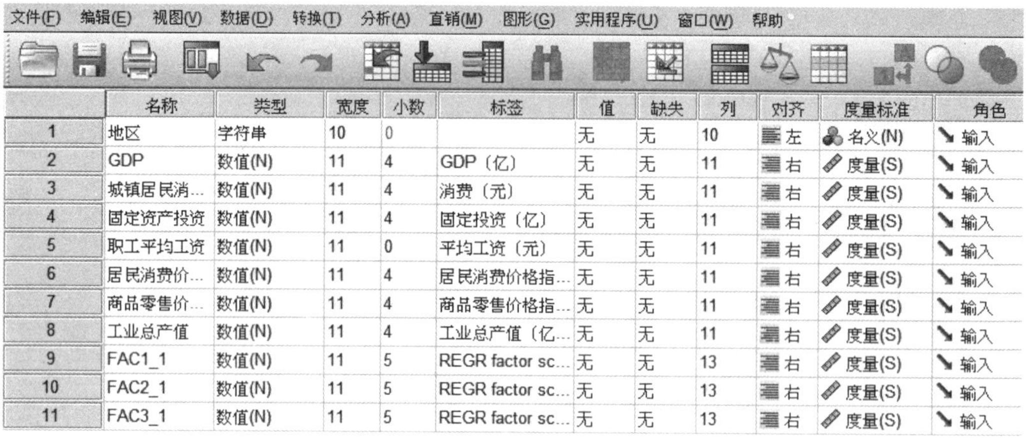

	名称	类型	宽度	小数	标签	值	缺失	列	对齐	度量标准	角色
1	地区	字符串	10	0		无	无	10	左	名义(N)	输入
2	GDP	数值(N)	11	4	GDP（亿）	无	无	11	右	度量(S)	输入
3	城镇居民消...	数值(N)	11	4	消费（元）	无	无	11	右	度量(S)	输入
4	固定资产投资	数值(N)	11	4	固定投资（亿）	无	无	11	右	度量(S)	输入
5	职工平均工资	数值(N)	11	0	平均工资（元）	无	无	11	右	度量(S)	输入
6	居民消费价...	数值(N)	11	4	居民消费价格指...	无	无	11	右	度量(S)	输入
7	商品零售价...	数值(N)	11	4	商品零售价格指...	无	无	11	右	度量(S)	输入
8	工业总产值	数值(N)	11	4	工业总产值（亿...	无	无	11	右	度量(S)	输入
9	FAC1_1	数值(N)	11	5	REGR factor sc...	无	无	13	右	度量(S)	输入
10	FAC2_1	数值(N)	11	5	REGR factor sc...	无	无	13	右	度量(S)	输入
11	FAC3_1	数值(N)	11	5	REGR factor sc...	无	无	13	右	度量(S)	输入

图 16-2　数据文件的变量视图

16.1.5　SPSS 操作步骤

1.　地区经济及其主要指标的描述统计分析操作步骤

（1）打开数据文件，进入 SPSS Statistics 数据编辑器窗口，然后在菜单栏中依次选择“分析”|“描述统计”|“描述”命令，将变量“GDP”、“城镇居民消费水平”、“固定资产投资”、“职工平均工资”、“居民消费价格指数”、“商品零售价格指数”和“工业总产值”选入“变量”列表。

（2）单击“选项”按钮进入“描述：选项”对话框，选中“最大值”、“最小值”、“平均数”、“标准偏差”、“平均值”和“方差”，然后单击“继续”按钮，返回“描述性”对话框。

（3）单击“确定”按钮，输出分析结果。

2.　地区经济及其主要指标的因子分析操作步骤

（1）打开数据文件，进入 SPSS Statistics 数据编辑器窗口，在菜单栏中依次选择“分析”|“降维”|“因子分析”命令，将“GDP”、“城镇居民消费水平”、“固定资产投资”、“职工平均工资”、“居民消费价格指数”、“商品零售价格指数”和“工业总产值”变量选入“变量”列表。

（2）单击“描述”按钮，选择“原始分析结果”复选框和“KMO 与 Bartlett 球形度检验”复选框，单击“继续”按钮，保存设置结果。

（3）单击“旋转”按钮，选择“最大方差法”复选框，其他为系统默认选择，单击“继续”按钮，保存设置结果。

（4）单击“得分”按钮，选择“保存为变量”和“显示因子得分系数”复选框，单击“继续”按钮，保存设置结果。

3.　地区经济与主因子经济指标的回归分析

（1）打开数据文件，进入 SPSS Statistics 数据编辑器窗口，在菜单栏中选择“分析”|“回归”|“线性”命令，打开“线性回归”对话框，然后将“GDP”变量选入“因变量”列表，将“工业总产值”、“居民消费价格指数”和“商品零售价格指数”变量选入“自变量”列表。

（2）单击"Statistics"按钮，打开"线性回归：统计"对话框。选中"估计"、"模型拟合度"和"Durbin-Watson"，然后单击"继续"按钮，保存设置。

（3）单击"选项"按钮，打开"线性回归：选项"对话框。选中"在等式中包含常量"，然后单击"继续"按钮，保存设置。

（4）单击"确定"按钮，便可以得到线性回归结果。

16.1.6 结果判读

1. 地区经济及其主要指标的描述统计分析

由图 16-4 可知，我国地区国内生产总值的平均值为 10902.0161 亿元，最大值与最小值之间的全距为 35300.48 亿元，标准偏差为 8.99546 亿元，可见我国地区经济发展水平在样本期间波动幅度较大，说明存在分化现象。

描述统计

	数字	最小值(M)	最大值(X)	平均值(E)	标准偏差	方差
GDP（亿）	31	395.9800	35696.4600	10902.01613	8995.461625	80918329.85
消费（元）	31	8192.5600	19397.8900	10657.14677	2727.014576	7436608.499
固定投资（亿）	31	309.9149	15435.9284	5454.628177	3912.828941	15310230.32
平均工资（元）	31	20597	55844	28592.94	8519.459	72581176.33
居民消费价格指数（%）	31	104.5507	110.0865	106.245517	1.2770737	1.631
商品零售价格指数（%）	31	103.9073	110.5634	106.278112	1.3945919	1.945
工业总产值（亿）	31	48.1900	67798.6800	16369.29935	18603.98336	346108197.0
有效 N（成列）	31					

图 16-4 地区经济发展的描述分析结果

2. 地区经济及其主要指标的因子分析

图 16-5 给出了 KMO 和 Bartlett 的检验结果，其中 KMO 值越接近 1 表示越适合做因子分析，从该表可以得到 KMO 的值为 0.620，表示比较适合做因子分析。Bartlett 球形度检验的原假设为："相关系数矩阵为单位阵"，Sig 值为 0.000 小于显著水平 0.05，因此拒绝原假设表示变量之间存在相关关系，适合做因子分析。

KMO 和巴特利特检验

KMO 取样适切性量数。		.620
Bartlett 的球形度检验	上次读取的卡方	256.422
	自由度	21
	显著性	.000

图 16-5 地区经济指标的 KMO 和 Bartlett 的检验结果

图 16-6 给出了每个变量共同度的结果。该表左侧表示每个变量可以被所有因素所能解释的方差，右侧表示变量的共同度。从该表可以得到，因子分析的变量共同度都非常高，都达到了 0.9 以上。表明变量中的大部分信息均能够被因子所提取，说明因子分析的结果是有效的。

公因子方差

	初始值	提取
GDP（亿）	1.000	.987
消费（元）	1.000	.899
固定投资（亿）	1.000	.957
平均工资（元）	1.000	.930
居民消费价格指数（%）	1.000	.955
商品零售价格指数（%）	1.000	.950
工业总产值（亿）	1.000	.972

提取方法：主成份分析。

图 16-6　地区经济指标的变量共同度

图 16-7 给出了因子贡献率的结果。该表中左侧部分为初始特征值，中间为提前主因子结果，右侧为旋转后的主因子结果。"合计"指因子的特征值，"方差的%"表示该因子的特征值占总特征值的百分比，"累积%"表示累积的百分比。其中只有前三个因子的特征值大于1，并且前三个因子的特征值之和占总特征值的 95%，因此，提取前三个因子作为主因子，足以描述经济的发展水平。

总方差解释

组件	初始特征值			提取载荷平方和			旋转载荷平方和		
	总计	方差百分比	累积%	总计	方差百分比	累积%	总计	方差百分比	累积%
1	3.935	56.211	56.211	3.935	56.211	56.211	2.952	42.170	42.170
2	1.669	23.848	80.059	1.669	23.848	80.059	1.921	27.449	69.619
3	1.046	14.942	95.001	1.046	14.942	95.001	1.777	25.382	95.001
4	.220	3.138	98.140						
5	.073	1.044	99.183						
6	.042	.598	99.781						
7	.015	.219	100.000						

提取方法：主成份分析。

图 16-7　地区经济指标的因子贡献率

图 16-8 给出了旋转后的因子载荷值，其中旋转方法是 Kaiser 标准化的正交旋转法。通过因子旋转，各个因子有了比较明确的含义。第一个因子中，GDP、工业总产值、固定资产投资的系数比较大，因此将工业总产值作为对第一个因子的解释。第二个因子中，居民消费价格指数、商品零售价格指数的系数比较大，因此将商品零售价格指数作为对第二个因子的代表。在第三个因子中，城镇居民的消费水平、职工的平均工资的系数比较大，因此将居民的消费水平作为对第三个因子的代表。

3. 地区经济与主因子经济指标的回归分析

下面利用因子分析得到的主因子进行回归分析，进一步发掘我国地区经济与其主要经济指标的关系。

旋转后的成分矩阵[a]

	组件		
	1	2	3
GDP（亿）	.964	-.187	.153
消费（元）	.327	-.249	.854
固定投资（亿）	.940	-.263	-.062
平均工资（元）	-.061	-.136	.953
居民消费价格指数（%）	-.296	.921	-.140
商品零售价格指数（%）	-.138	.934	-.240
工业总产值（亿）	.960	-.126	.185

提取方法：主成份分析。
旋转方法：Kaiser 标准化最大方差法。
a. 旋转在 5 次迭代后已收敛。

图 16-8　地区经济指标的旋转后因子载荷

由上文对地区经济指标的因子分析，发现可以用三个主因子（工业总产值、居民消费水平和商品零售价格指数）来代替解释所有六个经济指标提供的信息。因此下面将利用分析的三个主因子——工业总产值、居民消费水平和商品零售价格指数指标作为自变量对因变量地区 GDP 进行回归，回归结果如图 16-9 所示。

模型汇总[b]

模型	R	R 方	调整 R 方	标准估计的误差	Durbin-Watson
1	.979[a]	.958	.953	1.9402513E3	1.772

a. 预测变量：(常量)，商品零售价格指数（%），工业总产值（亿），消费（元）。
b. 因变量：GDP（亿）。

图 16-9　经济指标回归模型的评价统计量

图 16-9 给出了评价模型的检验统计量。从该图可以得到 R、R 方、调整的 R 方、标准估计的误差及 D-W 统计量。如本实验中回归模型调整的 R 方是 0.953，说明回归的拟合度非常高，并且 D-W 为 1.772，说明模型残差不存自相关。该回归模型非常优良。

图 16-10 给出了方差分析的结果。由该图可以得到回归部分的 F 值为 205.947，相应的 P 值是 0.000，小于显著水平 0.05，因此可以判断由工业总产值、居民消费水平和商品零售价格指数对地区 GDP 解释能力非常显著。

Anova[b]

模型		平方和	df	均方	F	Sig.
1	回归	2.326E9	3	7.753E8	205.947	.000[a]
	残差	1.016E8	27	3764575.005		
	总计	2.428E9	30			

a. 预测变量：(常量)，商品零售价格指数（%），工业总产值（亿），消费（元）。
b. 因变量：GDP（亿）。

图 16-10　经济指标的方差分析表

图 16-11 给出了线性回归模型的回归系数及相应的一些统计量。从该表可以得到线性回归模型中的工业总产值、居民消费水平和商品零售价格指数的系数分别为 0.464、-278.708 和 0.033，说明工业总产值增加会带动 GDP 近 0.464 倍的增加，说明并证实了 GDP 与工业总产值高度相关的现实状况，这是因为工业总产值决定了 GDP 主要内容。另外，线性回归模型中的工业总产值、居民消费水平和商品零售价格指数的 T 值分别为 21.186、-9.977 和 20.611，相应的概率值为 0.000、0.000 和 0.037，说明系数非常显著，这与上表方差分析的结果十分一致，即 GDP 受工业总产值、居民消费水平和商品零售价格指数的影响。

系数ª

模型		非标准化系数		标准系数	t	Sig.
		B	标准 误差	试用版		
1	(常量)	32581.400	30992.099		1.051	.302
	工业总产值（亿元）	.464	.022	.959	21.186	.000
	消费（元）	.033	.158	.010	.206	.838
	商品零售价格指数（%）	-278.708	285.338	-.043	-.977	.337

a.因变量: GDP（亿）

图 16-11 回归系数

在地区经济数据中，可以用 3 个主因子（工业总产值、居民消费水平和商品零售价格指数）来代替解释所有 6 个经济指标提供的信息。因子分析的变量共同度都非常高，表明变量中的大部分信息均能够被因子所提前，说明因子分析的结果是有效的。

16.2 SPSS 在社会科学中的应用

随着管理精细化和分析技术的发展，社会科学中的定量研究越来越受到重视，定量分析的结果已成为决策的重要依据和参考。科学准确的分析结果离不开现代统计分析方法的运用，SPSS 的统计分析过程为社会科学的定量研究提供了一种方便的实现方式。描述性统计分析、回归分析、因子分析和聚类分析等分析方法是经济管理研究中常用的分析方法。

16.2.1 案例说明与问题描述

人的发展是我们整个人类社会发展所追求的最终目标。我国政府提出的科学发展观的核心内涵就是坚持以人为本，要以实现人的全面发展为目标，从人民群众的根本利益出发谋发展、促发展，不断满足人民群众日益增长的物质文化需要，切实保障人民群众的经济、政治、文化权益，让发展成果惠及全体人民。在新的时代下，我们更应该关注人的发展。

16.2.2 分析目的、分析思路及数据选取

本案例的研究目的是对影响不同地区生活水平的影响因素进行分析，从而更好地了解中国各省市地区生活水平的差异；同时通过分析把生活水平相似的省份找出来，为国家地区政策提供科学合理的依据。

本案例的分析思路如下，首先利用因子分析提取对生活水平影响较为明显的因素，分析它们对人均生活水平的影响，然后利用聚类分析方法把生活水平相似的省份归类，为地区产

业政策的制定提供科学合理的依据。

本案例选取了我国 2008 年人均 GDP、人口数、城镇人均消费性支出、农村人均消费性支出、居民消费价格指数的观测数据作为衡量人均生活水平的初始指标，数据来源于《中国统计年鉴》。本案例的原始数据如图 16-12 所示。

	A	B	C	D	E	F
1	地区	人均国内生产总值(元)	年平均人口	城镇居民人均消费水平(元)	农村居民人均消费支出(元)	居民消费价格指数(%)
2	北京	70802875.85	14813	16460.26	7284.65	105.06
3	天津	72972612.22	10114	13422.47	3825.43	105.40
4	河北	25703958.34	62981	9086.73	3125.55	106.20
5	山西	22720328.8	30779	8806.55	3097.54	107.19
6	内蒙古	38965163.18	21816	10828.62	3618.11	105.74
7	辽宁	41120421.67	38988	11231.48	3814.03	104.64
8	吉林	27391980.29	24764	9729.05	3443.24	105.11
9	黑龙江	23936231.55	34688	8622.97	3844.73	105.56
10	上海	82225109.77	16854	19397.89	9119.67	105.78
11	江苏	45902960.91	69168	11977.55	5328.37	105.36
12	浙江	48731023.97	45900	15158.3	7534.09	105.03
13	安徽	16532451.62	55498	9524.04	3284.11	106.17
14	福建	35192279.28	32484	12501.12	4661.94	104.55
15	江西	16401711.13	39623	8717.37	3309.21	106.05
16	山东	36568271.15	84970	11006.61	4077.05	105.29
17	河南	21757166.75	84906	8837.46	3044.21	107.03
18	湖北	22687273.92	51697	9477.51	3652.57	106.27
19	湖南	19998681.65	57648	9945.52	3804.97	106.02
20	广东	41646008.82	85714	15527.97	4872.46	105.60
21	广西	17124017.39	43252	9627.4	2985.03	107.78
22	海南	20225179.39	7665	9408.48	2883.1	106.93
23	重庆	26043257	25545	11146.8	2884.92	105.57
24	四川	17383033.56	73722	9679.14	3127.94	105.07
25	贵州	9767918.889	34126	8349.21	2165.7	107.59
26	云南	11579138.89	40947	9076.61	2990.61	105.70
27	西藏	15371894.41	2576	8323.54	2199.59	105.72

图 16-12　案例的原始数据

16.2.3　案例中使用的 SPSS 方法

1. 因子分析

因子分析是一种数据简化的技术。它通过研究众多变量之间的内部依赖关系，探求观测数据中的基本结构，并用少数几个独立的不可观测变量来表示其基本的数据结构。这几个假想变量能够反映原来众多变量的主要信息。

2. 聚类分析

聚类分析是根据研究对象的特征按照一定标准对研究对象进行分类的一种分析方法，它使组内的数据对象具有最高的相似度，而组间具有较大的差异性。聚类分析可以在没有先验分类的情况下通过观察对数据进行分类，聚类分析在科学研究和实际的生产实践中都具有广泛的应用。

16.2.4　数据文件的建立

在 SPSS 变量视图中建立"人均 GDP"、"人口数"、"城镇人均消费性支出"、"农村人均消费性支出"、"居民消费价格指数"，分别用来衡量人均生活水平，如图 16-13 所示。在 SPSS 活动数据文件的数据视图中，把相关数据输入到各个变量中。

	名称	类型	宽度	小数	标签	值	缺失	列	对齐	度量标准	角色
1	地区	字符串	10	0		无	无	10	左	名义(N)	输入
2	人均国内生...	数值(N)	11	4	人均...	无	无	11	右	未知	输入
3	年平均人口	数值(N)	11	0		无	无	11	右	未知	输入
4	城镇居民人...	数值(N)	11	4		无	无	11	右	未知	输入
5	农村居民人...	数值(N)	11	4		无	无	11	右	未知	输入
6	居民消费价...	数值(N)	11	2	居民...	无	无	11	右	未知	输入

图 16-13　数据文件的变量视图

16.2.5　SPSS 操作步骤

1. 人均生活水平影响因素的因子分析操作步骤

（1）打开数据文件，进入 SPSS Statistics 数据编辑器窗口，在菜单栏中依次选择"分析"|"降维"|"因子分析"命令，弹出"因子分析"对话框。

在菜单栏中依次单击"人均 GDP"、"人口数"、"城镇人均消费性支出"、"农村人均消费性支出"、"居民消费价格指数"。

（2）单击"描述"按钮，选择"原始分析结果"复选框和"KMO 与 Bartlett 球形度检验"复选框，单击"继续"按钮，保存设置结果。

（3）单击"旋转"按钮，选择"最大方差法"复选框，其他为系统默认选择，单击"继续"按钮，保存设置结果。

（4）单击"得分"按钮，选择"保存为变量"和"因子得分系数"复选框，单击"继续"按钮，保存设置结果。

2. 人均生活水平的聚类分析操作步骤

（1）在菜单栏中依次选择"分析"|"分类"|"系统聚类"命令，弹出"系统聚类分析"对话框。

（2）从源变量列表中选择因子得分变量"FAC1-1"、"FAC2-1"变量，然后单击 按钮将它们选入"变量"列表中；从源变量列表中选择"地区"变量，然后单击 按钮将其选入"标注个案"列表中。

（3）在"分群"选项组中选择"个案"单选按钮。

（4）单击"绘图"按钮，弹出"系统聚类分析：图"对话框，选择"谱系图"单选按钮。

（5）单击"确定"按钮，输出分层聚类分析的结果。

16.2.6　结果判读

1. 人均生活水平影响因素的因子分析

图 16-14 给出了 KMO 和 Bartlett 的检验结果，其中 KMO 值越接近 1 表示越适合做因子分析，从该表可以得到 KMO 的值为 0.733，表示比较适合做因子分析。Bartlett 球形度检验的原假设为："相关系数矩阵为单位阵"，Sig 值为 0.000 小于显著水平 0.05，因此拒绝原假设表示变量之间存在相关关系，适合做因子分析。

KMO 和巴特利特检验

KMO 取样适切性量数。		.733
Bartlett 的球形度检验	上次读取的卡方	111.240
	自由度	10
	显著性	.000

图 16-14 地区生活水平的影响因素的 KMO 和 Bartlett 的检验结果

图 16-15 给出了每个变量共同度的结果。该表左侧表示每个变量可以被所有因素所能解释的方差，右侧表示变量的共同度。从该表可以得到，因子分析的变量共同度都非常高，达到 80%以上，表明变量中的大部分信息均能够被因子所提前，说明因子分析的结果是有效的。

公因子方差

	初始值	提取
人均国内生产总值(元)	1.000	.913
年平均人口	1.000	.869
城镇居民人均消费水平（元）	1.000	.941
农村居民人均消费支出（元）	1.000	.883
居民消费价格指数（%）	1.000	.663

提取方法：主成份分析。

图 16-15 地区生活水平影响因素的变量共同度

图 16-16 给出了因子贡献率的结果。该表中左侧部分为初始特征值，中间为提前主因子结果，右侧为旋转后的主因子结果。"合计"指因子的特征值，"方差的%"表示该因子的特征值占总特征值的百分比，"累积%"表示累积的百分比。其中只有前两个因子的特征值大于 1，并且前 3 个因子的特征值之和占总特征值的 95.831%，因此，提取前 3 个因子作为主因子。

总方差解释

组件	初始特征值			提取载荷平方和			旋转载荷平方和		
	总计	方差百分比	累积 %	总计	方差百分比	累积 %	总计	方差百分比	累积 %
1	3.082	61.639	61.639	3.082	61.639	61.639	3.001	60.026	60.026
2	1.187	23.747	85.385	1.187	23.747	85.385	1.268	25.360	85.385
3	.522	10.445	95.831						
4	.146	2.910	98.741						
5	.063	1.259	100.000						

提取方法：主成份分析。

图 16-16 地区生活水平影响因素的因子贡献率

图 16-17 给出了旋转后的因子载荷值，其中旋转方法是 Kaiser 标准化的正交旋转法。通

过因子旋转，各个因子有了比较明确的含义。我们可以看出第一个因子城镇居民人均消费水平相关性较强，因此将第一个因子成为城镇居民人均消费水平；第二个因子中年人均人口相关性较强，因此将第二个因子成为人口因子。

旋转后的成分矩阵[a]

	组件	
	1	2
人均国内生产总值（元）	.955	-.027
年平均人口	-.111	.926
城镇居民人均消费水平（元）	.966	.090
农村居民人均消费支出（元）	.934	.106
居民消费价格指数（%）	-.521	-.625

提取方法：主成份分析。
旋转方法：Kaiser 标准化最大方差法。
a. 旋转在 3 次迭代后已收敛。

图 16-17　行业发展影响因素的旋转后因子载荷

各因子得分也作为新变量被保存了，为下一步的聚类分析打好基础，如图 16-18 所示。

FAC1_1	FAC2_1	FAC3_1
-0.07813	0.27303	-0.56684
-0.01596	3.61598	1.36891
-0.25706	0.96721	-0.56352
-0.25846	1.09143	-0.30597
-0.29336	0.34283	0.19657
-0.35089	-0.30936	3.14185
-0.13627	-0.40462	0.83483
-0.23473	-0.04096	-0.27431
-0.21127	0.29355	-0.65755
-0.03589	4.22930	0.08239
-0.04896	-0.55823	-0.15347
-0.20819	-0.23594	-0.33188
-0.25688	-0.27168	0.12117
-0.27752	-0.14500	0.21176
-0.29268	-0.36192	-0.21772
-0.22019	-0.37119	0.04917
-0.27271	0.07199	-0.86761
-0.29548	-0.33795	-0.43574
-0.15007	-0.72887	2.22079
0.07088	-0.22556	-0.13967
-0.20130	0.22789	-2.61942
-0.28422	-0.79856	-0.36127
-0.27686	-0.39805	0.11565
-0.20256	-0.35232	-0.33575

图 16-18　因子得分

2. 人均生活水平的聚类分析

分层聚类分析的冰柱图给出了各类之间的距离，从最后一行向前可以依次看出不同的聚类数量下的分类方式，如图16-19所示。

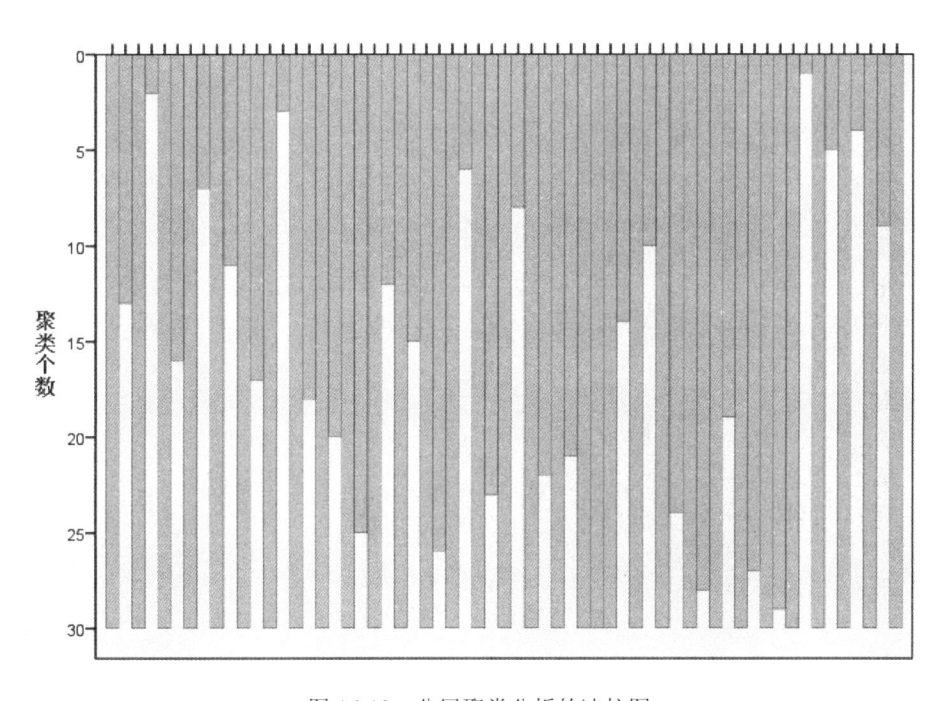

图 16-19 分层聚类分析的冰柱图

聚类分析树形图给出了聚类每一次合并的情况，整个图如同一棵躺倒的树，树形图也因此得名，如图16-20所示。

综合以上分析，将31个省市按照生活水平的差异情况可以分成5类，并且可以总结出各个类别的特征如下。

第一类：高生活水平省市。人均GDP、城镇居民和农村居民人均消费性支出远高于其他类别。这一类中包括上海、北京等2个直辖市。

第二类：人口众多，生活水平一般省市。此类别中最重要的特征是人口众多。包括河南、山东、四川、江苏、安徽等省市。

第三类：生活水平一般，人口较少省市。这一类别中包括广西、贵州、重庆、吉林、山西、江西、海南等省市。

第四类：消费水平相对人均GDP较高，物价水平降低的省市。这一类别包括浙江、广东、天津、福建等省市。

```
 * * * * * * * * * * * * * * * * * * * * * * * HIERARCHICAL  CLUSTER   ANALYSIS *
 * * * * * * * * * * * * * * * *

 Dendrogram using Average Linkage (Between Groups)
                    Rescaled Distance Cluster Combine
    C A S E      0         5        10        15        20        25
  Label     Num  +---------+---------+---------+---------+---------+
   吉  林     7  -+
   重  庆    22  -+-+
   黑龙江    8  -+ +-+
   陕  西    27  -+ | |
   内蒙古    5  ---+ |
   河  北     3  -+   |
   安  徽    12  -+   |
   湖  南    18  -+---+-----+
   江  西    14  -+   |     |
   云  南    25  -+   |     |
   湖  北    17  -+   |     |
   辽  宁     6  -+---+     +---------+
   福  建    13  -+         |         |
   海  南    21  -+         |         |
   新  疆    31  -+         |         |
   西  藏    26  -+-+       |         |
   甘  肃    28  -+ +-------+         +----------------+
   山  西     4  -+ |                 |                |
   广  西    20  -+-+                 |                |
   贵  州    24  -+                   |                |
   河  南    16  -+-------+           |         +----------+
   四  川    23  -+       +-----------+         |          |
   江  苏    10  -+-+     |                     |          |
   广  东    19  -+ +-----+                     |          |
   山  东    15  ---+                           |          |
   青  海    29  ---+-----------------------+   |          |
   宁  夏    30  ---+                       |   |          |
   北  京     1  -----+---------+           |   |          |
   上  海     9  -----+         +-----------+---+          |
   天  津     2  -----------+---+                          |
   浙  江    11  -----------+
```

图 16-21　聚类分析树形图

通过聚类分析可以看出生活水平相似的省市，这为我们平衡地区生活水平差异提供了可靠的依据，有利于缩小地区之间的差异。